BLECAUTE

LUZ E TEATRALIDADE

Editora Appris Ltda.
1.ª Edição - Copyright© 2023 da tradutora

Esta tradução de *Noir. Lumière et Théatralité* é publicada de acordo com a Presses Universitaires du Septentrion.

Catalogação na Fonte
Elaborado por: Josefina A. S. Guedes
Bibliotecária CRB 9/870

	Perruchon, Véronique
P461b 2023	Blecaute : luz e teatralidade / Véronique Perruchon ; tradução Nadia Moroz Luciani. – 1. ed. – Curitiba : Appris, 2023. 255 p. ; 27 cm.
	Inclui referências. ISBN 978-65-250-4171-1
	1. Iluminação de cena. 2. Luz. 3. Teatro. I. Título. II. Série.
	CDD – 792.025

Livro de acordo com a normalização técnica da ABNT

Editora e Livraria Appris Ltda.
Av. Manoel Ribas, 2265 – Mercês
Curitiba/PR – CEP: 80810-002
Tel. (41) 3156 - 4731
www.editoraappris.com.br

Printed in Brazil
Impresso no Brasil

A presente obra foi realizada com apoio financeiro do Centre d'Étude des Arts Contemporains, Université de Lille, Lille, França.
Univ. Lille, ULR 3587 - CEAC - Centre d'Étude des Arts Contemporains, F-59000 Lille, France.
https://ceac.univ-lille.fr/
https://www.univ-lille.fr/

Véronique Perruchon
Tradução Nadia Moroz Luciani

BLECAUTE
LUZ E TEATRALIDADE

FICHA TÉCNICA

EDITORIAL	Augusto Vidal de Andrade Coelho Sara C. de Andrade Coelho
COMITÊ EDITORIAL	Marli Caetano Andréa Barbosa Gouveia (UFPR) Jacques de Lima Ferreira (UP) Marilda Aparecida Behrens (PUCPR) Ana El Achkar (UNIVERSO/RJ) Conrado Moreira Mendes (PUC-MG) Eliete Correia dos Santos (UEPB) Fabiano Santos (UERJ/IESP) Francinete Fernandes de Sousa (UEPB) Francisco Carlos Duarte (PUCPR) Francisco de Assis (Fiam-Faam, SP, Brasil) Juliana Reichert Assunção Tonelli (UEL) Maria Aparecida Barbosa (USP) Maria Helena Zamora (PUC-Rio) Maria Margarida de Andrade (Umack) Roque Ismael da Costa Güllich (UFFS) Toni Reis (UFPR) Valdomiro de Oliveira (UFPR) Valério Brusamolin (IFPR)
SUPERVISOR DA PRODUÇÃO	Renata Cristina Lopes Miccelli
REVISÃO	Camila Dias Manoel
PRODUÇÃO EDITORIAL	Nicolas Alves
DIAGRAMAÇÃO	Andrezza Libel
FOTO DA CAPA	Vassil Tasevski

À Elsa

PREFÁCIO À EDIÇÃO BRASILEIRA

A tradução deste livro foi realizada a pedido e pela insistência de um grupo considerável de iluminadoras e iluminadores brasileiros que tiveram a oportunidade de conhecer e ouvir a professora Véronique Perruchon quando de sua passagem pelo Brasil em 2019, graças a um projeto proposto por mim com o apoio do Escritório de Relações internacionais da Unespar e recursos da Embaixada da França e do Instituto Francês no Brasil, das Alianças Francesa de Curitiba e Florianópolis e das universidades envolvidas no projeto.

O circuito de palestras e lançamento do livro *Noir: lumière et théâtralité* pelo Brasil foi realizado entre 22 de agosto e 6 de setembro de 2019, passando pela Universidade de São Paulo; Universidade Federal de São João del-Rei (UFSJ); Universidade Federal de Ouro Preto (Ufop); Universidade Federal do Rio Grande do Norte (UFRN); Universidade Estadual do Paraná; e Universidade Estadual de Santa Catarina.

Depois dessa turnê acompanhando a professora Perruchon e traduzindo suas palestras, eu tive a oportunidade de realizar meu doutorado-sanduíche no programa de pesquisa Lumière de Spectacle, dirigido por ela na Universidade de Lille, França, quando pude conhecer melhor seu trabalho, sua pesquisa e sua prática docente no Centro de Estudo das Artes Contemporâneas. Pude ainda, nesta oportunidade, acompanhar a pesquisa de seus dois orientandos e participar da organização e como palestrante do Colóquio Lumière Matière realizado na Universidade de Lille, na Universidade de Pádua e na Fundação Giorgio Cini, em Veneza.

Além do estágio de pesquisa e de sua orientação na conclusão da minha tese, tenho desenvolvido, com a professora Perruchon, várias outras atividades e projetos, como a escrita de um artigo conjunto para a III Conferência da European Association for the Study of Theatre and Performance (Eastap), uma entrevista para o canal do YouTube Da Ideia à Luz, a tradução de um artigo para a revista *Urdimento*, do Ceart da Udesc, e a colaboração internacional em aulas de Iluminação Cênica ministradas por mim na Unespar e por ela na UdL.

Assim sendo, foi uma honra e um prazer, para mim, a oportunidade de traduzir esta importante obra, que trata, tão profundamente, da história e da estética do blecaute, um tema de profundo interesse de profissionais, pesquisadores e estudiosos da iluminação cênica no Brasil. Foi também um grande desafio, considerando as especificidades do vocabulário técnico do teatro e da iluminação cênica, sua história e suas características. A escolha de cada palavra, termo ou expressão revelou-se um desafio em particular, a começar pelo título e tema da pesquisa, o blecaute. Até chegar à decisão de usar esta grafia, com a ajuda de uma dedicada participante de uma de minhas oficinas, foram muitas as dúvidas e os dilemas, iniciados pela resistência em empregar um termo em inglês, o "blackout", como nos referimos a ele em nosso meio profissional no Brasil, na tradução de uma obra original em francês, considerando ainda a opção pessoal em evitar o uso de anglicismos quando me expressando em português. Tomada a decisão pelo seu uso, depois de reconhecer a adoção oficial do neologismo "blecaute" em língua portuguesa, eu ainda me deparei com outra questão difícil de resolver: o fato da palavra "noir" em francês poder ter, dependendo do contexto, diversos significados e diferentes possibilidades de tradução para o português, desde, simplesmente, a cor preta, até outros termos correlatos, como negro, escuro, escuridão, obscuridade e trevas. Em diversos momentos, mais de um termo parecia possível de ser empregado, enquanto que em outros se tornava quase impossível definir qual era o mais adequado. No entanto, foi com muito carinho pelo texto original e respeito pela pesquisa da professora Véronique Perruchon, recorrendo até mesmo à própria, em algumas circunstâncias, que eu concluí a difícil e honrosa tarefa de traduzi-la. Assim sendo, eu espero profundamente poder contribuir, com a conclusão e publicação desta tradução, dado seu importante conteúdo, com a pesquisa e o aprimoramento de estudantes e profissionais da iluminação cênica, da cenografia e das artes da cena em geral.

Prof.ª Dr.ª Nadia Moroz Luciani
Professora, designer e iluminadora cênica (Unespar)

SUMÁRIO

INTRODUÇÃO

Eu me lembro, em 1985, do espetáculo *Le Festin de l'ombre*[1], uma adaptação de *La Légende des siècles*, de Victor Hugo, que o diretor, apaixonado pelas palavras, escreveu e produziu durante esse ano inteiramente dedicado ao centenário da morte do poeta. Eu criei a luz para esse espetáculo com uma obsessão: trabalhar o blecaute. Os desafios eram ir além da penumbra convencional que ainda permitia ver os atores, esculpir a profundidade do blecaute, trabalhar sua matéria, experimentar sua espessura. Levada pelas palavras de Victor Hugo, povoadas de claros-escuros, e por suas enigmáticas pinturas a nanquim, essa pesquisa tentou restaurar os mistérios das trevas por meio de breves lampejos. O palco continha enormes praticáveis cheios de frestas que permitiam possíveis áreas de sombra. Ele fazia pensar na obra do cenógrafo pintor Pierre Leloup[2], que, pelas criações e colaborações com Michel Butor[3], explorou sobre a tela os claros e escuros da profundeza das palavras. Apesar de tudo, o blecaute, profundo, fundamental e obsessivo, permaneceu inalcançável.

Hoje nós fabricamos o blecaute. Nós o esculpimos, usamos, sublimamos. Na pintura, o *Outrenoir* de Pierre Soulages é o seu arquétipo, enquanto, no palco, o blecaute tornou-se uma das características essenciais e uma assinatura do gesto artístico contemporâneo. Quem já assistiu a um espetáculo de Joël Pommerat pôde vê-lo; quem teve contato com a estética de Claude Régy o viu de perto; quem assistiu a uma dança *Butoh* experimentou sua profundidade. O blecaute do palco é contagiante, penetrante, reflexivo, denso, fosco, fluido, imaterial... fascinante. Na obra Éloge de l'ombre, o escritor japonês Junichiro Tanizaki diz "Acredito que o belo não é uma substância em si, mas nada além de um desenho de sombras, um efeito de claro-escuro produzido pela justaposição de várias substâncias"[4]. Este trabalho se propõe a estudar e conquistar esse blecaute multifacetado. É percorrendo os graus e as camadas que constituem a complexidade do blecaute que nos aproximaremos do abismo da caixa-preta do teatro para tomar sua medida e experimentar sua enigmática beleza.

A luz do blecaute

Claro, falar do blecaute não é possível sem falar da luz. Como reveladores um do outro, eles andam de mãos dadas. É recente o interesse pelo campo da pesquisa em iluminação cênica, e eu ressalto aqui os trabalhos na França e no estrangeiro que contribuíram para valorizar esse elemento cênico, oferecendo dados históricos e técnicos, dos quais minha bibliografia no fim do livro é reveladora. Nesta introdução eu citarei apenas algumas obras, começando pelas de iluminadores encarregados da formação de estudantes de iluminação, como François-Éric Valentin, cujo livro *Lumière pour les spectacles*[5] se apresenta como uma ferramenta de formação geral no campo da iluminação; e Christine

[1] Texto e direção de Philippe Roman para o Théâtre de la Glèbe.

[2] Pintor cenógrafo da Savóia, Pierre Leloup (1955-2012, Chambéri) iniciou a sua carreira nos anos 70 pela abstração, depois declinou nos anos 80, com variações em torno das *Meninas* de Velasquez e das temáticas hugolianas como eco ao trabalho de cenógrafo que ele desempenhava para o Théâtre de la Glèbe, para o qual eu fazia a luz. Foi também a época de sua colaboração com Michel Butor (1926), autor conhecido principalmente por seu romance La Modification (1957) e seu envolvimento no movimento *Nouveau Roman*. A instalação do escritor em Lucinges, pequeno vilarejo rural da Alta Sabóia, facilitou a aproximação entre os dois artistas. Ver o livro de Pierre Leloup no catálogo da exposição Museu de Belas-Artes de Chambéry, 2013, que traça sua trajetória e inclui as pinturas expostas durante uma retrospectiva de seu trabalho como pintor.

[3] Juntos, eles criaram livros-objetos, frutos de um diálogo que se estabeleceu entre os dois artistas, autor e pintor, com penas e pincéis entrelaçados. Ver *Michel Butor Pierre Leloup, Anexos*, Patrick Longuet, Laboratório LLH da Universidade da Savóia, 2011.

[4] Junichirô Tanizaki Junichirô, *Éloge de l'ombre*, tradução para o francês de René Sieffert, Éditions Verdier 2011, p. 63.

[5] François-Éric Valentin, *Lumière pour les spectacles*, Librairie théâtrale, 2010.

Richier, em *Le Temps des Flammes*[6], em um viés mais histórico. Recentemente, a tradução da obra do italiano Fabrizio Crisafulli, *Lumière Active, poétiques de la lumière dans le théâtre contemporain*[7], escrita em 2007, propõe uma síntese histórica e estética. Obviamente, eu não posso deixar de mencionar a grande obra de Henri Alekan, *Des Lumières et des ombres*[8], que, embora orientada para as práticas cinematográficas, expõe como "a iluminação artificial se torna a arte da luz [...] que engendra emoções que os artistas dos séculos passados não podiam conceber antes do advento da eletricidade"[9]. Vou recordar também as obras acadêmicas fundamentais, muitas vezes pouco conhecidas na França, como a pesquisa de Cristina Grazioli *Luce e ombra*[10], na Itália; e, na Alemanha, as precedentes e esgotadas *Licht im theatre, Von der Argand-Lampe bis Glühlampen-Scheinwerfer*[11], de Carl-Friedrich Baumann, e *Lighting in Theatre*[12], traduzida do sueco por Gösta Mauritz Bergman, que propõem uma trajetória da história da iluminação. A primeira trata do barroco às vanguardas; a segunda, de um período mais limitado até a lâmpada incandescente; e a terceira, de um panorama de toda a história da luz no teatro. Finalmente, o catálogo de três volumes da exposição *Lightopia* em Gand encarrega-se de retratar a história da luz elétrica. Há também as monografias que permitem compreender uma abordagem artística, como no caso da obra menos recente, mas essencial, de Denis Bablet sobre Josef Svoboda[13], bem como a coleção do CNRS *Les voies de la création théâtrale*, cujos volumes mais antigos e alguns dos números recentes abrem importante espaço para a análise descritiva dos cenários e das iluminações dos espetáculos estudados. No entanto, poucos abordaram a questão do blecaute. O tratamento da sombra ou da noite certamente mobilizou pesquisadores, muitas vezes no campo da história da arte[14], mas o blecaute da cena propriamente dito foi muito pouco estudado. Para dizer a verdade, Georges Banu, a quem aqui homenageio, foi o único na França que abordou a questão, numa obra dividida entre a pintura e o teatro[15]. Essa proximidade com as artes visuais que ele oferece em seu livro abre caminhos para a reflexão e dá acesso ao entendimento das manifestações do blecaute no teatro e seus significados. O título *Nocturnes* (Noturnos) e o subtítulo *Peindre la Nuit Jouer dans le noir* (Pintar a noite Atuar no blecaute) apresentam imediatamente a questão na ordem certa: primeiro a pintura, em seguida o teatro. Como o título e o equilíbrio da obra demonstram, sua escolha parte da pintura para chegar ao blecaute cênico. Georges Banu, cuja atração pela pintura não será abordada aqui, baseia-se na representação da noite, ou melhor, das noites na pintura, para pensar no blecaute que aparece nos palcos dos teatros que frequentou. A noite estava presente nesses palcos pelas atmosferas e imagens que deixaram vestígios duradouros na sua vida de espectador.

De minha parte, é claro que eu usei a pintura para pensar sobre o blecaute, mas não como neste belo livro, me interessando pelas representações da noite nos *Nocturnes*, mas invitando os pintores que pintaram o blecaute. Em primeiro lugar, aqueles /cuja vida como pintor foi consagrada à busca de variações luminosas do blecaute, da qual Pierre Soulages é o representante inquestionável, mas também outros que se depararam com o blecaute em seu percurso e apresentaram boas fontes de

[6] Christine Richier, *Le Temps des flammes Une histoire de l'éclairage scénique avant la lampe à incandescence*, Éditions AS, 2011.

[7] Fabrizio Crisafulli, *Lumière active, poétiques de la lumière dans le théâtre contemporain*, Trivillus, Corazzano (Pise), 2007, Artdigiland, édition anglaise, 2013, version française, 2015.

[8] Henri Alekan, *Des lumières et des ombres*, Le Sycomore, 1984, Édition Le Collectionneur, 1996.

[9] *Idem*, introdução.

[10] Cristina Grazioli, *Luce e ombra. Storia, teorie e pratiche dell'illuminazione teatrale*, Éditions Laterza, 2008.

[11] Carl-Friedrich Baumann, *Licht im theater, Von der Argand-Lampe bis Glühlampen- Scheinwerfer*, Steiner, Stuttgart, 1976, 1978, 1988.

[12] Gösta Mauritz Bergman, *Lighting in theater*, Stockholm: Almqvist & wiksell international; Totowa: Rowmann and Littlfield, 1977.

[13] Denis Bablet, *Josef Svoboda*, L'Âge d'homme, Lausanne, 1968.

[14] Ver bibliografia ao fim do livro.

[15] Georges Banu, *Nocturnes Peindre la nuit Jouer dans le noir, op. cit.*

reflexão. Além disso, foi principalmente por outros caminhos que eu conduzi este estudo. Antes de mais nada, eu me utilizei da luz para pensar o blecaute, porque juntos eles ocupam o espaço, esculpem-no e delimitam-no; o trio espaço, luz e blecaute constituindo, de fato, a matéria da cena. Se não temos como evitar falar da luz e dos espaços cenográficos neste livro, é pelo prisma do blecaute que eles serão abordados. Espaço e luz, parceiros essenciais do blecaute imaterial, ajudarão a compreendê-lo e a enfrentar seus desafios. Da caixa-preta ao apagar das luzes, o blecaute abrange vários aspectos que serão discutidos neste estudo. O blecaute como cor chamada ao palco será certamente analisado, mas antes de tudo será considerado como um componente da luz. Isso porque, desde que o teatro é representado sob a luz artificial, o blecaute é consubstancial ao teatro. No entanto, não foi fácil consegui-lo, foi uma longa trajetória, tão antiga quanto a do teatro, cuja história pode ser contada pelo tratamento do blecaute.

A ligação entre o blecaute e a evolução das técnicas de iluminação são inegáveis. As descobertas e novas aplicações, devidas ao uso do gás e depois da eletricidade, trouxeram mudanças significativas para a história da iluminação e do blecaute. No entanto, a ideia de que seu advento permitiu trabalhar as nuances do blecaute até a claridade total será submetida a um estudo que modificará certas afirmações. O mesmo será feito com as contribuições recentes no que se refere às condições materiais de sua realização. A partir de sua dimensão técnica, o estudo buscará perceber as diferentes formas pelas quais os caminhos do blecaute encontram o da dramaturgia; como, da representação convencional da noite, ele se desloca em direção a uma densidade material comparável à da abstração. É se debruçando sobre essas questões que a realidade física do blecaute encontrou a da estética.

A fim de considerar as diferentes manifestações e estéticas do blecaute presentes em nossos palcos, eu busquei compreender de onde ele veio e voltei no tempo para mergulhar na história do teatro, que revi pelo ângulo desta pesquisa. Qual é a história do blecaute no teatro? O que ele teve como destino? Que efeitos ele produziu? Quais estéticas e quais tendências o mobilizaram? Em troca, quais estéticas ele produziu? Em síntese, que papel ele desempenhou na evolução do teatro, o que ele acrescentou ao teatro? Essa investigação de caráter histórico foi realizada sem perder de vista as questões contemporâneas que dela poderiam se beneficiar, resultando numa construção cronológica, mas sempre em conexão com ocorrências contemporâneas ligadas a contribuições anteriores. Assim sendo, eu parti das primeiras manifestações ocidentais espetaculares que entraram em ressonância com minha pesquisa e revisitei a história do teatro pela história das variações cênicas do blecaute. Esta pesquisa, então, marcada por descobertas precisas, atravessa os momentos importantes do teatro que transformaram o blecaute estética, técnica, dramática e dramaturgicamente.

Considerações da noite ao blecaute

O blecaute *no* teatro, *dentro* dos teatros, *sobre* os teatros tem as ambivalências de seu status entre realidade e ausência, assim como seu entendimento, que por muito tempo se dividiu entre matéria e luz. O primeiro blecaute é o da noite, que nos escapa agora que o urbanismo invadiu o planeta. Ou então essa noite é escura para nós, humanos, na medida em que não vemos a luz da noite. Porque, na verdade, de dia ou de noite, o céu é banhado pelo brilho das estrelas, mas nossos olhos, incapazes de ver além da cor vermelha (dito de outra forma, os infravermelhos produzidos pela luz proveniente das galáxias distantes), não veem a luz noturna do céu. Ele não é escuro, ele é invisível para nós. Esse dado relativiza a questão do blecaute e estimula a mudar o ponto de vista: e se o blecaute viesse não *antes* da luz, conforme as crenças e os ritmos biológicos sobre os quais esta teoria se baseia, mas sim *da* luz? O blecaute, combatido pelo homem, vencido pela vitória sobre os deuses segundo a mitologia prometeica, foi rejeitado, excluído da civilização. Se a etimologia do blecaute, detalhada por Annie Mollard-Desfour em seu dicionário dedicado ao preto[16], se divide entre *níger* e *ater*, seus destinos orientam a compreensão: *ater* forneceu os componentes negativos da ira, e *níger*, mais positivo, significando o brilho, não sobreviveu à supremacia da luz. Ele aparece somente na difamação, ou seja, na negação do brilho de um argumento, de uma pessoa ou de uma coisa, como lembra o físico Étienne Klein[17]. A luz domina, a luz vence o estado primitivo e encarna o poder. Mas nesse combate o preto se defende, infiltra-se, avança e finalmente renasce da luz, com sua própria luz, reencontrando sua origem e sua natureza. O teatro, metáfora do mundo, incorpora historicamente esse duelo que frustra nossas crenças. Por fim, "é o nosso olhar que escurece a noite"[18]. Ousemos enfrentar a luz em um combate que revelará os raios negros. Um combate cujos avanços só valem pelos paradoxos que suscitam. Porque, afinal, se é possível traçar a história do blecaute no teatro, seu desdobramento cronológico não garante a da estética nem de seu valor. Os desafios dramatúrgicos do blecaute e sua estética não têm uma progressão uniforme, linear; por isso os avanços e retornos ao passado histórico que constituem esta obra. É o caso dos estudos estéticos historicizados, que não podem fazer nada além de lançar hipóteses.

[16] Annie Mollard-Desfour, *Dictionnaire des mots et expressions de couleur, Le Noir*, Éditions du CNRS, Paris, 2005.

[17] Étienne Klein, « Petit voyage au bout de la nuit en partant du paradoxe de *la nuit noire* », *Le monde selon Étienne Klein*, France culture, 22.05.2014, 6 min.

[18] *Idem.*

ENTRE LUXO E *LUX*: O NASCIMENTO DO BLECAUTE

O blecaute nasceu da luz

No teatro, o blecaute é o signo que anuncia que "vai começar". Porém, é preciso relembrar que mergulhar o público no blecaute da plateia, esse rito teatral por muito tempo acompanhado pelas famosas "três batidas" dadas com a ajuda do responsável ordenando o silêncio e a abertura da cortina à frente do cenário, esse ritual que caracteriza a passagem da realidade à ficção, não foi historicamente constante. Até o século XIX, o público e os atores do teatro ocidental compartilhavam a mesma luz, que no início era a luz do dia. Por séculos o teatro foi realizado ao ar livre ou descoberto e durante o dia, fosse na Espanha em um *corral de comedia*, na Inglaterra em um teatro elisabetano como o Globo de Shakespeare, ou em toda a Europa em teatros de carroças de feiras, sem falar dos teatros gregos e romanos das origens. A questão do blecaute não existia nos termos em que o entendemos agora.

Entrada nos teatros

Até o século XVI, em Paris, os espetáculos eram realizados ao ar livre em pleno dia ou, em caso de mau tempo, nas salas de *jeu de paume*, que deixavam entrar a luz do dia através de grandes aberturas na sua parte superior. Eram essas salas, grandes galpões destinados à prática do jogo ancestral do tênis, que serviram ocasionalmente como os primeiros teatros cobertos sob a administração dos *Confrères de la Passion*, a quem o monopólio do teatro foi dado, para a organização dos mistérios, por decreto real em 1402. Essas "salas de jogo" estavam distribuídas pelas muralhas fortificadas da cidade de Paris, à margem da cidade, da mesma forma que por toda a Europa. A arquitetura dessas salas respondia a vários critérios, entre os quais o do jogo, que exigia paredes altas para devolver as bolas perdidas. Esse princípio explica a disposição das aberturas de ventilação no alto[19]. Outro critério está relacionado à forma como esses jogos eram praticados. Tratava acima de tudo de um ato social público. Era necessário, então, prever espaços protegidos para os espectadores[20] (Fig. 1).

Assim, a dimensão espetacular, embora ligada à configuração imposta pelo *jeu de paume*, estava inscrita na própria arquitetura dessas salas de jogo: eram previstas galerias em todo o perímetro para receber o público e os apostadores. Além disso, dadas as necessidades do jogo, essas salas incluíam em todo o seu perímetro uma parede interior com 7 pés, ou seja, um pouco mais de 2 metros de altura, que delimitava o espaço da quadra de jogo. Essa parede era pintada de preto para refletir a brancura da bola, a fim de que os jogadores pudessem "segui-la com os olhos"[21]. Os postes de sustentação, bem

[19] Na descrição da sala de *jeu de paume* chamada de "Le Quarré", François-Alexandre de GARSAULT, *L'art du Paumier-Raquetier et de la Paume*, Saillant et Nyon, 1767, p. 1, especifica que as duas paredes laterais são elevadas em suas extremidades: "essas quatro partes elevadas são chamadas *les joues d'en haut*". Essas paredes acolhem postes estruturais dispostos a uma distância igual para sustentar o telhado. Mas, acima de tudo, diz ele, "é nos intervalos entre esses postes que o dia se espalha sobre o jogo; é por isso que este edifício deve estar longe o suficiente de casas e árvores grandes, para não ficar na sombra e ter claridade suficiente. Além disso, na Idade Média e às vezes até no Renascimento, as janelas não tinham como objetivo permitir a vista do lado de fora, mas ser fontes de luz natural. Essas aberturas não tinham vidro, eram colocadas bem no alto para evitar as correntes de ar". Ver Andrea DEL LUNGO, *La Fenêtre. Sémiologie et histoire de la répresentation littéraire*, Seuil / coleção Poétique, 2014.

[20] Como mostra a prancha III, extraída da obra de F.-A. de GARSAULT, *op.cit.*

[21] François-Alexandre de GARSAULT, *op. cit.*, p. 3, dá a receita usada pelos Mestres Paumiers que "faziam eles próprios este preto: adicione meio barril de sangue de boi, 14 alqueires de negro de fumo, 10 amargas de carne para diluir o negro de fumo e um balde de urina para dar o brilho da composição; misture tudo frio. Quando o jogo tem bastante público, renovamos o preto duas vezes por ano: deixamos o chão e o teto na sua cor natural". Por outro lado, ele afirma que na Espanha as cores eram invertidas, a bola era preta; e as paredes, brancas.

Fig. 1. Sala do *jeu de paume*. Espaço do jogo (sombreamento da janela), espaço dos espectadores. Gravura de 1767

como as marcações no chão que delimitavam as áreas de jogo dos adversários, eram igualmente feitos com a cor preta, e adquiriu-se o hábito de pincelar "as paredes exteriores da casa em torno da porta de entrada" de forma que "essa cor servisse como uma marca do jogo", informa ainda o autor do primeiro tratado sobre o *jeu de paume*[22]. A passagem do espetáculo esportivo para o espetáculo teatral aparece, então, com destaque nessas salas que não demandavam adaptações, tendo já a função de acolher um público. No entanto, com meios limitados, tentava-se bloquear as correntes de ar que passavam pelas aberturas superiores, protegendo-as com grandes lonas que bloqueavam parcialmente a luz do dia[23]. O que se revelou ainda mais urgente foi, de acordo com os registros, uma estreita plataforma para o acolhimento do público, que corria ao nível das janelas suspensas

[22] *Ibidem.*

[23] Além da gravura ilustrada pelo desenho III, já citada, François-Alexandre de GARSAULT menciona, na descrição dessa mesma gravura, o uso de cortinas que fecham as aberturas para o lado de fora. (Ver a ilustração.)

da sala[24]. Era necessário encontrar, então, uma solução de iluminação para a sala. Um suprimento rudimentar de velas suspensas e elevadas por um sistema de roldanas, penduradas em suportes ou mesmo colocadas no chão, revelou-se suficiente.

Em 1547, os *Confrères de la Passion*, que se juntaram aos *Enfants Sans Soucis*, especializados em demônios e comediantes, compraram o terreno do Hôtel de Bourgogne onde mandaram construir um teatro[25]. Essa foi a única sala oficial realmente destinada ao teatro, ou seja, ao espetáculo "falado" em francês. Nesse teatro do Hôtel de Bourgogne, construído de forma idêntica às salas de *jeu de paume*[26], os espectadores, nas laterais de três dos lados, pareciam muito mal localizados em relação ao espetáculo[27]. Em pé no nível inferior, ficava um público numeroso e um tanto agitado, enquanto somente os ocupantes dos balcões laterais ficavam sentados[28]. Esta sala, dedicada ao teatro apresentado sempre durante o dia, requeria, no entanto, uma iluminação feita à luz de velas por lustres que eram, inicialmente, de madeira e distribuídos acima do nível inferior da plateia e do palco, com um complemento adicional de velas penduradas nas laterais. Pelo menos essa é a dedução feita das gravuras e dos depoimentos que confirmam o uso desses dispositivos para iluminação cênica[29]. Nos seus primórdios, ele acolhia um teatro de feiras que aceitava bem o barulho do público, a confusão dos cenários aos moldes dos mistérios e dos carros de Carnaval, às vezes trazidos de fora e colocados no interior da forma que era possível, com somente a luz das velas pouco eficazes e sua fumaça malcheirosa[30].

Nessa mesma época, um outro tipo de teatro foi construído nos colégios, em particular no dos jesuítas[31]. Esta prática teatral, característica do século XI, está ligada à renovação da liturgia cantada, complementada pelos refrãos ensinados nas grandes escolas monásticas ou de clausura. Aos poucos[32], vão sendo montadas peças que se baseiam num trabalho de autores e relatam fatos

---

[24] Segundo o Instituto Nacional de Pesquisas Arqueológicas, que revelou o último *jeu de paume* descoberto em 2008 em Marselha, na rua Thubaneau. Este edifício, "um modelo exemplar" de 1680, apresenta todas as características arquitetônicas definidas por François-Alexandre de GARSAULT, *op. cit.* Cito: "O salão tem 11 m de largura por 31 m de comprimento e chega a 10,50 m de altura. Suas paredes externas apresentam arcadas decorativas com treze janelas superiores com 2,25 m de largura e 3,75 m de altura. De acordo com os registros, essas janelas já tiveram grades. Havia uma plataforma estreita no mesmo nível"; e o Instituto Nacional de Pesquisa Arqueológica especifica que, "das galerias que circundam três lados da sala, apenas as fundações permaneceram. Elas acolhiam os espectadores e eram cobertas com um pequeno teto, também utilizado para rebater a bola". Há relatos de que essa sala, no fim do século XVIII, foi convertida em teatro. Ela também teve um outro momento de glória, pois sediou, nesta época, o Clube dos Jacobinos, e "em 21 de junho de 1792, François Mireur, um fervoroso revolucionário, cantou ali, pela primeira vez, em Marselha, o 'Canto de guerra aos exércitos das fronteiras', escrito por Claude Joseph Rouget de l'Isle". http://archeologie-vin.inrap.fr/atlas/marseille/sites/2871/25-rue-Thubaneau-Jeu-de-Paume#.U6bVxKilbZs.

[25] Para mais detalhes dessa negociação, ver S. Wilma DIEERKKAUF-HOLSBOER, *Le Théâtre de l'Hôtel de Bourgogne*, t. 1, 1548-1635, Nizet, 1968.

[26] A configuração da sala, construída no modelo das salas de *jeu de paume*, não significa, no entanto, que seu interior era pintado de preto.

[27] Segundo nossos padrões atuais, e não para os espectadores da época. A esse respeito, ver a obra editada por Anne SURGERS e Pierre PASQUIER, *Conditions et techniques du théâtre au XVIIème siècle*, Armand Colin, 2011. No entanto, considerando a forma como Lavoisier critica, em 1781, as salas "do século de Luís XIV", não há dúvida de que o conforto era questionável: "não se podia, na verdade, dar esse nome [de sala de espetáculo] a esses quadrados alongadas, a essas espécies de quadras de tênis nas quais foram feitos teatros, onde uma parte dos espectadores eram condenados a não ver nada e a outro a não ouvir nada", Antoine Laurent de Lavoisier, *"Mémoire sur la manière d'éclairer les salles de spectacle"*, em *Mémoire de l'académie des sciences*, ano 1781, p. 91.

[28] No que diz respeito à arquitetura interna da sala de teatro do Hôtel de Bourgogne, o tamanho da sala, o número e a disposição dos camarotes, várias opiniões foram debatidas com base nos cálculos feitos por S. Wilma DIERKAUF-HOLSBOER e discutido em particular em um artigo de D. H. ROY, "O palco do Hôtel de Bourgogne", na *Revue de la société d'histoire du théâtre*, ano 14, v. 3, 1962; debates resumidos em um artigo posterior de D. V. ILLINGWORTH, *"Documents inédits et précisions sur le Théâtre de l'Hôtel de Bourgogne"*, *Revue de la société d'histoire du théâtre*, ano 22, v. 2, 1970.

[29] Ver o resumo sobre a iluminação do Hôtel de Bourgogne realizado por Pierre Pasquier, na introdução das *Mémoire de Mahelot*, Honoré Champion, Paris, 2005, p. 76-80.

[30] Em 1548, sua abertura coincidiu com a proibição dada aos Confrères de la Passion por decreto do parlamento impedindo de representar ali os mistérios. Se essa ordem foi aparentemente ignorada (segundo P. PASQUIER, *op. cit.*, p. 48), seus recursos vieram principalmente do acolhimento de trupes itinerantes que, algumas vezes, tinham um autor contratado, mas na maioria das vezes apresentavam espetáculos farsescos relevantes.

[31] Durante o Renascimento, os jesuítas desempenharam um papel preponderante nesse campo, sendo responsáveis pela organização, com os seus alunos, das cerimônias, como foi demonstrado no estudo de Colette HELARD-COSNIER "Cerimónias fúnebres organizadas pelos jesuítas", na obra coletiva *Pesquisa sobre textos dramáticos e os espetáculos do século XV ao XVIII*, dir. Elie KONIGSON, *Les voies de la création théâtrale VIII*, 1980.

[32] Para um estudo detalhado do desenvolvimento das práticas teatrais nos collèges e nas universidades entre os séculos XI e XVI, consultar a obra de L. V. GOFFLOT, *Le Théâtre au college*, Paris, 1907.

bíblicos, históricos ou mitológicos, antecipando o repertório das tragédias clássicas. Primeiramente em latim e com temas religiosos até o século XV, sob a influência de François I, que criou o Collège de France e defendeu a língua francesa, autores como Ronsard[33] ou Jodelle[34] realizaram traduções de peças gregas e latinas ou criações que foram representadas nos *collèges*. As apresentações ocasionais durante as festas religiosas ou de fim de ano para um público de pais, professores e convidados notáveis aconteciam durante o dia, na maioria das vezes em praticáveis erguidos no pátio onde ficavam os estudantes, enquanto os convidados de renome assistiam à apresentação das janelas, confortavelmente acomodados sob a cobertura, ou nos balcões, como afirma o relato de uma dessas sessões por Étienne Pasquier, uma testemunha na época:

> [Eugène] e Cléopâtre foram representados perante o rei Henri II em Paris, no colégio de Reims, em 1552, com grandes aplausos de toda a sociedade e, desde então, no colégio de Boncourt, onde todas as janelas[35] eram cobertas por tapeçarias de uma infinidade de personagens de honra, e o pátio, tão cheio de estudantes que transbordavam pelas portas[36].

Nesse contexto exterior diurno, a questão da luz não era considerada a priori[37].

Por outro lado, em quase toda a Europa, em casos um tanto excepcionais e em um contexto religioso, ou não, era possível aproveitar os efeitos causados pela escuridão da noite para explorá-la com sabedoria, como demonstrado no exemplo de uma "carruagem da Morte", imaginada pelo pintor Pierre de Cosimo, que acontecia ao anoitecer pelas ruas de Florença em 1510. Giorgio Vasari recriou esta farsa na sua obra dedicada às *Vidas dos pintores*[38]:

> Esta enorme carruagem avançou arrastada por búfalos; sua cor negra destacava os ossos e as cruzes brancas que a preenchia. No alto se encontrava a gigantesca representação da Morte, com sua foice na mão, e rodeada de tumbas que se viam entreabrir a cada estação, e de onde saíam personagens cobertas por um tecido escuro, sobre a qual estavam pintados os ossos dos braços, do torso e das pernas. Máscaras de caveira seguiram essa carruagem fantástica à distância e refletiam de volta, para todos aqueles esqueletos pálidos, todos aqueles tecidos fúnebres, a luminosidade distante de suas tochas. [...] Em seguida avançava ainda toda uma legião de cavaleiros da morte, sobre os cavalos mais magros e desencarnados que se podia ver, no meio de uma multidão de servos e escudeiros acenando com suas tochas acesas e suas marcas negras expostas. Durante todo o percurso, esta procissão cantava, pouco a pouco, e com voz **trêmula**, o *Miserere* dos salmos.[39]

---

[33] Em 1549, RONSARD traduziu *Plutus* de ARISTÓFANES, que foi interpretado por alunos do Collège de Coqueret.

[34] JODELLE, membro muito ativo da Pléiade, dedicou-se a escrever comédias em francês que se inspiraram em peças antigas. Ele foi o autor, entre outros, de *Eugène*, de *Cleopatra* e de *Dido*, peças encenadas pelos estudantes do *collège* e que foram muito apreciadas por Henri II. RONSARD. Dirá dele:
Jodelle, o primeiro de uma reclamação ousada,
Françoisemente cantou a tragédia grega
Depois, mudando o tom, cantou diante de nossos reis
A jovem comédia da língua francesa
Em Pierre de RONSARD, v. I, *Poésies choisies*, Granier, 1954, p. 434.

[35] Grifo da autora.

[36] Étienne PASQUIER, *Researches sur la France*, Laurens Sonnius, Paris, 1621, citado por L. V. Gofflot, *op. cit.*, p. 52

[37] De maneira geral, para aprofundar essas questões relativas ao espaço teatral, do Renascimento ao Barroco, recorrer às obras editadas por Jean JACQUOT, Elie KIGSON e Marcel ODDON, principalmente *Le Lieu théâtral à la Renaissance*, CNRS, reedição 2002.

[38] Giorgio VASARI, *Vies des peintres sculpteurs er architectes*, traduzido por Léopold Leclanché, Juste Tessier, Paris, 1841, t. 4, p. 72-73. Ver também Ludovic CELLER, *Les Origines de l'opéra et le ballet de la reine* (1581), Didier et Éditeur, Paris, 1868, p. 22-23, que retoma esta descrição de Vasari, comentando-a. Essa farsa macabra parece pertencer a um gênero em voga no século XVI em Florença. Eram festivais nas quais Piero di Cosimo se especializou, liderados pelos grupos de pintores e poetas nos quais a liberdade de tom estava lado a lado com o dos costumes, e para o qual a criatividade não tinha limites.

[39] *Ibidem.*

É possível imaginar, então, a surpresa e o pavor que se produzia ao ver tal espetáculo... A combinação da cor preta dos elementos decorativos com o ambiente noturno reforçava a impressão geral. O preto, remetendo a referências macabras, conotava a noite com uma dimensão inquietante ampliada pelo contraste das tochas. Quanto ao salmo, o *Miserere*, ele inclui a "farsa" em um referencial claramente notado: o ofício das Trevas era originalmente realizado no rito católico-cristão-romano, após a meia-noite, durante a Semana Santa. Para este serviço, todas as luzes eram (e ainda são) apagadas uma a uma enquanto os salmos são cantados, o do *Miserere* sendo entoado em completa escuridão, em memória daquela que se abateu sobre a terra no momento da crucificação de Cristo, que, ao ser abandonado por todos, é deixado ao sofrimento e à morte. Por fim, o preto é uma das cores dominantes da instituição religiosa[40]; usá-lo é trazer à tona todo um conjunto de crenças e medos implícitos nessas manifestações, mesmo que fora do contexto religioso.

Em outros contextos religiosos e institucionais, a necessidade de um local fechado exigirá a presença de luzes associando-se a elas certos efeitos de sombras[41]. Assim, as cerimônias organizadas pelos jesuítas durante o funeral do rei Henri IV da França e de Navarra em 1610 mostraram, no estudo de Colette Helard-Cosnier, a presença tanto do negro simbólico do luto quanto de tochas, que, em contraste, tinham a vocação didática de criar efeitos marcantes no espectador[42]. Um ano depois, na data do aniversário de sua morte, uma cerimônia marcou sua memória de forma espetacular: a procissão fez sua entrada na *La Flèche* no departamento de Sarthe, onde todas as igrejas foram decoradas de preto, enquanto a comemoração teve lugar na capela do colégio, onde uma espécie de decoração foi instalada, coberta de preto e rodeada por tochas. Sabemos[43] que a relíquia que contém o coração foi colocada ali sobre "um ladrilho de veludo preto coberto com um tecido fino", que foi apoiada sobre "uma mesa forrada de preto", que a porta da cidade era "revestida de luto e de escudos", que as igrejas eram "cobertas de preto", e que a porta principal do colégio "estava vestida de luto". O arco do triunfo "revestido de luto e tochas" lembra que o preto, símbolo da morte, é associado a outro sinal: as tochas acesas que simbolizam o Espírito Santo na religião cristã. Quando o coração é exposto, duas tochas de cera branca queimam continuamente na frente; na saída do comboio, os monges "segurando uma vela de cera branca na mão, se colocam em fila, um deles carregando uma cruz de prata dourada, e dois ao lado dos dois castiçais iguais"; no *La Flèche*, os estudantes de teologia acolhem o coração segurando velas. A teatralidade inegável dessas cerimônias repousa nos efeitos produzidos no público que as frequenta e é reforçada por uma verdadeira encenação. O quadro é cuidadosamente escolhido: a capela, forrada de cortinas pretas, acolhe a procissão com música lúgubre; e, para tocar ainda mais os espíritos, "a escuridão reina na capela"[44], escuridão muito pouco dissipada por algumas tochas. O preto, cor da noite e das trevas, é também a da morte[45]. No imaginário coletivo, esse preto não está longe da cor de Satanás, do pecado e dos castigos a ele associados. Esse negro, imaterial e simbólico, tem um forte poder

---

[40] Ver a obra de Michel PASTOUREAU, *Noir Histoire d'une couleur*, Éditions du Seuil, 2008, p. 151-164.

[41] Em outros aspectos, a respeito do uso de efeitos de luz nas igrejas, Cristina GRAZIOLI (*op. cit.* ver p. 5), descreve como, para as representações da Anunciação nas igrejas dell'Annunziata e de San Felice, de acordo com os testemunhos do bispo Abramo di Suzdal em 1439 e de Giorgio Vasari em 1568, Brunelleschi construiu, em 1439, mecanismos na porta da frente compreendendo uma constelação de luzes fixadas em círculos concêntricos que representavam os céus e rodavam em velocidades diferentes. No fim, acima da cabeça dos espectadores, acendia-se um fogo de artifício descendente que cruzava a ascensão de um anjo que acendia velas em seu caminho. Realizada durante o dia, essa maquinaria não se apoiava sobre um verdadeiro contraste entre a luz e a obscuridade, mas sim sobre um acréscimo de luz simbólica.

[42] Quando da morte de Henri IV, seu corpo e suas entranhas foram sepultados em Saint-Denis, enquanto que seu coração foi confiado aos Jesuítas do colégio de La Flèche em 4 de junho de 1610. Um ano depois, houve nesse mesmo lugar uma cerimônia comemorativa organizada pelos jesuítas.

[43] A descrição que segue foi retirada da obra de Colette HELARD-COSNIER, *op. cit.*, p. 156, que é baseada no *Le Convoy du Coeur de Tres-Auguste*, muito leniente e muito vitorioso Henri, o Grande III, de nome muito cristão, rei da França e de Navarra, desde a cidade de Paris até o colégio de La Flèche, Paris, François Rezé, 1610, p. 10.

[44] *Idem.*

[45] Ver M. PASTOUREAU, *op. cit.*, *"La mort et sa couleur"*, p. 39-43.

sobre a imaginação do povo inculto; ao contrário do qual, Deus e o paraíso são encarnados na brancura e na luz radiante. Mas o fogo das chamas tem um status ambíguo, que muda segundo o contexto. Fogo expiatório utilizado para o suplício dos ímpios condenados à fogueira, evoca as chamas do inferno que ameaçam o pecador; enquanto aquelas dos castiçais, no quadro religioso, incorporam o Espírito Santo e simbolizam a chama da fé e da luz divina. O diabo, então, também chamado de Lúcifer, que contém o radical *luce*, também é manipulador da luz. Nos séculos XVI e XVII, os demonologistas[46] insistiram na maneira como o diabo e as forças da sombra degradavam a luz. Desviada, ela é carregada de qualificativos a priori contraditórios: trata-se de "velas negras"[47], "fogos negros e horríveis"[48], ou ainda de "chamas azuis". A "luz clara" da verdade encontra-se ameaçada pela "luz negra" da bruxaria, que desvia as referências para fins demoníacos. As aparências enganosas podem ludibriar o clarividente. Contra essas manipulações, os códigos religiosos são reforçados por manifestações que dão à luz uma dimensão metafórica sacralizada.

Assim, durante várias décadas, a tradição religiosa apropriou-se do motivo: o gênero da *comedia de santos* na Espanha, ligado às cerimônias de beatificação, tornou-se muito popular na primeira metade do século XVII. Essa forma necessitava, qualquer que fosse a riqueza dos meios empregados, procedimentos cênicos que mobilizassem o uso de maquinários (roldanas, piso com escotilhas, cordamentos), a presença de figurinos e efeitos luminosos atuando na revelação do invisível. A passagem da noite para a luz era, por excelência, o símbolo da experiência mística. Se essa metáfora era normalmente uma convenção cênica carregada pelas palavras, as indicações do texto também revelavam os esforços de representação por meio do teatro. De fato, o tema da tocha, tantas vezes mobilizado na *comedia de santos*, torna esses efeitos visíveis e surpreendentes. É o caso na *Gran columna fogosa*, *San Basilio el Magno* e *San Nicolas de Tolentino*, de Lope de Vega (1562-1635)[49]. O efeito de luz e sombras encarna de forma concreta as inversões de situação a favor da fé: "os católicos, liderados por São Basílio, e os arianos[50], liderados pelo imperador", lutam pelo templo. Cada um afirmando a autenticidade de sua fé. Basílio sugeriu ao imperador que pedisse um sinal do céu: "o templo pertencerá àquele diante de quem suas portas se abrirão por si mesmas"[51]. A encenação torna a revelação tangível: cada uma das procissões avança em direção à porta dos dois lados do palco carregando tochas. Quando Basílio se apresenta, as portas até então fechadas se abrem, revelando na parte de trás do palco um altar "com tochas". É óbvio, comenta Lucette Roux, que essas tochas e velas simbolizam respectivamente "a busca, depois o triunfo da verdade". É uma vitória representada pelo efeito de luzes no espaço escuro do fundo do palco, onde o blecaute personificando a dúvida serve para dar valor à verdade. Valor que mantém a tradição religiosa como em *São Nicolau*: enquanto o herói reza, seu oratório comporta uma lâmpada acesa que o demônio derruba. Mas São Nicolau invoca o nome de Jesus e ele pode erguer a lâmpada que se mostra intacta e ainda acesa. Da mesma forma, enquanto o martírio de

---

[46] Sobre o assunto, consultar a obra de Nicole JACQUES-CHAQUIN, em particular o artigo *"Lumière noire et anamorphoses: pour une optique diabolique"*, em Le Siècle de la lumière 1600-1715, obra coletiva editada por Christian Biet e Vincent Jullien, ENS Éditions, 1997. Ver também *La Nuit*, dirigido por Nicole JACQUES-CHAQUIN, Éditions Jérôme Million, Grenoble, 1995.

[47] Pierre DE LANCRE, *Tableau de l'inconstance des mauvais anges et démons*, onde se trata amplamente de feiticeiros e feitiçaria [...], Paris, Nicolas Buon, 1610, citado por Nicole JACQUES-CHAQUIN em Ch. BIET; V. JULLIEN, *op. cit.*, p. 197.

[48] Martin DEL RIO, *Disquisitionum Magicarum libri sex [...]*, 1599-1601, tradução francesa por A. DUCHESNE, *Controverses et recherches magiques [...]*, Paris, 1611, *ibidem*.

[49] Ver o estudo de Lucette ROUX, *"Quelques aperçus sur la mise en scène de la comedia de santos au XVIIe siècle"*, em *Le lieu théâtral à la Renaissance*, organizado por Jean JACQUOT, Royaumont, 1963, éditions CNRS, 2002, p. 235-255.

[50] Membros de uma corrente de pensamento teológico do início do cristianismo, creditado a Arius, teólogo no início do século IV.

[51] E seguintes, *idem*, p. 251-251.

um santo chega ao fim, o calabouço em que ele se encontra é inundado "com uma grande claridade" que expressa a ligação com o além, contra as trevas. Muitos exemplos religiosos abundam neste sentido, conferindo uma dimensão dramática à dualidade luz e sombra, dando sempre a vantagem à luz triunfante, signo da supremacia divina. Esses efeitos sobrenaturais se baseiam, na verdade, em manipulações muito concretas: levantamento da cortina, aparição por um sistema de cordas e roldanas, oscilação dos raios do sol ou de chamas por reflexão em uma superfície brilhante, escurecimento forçado da área cênica pela redução ou obstrução de fontes luminosas... Um efeito simplista, é claro, mas que marcará permanentemente o teatro, como disse Louis Jouvet: "Há, no teatro, apenas o sobrenatural, o maravilhoso, sob a aparência a mais natural", e "o teatro abranda regiões misteriosas da mente onde o culto à ilusão também permite chegar ao divino"[52]; o sentimento dramático une o religioso e a moral em uma vocação pedagógica.

O teatro propriamente dito também explora esses efeitos produzidos pelas claridades das chamas em conexão com as evocações e referências religiosas. Assim, enquanto se apodera do motivo fúnebre, o teatro reproduz em cena esses efeitos de contraste entre o blecaute e a luz. No que diz respeito ao Hôtel de Bourgogne, a *Mémoire de Mahelot* dá uma ideia dessa reprodução. A descrição dos adereços para a tragicomédia *Aretaphile*, de Plutarco, traduzida em 1603 por Jean Amyot, mencionava, por exemplo: "deve haver, no meio do teatro, um palácio escondido, onde há um túmulo e armas, vela, lágrimas[53], preocupação, duas pirâmides ardentes". Além dessas circunstâncias de luto, havia poucos motivos para usar velas na narrativa, mas, ainda assim, a presença de "tochas", como a da noite, às vezes aparecia, como nessa mesma tragicomédia de Plutarco, para a qual a *Mémoire de Mahelot* especificava: "do outro lado uma sala fechada, pinturas, uma mesa, tochas, dentro da sala, no terceiro Ato, se faz uma noite". Essa indicação sintomática "se faz uma noite" é interessante na medida em que difere desta outra, muitas vezes mencionada: "fazemos parecer uma noite, uma lua e suas estrelas", como em *Occasions perdues*, de Rotrou, no quinto ato[54]. Com o "se faz uma noite", parece que é necessário um escurecimento do teatro. Neste caso, é vislumbrada a aplicação das prescrições de Nicola Sabbatini[55] sobre a matéria, ou seja, um rebaixamento da intensidade da chama por coberturas cilíndricas que "virão a cobrir as luzes", utilizando pequenas roldanas. Sabbatini especifica: "unindo em uma só extremidade tantos fios quanto possíveis", de modo a obscurecer a cena em poucas operações. Mas quando a *Mémoire de Mahelot* menciona a aparição de uma noite, trata-se de um elemento do cenário pintado representando a noite, a lua, as estrelas, ou ainda de uma alegoria encarnada por um ator ou um cantor, enquanto ela desce do urdimento. Esta era uma convenção e uma figuração muito popular na época em peças de inspiração mitológica. No entanto, poderíamos associar a elas tochas ou velas de cera, como em *Occasions perdues*, na qual o aparecimento da noite é completado por: "tochas, velas de cera, candelabros de prata ou outras, não importa", em que é possível questionar se não teriam, mais provavelmente, um papel figurativo, uma vez que sua contribuição acrescentava luz ou compensava a luz apagada.

No entanto, notamos na *Mémoires de Mahelot* espaços ocultos, como a tumba mencionada anteriormente, que não deveria ser revelada ao público antes do momento desejado, e espaços mais obscuros como as cavernas e os antros que teriam sido deliberadamente deixados na sombra. É o que

---

[52] Louis JOUVET, "Introdução", em *Pratique pour fabriquer scènes et machines de théâtre*, por Nicola SABBATINI, Ravenna, 1638, tradução de Maria e Renée CAVAGGIA e Louis JOUVET, Éditions Ides & Calendes, Neuchâtel, 1942 e 1994, p. 52.

[53] Trata-se do motivo simbólico que aparece nos monumentos funerários; quanto à "preocupação", são as flores, especifica Pierre PASQUIER numa nota, em *Mémoire de Mahelot, op. cit.*, p. 275.

[54] *Mémoire de Mahelot, op. cit.*, p. 227.

[55] N. SABBATINI, *Pratique pour fabriquer scènes et machines de théâtre*, Livro II, cap. 12 (1638), *op.cit.*, p. 88.

revela o estudo de suas ocorrências conduzido por Jean-Pierre Ryngaert[56]. Ele nota a presença dessas "aberturas misteriosas" que constituíam uma ameaça na fábula. Não se trata, na *Illusion comique*, de Corneille, apresentada no teatro do Marais em 1636, de uma "gruta escura", covil do mago Alcandre? Ligada à magia, a escuridão é fascinante, mas não necessariamente perigosa, enquanto a comédia estiver envolvida: atua-se na passagem do pavor para um fim positivo que afasta o medo primário. Num registo mais trágico, o motivo pode assumir uma faceta mais perturbadora e sombria, da qual a cena vai se servir. O mito de Orfeu, transformado em balés, óperas e peças de grande escala, vai seduzir a cena barroca. A representação das entranhas da terra e seu submundo deu origem a ofertas espetaculares. Para *La Descente d'Orphée aux enfers*, de François Chapoton, apresentada no Marais em 1640, o libreto incluía em sua margem indicações cênicas que nada mais são do que rubricas de direção de palco e encenação[57]. Elas revelam uma realidade cênica mais modesta do que parece. Certamente, "ouvimos primeiro um trovão, relâmpagos e o vento que agita o ar, o céu se abre e Juno aparece em sua carruagem", no início do espetáculo, e depois, no fim de seu prólogo, "bate com seu cetro à porta da caverna", e "sobe", no fim da cena. No terceiro ato, "a tela é abaixada e aparece a margem do Aqueronte", mais tarde, "o barco de Caronte aparece" e depois atravessa todo o palco. Encontramos a tradição das "caixas secretas" utilizadas nos mistérios medievais e os milagres que empregavam efeitos de aparecimento e desaparecimento por truques de magia. Quanto ao uso de cordas para fazer Juno descer e a presença de guias no chão para movimentar a barca ao longo do palco, esses meios são conhecidos e usados desde a antiguidade.

Por outro lado, em 1648, os atores do Marais haviam mandado construir máquinas "das mais belas e mais extraordinárias que o artifício dos séculos presentes e passados poderiam inventar"[58], para *Le Mariage d'Orphée et d'Eurydice*. Trata-se da mesma peça em uma nova versão cênica. É preciso dizer que o teatro do Marais havia se beneficiado, em 1644, de reformas que permitiam o uso das máquinas italianas mais performantes da época. Assim, essa versão, da qual René Baudry fez uma descrição em 1648, é responsável por uma instalação espetacular muito mais complexa. Seu texto desenvolve-se sob a forma de anúncio aos espectadores que assistiriam à apresentação ou aos que não a veriam, de maneira que pudessem imaginá-la. Ele anuncia que o espectador verá "deuses descerem à terra; divindades navegando na onda do ar; o sol rolando sobre seu zodíaco; as fúrias vagarem em suas cavernas; dríades correrem pela floresta; bacantes metamorfoseadas em árvore; serpentes rastejarem; animais caminharem; a terra se abrir; o inferno aparecer"; etc. Para o inferno, no quarto ato, o autor se dirige ao potencial espectador nestes termos:

> Aqui, o leitor precisaria refletir sobre si mesmo e tentar compreender, pela imaginação, uma coisa que seria difícil de descrever para ele. Portanto, não se pode dizer nada sobre, a não ser que as mentes de todos os maquinistas mais habilidosos, juntos, não poderiam produzir uma ficção tão cheia de coisas extraordinárias e surpreendentes quanto este cenário do inferno, onde de repente se verá o teatro coberto de chamas de uma ponta à outra, que, não desaparecendo como um raio, durarão enquanto a cena durar. E fará admirar o gênio e a habilidade do maquinista, seja na invenção dessa chama artificial, seja na perspectiva, nos distanciamentos e nas diversidades, que tornarão o mesmo local de horror agradável à vista [...]. Em seguida o inferno se fechará; e a beira do Aqueronte por

[56] Jean-Pierre RYNGAERT, *"L'Antre et le Palais dans le décor simultané segundo Mahelot"*, Pesquisa sobre os textos dramáticos e performances do século XV ao século XVIII, obra coletiva organizada por Elie Konigson, *Les voies de la création théatrale*, v. VIII, CNRS, 1980, p. 211-226.

[57] François CHAPOTON, *La Descente d'Orphée aux enfers*, Toussant Quinet, Paris, 1640 (Gallica).

[58] René BAUDRY, *Dessein du poème et des superbes machines du Mariage d'Orphée et d'Eurydice qui se répresentera sur le théâtre du Marais par les comédiens entretenus par leur majestés à Paris*, 1648, p. 1 (Gallica).

> onde Caronte passa os Espíritos, aparecendo subitamente e permitindo admirar a rapidez com a qual esses cenários mudam e a sutileza das máquinas, que em um único instante revelam tantas deleitáveis diversidades.[59]

Mas nada indica como é feita essa transformação do teatro em inferno... No fim, o que importa é o efeito produzido sobre o espectador, a emoção que vai da surpresa ao pavor; o prazer, em suma, produzido com os meios da época. Mas antes, nas salas de *jeu de paume*, nos pátios dos colégios e nas carroças de feiras, a questão da luz está mais ligada a uma função utilitária do que a questões dramáticas: por meio dela, garante-se a visibilidade, o conforto e a segurança dos espectadores. A luz natural do dia, ocasionalmente auxiliada por algumas velas, é suficiente para isso.

Da maquinaria ao efeito de luzes

No entanto, os efeitos de aparecimento e desaparecimento, o uso de maquinários de mistérios e milagres, os jorros de chamas e fumaça para significar o inferno serão modelos espetaculares. Particularmente possíveis ao ar livre com a ajuda de andaimes, cavaletes e cortinas, como mostram as miniaturas de Hubert Cailleau relativas ao *Mystère de la Passion* apresentado em Valenciennes em 1547, que mostram os muitos espaços cênicos. Essas "*mansions*" são andaimes e praticáveis próprios para permitir efeitos espetaculares. A miniatura de Hubert Cailleau, *Pourctrait du theatre ou hourdement*[60], dá uma visão geral desses diferentes lugares fechados, mas que aconteciam ao ar livre[61]. Isso ainda pode ser visto nas pinturas posteriores de Erasmus de Bie (1629) e de Alexander van Bredael (1697) que retratam o *Ommegang*[62] ou procissões de festivais religiosos tradicionais em Antuérpia. Podemos ver claramente a espetacular maquinaria hidráulica ou de fogo que eram mobilizadas nos mistérios[63] (Fig. 2). É o que é revelado na comparação entre esses quadros e os desenhos de Hubert Cailleau, que mostram os mesmos dispositivos. O público, habituado a esses maquinários pelos mistérios e procissões religiosas ou carnavalescas, não espera menos do teatro, que, embora adentrando as salas, terá a missão de transmitir esse *savoir-faire*.

Se as quadras de *jeu de paume* não ofereceram o espaço nem as condições ideais à primeira vista, sua organização e, principalmente, as salas construídas especialmente para o teatro seguirão nessa direção. No entanto, essa evolução dependerá da questão do monopólio atribuído aos confrades da Paixão e dos meios empregados para dotar os teatros de maquinarias integradas à arquitetura do edifício, graças aos talentos dos arquitetos italianos. Mas o repertório comum é sobretudo

[59] *Idem*, p. 8.

[60] Hubert CAILLEAU, *Le Mistere par personnaiges de la vie, passion, mort, ressurrection et assention de Nostre Seigneur Jesus Christ, en 25 journees, [...]*, BNF, manuscritos, fundo Rothschild 3010 (1073 d) (Gallica).

[61] A tese da disposição circular das "*mansions*" não é mais tema de debate. Henri REY-FLAUD, que dedicou um estudo detalhado de documentos da época, atesta essa teoria em uma obra, *Le Cercle Magique. Essai sur le théâtre em rond à la fin du moyen âge*, Paris, Gallimard, 1973. No entanto, ele lança um olhar singular para a miniatura de Cailleau. Ver p. 198-218. Segundo ele, o "*pourtraict du hourdement de Valencinnes* não seria uma evocação da representação de 1547 (realizada cerca de trinta anos depois), mas teria servido de quadro de referências susceptível de facilitar a leitura das miniaturas de cada dia, o eu atesta o termo "*pourtraict*" dado à miniatura [que] pertence à linguagem dos maçons e dos carpinteiros e designa o projeto, esboçado no papel, de uma futura construção", p. 207.

[62] *Ommegang*, termo flamengo que significa literalmente "andar por aí", aqui designa uma festa religiosa ambulatorial em homenagem a Maria que acontecia em 15 de agosto. Nos quadros de Erasmus DE BIE (1629) e depois de Alexander VAN BREDAEL (1697), a festa acontece em Antuérpia, na praça de Meir. Os dois quadros são muito semelhantes, embora tenham uma distância de 70 anos, o que sugere uma forma de tradição bastante imutável no dispositivo da procissão e no seu desenrolar. O quadro de Erasmus DE BIÉ está exposto no Museu da Flandres em Cassel (Norte); o de Alexander VAN BREDAEL, no Museu de l'Hospice Comtesse em Lille. Vemos em particular um carro representando Netuno cavalgando uma gigantesca baleia que rega os espectadores.

[63] Um segundo quadro de Alexander VAN BREDAEL, também exibido no Museu de l'Hospice Comtesse em Lille, mostra outra festa na Antuérpia. Ao fundo, vemos as "*mansions*" ou carruagens do céu e do inferno, como são representados na miniatura por Hubert CAILLEAU. A feitura realista da pintura de Alexander VAN BREDAEL destaca seu volume e permite que sejam representadas de forma concreta.

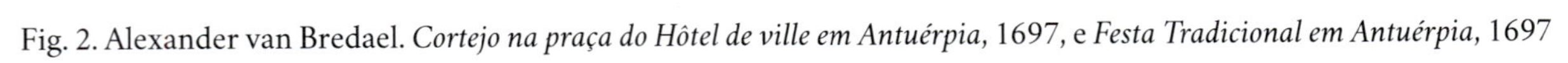

Fig. 2. Alexander van Bredael. *Cortejo na praça do Hôtel de ville em Antuérpia*, 1697, e *Festa Tradicional em Antuérpia*, 1697

constituído de fábulas, comédias e tragicomédias, que ainda são apresentadas nas salas adaptadas de *jeu de paume* por companhias com meios mais modestos[64]. As peças e os grandes espetáculos permanecem excepcionais.

Assim, além do teatro Hôtel de Bourgogne, que permaneceu sendo o único teatro oficial por 80 anos, em 1634, foi criado o Teatro do Marais[65], graças a Richelieu em sua estima por Corneille[66]. Destruído por um incêndio em 1º de janeiro de 1644, ele foi reconstruído e equipado com maquinarias, mas em 1673 esse novo Teatro do Marais foi finalmente demolido. Apesar de suas transformações em 1644, ainda se tratava de uma sala de *jeu de paume* transformada, onde se apresentavam principalmente comédias ou tragédias e tragicomédias que não necessitavam numerosos cenários ou maquinarias complexas. Foi possível ver nele a criação de 12 peças de Corneille, incluindo *Le Cid* em 1636-1637, que, além da polêmica que provocou, causou uma reviravolta sem precedentes nos hábitos teatrais. As apresentações de *Le Cid* atraíram tanta gente que Montdory, ator e diretor do teatro, pensou em alugar bons lugares diretamente no palco para espectadores mais ricos pelo preço de 3 libras, em vez de 1 libra, pelos camarotes[67]. Este público e os atores que ocupam o mesmo espaço compartilhariam igualmente a mesma iluminação proveniente dos lustres suspensos à frente do teatro, das lamparinas distribuídas em torno do palco que chamamos de "teatro" e, provavelmente, das lâmpadas a óleo localizadas atrás do parapeito que delimita o teatro, ou seja, a ribalta. O primeiro objetivo é permitir a visibilidade na luz. O blecaute, empurrado para os limites do teatro, não é bem-vindo: vem-se ao teatro para ver e para ser visto. O público coloca-se em espetáculo. Esse procedimento questionável, mas economicamente lucrativo e lisonjeiro para a nobreza, foi imediatamente imitado pelo Hôtel de Bourgogne e depois pelos demais teatros[68].

Enquanto isso, nesses tempos de prosperidade para o teatro, surgiu um terceiro teatro, que escapou ao monopólio dos *Confrères de la Passion*. Trata-se do teatro encomendado pelo Cardeal Richelieu ao arquiteto Lemercier para seu palácio e inaugurado em 1641 diante de Luís XIII, da rainha e dele mesmo[69]. Este teatro, também construído com o modelo de quadras de *jeu de paume*, já prefigura as salas ditas "à italiana" pelo emprego dos maquinários dos quais se traz o *savoir-faire*. Enquanto até 3 mil espectadores em pé podiam ser acomodados na plateia, as galerias laterais de dois ou três andares que ofereciam lugares para os cavalheiros davam uma visão perpendicular do palco. Para a iluminação, três fileiras de lustres acima da sala garantiam uma luz geral realçando sua decoração. Ela também será transformada em 1647 por Mazarin, de forma a revelar os esplendores das festividades reais às quais o jovem Luís XIV assistia. Era possível transformar rapidamente o teatro em um salão de baile.

---

[64] Ver S. Wilma DIERKAUF-HOLSBOER, *l'Histoire de la mise en scène dans le théâtre français de 1600 à 1650*, Livraria Droz, 1033, e Stalkine, 1976.

[65] Charles Le Noir e MonTdory (Guillaume Desgilbert), chegaram a Paris em 1629 com a *Mélite* de Corneille e conseguiram se estabelecer como rivais da trupe do Hôtel de Bourgogne. A trupe ocupou a sala de jogos de *jeu de paume* do Marais de 1634 a 1673, Montdory a dirigindo de 1634 a 1637, depois foi Villiers (1637-1642), Floridor (1642-1647), Le Gaulcher (1647-1650) e, finalmente, Laroque (Pierre Regnault petit Jehan), de 1650 a 1673. A sala de *jeu de paume* ficava na rue Vieille du Temple, no atual número 90.

[66] Quando era um jovem advogado, Corneille foi descoberto em Rouen por Montdory, grande ator de tragédias que dirigia o teatro *jeu de paume* do Marais.

[67] Essa prática será abolida em 1759, o que permitirá uma reapropriação do palco com os cenários soltos e luzes mais bem distribuídas. É o que confirma o Mercure de France de 23 de maio de 1759. Essa prática não existia, aliás, na ópera pelas mesmas razões de manutenção e maquinarias.

[68] Uso que foi abolido no caso de espetáculos de máquinas (a partir de 1644, para o Marais).

[69] A respeito das salas "privadas", Ludovic CELLER, *op. cit.*, p. 29, destaca que na Idade Média, "se os mistérios eram espetáculo de multidões, a aristocracia feudal tinha os seus próprios no interior dos castelos; as festas davam lugar a surpresas e interlúdios. Eram cenas curtas, espécies de torneios cavalheirescos e galantes nos quais havia, no próprio salão da festa, enormes peças mecânicas engenhosamente montadas, grupos de personagens, troféus, principalmente monstros, contendo fogo ou surpresas gastronômicas. Em todos os lugares da sala viam-se cômodas, tapeçarias; os figurinos eram brilhantes, o serviço era feito a cavalo". Como acontece com todas as suas outras notas históricas, Ludovic CELLER não fornece a fonte dessa afirmação, mas a observação anuncia o que o trabalho posterior de Henry PRUNIÈRES, *Le Ballet de cour en France avant Bensérade et Lully*, Paris, 1914, detalhará com descrições de *Momeries* que se baseiam em fontes credenciadas. Essa nota de Ludovic CELLER permite constatar a presença de dois regimes de festividades, dos quais um de corte que é privado e que se encontra no caso específico do Palácio Richelieu.

As poltronas vinham de baixo do teatro, enquanto a parte de trás do teatro se abria para aumentar a sala e revelar as comidas e bebidas da festa que se seguia à apresentação até tarde da noite.

Para o espetáculo, as máquinas de estilo italiano, a estética barroca e a iluminação, tudo contribuía para reforçar a ilusão teatral. Os espectadores na época da sua inauguração puderam admirar a mudança de luminosidade num cenário único para *Mirame* (1641), que representava o jardim do palácio real de Heraclea. Com o passar das horas, a luz ia do anoitecer ao crepúsculo do dia seguinte, graças aos processos elaborados por Gian Maria Mariani[70] (conhecido como Jean-Marie na França): "A noite parecia vir em seguida pelo obscurecimento imperceptível tanto do jardim quanto do mar e do céu que estava iluminado pela lua. A esta noite sucedia o dia, que surgia também imperceptivelmente com a aurora e o sol que tinha a sua vez"[71]. No segundo ato em particular, "a lua brilha, e o teatro é escurecido para facilitar o encontro que o confidente arranjou entre os dois amantes Mirame e Arimant, cena IV"[72]. As luzes de velas, cuja intensidade era modulada por ocultação, associadas às maquinarias e aos movimentos do cenário, permitiam essas passagens do dia à noite, ou ainda alguma outra imitação de efeitos meteorológicos. Em 1637, no seu *Pratique pour fabriquer scènes et machines de théâtre*, Nicola Sabbatini determina que, para "fazer surgir o amanhecer, [...] será necessário começar por obscurecer todo o palco"[73]. Esta determinação mostra bem como a reflexão sobre a luz está vinculada primeiro à dos maquinários em favor de uma ilusão. Em 1660, 13 anos depois da morte de Richelieu, este teatro foi rebatizado como teatro do Palais Royal, e Mazarin, forte em suas origens, trouxe para ele os mais recentes talentos italianos em termos de maquinário e conhecimento teatral, notadamente os de Giacomo. Torelli (1608-1678), conhecido como "O Grande Feiticeiro", e depois Carlo Vigarani (1637-1713), que aperfeiçoaria ainda mais o teatro em 1674. Ele colocará aberturas no teto do proscênio que permitirão fazer desaparecer os candelabros e escurecer a cena para garantir esses famosos efeitos de noites seguidas do amanhecer.

Se a Itália é a referência nessa área, foi graças ao desenvolvimento da sua versão italiana dos mistérios, o *Sacre Rapprezentazioni* no século XV, que associava música e dança à história bíblica ou hagiográfica e que acontecia em carroças como área cênica, seguidas pelo público. É na linhagem desta tradição que a sua ópera se desenvolve, embora profana, com ênfase no visual paralelamente ao da orquestração[74]. Do *Dramma per musica* do século XVI à ópera veneziana do século XVII, os recursos cênicos são desenvolvidos principalmente na Itália, onde há um grande esforço para encontrar as melhores soluções técnicas e físicas para os efeitos cênicos mais ilusionistas ou mais fantásticos. Michelangelo Buonarroti (sobrinho de Michelangelo), um dos pioneiros na área, foi o cronista daquela que é considerada a primeira ópera, *Euridice*[75], composta por Jacopo Peri em 1600, para a qual foram elaboradas maquinarias cênicas que permitissem aparecer alternadamente "um agradável arvoredo"[76], que era "iluminado como se estivesse em plena luz do dia", e rochedos escuros

[70] Ver a introdução de P. PASQUIER ao *Mémoire de Mahelot*, *op. cit.*, e, particularmente, p. 186, que se refere às gravuras de Stefano Della Bella que adornaram a edição do texto *Mirame* publicado por Henry Le Gras em 1641.

[71] Em *La Gazette*, citado por T. E. LAWRENSON, *The French Stage in teh XVIIth century*, Manchester, 1957, p. 105.

[72] Ludovic CELLER, *Les Décors, les costumes et la mise en scène au XVIIe siècle, 1615-1680*, LIEPMANNSSHOHN; DUFOUR, 1869, p. 20.

[73] N. SABBATINI, *Pratique pour fabriquer scènes et machines de théâtre*, tradução de Maria e R. CAVAGGIA e L. JOUVET, *op. cit.*, p. 167-168.

[74] A esse respeito, se a obra de Ludovic CELLER, *Les origines de l'opéra et le Ballet de la reine (1581) op. cit.*, é apresentada como uma das primeiras pesquisas na área, ver o capítulo "*Naissence et évolution de l'opéra*", de Bronislaw HOROWICZ, em *Histoire des spectacles*, Enciclopédia da Pléiade, sob a direção de Guy DUMUR, Gallimard, 1965.

[75] Ópera em um prólogo e seis cenas, criada em Florença, em 6 de outubro de 1600, na Sala Bianca do Palácio Pitti de Don Antonio de' Medici (filho natural de Francesco I e Bianca Capello), como parte das celebrações do casamento — por procuração — de Henri IV e Marie de' Medici.

[76] Segundo Bronislaw HOROWICZ, *op. cit.*, é creditada a Michelangelo BUONARROTI a criação desses cenários. As citações relatadas (p. 797) são retiradas, provavelmente, de: Michelangelo BUONARROTI di Gionane, *Descizione della felicissime nozze della cristianissima maestrà di Madama Mario Medici Regina di Francia e di Navarra*, Fierenze, aporesso G. Marescotti, 1600, dos quais também há menção em *La naissance de l'opéra*, obra coletiva com a organização de Françoise de CROISETTE, Françoise GRAZIANI e Joël HEUILLON, L'Harmattan, 2001.

"que parecessem reais", de onde sairiam as chamas do inferno. Para um espetáculo anterior, durante a festa do Espírito Santo em 1585, Michelangelo Buonarroti inventou uma máquina que representava os céus que se abriam em dois e deixavam escapar anjos; ou ainda, em 1587, para o casamento de Fernando II de Médici, ele projetou outra máquina que permitia transformar, às vistas do público, o mar em um prado florido, e fazer um dragão se mover pelo ar. Essas práticas elaboradas exigiam um domínio técnico específico que devia poder ser transmitido. Foi assim que Nicola Sabbatini escreveu seu *Pratique pour fabriquer scènes et machines de théâtre*, um verdadeiro manual ilustrado com esquemas que lançariam as bases do teatro à italiana e ditariam a evolução dos teatros durante três séculos. A ópera na Itália, nascida na opulência das cortes principescas, beneficiou-se da exuberância dos gostos da época, que exibiam toda a magnificência possível. Se as formas operísticas na Itália encontram sua inspiração original na *Sacre Rapprezentationi*, ou seja, nos mistérios e nos milagres, elas também se beneficiaram da influência dos balés de corte que se desenvolviam na Itália, mas também na França, graças a Catarina de Médici, de origem florentina. Esses balés, geralmente encomendados por ocasião das festas reais, eram a oportunidade de emprego para novos recursos, cada um mais engenhoso que o outro. Enquanto a Itália assistia ao nascimento das primeiras formas operísticas apresentadas em teatros maquinados, em Paris eram realizados balés espetaculares.

Assim, foi em uma sala particular na corte que se realizavam suntuosas festas desde o fim do século XVI: a Salle du Petit Bourbon que nada mais é do que um salão de baile ocasionalmente adaptado como sala de espetáculos, em particular pela instalação de um teatro (palco), arquibancadas ou "andaimes" no centro dos quais só colocaria o rei e sua família[77]. Segundo uma testemunha da época, Henri Sauval, essa sala era "sem dúvida a maior, a mais alta e a mais comprida de todo o reino"[78]. Muitos entretenimentos da corte foram apresentados lá entre 1581 e 1661, incluindo o famoso *Ballet Comique de la Reine*[79], encomendado por Catherine de' Medici a Balthasar de Beaujoyeulx, que era ninguém menos que Baldassarino Belgiojoso, violinista e coreógrafo italiano que chegou a Paris em 1555.

Apresentado na inauguração da Salle du Petit Bourbon em 1581, *Le Ballet Comique de la Reine* foi um marco por várias razões. Primeiro espetáculo de balé apresentado à noite[80], ele inaugurou, na França, o princípio das encenações luxuosas, com maquinários, cenários, luzes e fogos de artifício. O libreto[81] oferece um apanhado cênico no qual o desenrolar suntuoso é dado pela abundância de signos de riqueza. É em relação ao rei que o palco é adaptado e decorado:

> Primeiro, é preciso imaginar que ao redor da referida sala existem duas galerias, uma em cima da outra, com braços e balaústres dourados: e em uma extremidade da referida sala voltada para o leste, você vê um semiteatro. Nele é feito um Dez [dossel] próximo ao solo, tendo três graus de altura, em toda a largura da sala para servir apenas de base para o lugar do Rei, Rainha sua mãe, Príncipes e Princesas: na frente desse Dez, de um lado e do outro,

[77] Essa sala, que Molière dividiu com os atores italianos na sua chegada a Paris, veio do confisco dos bens do Condestável de Bourbon após a sua traição sob o comando de François Ier. A sala ficava entre o Louvre e Saint-Germain d'Auxerrois.

[78] Henri SAUVAL (falecido em 1670), *Histoite et recherches des antiguités de la ville de Paris*, Ed. Charles Moette e Jacques Chardon, 1724, t. 1, p. 210, citado por Eugène DESPOIS, *Le théâtre français sous Louis XIV*, 3. ed., Hachette, 1886, p. 24.

[79] Dezoito de setembro de 1581, o *Ballet comique de la reine* foi apresentado em Paris para o casamento do Duque de Joyeuse com Marguerite de Vaudémont, irmã da rainha da França. Lambert de Beaulieu e Jacques Salmon escreveram a música; Balthazar de Beaujoyeux assumiu a encenação e a coreografia; Le Chesnaye, o texto; Jacques Patin, os figurinos; e muitos autores participam, incluindo Agrippa d'Aubigné.

[80] Se foi o primeiro espetáculo apresentado à noite, não se deve concluir disso uma lei geral sobre as práticas subsequentes. Por muitas décadas, continuou-se a representar normalmente durante o dia, com as festas noturnas sendo reservadas para a corte apenas excepcionalmente.

[81] Balthasar de BEAUJOYEULX, *Ballet comique de la Reine [...]*, Adrian Le Roy, Robert Ballerd e Mamert, Patisson, impressores do Rei, Paris, 1582 (Gallica). O libreto também é transcrito, sem as letras da música da abóbada dourada, na obra de Paul LACROIX, *Ballets et mascarades de cour sous Henri IV e Louis XIII*, Genève Gay, 1868, t. 1, p. 1-85, notícia à qual se refere Christian DELMAS em seu estudo *"Le Ballet Comique de la Reine (1581) Structure et signification"*, em *Revue de la société d'histoire du théâtre*, ano 22, v. 2, 1970. Quanto ao estudo de Ludovic CELLER, Étude sur les origines de l'opéra et le Ballet de la reine 1581, Didier, 1868, p. 148-151, ele é baseado diretamente no libreto completo de B. BEAUJOYEULX publicado em 1582.

havia dois lugares destinados aos Embaixadores; e atrás quarenta escadas de madeira, da mesma largura da sala, avançando e subindo até a primeira das galerias, que servia de lugar para as damas e moças da Corte: mais ao redor da parte inferior da sala havia escadas de madeira que subiam até as galerias de cima.[82]

À direita do rei, o bosque de Pã, onde "todas as árvores estavam carregadas de lâmpadas ardentes e, além disso, por todo lado havia uma centena de tochas acesas que tornavam esse bosque assombreado tão belo e claro quanto o próprio dia»[83]. Atrás desse bosque, próximo ao muro, Beaujoyeux mandou erguer "uma caverna, tão escura quanto a cavidade de uma rocha profunda: que brilhava e iluminava de fora como se um número infinito de diamantes tivesse sido aplicado nela". Do lado oposto a esse bosque, à esquerda do rei, estava a *"vouste dorée"* do céu, feita do lado de fora com nuvens pintadas, enquanto no interior da abóbada de madeira estavam dispostas lâmpadas que davam um tom azulado à parte visível entre as nuvens. Essa abóbada serviu de plataforma para os cantores e os músicos que acompanharam a sucessão de cenas durante todo o espetáculo. Na última parte do balé, entre a abóbada dourada e o bosque de Pan, de frente para o dossel real, foi revelado, pelo cair de uma cortina, o castelo de Circé, no qual a magicista leva as ninfas cativas. A porta do seu palácio era adornada com uma abóbada, e Beaujoyeux explicou que: "o mais belo desta abóbada se dava por ela ser completamente perfurada com buracos redondos, coberto com vidros de todos o tipo de cores: por trás estes vidros brilhavam tanto quanto lâmpadas a óleo, que apresentavam neste jardim cem mil cores pela transparência do vidro"[84].

A luz, habilmente trabalhada, brinca com a variedade de fontes, ora tochas de cera branca, ora lamparinas com uma ou duas mechas em forma de nave. Se Beaujoyeulx fornece esses detalhes, é porque a luz produzida por cada uma dessas fontes era diferente: a cera fornecia uma claridade branca em comparação com lâmpadas de pavio, que produziam uma luz mais quente e podiam ser trabalhadas com o auxílio de máscaras ou tipos de castiçais de vidro colorido (ancestrais das gelatinas) com o objetivo de dar efeitos coloridos. Em seu libreto, Beaujoyeulx costumava citar o uso de "cem tochas de cera branca", que "brilham tanto [...] que os olhos do público acabam por ficar ofuscados"[85]. Ele acrescentou: "o número infinito de tochas que estavam por cima e por toda a volta dava uma claridade tão grande que ela podia envergonhar o dia mais belo e sereno do ano". A vontade de reivindicar a potência da luz é evidente. Se Beaujoyeulx concebeu esse balé como uma obra de arte completa, misturando harmoniosamente a dança, a música e a poesia, a luz reina suprema e testemunha o esplendor exibido: carros alegóricos, glórias e astros magistralmente iluminados destacavam o dourado dos cenários de forma a deslumbrar os cortesãos em todos os sentidos da palavra[86]. Henry Prunières, que estudou as várias formas de *ballet* de corte, apresenta elementos complementares que inscrevem *Le Ballet comique de la Reine* em um contexto que permite compreender sua produção cênica[87]. Ficamos sabendo que esse balé da corte aconteceu não no dia do casamento, que se deu entre 18 e 24 de setembro, mas em 14 de outubro, e que a festa começou às 10 horas da

[82] B. de BEAUJOYEUX, *op. cit.* (Manuscrito sobre Gallica, p. 34).

[83] *Ibidem* e seguinte.

[84] *Idem*, p. 38.

[85] *Ibidem*, e citações seguintes.

[86] Os figurinos também não foram deixados de lado nessa exibição de douramentos, como o comprova a descrição de Júpiter: "vestido de tecido dourado, botas de couro dourado, casaco de cetim amarelo carregado com franjas douradas, coroa dourada, lenço dourado bordado com pérolas e pedrarias montadas em ouro — tais eram as vestimentas do Sieur Savorini", resume Ludovic CELLER, *op. cit.*, p. 197, referindo-se especificamente ao libreto de BEAUJOYEUX (Gallica, p. 128).

[87] Henry PRUNIÈRES, *Le Ballet de cour en France avant Benserade et Lully*, Paris, 1914, p. 89 e seguintes.

noite. Nesta época do ano, a noite escura reinava. Começar esse tipo de festa tarde teve todos os tipos de implicações. Os cortesãos que chegavam muito cedo às vezes tinham que esperar um dia inteiro antes do início do espetáculo. Era necessário encomendar uma grande quantidade de cera para usar durante a espera, e algo com o que alimentá-los.

Essa prática do uso pontual e individual da iluminação será mantida enquanto a luz da sala, ao contrário do que se pensa, não for muito forte, seja durante o espetáculo, seja nos intervalos. Henry Prunières explica ainda que no Palácio Cardeal, "cuja sala era aparentemente menos iluminada do que a do Petit Bourbon e do Louvre, as velas eram distribuídas aos espectadores", essencialmente para que eles pudessem seguir o libreto do balé. Mas ele acrescenta maliciosamente que "as luzes trêmulas dessas luminárias apenas diminuíam a escuridão do anfiteatro, muito procurado pelos amantes"[88]. Certamente é preciso relativizar essa extrapolação[89]. É certo que as partes de baixo e de trás dos camarins e galerias deviam ser bem escuras, mas, se o anfiteatro não era tão claro como se poderia imaginar, ainda estava iluminado pelos lustres suspensos. No entanto, esta informação confirma o fato de esta iluminação ser bastante relativa, uma vez que não permitia a leitura.

No que diz respeito ao *Ballet comique de la Reine*, a questão da luz continua sendo um elemento importante em contraste com a escuridão circundante. A luz do espetáculo é, portanto, muito maior em intensidade do que a que os cortesãos experimentavam no dia a dia. As análises e interpretações simbólicas que dela foram feitas confirmam o que a forma extravagante manifesta. Christian Delmas recorda o assunto e o seu significado dramatúrgico: "o regresso à terra da idade de ouro e da justiça com a seu cortejo de deuses e virtudes, um regresso frustrado pela resistência de Circée que se interpõe com um obstáculo". O desenvolver do balé encena essa resistência e os conflitos que dela decorrem, para provar o direito da ordem suprema: "o único personagem de estatura mítica é, portanto, o rei"[90]; análise que anuncia a figura mítica do rei que encarnará o século XVII. Esse simbolismo de questões de poder e relações de oposição transcritas nas dualidades de luz e sombra alimenta a dimensão espetacular. Em toda a Europa renascentista, as festas religiosas e os mistérios, os balés de corte e as primeiras óperas mobilizaram a maquinaria cênica que incluía os efeitos de luz e cuja dimensão didática e propagandística não era excluída do festival: é o triunfo dos valores veiculados pela Igreja e pelo poder real, a supremacia de Deus e do rei.

No campo dos *ballets* de corte, o ápice foi alcançado no século XVII com *Le Ballet royal de la nuit*[91], que Luís XIV, com 15 anos, dançou em 23 de fevereiro de 1653 na sala do Petit Bourbon: havia "uma centena de máquinas surpreendentes, perspectivas encantadoras [...]. Havia de tudo; foram mudanças milagrosas"[92]. O libreto estipula um número impressionante de mudanças de cenário e de maquinários de aparição ou voos nesse balé, composto de 54 entradas. O prefácio do libreto traz um resumo do balé, cuja maior parte encena a Noite para melhor destacar a supremacia do Sol:

> O balé é dividido em quatro partes ou quatro vigílias. A primeira inclui o que acontece normalmente no campo ou na cidade, das seis da tarde até as nove; e a própria noite, que é seu tema, é também a abertura.

---

[88] *Idem*, p. 144, o que confirma alguns versos retirados de uma peça de Tengnagel de 1639: "No teatro costumavam ser felizes os apaixonados / Tínhamos vontade de brincar um pouco, rapidamente abríamos as cortinas, / Mas hoje tudo está aberto Nada mais a fazer", citado por T. E. LAWRENSON, *The french stage in the XVIIth century*, Manchester, 1957, p. 174, para comprovar a hipótese da presença de cortinas nas janelas dos camarotes dos primeiros teatros.

[89] O estudo de Henry PRUNIÈRES data de 1914; não é um testemunho.

[90] Christian DELMAS, "*Le Ballet comique de la reine (1581) Structure e signification*", em *Revue de la société d'histoire du théâtre*, 22e année, v. 2, 1970.

[91] Ver o libreto: *Ballet Royal de la Nuict, Divisé em quatre parties ou vieilles et danse par la majesté le 23 février 1653*, Robertt Ballard, Paris, 1653 (Gallica).

[92] L. CELLER, *op. cit.*, p. 82.

> A segunda representa os divertimentos que reinam das nove da noite até a meia-noite, como bailes, balés e comédias. [...] Como essa parte é toda lúdica, Vênus preside-a com os jogos e os risos, o Hymen e o resto da sua equipe.
> A lua abre a terceira parte, e o amor, que equivale a todas as coisas, fá-la esquecer e descer até o pastor Endimon, o que apavora os camponeses e espanta os astrólogos, que fazem o que podem para lembrá-la e não sabem a que atribuir seu eclipse: as trevas aumentadas pela falta dessa estrela favorecem a hora do Sabbat [...].
> O Sono e o Silêncio contam a história da quarta parte, e produzem os diferentes sonhos que a compõem [...]. Depois disso, o dia começa a amanhecer e o balé termina com seu tema: a Aurora arrastada em sua soberba carruagem traz o mais lindo Sol jamais visto, que primeiro dissipa as nuvens e que promete o mais lindo e maior dia do mundo.[93]

Todo o tema diz respeito à oposição simbólica entre as trevas (em outras palavras, o obscurantismo, os medos, as desgraças, os problemas e as más ações) e a luz, personificada pelo Rei Sol, que supera todas as estrelas (ou seja, os príncipes e filhos das famílias nobres do reino):

> Seu lustre divino apaga suas tochas
> De todos os olhos seus olhos são os mais belos
> E de todas as mãos suas mãos são as primeiras:
> Nuict, você pode durar em meio a tanta luz?

O fim do balé marca a apoteose do rei anunciada pela Aurora: "O Sol que me segue é o jovem Luís". O rei — e o sol nascente, que são apenas um — termina o balé com estas palavras:

> No topo das montanhas começando a brilhar
> Eu começo a me fazer admirar,
> E não fugir antes em minha vasta carreira,
> Eu venho devolver aos objetos a forma, e a cor,
> E quem não gostaria de admitir minha luz
> Sentirá meu calor

Em seguida, segue-se o anúncio de um programa político:

> Minha inclinação me liga ao que é preciso,
> E se agrada a quem me colocou tão alto,
> Quando eu tiver dissipado as sombras da França,
> Em direção a climas distantes minha clareza aparece
> Irá vitoriosa ao meio de Bizâncio
> Apagar o crescente

Para esse balé, Luís XIV usa um figurino denominado *ardent*, inteiramente dourado e coberto com chamas em cores brilhantes em materiais reflexivos. Esse tipo de figurino já havia sido usado por Luís XIII para um balé, *La Délivrance de Renault*, apresentado em 1617 na grande sala do Louvre e no qual ele interpretou o Demônio do Fogo. Com esse figurino e esse personagem dado ao rei, o autor do libreto, Étienne Durand, queria mostrar "que ele tinha fogo para a rainha, bondade para seus súditos, poder contra os inimigos; depois, ainda, porque o fogo purga corpos impuros, como o rei purgou seus súditos de pensamentos maus; porque o fogo está perto de Deus, e que ele é o rei dos elementos"[94]. Esses libretos, sua encenação e todos os componentes dos balés estavam a serviço

[93] Libreto, *op. cit.*

[94] Citado por L. CELLER, *op. cit.*, p. 7.

do esplendor real. Nada foi poupado para tornar sua supremacia visível aos olhos dos cortesãos e das pessoas que às vezes eram convidadas.

Se as salas de balé da corte do Petit Bourbon e do Louvre permitiram aos maquinários italianos[95] mostrar suas proezas nos balés cômicos, surgiram outras salas particulares, incluindo as das cortes da província, como em Nantes, Bordeaux e Lyon, nas quais essas técnicas e esses efeitos de luz se desenvolveram conjuntamente em peças profanas ou mitológicas. Em Paris, a *Salle des Machines*, que deveria substituir a sala do Petit Bourbon, foi inaugurada em 7 de fevereiro de 1662. Para sua construção no centro do castelo das Tulherias, Mazarin fez vir da Itália o arquiteto e cenógrafo de teatro Gaspare Vigarani (1588-1663)[96]. Esta gigantesca sala, conhecida como "sala das máquinas", acolheu, entre outras coisas, a criação em 1671 de *Psyche*, um balé-tragédia de Molière, Corneille e Lully. Esse espetáculo, de cinco horas de duração intercalado com interlúdios, exigiu uma iluminação excepcional usando mais de 80 lâmpadas a de óleo para a ribalta, 11 lustres com 12 velas de cera acima do palco e 600 velas distribuídas na parte de trás do quadro na caixa cênica. As peças barrocas escritas para essas salas de maquinários incorporam a mobilidade e a mudança; as possibilidades técnicas são incluídas sob encomenda na escrita dessas *"pièces à machines"*, às quais os autores souberam se adaptar muito bem. Eles também eram a promessa de recursos excepcionais. Usavam-se com prazer os efeitos de amanhecer, de pôr do sol, de trovões e relâmpagos, de nuvens, de lua e de clareiras, de florestas, de mares e de naufrágios, para os quais o *savoir-faire* dos italianos estava claramente mobilizado. Francini[97], auxiliado pelo pirotécnico Horácio Morel, trouxe conhecimentos já bastante explorados nos balés de corte. Assim, o balé *Tancrède ou la forêt enchantée*, em 1619, apresentado na Grande Sala do Louvre, permitiu esses tipos de façanhas: divindades infernais dançavam com cetros flamejantes que queimavam sem se consumirem, ao mesmo tempo que, durante o combate de Tancrede com os monstros, raios rasgavam a sala, acompanhados por trovões e uivos; e a certa altura "o palco parecia ter sido incendiado por uma paliçada de fogo, depois a escuridão tomou de repente o teatro"[98]. Experimentam-se os efeitos marcantes, aprecia-se acima de tudo deslumbrar e ser deslumbrado, como mostram esses diferentes exemplos. Muitos outros poderiam ser mencionados, como a apoteose que encerrou o balé das *Noces de Thétis e Pelée*, em 1654, que Luís XIV ainda dançava nos cenários de Torelli na sala do Petit Bourbon, no qual se formava no céu um palácio extraordinário: "Ele era feito inteiramente de pedaços de cristal, alguns dos quais desproporcionais em sua alvura natural, e auxiliados pelo artifício das luzes fixadas por fora, expressavam o belo fogo dos diamantes, enquanto os outros, com folhas vermelhas, azuis, verdes e violetas, assinalavam igualmente rubis, turquesas, esmeraldas e ametistas"[99]. Essas descrições certamente engrandecem a realidade da representação. Ela não impede que o efeito de douramento, de pedras preciosas e qualquer outro artigo de luxo tenham a capacidade de produzir, sob o fogo dos lustres e das velas, o maravilhamento desejado.

[95] Tomamos fortemente a engenhosidade dos irmãos Francini, Tomasso e Alessandro, de quem fala Henry PRUNIÈRES. Tomasso, engenheiro "hidrelétrico", chegou a França em 1598 e realizou verdadeiras façanhas técnicas ao serviço dos reis por 51 anos. Para maior precisão, comparar a obra de Henry PRUNIÈRES, *op. cit.* e a de Victor BART, *Recherches historiques sur les Francine et leur œuvre*, Plon et Nourrit, Paris, 1897. Mas, sem dúvida, os mais conhecidos foram, na segunda metade do século, Guiseppe Torelli (1658-1708) e depois Gaspare Vigarani (1637-1713).

[96] Trata-se do pai de Carlo Vigarani, que cuidará dele em Versalhes, o *Plaisire de l'Ile enchantée* em 1664, e do *Grand divertissement royal*, de 1668. Para as questões relacionadas aos Vigarani, pai e filho, bem como, mais geralmente, para as festas da corte do século XVII, consultar as obras de Jérôme de LA GORCE.

[97] Chamado na França em 1599 por Henri IV para estabelecer os jogos de água dos autômatos instalados nas cavernas do jardim no terraço de Saint-Germain-en-Laye, Thomas Francine — Tommaso Francini, seu nome verdadeiro — é o pai fundador da dinastia dos Francine, especializados nos jogos de água de Versalhes. Seguir François, o filho († 1688) e Pierre-François (1654-1720), o neto.

[98] H. PRUNIÈRES, *op. cit.*, p. 156.

[99] A coleção da partitura publicada em 1690 estipula: *"Paroles de Bensérade"*, citado por L. CELLER, *op. cit.*, p. 108-109.

No século seguinte, o teatro da corte, principalmente em Fontainebleau, explorou o princípio em inovações cenográficas e efeitos de iluminação. Uma dessas peculiaridades foi a "*décoration de pierrreries*", que esteve na moda entre 1762 e 1769. A invenção foi creditada a Antoine-Angélique Lévêque (1709-1767), que tinha a função de "Guarda do armazém geral nos Menus Plaisirs". Filho de ourives, especializado em pedrarias para lustres, castiçais e arandelas, ele teve a ideia de multiplicar os efeitos de luz e de brilho incrustando pedrarias nos cenários, que brilhavam, segundo a expressão consagrada, "com mil luzes". Estreados em 1762, esses procedimentos tiveram seus efeitos, e passou-se a deixar o cenário iluminado depois da apresentação, para que todos pudessem admirá-lo à vontade[100]. Além disso, objeto de escândalo durante a Revolução, as pedras, confundidas com verdadeiras pedras preciosas, despertaram os espíritos que tomaram os teatros como alvo de seus ataques.

Ambivalência do blecaute

Luz e poder

Estas salas, que exibem um esplendor caro e adotam os maquinários italianos que permitem efeitos visuais altamente valorizados, ainda parecem inadequadas para o prazer de espectadores espalhados nos três lados e submetidos à presença ininterrupta da luz. A frontalidade e o uso do blecaute seriam, do ponto de vista atual, mais adequados à ilusão desejada. A relutância certamente decorre da ligação entre luz e poder. Sua posse e seu domínio são uma prova de riqueza. *Au clair de la lune*, canção popular por excelência, coloca a questão no centro de seu discurso. Quando a vela se apaga, a vida cessa, mas o romance pode começar... Em *La Trilogie de la villégiature*, de Goldoni (1761), o efeito cômico mais crucial em torno da compra de velas, da qual depende o sucesso das férias para o irmão Paolo, está à altura do desafio do Trianon, vestido da moda para Irmã Vittoria. Um século antes, a peça *George Dandin ou le mari confundu*, de Molière, acompanhada por interlúdios musicais dançantes de Lully, criada durante o grande espetáculo real de 1668 em Versalhes, é bastante representativa do tema. A peça é encenada no início da noite após um lanche no efêmero teatro que Carlo Vigarani construiu para a ocasião da Chegada do Rei. "Coberto com folhas por fora; e por dentro, adornado com ricas tapeçarias"[101], este teatro dava uma impressão de ilusão de ótica ao refletir aos cortesãos convidados para a festa a imagem do exterior que eles acabavam de deixar. A sala, magnificamente iluminada por 32 lustres de cristal, cada um com dez velas de cera branca, podia acomodar mais de 1.200 pessoas nas poltronas dispostas em anfiteatro, às quais se acrescentavam os bancos da plateia. "Quando suas Majestades chegaram a este lugar, cuja grandeza e magnificência surpreenderam toda a corte, e quando tomaram seus lugares sob o alto dossel que ficava no meio da plateia, foi erguida a tela que ocultava a decoração do teatro; e então, com os olhos ficando completamente confusos, se acreditava estar vendo realmente um jardim de extraordinária beleza"[102]. Um primeiro coquetel foi servido neste jardim artificial que foi palco do *ballet* cômico. Mas, depois do espetáculo, os cortesãos foram convidados a se juntar a outro prédio que reconstituía uma caverna, onde aconteceu o jantar. No relato dessas festividades feito por André Félibien, cerca de 15 páginas são dedicadas à sua descrição, que privilegia as luzes e os ornamentos

[100] Ver Marc-Henri JORDAN, "*Décors et mise en scène d'un théâtre de cour*", em *Les Spectacles à Fontainebleau au XVIII*, dirigido por Vincent DROGUET e Marc-Henri JORDAN, Reunião dos museus nacionais, 2005, p. 82.

[101] André FÉLIBIEN, *Rélation de la fête de Versailles*, Pierre le Petit, Impressora do rei, Paris, 1668, p. 12.

[102] *Idem*, p. 14.

em talha dourada, cristal, prata e bacias de água, cuja função era multiplicar os efeitos por reflexão. É o caso de centenas de velas de cera e tochas, de arandelas e de lustres e de lustres... O dia recriado nessa caverna escura significou para os cortesãos o poder do apropriadamente chamado Rei Sol. O princípio da demonstração de poder, já presente no *Ballet de la nuit* em 1653, terá seu ápice tanto no *Les Plaisirs de l'île enchantée* em 1664 quanto no grande entretenimento real de 1668, como atesta o decreto do parque de Versalhes. Já em 1664, o coquetel de encerramento do dia deu-se numa sala campestre situada no fundo do semicírculo que tinha servido de teatro:

> Na noite próximo do verde destas altas paliçadas, um número infinito de candelabros pintados de verde e prata, cada uma com vinte e quatro velas, e duas tochas de cera branca, seguradas pela mesma quantidade de pessoas vestidas com máscaras, tornava a luz quase tão grande e agradável quanto a do dia[103].

As duas noites aqui mencionadas, uma em 1664 e a outra em 1668, terminaram com fogos de artifício. Em 1668, após a apresentação de *George Dandin*, os fogos elaborados por Henri Grissey pareceram superar a imaginação, pela sua quantidade e pelas suas performances: certos fogos desenhavam no céu a marca do rei (dois Ls), enquanto cortinas e cascatas de fogo inundavam o passeio noturno com luz:

> [...] no tempo em que esses fogos subiam ao céu, e que eles preenchiam o ar com mil claridades mais brilhantes que as estrelas, era possível ver, logo abaixo no caminho, a grande piscina de água que parecia um mar de chamas e de luz, na qual uma infinidade de luzes mais vermelhas e mais brilhantes pareciam se jogar no meio de uma claridade ainda mais branca e mais clara[104].

Para a festa de 1664, o grande caminho principal que conduz ao castelo estava "ladeado por gigantes luminosos e imóveis"; iluminados internamente, esses "monstros", colocados também nas janelas do castelo, causavam à multidão um "horror agradável"[105]. Segundo o abade de Martigny, que também fez parte da festa, "a luz, cuja organização importa para qualquer festa, era muito abundante". De fato, ele menciona com precisão em seu relato: "tochas em todos os ângulos, nos cantos de todas as portas, e cem pequenos candelabros nas mesas, [que] foram combinados com sessenta grandes lustres suspensos no ar e [estavam] reunidos entre eles por lenços de gaze prateada". O exagero de luz para honrar o soberano abate o cortesão com sua magnificência e proclama simbolicamente seu poder sobre a noite. Essas manifestações contribuem para a criação do que Jean-Marie Apostolides chama de "*mythistoire*" de Luís XIV, signo do triunfo da nova ordem sobre o caos. Naquela noite, a corte não é nada além de espectadora do poder e, no teatro, ela não está mais sobre o palco, como nos tempos de Luís XIII e da Regência, mas sentada na sala. O tema do balé cômico *George Dandin* participa dessa encenação de luz. A própria peça incorpora a ideia em seu propósito: o contraste entre o excesso de luz da sala e a falta de iluminação do pobre Dandin é indicativo dos problemas de poder associados ao seu domínio. A luz é um luxo, ao passo que a escuridão é uma prova da indigência.

Os italianos também estavam à frente nesse tipo de celebração noturna que exibia um luxo pouco realista, mas reservado para as festas excepcionais. Foi o caso do carrossel noturno que acon-

[103] *Les Plaisirs de l'île enchantée, couses de bague: collation ornée de machine* [...], 7 de maio de 1664, tipografia real, Paris, 1665, depois 1673 (Gallica), p. 19. Ver também: Ludovic CELLER, *Les Décors, les constumes et la mise en scene au XVII siècle, 1615-1680*, Liepmannsshohn & Dufour, 1869, p. 134, citando o Abade de Montigny, que relata as festividades em um *Récit des Fêtes du 18 julliet 1668.*

[104] A. FÉLIBIEN, *op. cit.*, p. 55.

[105] E seguintes, L. CELLER, *op. cit.*, p. 139-140.

teceu em 15 de julho de 1637 para celebrar o casamento de Ferdinand II de' Medici e Vittoria della Rovere, e baseado no tema da *Jérusalem libérée* por Torquato Tasso. O espetáculo equestre que foi apresentado no anfiteatro do Jardim de Boboli atrás do Palácio Pitti foi reproduzido em cores por Stefano della Bella sobre o fundo negro da pedra que servia de apoio para o artista sugerir a escuridão da noite (Fig. 3). Podemos ver precisamente que as roupas dos cavaleiros, bem como os lençóis que cobriam os cavalos de cores ocre e vermelho, refletiam a luz. Os muitos lustres suspensos traziam uma grande quantidade de velas necessárias para cobrir todo o espaço no qual os cavaleiros se moviam.

Fig. 3. *Carrocel noturno no anfiteatro do jardim de Boboli*, Stefano della Bella, 1637

Esses tipos de festas apresentam um gasto luxuoso, que a luz incorpora particularmente, com a noite sendo o cenário perfeito para valorizá-la. A sua capacidade de realçar a talha dourada iluminada pelo fogo produz um efeito imediato sobre o prazer dos olhos e assume simbolicamente a referência à riqueza e ao poder. No caso dessas celebrações dadas em um casamento, não estamos longe do Potlatch, visto que o excesso é proporcional à pobreza do povo.

Ao lado dessas festas suntuosas, a luz dos espetáculos em teatros destinados para o público era parcimoniosamente utilizada. O custo da cera é um luxo que as companhias não podiam pagar. Acendiam-se as tochas apenas no último momento, e o público ficava um tempo numa sala mergulhada na penumbra. As trupes do interior que vinham se apresentar em Paris reduziram seus custos não abrindo os camarotes nem o anfiteatro, ou seja, só restava a plateia para iluminar. A questão de uma luz suficiente está, acima de tudo, ligada aos custos envolvidos. Charles Perrault (1628-1703), que conheceu o teatro da segunda metade do século, fez um de seus protagonistas dizer, em *Le Parallèle des anciens et des modernes*, qual foi a evolução dos recursos desses tipos de representações que foram apresentadas primeiro "ao ar livre e em plena luz do dia", segundo as palavras das "pessoas idosas":

> Em seguida foram apresentadas à luz de velas, e o teatro foi decorado com tapeçarias que davam entrada e saída aos atores pelo local onde se juntavam umas às outras. [...] Toda a luz consistia primeiro em umas poucas velas em placas de estanho, fixadas nas tapeçarias; mas, como só iluminavam os atores por trás e um pouco pelas laterais, o que os deixava quase totalmente escuros, decidiu-se fazer castiçais com duas ripas em forma de cruz, cada uma com quatro velas, para colocar na frente do teatro. Esses castiçais, suspensos grosseiramente com cordas e roldanas aparentes, eram levantados e abaixados sem artifício e por mão humana para serem acendidos e assoprados.[106]

Esse discurso do personagem do Abade no diálogo dialético de Perrault apresenta o aspecto negativo do quadro. O objetivo é valorizar o teatro digno de seu século, cuja renovação Perrault situa após *Sylvie* de Mairet, em 1621 com os primeiros embelezamentos materiais do teatro. Começamos então a fazer "os cenários com uma pintura suportável, nos quais se colocavam castiçais de cristal para a iluminação"[107]. Além do efeito de riqueza que não ele não deixava de dar, o cristal tem como função refletir os reflexos da luz, cuja potência era assim multiplicada.

Na sala de espetáculo, à qual a corte é convidada, todos os meios possíveis eram empregados nessa ocasião. O rei e seus parentes próximos também iam às salas públicas, como o Teatro do Marais, quando nele se encenava uma peça com maquinaria. Samuel Chappuzeau especifica em um escrito de 1674: "quando o rei vem ver os atores, são seus oficiais que fornecem as velas"[108]. Ele relata ainda que o Teatro do Marais, apesar do ser distante, tinha como "mérito particular, a simpatia dos autores que o apoiavam, e das grandes peças com maquinários, [de] superar facilmente o desgosto que a distância do lugar podia dar ao burguês, principalmente no inverno, e antes da boa ordem que foi trazida para manter as ruas bem iluminadas até a meia-noite, e livre por toda parte da lama e dos ladrões"[109]. O deslocamento real a um teatro parisiense era a oportunidade de melhora da iluminação pública. Esses progressos permitiram realizar espetáculos à noite e garantir a segurança dos espectadores, ao contrário do que acontecia nos tempos passados, quando um teatro medíocre era apresentado em salas mal afamadas. Até o século XVIII, e mesmo depois, a luz era um luxo individual. Enquanto a iluminação coletiva das cidades e vilas não foi garantida coletivamente, cada um dependia dos seus próprios meios para lutar contra a escuridão. A escuridão e a noite são fontes de medo e de riscos. Este é o reino dos ladrões. Por essa razão, no século XVII, foi dada a ordem aos diretores de espetáculos públicos que terminassem as apresentações da tarde às 4 horas.

Para lutar contra este problema[110], foi decretada, em 2 de setembro de 1667, uma portaria que determinava a instalação de lanternas em todas as ruas, praças e esquinas de Paris. A iluminação

---

[106] Charles PERRAULT, *Parallèle des anciens et des modernes*, 1682, t. 3, p. 191.

[107] *Ibidem.*

[108] Samuel CHAPPUZEAU, *Théâtre français*, 1. ed., René Guignard, Paris, 1674, reeditado, prefaciado e anotado por Georges MONVAL, Jules Bonnassies, Paris, 1876, p. 150 (Gallica, p. 184).

[109] *Idem*, p. 122 (Gallica, p. 151).

[110] Para o histórico dessas questões, ver Louis FIGUIER, *Les Merveilles de la science, L'art de l'éclairage*, Jouvet e Cia., Paris, v. 6, 1867-1869, cap. I.

pública foi instituída pela rainha, e o reconhecimento dos cidadãos foi tal que foi cunhada uma medalha para a consagrar, na qual estava gravada: *Urbis securitas et nitor* (A segurança e a elegância da cidade). A reputação da iluminação de Paris e seus benefícios espalharam-se por toda a Europa, como confirma o trecho da carta deste italiano:

> A invenção de iluminar Paris à noite com um número infinito de luzes faz com que os povos mais distantes venham ver o que os Gregos e os Romanos nunca pensaram para a polícia de sua república. As luzes envoltas em lanternas de vidro suspensas no ar e a uma distância igual estão em ordem admirável e iluminam toda a noite. Este espetáculo é tão bonito e tão bem compreendido que até Arquimedes, se ele ainda estivesse vivo, não poderia acrescentar nada de agradável e de mais útil. Estas luzes noturnas fazem um bem extremo para todo o povo, elas contribuem para o orgulho público, assim como vários grupos de pessoas, algumas a pé, e outras a cavalo, que passam a noite toda pela cidade para impedir as mortes, os roubos e os assassinos, que antes eram feitos impunemente ao abrigo das trevas. O que torna Paris, se você eliminar o barulho abominável, a cidade mais segura e mais deliciosa do universo.[111]

Ela não foi, no entanto, nada fácil de instalar, visto que as lanternas de cada rua estavam sob a responsabilidade pessoal dos burgueses do bairro e da rua; alguns relutavam ou até poupavam as pontas das velas (de onde vem a expressão économie de bouts de chandelle), lucrando com a mercadoria. O que não impediu que, um ano bom, outro ruim, até o fim do século XVII, Paris fosse a única cidade da França na qual havia iluminação pública, mas que permaneceu como a rainha instituiu até o ano de 1758, quando o rei impôs a distribuição de lanternas públicas em todas as ruas e em todos os bairros da cidade. Uma medida que libertou a burguesia do fardo assumido pelos acendedores de lanternas, que eram a atração os bairros quando caia a noite. Iluminação que contribuiu para a fama de Paris como "cidade das luzes", cujas melhorias foram constantemente aprimoradas até o advento do gás e depois da eletricidade, que, no entanto, não ocorreram sem problemas.

Em 1818, foi o mesmo desejo de acrescentar brilho à magnificência que motivou a corte de Luís XVIII a instalar iluminação a gás na Ópera, a despeito da situação econômica do país. Buscou-se informações em Londres, onde a invenção já havia sido aplicada e sua implantação foi realizada com a inauguração em 1821 da nova Ópera na rua Le Pelletier, que substituiu a da rua de Richelieu. Ela foi instalada primeiro nos corredores e na plateia, o que mostra claramente a importância dada à representação social na ópera: ser visto e aparecer em plena luz continua a ser a primeira preocupação do público. Foi somente em 1822 que o gás foi usado para o palco durante a apresentação de *Aladin ou da lampe merveilleuse* em 6 de fevereiro. Essa nova iluminação deu brilho redobrado aos cenários de Daguerre que representavam os muros de um palácio cintilante de cristais e pedras preciosas, refletindo como um espelho as expectativas do público: o reconhecimento da burguesia como classe social superior pelo esplendor da luz. Se o padrão persistiu desde o século XVII, com o advento do gás, os fatos mudaram. Não era mais o rei que se admirava sob as luzes, mas a si mesmo. Nos dias de hoje, locais de diversão como Las Vegas operam sob o fascínio exercido pela luz, que se espalha de forma irracional, enquanto a economia de energia e as medidas a favor da proteção do planeta são defendidas em todos os lugares. Novamente e sempre, a luz e o poder, que aqui assumem a cor do dinheiro, estão ligados.

A partir do século XVII, a luz era um luxo que se mostrava no mesmo nível que o efeito das maquinarias. Por outro lado, o uso do blecaute da sala, que constitui o marco atual de um teatro

[111] Trecho da carta de um italiano em viagem, inserida em *Le Saint-evremoniana*, de Monsieur de Saint-Everemont, Pierre Mortier, Amsterdam, 1701, p. 289.

dado em boas condições, teria sido uma forma de insulto ao poder real que devia brilhar entre os cortesãos que não tinham olhos apenas para ela. Daí a convergência dos dois princípios, inadequados do nosso ponto de vista ao prazer do espectador: a sala retangular orientada para o centro da plateia onde está localizado o Príncipe, e a presença de luz na sala. Acontece que o prazer está em outro lugar, ele está em iluminar o poder. Posteriormente, a evolução da sala da ferradura consagra, no século XIX, o narcisismo social mencionado anteriormente. De um século para o outro, luxo e *lux* juntos no palco e na plateia fazem um acordo para colocar em cena os atributos do poder. Sob a forma de paráfrase indireta, constatamos que no início havia a luz no teatro, da qual o blecaute só poderia ser extraído por uma tensão contrária ao movimento social e político em um devir estético.

Entre deslumbramento e contraste, equilíbrio instável

A questão do escurecimento da sala preconizada pelos cenógrafos merece algumas nuances e a compreensão de uma estética de acordo com o seu contexto. Se nos referirmos ao tratado de Nicola Sabbatini (1638), a luz da sala, permanecendo bastante relativa, não impedia os efeitos da luz e as suas modulações, que iam de mãos dadas com as mudanças de cenário. A luz, encarregada de enobrecer os cenários, trabalha nesse sentido: Nicola Sabbatini dá informações bastante precisas sobre a distribuição dos lustres da sala. Segundo ele, "deve-se ter o cuidado de colocar os lustres o mais próximo possível do palco, de maneira que não atrapalhem a visão dos maquinários que vão descer do céu durante os interlúdios, se houver. Eles deverão, portanto, ser colocados nas laterais, deixando a parte central vazia e livre. É preciso pensar também em não colocar além de poucas luzes, quase nenhuma, na parte que vai do meio para o fundo da sala, e garantir que haja abundância no entorno do palco, visto que as *maisons*, desta forma, aparecerão melhor"[112]. O objetivo é fazer com que as pinturas se destaquem. Sabbatini estuda os diferentes posicionamentos das fontes luminosas e escolhe aquela que lhe parece mais satisfatória para esse fim. Deduzimos então que o modelo italiano preconiza uma diferença no nível de luminosidade entre o centro da sala, ou seja, da plateia, e a parte dedicada à atuação, o palco que é então denominado "teatro". O restante do seu tratado confirma isso, pois ele descreve "como podemos fazer com que toda a cena escureça em um instante", bem como os métodos de iluminação de palco[113]. Benjamin Lazar, discípulo de Eugène Green[114], dedicou-se à tarefa de dar a ouvir e ver uma reconstrução — revisitada — do espetáculo barroco, incluindo um *Bourgeois gentilhomme* de quatro horas, supostamente como teria sido apresentado em sua estreia em 1670, com as músicas e os balés dos interlúdios[115]. Tendo somente ribalta de velas, suportes laterais e lustres como únicas fontes de iluminação, a luz dos seus espetáculos "à luz de vela", manipulada e obscurecida de acordo com as necessidades da narrativa, dava uma ideia da intensidade da iluminação no palco. Mas com a diferença de que, em suas criações, o teatro atual está mergulhado na escuridão, o que não era o caso então; e que nosso ambiente luminoso nos acostumou a referências muito diferentes. Como em matéria de luz tudo é relativo, nós só podemos imaginar o efeito produzido sobre o espectador do século XVII, o que foi constatado por Louis Jouvet, que analisou em artigo dedicado à luz, como se fazia essa "mudança ininterrupta, na qual o olho do observador, ilustrando

[112] N. SABBATINI, *Pratique pour fabriquer scènes et machines de théâtre*, Livro II, cap. 12, *op. cit.*, p. 65.

[113] *Ibidem.*

[114] Eugène GREEN (1947), natural de Nova York, emigrou para a França no fim da década de 1960 e fundou, dez anos mais tarde, uma companhia de teatro barroco, o Théâtre de la Sapience, que se especializou na restituição em cena da dicção da época barroca. Ele é o autor de diferentes livros, dentre os quais *La Parole Baroque*, Desclée de Brouwer, 2001.

[115] Encenação na Opera Real do castelo de Versailles em 2004.

as teorias de Darwin, se adapta a uma ilusão cada vez mais luminosa"[116]. É, portanto, difícil assimilar essa busca de ilusão com a necessidade de mostrar os cenários, como recomendado por Sabbatini, por uma escolha de luzes bem localizadas. O efeito seria o oposto a nosso ver, em comparação com as possibilidades oferecidas pela iluminação elétrica.

Para além da preocupação arqueológica, o mérito de Benjamin Lazar é enfim dar um destaque ao blecaute em contraste com o dourado das chamas das velas que se reflete nos espelhos das lanternas, despertando no atual espectador uma lembrança de estado de devaneio perdido que Bachelard lembra em *La Flamme d'une chandelle*. Nesse livro, construído sobre o princípio do "simples devaneio", Gaston Bachelard evoca os efeitos da chama que provoca "uma ressonância na alma"[117] de quem a contempla. Se em *La Psychanalyse du feu* Bachelard se aproxima de Novalis, é para desenvolver a ideia de que o devaneio que antecede a experiência é mais forte do que ela, baseado no desejo de calor íntimo. Esse complexo de Novalis permite a Gaston Bachelard desenvolver em seguida a dimensão sexual do fogo, mas, para nós, a aproximação termina na temática do devaneio íntimo ligado à nostalgia de uma experiência perdida. O que Bachelard retoma em *La Flamme d'une chandelle*, 30 anos mais tarde, destacando o vínculo inscrito em si mesmo de forma duradoura entre o devaneio e a chama. Para o espectador atual, o confronto com a luz das velas desperta essa experiência perdida e mergulha-o em um devaneio nostálgico que Bachelard chama de "estado de primeiro devaneio"[118]. A evocação por Benjamin Lazar desse teatro do tempo das chamas brinca com esta nostalgia de um teatro desprovido de luz, de um teatro anterior ao teatro, de um teatro ignorante de todo o brechtianismo, que defenderá a claridade em nome da verdade. É no Ocidente a contraparte dos teatros orientais para os quais a fascinação tende tanto aos seus claro-escuros quanto à sua estrangeirice "primitiva". Há nessas experiências ao mesmo tempo uma certa sensualidade e a doçura de uma carícia da "alma"; ambivalência que Bachelard qualifica como "claro-escuro da psique"[119]. No entanto, essa nostalgia dos brilhos incertos produzidos pela chama não é prerrogativa dos contemporâneos: ela foi, no século XIX, expressa desde o advento da iluminação a gás, considerada muito luminosa. Isso fará Charles Nodier declarar, de forma muito concreta, o seu lamento pela luz das velas que destacavam a beleza das mulheres nos camarotes dos teatros, pelo efeito de contraste escultural, notando, ao contrário: "imaginem todos esses rostos bonitos, iluminados de uma maneira uniforme, monocromática e plana, como recortes frios de papel branco, sobre um plano sombrio que não deixa transparecer em poucas sombras o relevo elegante de suas formas e a flexibilidade graciosa de suas atitudes"[120]. O teatro hesita entre o deslumbramento do espectador com o esplendor exibido e a necessidade de um contraste a serviço do resultado cênico preconizado pelos profissionais.

Em seu tratado, Sabbatini, que se detém na conveniência dos dispositivos vinculados à visão, destaca a confecção de telas pintadas em perspectiva nessa direção. Ele indica "como acomodar o lugar do Príncipe", que deve ser em "um lugar o mais próximo possível do ponto médio e de tal altura

[116] Louis Jouvet, em "*L'Homme, l'ectricité, la vie*", *Revue des Arts et métiers graphiques*, número especial, 1937: "Se considerarmos o instrumento de iluminação que é a ribalta, nós podemos, de acordo com as gravuras da época, enumerar aproximadamente seus elementos: uma ribalta de trinta velas comuns já deve ter sido um luxo; a vela de pavio trançado não traz muito progresso em relação à vela comum (9 velas de pavio trancado equivalem a 10 velas comuns); mas o candeeiro já vale 6 velas de cera; a lâmpada Carcel que a sucedeu (e que mais tarde serviu como padrão para determinar a vela decimal) tem uma potência igual a 9 velas decimais; depois veio o bico borboleta que corresponde a 15 velas e, finalmente, o bico Auer, 120 velas. [...] Hoje, a ribalta da *Comédie Française* comporta quarenta e oito refletores, cada um equipado com uma lâmpada de 150 watts, ou seja, 300 velas, para um total de 14.400 velas decimais".

[117] Gaston BACHELARD, *La Flamme d'une chandelle*, Presses Universitaires de France, 1961, p. 99.

[118] *Idem*, p. 3.

[119] *Idem*, p. 7.

[120] Charles NODIER; Amédée PICHOT, *Essai critique sur le gaz d'hydrogène et les divers modes d'éclairage artificiel*, Gosslin, Paris, 1823, "prefácio".

que a visão do espectador, ali sentado, esteja nivelada com o ponto de passagem de modo que todas as coisas marcadas no palco se mostrem melhor do que em qualquer lugar"[121]. Nesse modelo italiano, o teatro concebido com base na perspectiva visa ao melhor ponto de vista, que se tornará o famoso "lugar do príncipe", no eixo do ponto de fuga situado no centro do palco. No entanto, os primeiros teatros retangulares franceses não permitiram tirar proveito desses princípios cenográficos: o ator atua em um conjunto fixo feito de telas pintadas e montadas em molduras distribuídas perpendicularmente em três lados que representam quantos lugares forem necessários, todos à vista ao mesmo tempo, num espaço cênico um tanto exíguo, como era o caso no Hôtel de Bourgogne ou no Théâtre du Marais. Isso é demonstrado particularmente bem nos esboços do *Mémoire de Mahelot*. Depois sua redução, no período clássico, a um único lugar tornará o "palácio à vontade" muito prático, porque indefinido. Mas, enquanto este modelo estiver em uso, a estreiteza da área de atuação, iluminada de frente pela ribalta, permitirá evitar a área central mais escura. Já no modelo italiano, a disposição em perspectiva nos três lados do palco deixa livre um espaço central maior, cuja profundidade de cerca de 7 metros e a presença de diferentes planos exigirão um dispositivo específico para iluminar até o fundo do teatro. Sabbatini confirma, em sua *Pratique*, sua preferência pela iluminação lateral:

> Se fizermos a luz vir de um dos lados do palco, seja da direita, seja da esquerda, as *mansions*, a perspectiva do meio, o piso — digamos, todo o cenário — serão mostrados em uma luz muito melhor do que em qualquer um dos os dois casos anteriores [de frente ou vindo do fundo] e muito apropriada para fazer com que os espectadores sintam um prazer completo, pois apresentará luzes e sombras tão precisamente distribuídas que seu aspecto será mais agradável.[122]

Este comentário de Sabbatini destaca a complexidade dos dois princípios: a necessidade de uma iluminação eficiente para destacar as telas dos cenários, mas também o prazer do espectador, que se baseia nos contrastes. Sabbatini rejeita a luz frontal, que achata os volumes, mas recomenda favorecer uma boa visibilidade por meio de uma nuance entre a luminosidade da sala e do palco. Da mesma forma, a ribalta, que permite iluminar de frente e de baixo para cima os atores no proscênio, tão criticada depois, não é generalizada na época. As gravuras de Stéphane della Bella correspondentes à representação de *Miramé* no Théâtre de Richelieu em 1641, equipado com os mais recentes maquinários e sistemas de iluminação trazidos da Itália, mostram um teatro sem ribalta. Ela teria surgido da pobreza das companhias do interior, que não tinham dinheiro para içar lustres ou castiçais até o teto e se contentavam em colocar velas no chão, à frente do palco. Nicola Sabbatini menciona essa possibilidade de iluminação, mas não a estuda da mesma forma que as demais disposições em sua *Pratique*. Para ele, ela não passa de um paliativo que comporta muito mais inconvenientes do que vantagens, e ele não se detém sobre essa questão, que ele, aliás, nem chama de ribalta. Então por que, finalmente, ela foi adotada? Certamente por simplificação e economia de recursos, depois associada ao seu equivalente em altura, a gambiarra, para unificar a luz difusa sobre o palco. Ela também foi útil nos casos de peças com cenários únicos sem maquinários, para as quais ela é a iluminação de base. Assim, a diversidade de dispositivos de iluminação no século XVII vai desde a luz geral até os contrastes mais próprios para o encantamento do espectador. Mas o fundamento restante, apesar de tudo, é a segurança e o conforto dos espectadores, então tentamos administrar as duas exigências.

---

[121] N. SABBATINI, *op. cit.*, p. 55-56.

[122] *Idem*, Livro I, cap. 16, *"Comment et de quel lieu faire venis la lumière pour colorer la scène"*, p. 22.

No século XVIII, Antoine Laurent de Lavoisier e o arquiteto Pierre Patte competiam com sugestões para melhorar o princípio da iluminação dos teatros[123]. Se Pierre Patte se interessava principalmente pela arquitetura das salas, pela disposição dos espectadores e por sua relação com o teatro (ou seja, o palco), ele também se interessava pelas questões da iluminação[124]. Lavoisier, por sua vez, aborda a questão em suas *Mémoire sur la manière d'éclairer les salles de spectacles*[125]. Ambos fazem as mesmas constatações e propõem, com base nas reformas que foram feitas e nos inconvenientes que elas causaram, fazer melhorias. Suas observações referem-se, em primeiro lugar, à má distribuição de luz entre áreas que permaneceram na sombra e os locais muito claros, em particular pela ribalta "muito brilhante", diz Lavoisier, enquanto Patte, sem usar o termo adequado de ribalta, fala do "cordão de lampiões colocado na frente do palco". Lavoisier lamenta uma perda de luz; Patte, depois de ter descrito os incômodos da ribalta (fumaça, olhos feridos e ofuscados, escurecimento dos cenários), cita, ele mesmo, um outro texto[126], no qual se diz que: "nada mais falso, notamos recentemente, do que a luz que atinge o corpo do ator de cima para baixo [*sic*]: ela desfigura o ator [que] faz caretas" e, "invertendo a ordem das sombras", revela-se "diametralmente oposta às leis da natureza". Cada um imagina um novo dispositivo para superar essas dificuldades. Nenhum deles pensa em deixar os espectadores no escuro, pelo contrário. A principal preocupação de Lavoisier é combater essa obscuridade: "ela reina, ele observa, em todas as partes da sala que não são iluminadas pela ribalta, em particular a orquestra no anfiteatro, e até na parte dos camarotes, uma escuridão tal que é difícil reconhecer ali, a alguma distância, as pessoas que ali se encontram, e que não é possível ler uma impressão, mesmo com letras bastante grandes", e acrescenta que na plateia a escuridão é "ainda maior" ou nota que os espectadores estão "ocultos na sombra"[127]. Todo o seu *Mémoire* tende a reequilibrar a iluminação do palco e da sala, propondo um sistema que permita difundir melhor a luz acima dos espectadores do que como era feito na época dos lustres. Pierre Patte, também interessado nessa questão, imagina a substituição dos lustres da sala por "um grande poste, a meio do seu teto, por baixo do orifício destinado a renovar o ar durante os intervalos". Esse poste consistia em "uma grande cobertura de prata bem estanhada, com cerca de três pés de diâmetro, terminada em baixo por um bocal de vidro de forma cônica, no meio da qual estaria suspensa uma lâmpada com vários pavios, cuja luz, ao atingir a superfície polida e brilhante da tampa, iluminaria, por reflexão, toda a sala"[128]. Lavoisier, em uníssono com Patte, também imagina um dispositivo de luz difusa acima dos espectadores, mas usando "postes elípticos perdidos na altura do teto"[129]. Esse dispositivo foi testado no Louvre, na grande sala de pinturas, e seu resultado não será inteiramente convincente para Lavoisier, que constata que, dessa forma, o teto fica "absolutamente no escuro" e, portanto, "muito sombrio". Por fim, ainda que as reformas imaginadas por uns e outros

---

[123] Se a obra de Lavoisier (1781) a qual me refiro foi publicada um ano antes da de Pierre PATTE (1782), na realidade, este último evoca e cita as suas próprias observações publicadas um ano antes, ou seja, em 1781, no *Mercure* de julho, enquanto Lavoisier, em suas *Mémoires sur la manière d'éclairer les salles de spectacles*, menciona, sem nomeá-lo, o arquiteto Pierre Patte: "Eu sei que um artista justamente famoso, e cuja opinião deve ser de grande peso neste assunto, aconselhou, num trabalho muito interessante que acaba de ser publicado, retirar as fontes luminosas da ribalta e substituí-las por luzes colocadas em cima e nos dois lados da frente do palco".

[124] Pierre PATTE, *Essai sur l'architecture théâtrale*, 1782 (trabalho digitalizado). Ver especialmente *"De la manière d'éclairer des spectacles"*, p. 192-196.

[125] Antoine Laurent de LAVOISIER, *"Mémoire sur la manière d'éclairer les salles de spectacles"*, em *Mémoire de l'Académie des sciences*, ano 1781, cnrs. fr, p. 91-102.

[126] Nesse trecho, *op. cit.*, p. 194, P. PATTE, notar a referência a uma *Observation sur la configuration d'une nouvelle salle d'opéra*, sem citar o autor. Parece que há um erro nesse texto, que menciona uma orientação da luz que vai de "cima para baixo". No entanto, a ribalta tem exatamente o efeito oposto. A sequência afirma que este princípio "inverte a ordem das sombras" e se encontra "diametralmente oposto às leis da natureza", *ibidem*.

[127] Essas observações permitem compreender que as coisas desse ponto de vista quase não mudaram desde o século XVII, de acordo com o que afirma Henry PRUNIÈRE, *op. cit.*, p. 156, que mencionava a necessidade de fornecer velas aos espectadores para que pudessem ler o libreto durante a apresentação. Ver adiante.

[128] P. PATTE, *op. cit.*, p. 196.

[129] A. L. de LAVOISIER, *op. cit.*, p. 97.

visem melhorar a iluminação e o resultado ilusionista, acaba que a melhor distribuição da luz não leva à eliminação da luz da sala, pelo contrário, porque o que se busca é eliminar as áreas escuras.

Em relação ao "poste" citado nas duas teorias de Patte e Lavoisier, é preciso dar alguns detalhes mais precisos. Patte propõe substituir a ribalta da seguinte forma:

> [...] tudo o que será preciso fazer é colocar em um lado e do outro na largura da sala, próximo ao proscênio, três postes no fim do parapeito do segundo, terceiro e quarto andares dos camarotes, que poderiam direcionar vantajosamente sua luz e atingir com seus raios a totalidade da largura e altura do proscênio: desta forma, os objetos cênicos, em vez de se encontrarem ridiculamente iluminados de baixo para cima, seriam-no de cima para baixo como se iluminados pelo sol, o que pareceria mais natural[130].

Ele antecipa o princípio adotado para a iluminação atualmente em uso nas salas à italiana, na quais os corrimões dos balcões no proscênio são usados para a fixação de refletores. O processo citado é criticado por Lavoisier, que observa que:

> Essas luzes colocadas no alto do proscênio, ou seja, perpendicularmente às cabeças dos atores, [elas] produziriam o mais desagradável de todos os efeitos, o de projetar a sombra do nariz sobre a parte inferior do rosto, de sombrear com demasiada força toda a cavidade da órbita do olho, de revelar de uma forma chocante as mais leves rugas, as menores irregularidades da pele; enfim, os atores fariam sombras neles mesmos sempre que se inclinassem para a frente, e o ator escaparia do espectador, por assim dizer, nos momentos mais trágicos.[131]

A segunda observação diz respeito ao nome "poste" e a seu princípio. O termo em francês *réverbère* atualmente induz a um erro de representação. Não se trata do objeto usado na iluminação pública montado em pedestal; mas do princípio claramente explicado por Lavoisier, que consiste em um "espelho metálico destinado a transportar para o objeto a ser iluminado uma porção de luz". Esse "poste", como imaginado distintamente, mas relativamente ao mesmo tempo, por Patte e Lavoisier, corresponde ao ancestral do refletor. A expressão "poste de luz" (*lampe* à *reverbere*) evitaria qualquer confusão. Esse "poste parabólico ou até simplesmente esférico", ainda segundo Lavoisier, poderia iluminar a tela do fundo do palco ao ser colocado "acima do proscênio dentro do teatro, na parte chamada de urdimento". Em outras palavras, como agora; e ele acrescenta que esses postes seriam "móveis, de modo a direcionar a luz nas partes que se considerasse adequadas para iluminar mais". Quanto a Pierre Patte, ele destaca que "a partir do uso frequente dos postes, que têm a dupla vantagem de aumentar o volume da luz e de poder direcioná-la ao fundo à vontade, é surpreendente que tenhamos negligenciado até aqui seu uso para iluminar o palco dos teatros"[132]. Ele recomenda colocá-los diretamente no palco, nas coxias em uma "estrutura vertical montada em um pivô". O desafio seria aumentar a superfície a ser iluminada, eliminando as áreas escuras indesejadas, mas também fortalecer a «ilusão».

Em suma, essas inovações imaginadas por Patte e Lavoisier que prefiguram os diferentes dispositivos de iluminação e sua disposição na sala, no urdimento e nas coxias, têm como objetivo proporcionar uma iluminação mais bem distribuída por todo o conjunto do palco, sem, no entanto, negar-lhe a possibilidade de ser atenuada. Para Lavoisier, isso seria possível adicionando "gases [*sic*] mais ou menos grossos que poderiam ser coloridos, telas claras, que seriam abaixadas na frente para interceptar mais ou menos luz, formariam o grau da noite ou da escuridão que seria considerado

---

[130] P. PATTE, *op. cit.*, p. 193.

[131] A. L. de LAVOISIER, *op. cit.*, p. 96.

[132] E seguintes, P. PATTE, *op. cit.*, p. 192-193.

apropriado, e daria à luz todos os tons que as circunstâncias pudessem exigir"[133]. O objetivo dessas reformas previstas era, em primeiro lugar, uma caçada à escuridão e a busca por uma iluminação melhor da sala e do palco para fins ilusionistas. Uma pesquisa que não exclui os efeitos do claro-escuro que Lavoisier, nos passos de Algarotti[134], inveja aos mestres da pintura, que "por estes efeitos de luz e de sombra [...], encantam nos quadros"[135]. Algarotti lembrou, em seu ensaio sobre a ópera, não só as vantagens que os cenógrafos modernos teriam para usar "a forma da escola toscana e de Michelangelo" ou ainda para "se apegar às paisagens de Poussin, de Ticiano, de Marchetto-Ricci, e de Claudio, que souberam mostrar na natureza as belezas mais requintadas e transportá-las para a tela"; mas, ainda, ele incentiva a cuidar da luz dos cenários ao dosar sua intensidade:

> Se entendêssemos a arte de distribuí-la, se a mandássemos em massa para certas partes do palco, e se privássemos outras delas, não haveria a aparência de que ela jogaria sobre o teatro essa força e vivacidade de claro-escuro, que Rembrandt conseguiu colocar em seus relevos? Talvez não fosse impossível transportar sobre os cenários essa amenidade de luz e de sombra que as pinturas de Giorgione e de Ticiano têm?[136]

Apesar desses desejos recorrentes de reformar a iluminação das salas de espetáculo e do palco, a colocação da sala no blecaute, etapa necessária para sua realização, não será efetiva. É acima de tudo o conforto — social — do espectador que é privilegiado. Na tradição das apresentações da corte, onde o luxo é exibido por meio de suntuosas exibições de cenários, a luz é um atributo do poder e um bem mal compartilhado e, portanto, invejado. A sala de espetáculo é um local onde esse luxo é momentaneamente acessível a uma população maior que a da corte. Para o espectador, renunciar a essa profusão de luz seria contraditório à ideia de uma progressão social. Mas, finalmente, é pela necessidade de reforçar o efeito de ilusão e, portanto, o prazer do espectador por meio dos princípios decorativos nas novas salas, incluindo a maquinaria italiana, que a necessidade de um verdadeiro blecaute da sala será sentida. Blecaute ao qual chegaremos gradualmente sob a influência do modelo italiano para o prazer dos olhos do espectador. Se atribuímos a Wagner a paternidade dessa revolução cenográfica, é porque ele efetivamente quis que seu teatro em Bayreuth, o *Festspielhaus*, inaugurado em 1876 com a criação do *Ring*, oferecesse um "abismo místico" ao reforçar os efeitos de ilusão pela colocação da sala no blecaute em um único anfiteatro sem galerias, e pela colocação da orquestra no fosso[137]. Mas é óbvio que a necessidade de criar um estado luminoso favorável à visão da sala foi pensada desde o século XVI. A Itália, à frente nessas questões, já havia defendido a introdução parcial de um escurecimento parcial das luzes da sala. Leone de' Sommi viu a possibilidade de que "o olho captaria seu objeto de forma mais direta e sem que sua atenção fosse desviada", como lembrado nas obras consagradas à iluminação cênica antes da lâmpada incandescente[138]; enquanto um outro italiano, Angelo Ingeneri, solicitava o apagar completo da sala durante a performance em seu tratado sobre questões de representação: *Della poesia rappresentativa e del modo di rappresentare le favole sceniche*, impresso em

---

[133] A. L. de LAVOISIER, *op. cit.*, p. 94.

[134] Francesco ALGAROTTI, *Essai sur l'opéra*, 1755, capítulo "Os cenários", p. 70-83.

[135] A. L. de LAVOISIER, *op. cit.*, p. 97.

[136] F. ALGAROTTI, *op. cit.*, p. 82.

[137] No que diz respeito ao apagão da Festspielhaus em 1876, a realidade deve ser relativizada, a realidade é relativa, como o estudo dos escritos de Adolphe Appia permite compreender. Ver no capítulo "Blecaute no palco e na plateia: percepção relativa".

[138] Léone de SOMMI, *Quatro dialogghi in matéria di rappresentazioni sceniche* (Quatro diálogos sobre a matéria da representação cênica), cujo quarto diálogo é dedicado à luz, editado em 1570. Ver Cristine RICHIER, *op. cit.*, p. 87; e Cristina GRAZIOLI, *op. cit.*, p. 21-22. Para a tradução francesa do texto, ver Adrien Crémé e Sanda Peri, revisado por Annick Crémé-Olivier, na *Revue d'histoire du théâtre*, 1988.

1598[139]. Quando Sabbatini defende "muito pouca luz, quase nenhuma, na parte que vai do meio para o fundo da sala", como já mencionado, ele defende a ideia de um espaço sem interferência luminosa no eixo do palco[140]. Quando Pierre Patte sugeriu, em 1782, o uso de uma luz difusa para a iluminação da sala, acrescentou uma observação que, no entanto, vai nessa mesma direção. Ele não escreveu que a sua iluminação "por reflexão" espalharia por toda a sala "uma luz delicada e suave, que contrastaria com a do palco, que seria viva e picante"[141]? Mas não se trata aqui somente de uma projeção de sala de espetáculo... porque, em última análise, as visões antecipatórias de Leone de' Sommi e as modalidades descritas por Sabbatini esperarão até o século XIX para serem totalmente experimentadas.

[139] Angelo INGENIERI, *Della poesia rapresentativa a del modo di rappresentare la favole sceniche*, 1598, reedição M. L. Doglio, Panini, Modena, 1989, segundo as fontes bibliográficas de C. GRAZIOLI, *op.cit.*

[140] Princípio que, como todas as técnicas que descreve, é uma realidade na Itália por 10 a 15 anos, na época da publicação de seu tratado, ao contrário do costume na França.

[141] P. PATTE, *op. cit.*, p. 196.

ESCURECIMENTO DOS TEATROS

Magia cênica e prazer do espectador

"Quando a cortina sobe, a sala está na penumbra, ainda vazia. Os lustres estão abaixados no meio da plateia, esperando para serem acesos"[142]. Esse detalhe, que consta da descrição de 1897 de Edmond Rostand do Hôtel de Bourgogne (como ele supunha que fosse em 1640) no cabeçalho de sua peça *Cyrano de Bergerac*, é particularmente interessante. Mesmo que seja uma ficção histórica, ela trata da luz que precedia o espetáculo no século XVII. Antes que o uso do blecaute fosse admitido como elemento e sinal de neutralização do espaço de representação para o espectador, o princípio era quase inverso: os espectadores esperavam na penumbra, e o subir da luz era o sinal do início do espetáculo[143]. Uma declaração real citada em 1674 por Chappuzeau informa o funcionamento dos teatros estipulando a atribuição da responsabilidade das luzes aos cenógrafos que são responsáveis por assegurar que ela seja apagada "prontamente, de modo a não entediar o espectador entre os atos, e de maneira asseada, para não lhe expor ao mau cheiro"[144]. Enquanto a questão da segurança estiver envolvida, o blecaute não será desejável. Porém, o prazer dos espectadores, que se deseja a todo custo satisfazer, exigirá certas modificações de hábitos espetaculares.

Mudanças às vistas do público

Se a alternância *Luz da realidade – Blecaute – Luz fictícia – Blecaute – Luz da realidade* é o protocolo tradicional no início e no fim do espetáculo, esse código foi gradualmente se estabelecendo em conexão com a criação da ilusão. O mesmo vale para os blecautes do entreato e das entrecenas, que também têm sua história e sua função. Esse blecaute intermediário há muito é percebido como *não artístico*, como uma pausa no espetáculo. Algumas vezes a plateia é ligeiramente iluminada, e, se o tempo for muito longo, o espectador é convidado a deixar a sala, impondo-lhe a ruptura do intervalo.

Historicamente, esses blecautes remetem ao domínio da luz até o advento do gás e depois da eletricidade. O apagamento das velas, independentemente da sua duração em função da sua grossura, obrigou a interrupção do espetáculo pelos "assopradores". Eles baixavam os lustres com o auxílio das roldanas para recolocar as velas, bem como as da ribalta e dos vários dispositivos de iluminação, varas e suportes laterais, o que ritmava as sessões, quer fossem, quer não fossem compostas por vários espetáculos. Um novo mergulho na penumbra momentânea conduzia os espectadores de volta às contingências do real. Ora, esse estado luminoso de pouca potência era a medida cotidiana, enquanto o excesso de luz consistia na exceção, cuja natureza maravilhosa se equiparava com a magia do palco e as ficções que ali se apresentavam. Ao longo do século XIX e até os dias de hoje, não tendo mais necessidade dessa divisão imposta por questões técnicas, foi mantida a presença dessas pausas intermediárias, como se esse ritmo tivesse definitivamente se integrado. Isso porque foi mantida a sua função dramatúrgica. A elipse espaçotemporal que permite que a ação avance até o seu fim em uma duração efetiva de cerca de duas horas corresponde ao equilíbrio aproximado ao de uma tragédia.

---

[142] Edmond ROSTAND, *Cyrano de Bergerac, "Une representation à l'hôtel de Bourgogne"*, Presses Pocket, 1989, p. 26.

[143] Ariane MNOUCHKINE, em seu filme *Molière* (1974), coloca em cena essa iluminação da sala antes de receber o público.

[144] S. CHAPPUZEAU, citando a *Déclaration du Roy en faveur de la troupe Royale de l apart du Roy, op. cit.*, p. 153.

A mudança de cenário certamente justifica esse tempo entre atos ou cenas[145]. Mas, na realidade, será necessário esperar o início do século XIX e o drama romântico para torná-lo necessário. Porque, se os cenários sucessivos substituíram os cenários simultâneos, o grande prazer do espectador até o fim do século XVIII era testemunhar a transformação dos cenários em cena aberta. Era um prazer compreender e ver os mecanismos, mas também sonhar: estar suspenso entre a razão e a maravilhamento dos sentidos. Fontenelle, algumas décadas antes, em 1686, inscreveu suas *Entretiens sur la pluralité des mondes* nessa ambivalência — "queremos saber mais do que vemos"[146] —, colocando a *libido sciendi* de Pascal sob o selo do desejo proibido. Ver, e até mesmo mais, desejar ver, demonstra não somente uma simples curiosidade intelectual, mas o prazer da transgressão[147]. Fontenelle baseia-se na beleza da noite para apresentar seu argumento:

> A lua estava alta [...] seus raios que só chegavam até nós entre os galhos das árvores, formavam uma agradável mistura de um branco forte e vivo, com todo esse verde que parece negro. Não havia uma nuvem que ocultasse ou obscurecesse a menor estrela, todas eram de um dourado puro e brilhante, e que ainda era destacado pelo fundo azul ao qual elas estão fixadas[148].

Comparada à beleza de uma mulher morena enigmática, mas "mais comovente", oposta à beleza do dia (uma mulher loira), a noite desempenha um papel triplo. Ela é o contexto dos *Entretiens*, capitulado em uma sucessão de *soirs*, ela assume o papel de preparação do ensaio (é a contemplação das estrelas que leva Fontenelle a desvendar a sua teoria sobre a pluralidade dos mundos), e ela encarna essa dimensão sensual que Fontenelle exalta novamente com a metáfora do espetáculo:

> [...] eu imagino sempre, ele diz, que a natureza é um grande espetáculo que se assemelha ao da Ópera. Do lugar onde você está na Ópera, você não vê o teatro exatamente como ele é; os cenários e maquinários foram dispostos para fazer um efeito agradável à distância, e foi escondido das tuas vistas estas roldanas e estes contrapesos que realizam todos os movimentos[149].

Mas Fontenelle sugere a sua interlocutora, a Marquesa, que compartilhe outro prazer, o de ver por trás ou por baixo do palco: "a Marquesa está tão disposta a ingressar em tudo que eu quero lhe dizer que eu acho que tudo o que eu devo fazer é tirar a cortina e lhe mostrar o mundo". Uma tendência que vai se ampliando, visto que "conhecer" será, sem dúvida, a palavra-chave do apropriadamente denominado "século das luzes"[150].

O teatro responde a essa cultura de curiosidade que celebra a encenação das mudanças de cenário. É uma verdadeira metamorfose que se dá aos olhos dos espectadores graças a uma maquinaria consagrada, de

[145] A duração destes no século XIX foi polêmica, até mesmo em peças realistas: Francisque Sarcey queixou-se, por exemplo, daquele que durou uma hora e cinco minutos durante a execução do *Canard Sauvage* de Ibsen por Antoine em 1891. Francisque SARCEY, *Quarante ans de théâtre Feuilletons dramatiques*, Biblioteca de Annales, Paris, 1902, "Encarte de 4 de maio de 1891", p. 315.

[146] FONTANELLE, *Entretiens sur la pluralité des mondes* (primeira edição 1686); Flammarion, 1998, p. 62.

[147] Em 1686, quando da primeira publicação dos *Entretiens*, os jansenistas haviam reativado uma tradição cristã que reduzia o pecado da vaidade ao desejo de saber. Reminiscente do pecado original, segundo o qual Adão e Eva comeram o fruto da árvore do "conhecimento do bem e do mal", árvore que era "agradável à vista" e que abriu os olhos de ambos, fazendo-os ver sua nudez.

[148] FONTANELLE, *op. cit.*, "primeira noite", p. 59.

[149] FONTANELLE, *op. cit.*, p. 64 e seguintes.

[150] Uma tendência que se desenvolverá ainda mais no século XIX por meio de um grande número de obras de difusão científica que retrataram as inúmeras descobertas durante o desenvolvimento industrial. Mas mais interessante para o nosso estudo é o fascínio pelos "truques" do teatro que se desdobram por meio de obras ilustradas, das quais as mais explícitas, pelo próprio título, são as de Jean MOYNET, *L'Envers du théâtre. Machines et décorations*, Hachette, 1873; e de Georges MOYNET, *Trucs et décors, explication raisonnée de tous les moyens employés pour produire les illusions théâtrales*, Librairie Illustrée, Paris, 1893.

que ainda dispõe o *Petit Théâtre de la Reine* de Versalhes[151]. Em 1780, *Le Roi et le Fermier*, de Pierre-Alexandre Monsigny, foi interpretada por Maria Antonieta e sua trupe no *Petit Théâtre de la Reine* em Versalhes. os cenários originais, preservados e ainda visíveis, o da floresta e o do interior rústico, foram alterados às vistas num movimento fluido que maravilhava o público. Não se desejava camuflar essas proezas técnicas, cujo efeito mágico contribuía para o sucesso dos espetáculos. Gradualmente, ao longo do século XVIII até o início do século XIX, o princípio foi se ampliando. O maquinário à italiana torna-se mais complexo, os dados técnicos e físicos associam-se à química para criar efeitos cujo objetivo assumido é o de "surpreender" o espectador. Há um esforço para mostrar não apenas a realidade da natureza, mas também os fenômenos naturais em movimento. O arquiteto florentino Servandoni trabalhou nesse sentido em Paris desde 1724, defendendo uma revolução cênica por meio da descentralização da perspectiva que explica melhor os efeitos da natureza, da sua desordem e da sua abundância, contra o ordenamento da cena clássica com cenografia baseada na perspectiva central. Ele se destacou, entre outros, com os raios, as chuvas, os trovões e os efeitos de água borbulhante, trabalhando para imitar a natureza. Se a influência barroca ainda se faz sentir na primeira parte do século XVIII, avançando no século, suas investigações técnicas anunciam as evoluções espetaculares que serão as exploradas no século XIX[152]. É o prazer do espectador que está na base de todas as transformações do teatro e da encenação. Se seu desejo é ver os cenários em movimento nas suas mudanças, elas são dadas a ver por eles; se seu prazer é o de estremecer no blecaute em uma expectativa excitante, isso será dado a ele. No entanto, o teatro do século XVIII continua marcado pela tradição das regras de unidade e decoro impostas com a tragédia no século XVII. Mesmo que uma certa liberdade tenha sido conquistada no campo dos lugares em que acontece a ação, como Beaumarchais ou Voltaire o demonstraram, a renovação do teatro não se situa precisamente no campo espetacular por um embelezamento cenográfico. De Voltaire a Diderot, defende-se um debate filosófico sobre o teatro, no qual os costumes e a moral estão ligados a questões fundamentais. Este é o caso de *Rêve de D'Alembert*, do *L'Entretien d'une père avec ses enfants* ou ainda do *Neveu de Rameau* de Diderot. Voltaire, que escreveu para todos os registros e os interpretou, oferece uma gama variada que deixa a tradição do diálogo de salão e brilha sobre os palcos franceses durante todo o século XVIII. Se apenas alguns de seus textos atravessaram os séculos seguintes, como o *Zaïre*, seus escritos teóricos beneficiaram a reflexão sobre o teatro. Voltaire e Diderot, cada um a seu modo, buscaram e esperaram encontrar poetas que trouxessem para o teatro a dimensão da arte, fosse no texto, fosse na sua interpretação, por meio da representação. Para Voltaire, essa reflexão parte de sua própria produção, e entrelaça-se por seus prefácios, como os de *Brutus* e de *Sémiramis* em particular, ou em sua correspondência; enquanto Diderot abordou a questão mais frontalmente, fosse na forma de uma discussão — *Entretien sur le Fils naturel* —, fosse por meio do ensaio — *Le Paradoxe du comédien*. Na verdade, não é nessas reflexões sobre o teatro que se encontra aquilo de que alimentar este estudo sobre a transformação da cena e sobre o lugar dado aos obscurecimentos, ainda que a noção de "quadro" anuncie os cenários sucessivos. Nestes debates teóricos, trata-se, antes de tudo, de uma reflexão sobre a atuação do ator. A estética da pintura trazida para o século XVIII por Diderot[153] é uma delas e tende a devolver a verdade à atuação dos atores. Associada à "quarta parede", a pintura convida o ator a deixar

[151] *Le Roi et le fermier*, de Pierre-Alexandre MONSIGNY, foi criado na Opéra Comique de Paris em 1762, depois se apresentou longamente em Paris e em Viena, antes de ser retomado por Maria Antonieta e sua trupe no Théâtre de la Reine em Versalhes, em 1780. Os cenários do espetáculo que serviram para as apresentações íntimas de Maria Antonieta ainda existem, conservados no Petit Théâtre de la Reine. Eles foram restaurados no século XIX e, desta forma, utilizados novamente.

[152] Sobre essas questões da evolução das formas espetaculares populares no fim do século XVIII, ver as pesquisas de Roxane MARTIN em *L'Émergence de la notion de mise en scene dans le paysage théâtral Français (1789-1914)*, Garnier, 2013.

[153] Ver Denis DIDEROT, *Entretien sur le fils naturel, "Premier entretien"*, em *Entretien sure le fils naturel, de la poésie dramatique, paradoxe di comédien*, GF Flammarion, 2005.

de se preocupar em atuar diante de um público: "imagine na beira do palco uma grande parede que o separa da plateia. Atue como se a cortina não subisse"[154]. É a quarta parede, prevista pelo Abbé d'Aubignac, que também preconizava que os atores representassem "como se não houvesse espectadores"[155]. Para Diderot, esse princípio deve permitir atingir melhor o coração do espectador, emocioná-lo por aquilo que a cena lhe dá a ver. Esta teoria induz uma separação marcante entre o espaço da sala e o do palco. O que é materializado pelo casaco de Arlequim ao desenhar a boca de cena. Se Diderot formulou a tese do quadro em 1757, a realidade das plateias e palcos dos teatros não é geralmente adequada para ser colocada em prática; Pierre Frantz lembra que

> [...] a estrutura das salas de espetáculos de meados do século XVIII confunde os limites, torna as fronteiras permeáveis e mistura ao seu bel prazer os diferentes elementos da representação. De fato, é impressionante a importância (em termos de tamanho e função) do proscênio. Ele avança na plateia e é realmente onde os atores atuavam[156].

Para que a noção do quadro se transformasse em realidade cênica, foi necessário o apoio técnico dos maquinários que excluíam a proximidade do público para o prazer dos olhos. Assim, o quadro deixou de incorporar uma teoria que defendia uma qualidade de atuação, mas tornou-se um prazer cênico pictórico que requeria um enquadramento, uma distância e meios para focalizar o olhar do espectador sobre o palco. Compreende-se, então, que a colocação da sala no *blackout* pode fazer parte disso.

Enquanto isso, foi no campo da ópera que os efeitos cênicos e as sucessões de cenários floresceram nos palcos franceses do século XVIII. Esse gênero vindo da Itália, por meio de Lully no século anterior, adquiriu uma autonomia e uma orientação completamente singulares ao século das luzes. Fruto dos *divertissements* reais, a ópera continua marcada pela pompa e pela fantasia dos balés da corte. Se ela adota o formato clássico dos cinco atos e prólogo, a ópera francesa assume temas maravilhosos que estimulam a proliferação de coros, balés e maquinários. A inspiração vem muito mais da mitologia e da preferência pelo exotismo nas narrativas em detrimento dos temas históricos. Tudo o que a convenção clássica do bom comportamento e da verossimilhança rejeitou da cena teatral na França é encontrado na das óperas. Jean-Philippe Rameau dá bons exemplos disso com *Hippolyte et Aricie* (1773), uma reescrita de *Phèdre* que enfatiza amantes infelizes e a maravilha do conto mitológico. Se Hipólito sucumbe aos assaltos de um monstro, no ato seguinte ele ressuscita graças à benevolência dos deuses, e a ópera termina com a celebração do Amor. O mesmo vale para esta outra ópera anterior de Rameau, *Dardamus* (1739, então 1744), cujo herói epônimo é o filho de Júpiter e o fundador da lendária cidade de Troia. Essas óperas são o lugar do desdobramento de todas as fantasias, mas também do lirismo e do heroísmo que provocam uma ampla gama de emoções, do deleite ao medo, passando pelo espanto e o prazer. Se a música amplifica sua ressonância, os cenários luxuosos e os recursos mecânicos não são menos responsáveis pelo sucesso. Para *Dardamus*, quando o herói é preso, o cenógrafo-pintor Pierre-Antoine de Machy, aluno de Servandoni, criou um espaço correspondente às dores do herói: a prisão escura está alojada em um platô obscuro que induz uma atmosfera sombria e compassiva. Os libretos incluem em seu texto essas indicações que chamaríamos de rubricas internas. Assim, no primeiro ato de *Les Indes Galantes*, o ar, "a noite cobre os céus", exige também um trabalho sutil do cenógrafo. Essas óperas são produções luxuosas nas quais a luz desempenha um papel importante.

---

[154] D. DIDEROT, *De la poésie dramatique*, *op. cit.*, cap. XI, *"De l'intérêt"*.

[155] L'Abbé d'AUBIGNAC (François-Hédelin), *Pratique du théâtre*, Livro 1, cap. 6, *"Des spectateurs et comment le poète les dois considérer"*, Antoine de Sommaville, Paris, 1657, p. 44 (Gallica).

[156] Pierre FRANTZ, *L'Esthétique du tableau dans le théâtre du XVIIIe siècle*, PUF, 1998, p. 47.

Nelas se encontra a profusão necessária e adequada à dimensão do evento, mas também o uso sutil que evidencia este ou aquele efeito. É o teatro do maravilhamento.

Este teatro faz até mesmo os séculos seguintes sonharem. É assim que Marcel Marceau o percebe "povoado de sombras e luzes onde gênios do mal, fadas, heróis e deuses se encontram, onde anjos e demônios se pegam pelas mãos e atravessam com suas asas e suas crinas nuvens de sonhos em um tambor de poeira e devaneios"[157]. Esses espetáculos anunciam os temas românticos das artes do século XIX; "a paisagem deve estar de acordo com as ações e as emoções da intriga"[158], observa Marian Hannah Winter, historiadora da dança que dedicou uma das primeiras obras de popularização a esse *Théâtre du Merveilleux*: "Se o traidor luta em uma paisagem mesmo rindo, ele desencadeia trovões, raios e o estrondo de máquinas de vento nas coxias enquanto o céu escurece"[159]. Este teatro assume um maniqueísmo tanto nos cenários quanto na simplificação dos códigos gestuais, que se configuram na pantomima. Isso é testemunhado em uma obra do alemão Johann Jakob Engel[160], autor de pantomimas cujas obras são conhecidas na França. Ele classifica a atuação do ator em registros e categorias codificadas que, como uma linguagem corporal, transmitem informações ao público. O *ballet* cômico e a ópera também fazem uso dela introduzindo a atuação muda ou a narração pelo gesto. Isso porque a multiplicidade dos componentes dessas formas espetaculares exige um esclarecimento codificado imediatamente identificável pelo público informado e opõe-se nisso às preconizações de Diderot, que propôs um pouco menos de informação para despertar a inveja e a curiosidade do espectador. Aqui, o visual assume tamanha importância que cenógrafos-pintores, tradicionalmente a serviço do drama, criam espetáculos puramente visuais. Entre 1738 e 1742, Servandoni propôs no teatro das Tulherias, na "sala das máquinas", esses tipos de "espetáculos óticos"[161]. O primeiro, em 1738, apresentou uma reprodução em três dimensões de um quadro particularmente admirado por seus efeitos de perspectiva, *Le Cardinal Melchior de Polignac visite Saint-Pierre de Rome de Panini*[162]. Consciente de que um único objeto "em repouso"[163], como a representação de São Pedro de Roma, não poderia satisfazer suficientemente o público, ele criou, com base em uma tela conhecida, uma forma de espetáculo que poderia "ocupar o público por um certo tempo". Para isso, sentiu a necessidade de "juntar vários pedaços que apareciam sucessivamente aos olhos, usar o prestígio das máquinas, a ação de alguns personagens, acrescentar até mesmo concertos e dar uma espécie de vida a este espetáculo". Estes foram *Pandore* (1739), depois *La Descente d'Énée aux Enfers* (1740). Para este último, a trama oferecia contrastes mais marcantes que causavam "passagens rápidas da

[157] Marcel MARCEAU, "prefácio", em Mariah Hanna WINTER, *Le Théâtre du merveilleux*, Olivier Perrin, 1962.

[158] Mariah Hannah WINTER, *op. cit.*, p. 31.

[159] *Idem.*

[160] Johann Jakob ENGEL, *Idées sur le geste et l'action théâtrale*, t. 1, Paris, Jonson, terceiro ano da República Francesa; e t. 2, Barrois, 1789. Para ele, a arte do ator "não se contenta em imitar a natureza", porque "é dever da arte corrigir os defeitos da natureza, retificar o que é falso, suavizar adequadamente o que pode ser muito fortemente pronunciado, e de dar o vigor necessário ao que é fraco de acordo com a massa de observações que a arte se preocupou em coletar, ou melhor, de acordo com os princípios que são o resultado disso" (t. 1, p. 14). A partir da letra x, com 24 placas ilustradas como suporte, J. J. Engel consegue propor posturas e mímicas correspondentes aos diferentes estados e sentimentos humanos. Sem pretender "esgotar todas as expressões que o desenvolvimento da atividade interior apresenta", ele se atém a "algumas observações, que podem servir de modelo para muitas outras deste tipo". Finalmente (p. 109 e seguintes), atitudes corporais, andar, brincadeiras com as mãos e a expressão facial são repertoriados e associados a um sentimento ou uma situação. O estudo continuou em t. 2, mas estendido por meio de uma proposta de correspondência do mesmo tipo que o canto, a declamação e a música na pantomima. Por exemplo, segundo ele, os sons agudos, os tímpanos e os trompetes sabem evocar a alegria ou a festa.

[161] Ver a obra coletiva *La Fabrique du théâtre avant la mise em scène (1650-1880)*, organização de Maria FAZIO e Pierre FRANTZ, Edições Desjonquières, Paris, 2008; e, em particular, o artigo de Michèle SAJOUS D'ORIA, *"L'Expérience de Servandoni dans la salle des machines des Tuilleries"*.

[162] Giovanni Paolo PANINI, *Le Cardinal Melchior de Polignac visite Saint-Pierre de Rome*, 1730, Le Louvre.

[163] Giovanni Nicolo SERVANDONI, *La Descente d'Énée aux Enfers, représentation donnée sur le théâtre de Thuilleries [sic], par le sieur Servandoni, le cinquième avril 1740*, Paris, Veuve Pissot, 1740, e citações seguintes, introdução, p. 5-6.

escuridão à luz"[164], seguindo uma paleta de emoções "do terror ao prazer, do terrível ao gracioso". Toda uma arte de "surpresa" que caracteriza "os espetáculos mudos" se desdobra no palco. Foi assim que ele imaginou os seus "espetáculos ópticos", a meio caminho entre as propostas pantomímicas das feiras e os cenários com mudanças às vistas do público e maquinários que ele criou, até mesmo, para a Ópera. Para *La Descente d'Énée aux Enfers*, a divisão em sete quadros corresponde a um livreto de 16 páginas, que se assemelha a um estudo de pantomima. Nenhum texto, apenas uma descrição das cenas constituindo a trama narrativa. O que surpreende é o lugar dado à iluminação, que, no espetáculo ótico, assume uma carga dramática. Assim, o "primeiro quadro é composto por massas irregulares de rochas e abóbadas rústicas, fracamente iluminadas de cima". Um pouco mais adiante, no quadro 5 da "tortura", ele detalha: "Abre-se a casa dos culpados. Ela ressoa com seus gemidos. Ela é iluminada somente pelas águas flamejantes do Phleégéthon e pela Porta de diamantes que leva ao palácio de Plutão". Depois, por contraste, os Champs Élysées do quadro 6 são pretextos para "uma luz suave [que] ilumina as encostas floridas e os vales deliciosos", nos quais "as sombras alegres formam vários grupos". Se o princípio dos espetáculos ópticos é encantar os olhos, os efeitos de contraste compactuam com os códigos fáceis de integrar[165] em formas visuais típicas que se desenvolvem nos teatros de feiras. Porque com a Revolução, longe do esplendor das festas da corte, o teatro, libertado de qualquer monopólio desde o decreto de 1791, havia duplicado os seus locais de representação e tornou-se mais acessível ao povo[166].

Contudo, desde o início do século XVIII, as questões da encenação que diziam respeito sobretudo aos aspectos técnicos da realização dos efeitos espetaculares que servem ao drama e à ação necessitavam de uma coordenação[167]. Foi assim que um autor popular de melodramas de finais do século XVIII e primeira metade do século XIX fez muito nesse sentido. René Charles Guilbert de Pixérécourt (1773-1844) preconizava, antes dos reformadores do século XX, a unidade cênica: "Uma peça de teatro só pode ser bem pensada, bem feita, bem falada, bem ensaiada, bem executada sob os auspícios e cuidados de um só homem com o mesmo gosto, o mesmo julgamento, o mesmo espírito, o mesmo coração e a mesma opinião"[168]. Esse "um só homem", antes de ter os talentos de autor, deveria ser um homem profissional capaz de administrar os efeitos do palco, das maquinarias e das mudanças de cena às vistas do público... De fato, com a Revolução e a inauguração de teatros de segunda categoria, o gosto pelo espetacular toma a frente da cena. "A cenografia teatral floresce, a música e a dança já não eram deixadas ao acaso, mas faziam parte integrante das suas peças"[169]. No entanto, a ideia de uma harmonização

[164] *Idem* e citações seguintes, p. 7-16.

[165] A simplificação dos códigos de atuação será o resultado dos espetáculos que usam esses efeitos, mas o próprio Johann Jakob Engel evita esse tipo de simplificação. Ele adverte que alguns espetáculos, como as apresentações das peças de Shakespeare, nas quais ele se baseia amplamente, embora sejam reescrituras, necessitam de uma linguagem cênica mais elaborada. Assim, sobre a atuação exigida para o assassinato de César, ele especifica que "seria ridículo, digo, infantil querer dar a cada um desses motivos sua expressão própria, indicando a ideia do assassino pelo tom escandaloso e agudo de fúria, a da delicadeza por um sussurro gentil e amável", nuances que o mímico Jean-Gaspard Deburau (1796-1846) ilustrará pela sutileza da sua atuação de pantomima. J. J. Engel, *op. cit.*, t. 2, p. 173.

[166] A proclamação estipula no artigo 1º de 13 de janeiro de 1791 que "qualquer cidadão poderá construir um teatro público e nele apresentar peças de toda espécie, fazendo, antes do estabelecimento do seu teatro, sua declaração à municipalidade do local", em Coleção das Leis da República, t. VI (Gallica).

[167] Sobre a evolução da noção de encenação, ver Roxane MARTIN, *L'Émergence de la notion de mise en scène dans le paysage théâtral Français* (1789-1914), Garnier, 2013.

[168] René Charles Guilbert de PIXÉRÉCOURT, *Théâtre choisi*, t. iv, p. 18, Nancy, 1843, citado por Marie-Antoinette ALLEVY, em *La Mise en scène en France dans la première moitié du dix-novième siècle*, Librairie E. Droz, Paris, 1938, p. 25. Ver também a nova edição das obras de Pixérécourt: *Mélodrames*. v. II, 1801-1803, Edição de Stéphane Arthur, François Lévy, Roxane Martin, Gaël Navard, Sylviane Robardey-Eppstein, Maria Walecka- Garbalinska, Paris, Classiques Garnier, col. "Biblioteca do teatro francês", dez. 2014.

[169] Marian Hannah WINTER, *op. cit.*, p. 51, que acrescenta que, "em 1800, *Coelina ou l'enfant de mystère* [*Pixérécourt*] parece preparar o caminho para a escola romântica tanto por alguns dos seus cenários, que lembram os das *fabriques*, quanto pela mistura de cenas campestres e de catástrofes". Para outras peças, Marian Hannah WINTER destaca o uso "de máquinas, da pintura e da iluminação teatral" que serão visíveis nos desenhos de

artística para um efeito de imitação era reivindicada. Jean-Georges Noverre pediria mais coerência e trabalho coletivo entre o maquinista encarregado de iluminar os palcos e o cenógrafo-pintor:

> Não é a grande quantidade de lanternas atiradas ao acaso, ou dispostas simetricamente, que ilumina bem um teatro e realça a cena; o talento consiste em saber distribuir as luzes por partes, ou por massas desiguais, a fim de carregar os lugares que exigem uma grande geral, gerir os que exigem pouco e negligenciar as partes menos suscetíveis a ela. Sendo o pintor obrigado a colocar nuances e gradações de luz em suas pinturas para que aí se encontre a perspectiva, aquele que deve iluminá-lo deveria, ao que me parece, consultá-lo, a fim de atentar para as mesmas nuances e as mesmas gradações da luz na iluminação.[170]

O *maquinista*[171] teve seu surgimento no conjunto das profissões do teatro, e a qualidade de uma peça passou a ser avaliada por suas proezas técnicas. Era o tempo dos espetáculos de pantomima ou dramas com muita ação, dos quais o *Cirque Olympique*, o teatro da Porta Saint-Martin ou ainda o Teatro do *Ambigu-Comique* serão os melhores. Esses efeitos eram saboreados, esperava-se o famoso "*clou*"[172] do espetáculo que garantisse o seu sucesso. Esses entretenimentos atuavam na continuidade e no efeito do movimento[173]. O blecaute, ou, pelo menos, o obscurecimento parcial do palco, só servia para realçar os efeitos cênicos que requeriam uma iluminação especial, como os relâmpagos, os fogos, os movimentos do sol, seu alvorecer e seu poente, as noites de magia, as cavernas escuras ou os antros do inferno, todos integrados à ficção. As diferentes intensidades da luz eram trabalhadas graças às diferentes disposições das fontes sobre o palco, em altura graças às gambiarras, no proscênio pela ribalta, nas laterais e por trás dos bastidores pelas arandelas. No fim do século XVIII e ao longo do século XIX, ao mesmo tempo que se desenvolviam as formas espetaculares com alto potencial visual, chegou-se a modular mecanicamente a intensidade dessas diferentes fontes luminosas. Por meio de sistemas de cobertura cilíndricas opacas em ferro estanhado, era possível ocultar a chama e obter mecanicamente um obscurecimento da intensidade luminosa. Esse sistema foi preconizado por Nicola Sabbatini em sua *Pratique pout fabriquer scènes et machines de théâtre*[174] em 1638 (Fig. 4)

Ele também explica como é possível escurecer várias fontes de luz ao mesmo tempo, graças a um pequeno sistema de polias controladas por um único fio. Em funcionamento no século XVIII, o mecanismo foi adaptado para a ribalta por um outro meio mecânico. No século XIX, Georges Moynet[175] explicou como a ribalta era disposta em um "trapilhão" especial que era interrompido no nível do ponto e podia ser abaixado e desaparecer totalmente na parte debaixo do palco, o que era muito prático para obter uma penumbra sem apagar a fonte luminosa, uma função particularmente valiosa no caso da ribalta a gás (Fig. 5). Tanto para as gambiarras (uma espécie de equivalente das linhas de

Gué para *Le Mont sauvage* ou *Le Duc de Bourgogne*, peças cujas realizações de palco estiveram bastante próximas dos processos da *Phantasmagoria* de Étienne-Gaspard Robertson.

[170] Jean-George NOVERRE, *Lettres sur les arts imitateurs en general et sur la danse en particilier*, Leopold Collin, Paris, 1807, p. 285-286.

[171] A palavra designa geralmente, em meados do século XVII, "aquele que inventa, cria", ou ainda, "inventor, construtor de dispositivos científicos", segundo o TLF. Seu uso específico no campo do teatro é notado em um texto de LA FONTAINE, Épitre à Mr. de Niert, sobre a Ópera, de 1682, ed. H. Régnier, t. 9, p. 156, 20, que nada diz sobre seu uso, cuja necessidade acompanha a instalação, o uso e o controle das maquinarias projetadas por arquitetos especializados em teatro.

[172] Se o termo é inicialmente associado à "revelação" própria das resoluções finais dos "melodramas", o termo designa, no caso dos espetáculos com maquinários, o efeito cênico mais espetacular esperado pelo público e instrumentalizado pela propaganda feita em torno do espetáculo.

[173] No caso de uma pausa ser necessária, imaginamos e propomos soluções herdadas dos interlúdios barrocos. Assim, Beaumarchais, para sua *Eugenie* (1767), propôs, ao fim de cada ato, cenas mimetizadas da vida burguesa: criados trabalhando para tirar a poeira e limpar a sala de estar. Início de uma longa tradição cênica.

[174] N. SABATTINI, *op. cit.*, cap. 12, "*Comment on peut obtenir que toute la scène s'obscurcisse en un instant*", p. 87-88.

[175] G. MOYNET, *op. cit.*, p. 241.

Fig. 4. Sistema de ocultação para um efeito de obscurecimento de Nicola Sabbatini, 1638

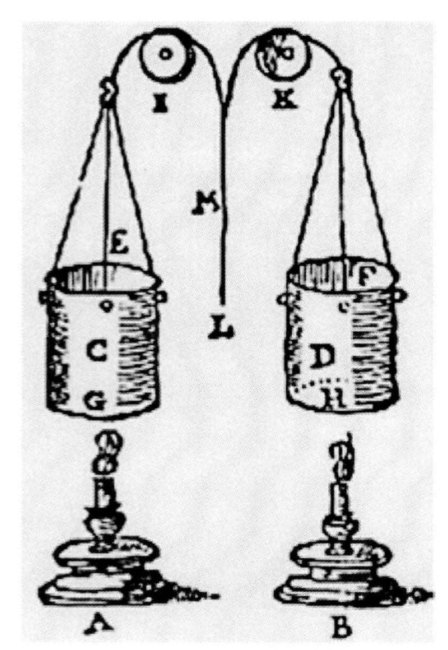

ribalta dispostas horizontalmente no urdimento entre as bambolinas e no proscênio) como para as arandelas nas laterais e fixadas na parte traseira dos bastidores, os cilindros eram usados conforme indicado anteriormente, segundo o método de Sabbatini, mas aperfeiçoado para variar a intensidade, e aperfeiçoado com colorações.

Finalmente, se a gambiarra fosse coberta com um cilindro opaco curvo que pudesse obstruí-la completamente, havia também um sistema de cilindros de vidro colorido que podia ser pivotado na frente da lâmpada para colorir a fonte luminosa. Inicialmente de vidro e depois de mica, o princípio era o mesmo da luz à eletricidade, passando pelo gás. Na realidade, não são tanto os meios mecânicos de obstrução ou coloração das fontes luminosas, nem sua disposição nos teatros, que evoluíram, mas principalmente a fonte de combustão. É verdade que, durante o Renascimento e mesmo depois, de acordo com os meios de que se dispunha, era possível colocar à frente da chama um vidro de cor que permitisse colorir a luz, efeito que também poderia ser obtido por um frasco cheio de líquido, colorido — ou não —, que servia como lente e/ou gelatina. Em alguns casos, era necessário aumentar a intensidade, e há muito tempo se sabia que colocar um espelho refletor atrás da chama teria esse efeito.

Fig. 5. Gambiarra e seu ocultador cilíndrico

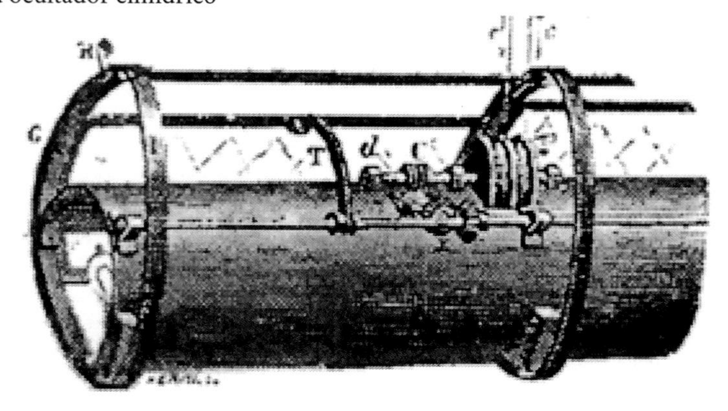

Se as lâmpadas a óleo substituem gradualmente quase que inteiramente o uso de tochas e velas de cera, é graças aos esforços conjuntos de Argand e Quinquet, que aperfeiçoaram os sistemas de lâmpadas de pavio, antes destinadas exclusivamente para uso doméstico, mas às quais os cenógrafos de teatro se apegaram (Fig. 6).

Fig. 6. Lâmpada d'Argand

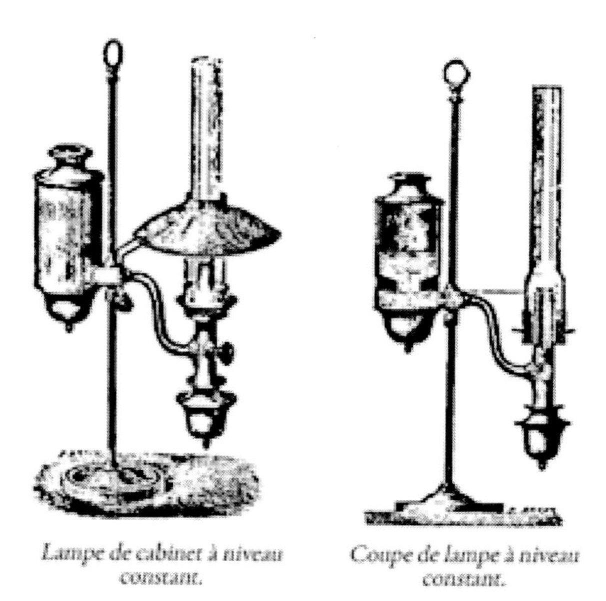

Por fim, chegou-se a uma modalização dramática desses efeitos de luz e de obscurecimento no palco de uma forma bastante generalizada, ainda que defendida e explicada tecnicamente desde mais de um século. Se o obscurecimento foi convidado era bem-vindo sobre os palcos, o blecaute não foi utilizado nesses espetáculos operísticos e maravilhosos. Chegava-se até a evitar provocar esta situação, que assustaria o público. Era preferível dosar a luz, criar contrastes, também porque qualquer apagamento total exigiria uma ação de reacendimento manual e por representar um desconforto, fosse pela própria escuridão, fosse pela fumaça que nunca deixa de se suceder ao apagar da chama.

Esses efeitos cênicos óticos anunciam as diferentes tendências do século XIX: mudanças às vistas do público, por um lado, e as pinturas dos cenários sucessivos, por outro[176]. Tecnicamente opostas, essas duas tendências se desenvolveram conjuntamente e clamaram pela necessidade do escurecimento do palco e da sala, mas por razões diferentes. É que a evolução dos efeitos de iluminação no teatro e a predileção por cenas românticas noturnas exigiram uma nuance de iluminação que rompesse com a tradição da ribalta fortemente em uso, mas também muito criticada há várias décadas. Luz do luar, tumbas, ruínas, tempestades, tudo era bom para criar uma atmosfera apropriada aos melodramas e aos dramas pré-românticos. Era a época da hora azul, conhecida como *Blaue Stunde*, romântica por excelência, que todos se esforçavam para reproduzir no palco. A luz do céu que corresponde a essa hora azul, comumente chamada de "*entre chien et loup*", em francês, é uma luz menos intensa do que o azul profundo da noite. Ela aparece em um momento específico do ciclo do sol, entre seu desaparecimento no horizonte e a noite. Esse azul particular cobre todo o céu por um

[176] Ver Roxane MARTIN, *La Féerie romantique sur les scènes parisiennes 1791-1864*, Honoré Champion, 2007, p. 242-261.

curto período que, dependendo da estação, dura de 20 a 45 minutos[177]. O azul único nessa atmosfera entre o dia e a noite assume um caráter ao mesmo tempo mágico e perturbador, porque parece ser irreal, e permaneceu como uma fonte de inspiração poética e plástica para os artistas. Recorre-se a essa luz para criar atmosferas em que a efusão lírica e a intriga podiam acontecer[178]. Para um efeito de lua, também eram usados meios conjuntos entre as espertezas dos cenógrafos e esses efeitos de luz pelo escurecimento. Assim, a tela de fundo era preparada para produzir uma aparição da lua da seguinte maneira: em um local escolhido, era feito um corte que era recoberto com um pedaço de tela de algodão envernizado que o tornava transparente. Ele era pintado com a mesma tonalidade de azul do resto da tela de forma a não deixar aparecer nenhuma diferença além do efeito. Para ele, uma "caixa de luz" era posicionada em direção oblíqua e projetava seu feixe sobre o local preparado. O brilho era tanto que o azul desaparecia e a lua parecia perfeitamente branca na noite. Para um efeito perfeito, era recomendado, é claro, escurecer as outras partes do palco e apagar (ou abaixar, no sentido exato da palavra, para abaixo do palco) a ribalta ofuscante. Para criar efeitos noturnos no teatro, diferentes processos podem ser combinados dessa forma, como uma obra dedicada aos aspectos técnicos do teatro relembra: "Meia volta de chave no cano do gás, um quarto de volta nas luzes das coxias, um véu de musselina azul na frente da ribalta, vidros coloridos nas lamparinas"[179].

Dispositivos inéditos e transformação do protocolo espetacular

O primeiro quarto do século XIX foi também o momento de espetáculos visuais como o *panorama*[180]. Se na França o grande representante do gênero foi o pintor Pierre Prévost (1764-1823), a partir de 1800 "os *panoramas* tiveram um sucesso prodigioso onde quer que fossem exibidos"[181]. Ele requer a construção de uma rotunda encimada por uma cobertura cônica que a torna um dos locais originais do espetáculo. Mantendo os princípios da perspectiva, mas tomando como ponto de vista a parte central da plataforma onde se encontra o espectador, o tradicional protocolo espetacular é derrubado e o panorama demanda um dispositivo técnico específico descrito na primeira obra histórica sobre a questão:

> Uma área envidraçada de um metro de largura, colocada na parte baixa do teto cônica, acima e dentro da tela, permite que a luz do dia caia diretamente sobre ela, deixando plena a parte central do teto. Uma cobertura situada acima do espectador esconde dele o que está

[177] Fisicamente, o fenômeno é denominado espalhamento de Rayleigh, segundo a lei da difusão da luz solar pela atmosfera, que nesse momento está parcialmente polarizada em uma direção perpendicular ao plano de difusão (a superfície da Terra). A cor azul tão particular é o resultado dessa polarização perpendicular que provoca uma seleção das ondas do espectro visível. Enquanto a luz do dia tem uma temperatura de cor de 5.500 K, a luz horária em azul na *hora azul* situa-se entre 9.000 K e 12.000 K.

[178] Essa fama, ligada ao romantismo alemão, é defendida por Robertson nas suas *Memórias*, onde ele relata uma anedota que lhe aconteceu em Viena e termina nestes termos: "Não devemos concluir do que acabei de dizer que os alemães não são muito avançado na arte de produzir resultados brilhantes, misteriosos e fantásticos pela combinação dos efeitos da luz; poucas nações, ao contrário, se destacam tanto quanto eles: seu caráter sonhador, sua alma terna, sua imaginação mística, naturalmente os leva a esse tipo de pesquisa", Étienne-Gaspard ROBERTSON (Étienne-Gaspard Robert é seu nome verdadeiro), *Mémoires récréatifs, scientifiques et anedoctique du physicien-aéronaute*, EG Robertson, t. 2, Rignoux, Paris, 1833, p. 227.

[179] Jacques August KAUFMANN, *Architeconographie des théâtres: seconde série: théâtres construits depuis 1820*, Adam Mathias, Paris, 1840, p. 349.

[180] Segundo uma anedota (verdadeira ou falsa), o inventor do ciclorama, um jovem pintor de Edimburgo, Robert Barker, teria tido a revelação do princípio durante uma estada na prisão em 1785. Trancado em uma masmorra localizada no porão cuja luz vinha de uma janela colocada no topo na intersecção da parede e do teto, ele percebeu como essa fonte iluminava de forma extremamente luminosa a parede localizada diretamente acima dela. Ele prometeu a si mesmo, ao sair da prisão, repetir o princípio colocando nas paredes assim iluminadas de cima grandes telas de pinturas, e expô-las ao olhar do espectador mergulhado em uma obscuridade idêntica à de sua masmorra. Mesmo que a autoria do panorama tenha rido reivindicada para Pierre Prevost na França, a patente foi depositada por Robert Barker em 1787, cuja descrição exata do dispositivo é a prova (Ver Germain BAPST, *Essai sur l'histoire des panoramas et des dioramas*, Masson, 1891).

[181] Germain, BAPST, *Essai sur j'histoire des panoramas et des dioramas*, Masson, 1891, p. 16.

> acima de sua cabeça, impedindo-o de ver a parte superior da pintura e a abertura circular pela qual a luz do dia entra; o brilho da luz é assim atenuado, e a sombra do espectador não pode mais ser desenhada na tela; por fim, o tom de cinza desse dispositivo contrasta com os tons luminosos da pintura e os faz parecer mais brilhantes.[182]

O mais surpreendente, além do condicionamento da luz do dia trabalhada de forma a otimizar a visão do *panorama*, está na condução dos espectadores: "Para trazer o espectador de fora para a plataforma, ele era conduzido por corredores escuros; no percurso, ele perdia toda a noção da luz e, ao chegar ao lugar que devia ocupar, ele passava, sem transição, da obscuridade à visão da pintura circular exposta na luz mais vívida"[183]. O *panorama* brinca com as percepções retinianas porque, "assim, todos os pontos do *panorama* eram apresentados ao mesmo tempo o que resultava em uma espécie de confusão; mas logo, o olho se acostumando com a luz, a pintura produzia imperceptivelmente o seu efeito"; e, por fim, o objetivo ilusionista almejado funcionava: "quanto mais se olhava, mais se convencia de que era na presença da realidade que se estava". É a partir dessas experiências e treinado por Prévost que Louis Daguerre (1787-1851) criou, com Charles Bouton, seus famosos "espetáculos ópticos", os *dioramas*[184]. Esse novo dispositivo, que criava a ilusão de movimento com uma fidelidade de imitação muito na moda, desenvolveu efeitos especiais de perspectiva que não aboliram verdadeiramente a montagem dita "à italiana", mas reforçaram-na de forma surpreendente. Se os *panoramas*, parecendo mais uma "pintura circular"[185] do que um espetáculo teatral por uma demonstração visual, remetem aos cenários de teatro pintados, o *diorama* reforça a ilusão, principalmente pelo seu dispositivo e avanço para o 3D[186]. A associação de Charles Cicéri (1782-1868), renomado cenógrafo, com Daguerre, especialista em luz, deu origem a efeitos ópticos muito populares na Ópera, em particular para o espetáculo apropriadamente nomeado de *Aladin* em 1822. Mas foi principalmente o *Théâtre de l'Ambigu-Comique* que serviu de palco para as experiências cênicas de Louis Daguerre, cujos melodramas transportaram os espectadores para universos de montanhas ou mares, aos pés do Etna, bem como em Veneza ou em plena floresta, onde a natureza em movimento dava a ilusão do que antecipava o cinematógrafo.

Assim, o *diorama* que ele construiu em 1823 na *rue* Sanson representou um feito inédito com base no *panorama*. A construção também possui um tipo de uma rotunda que coloca o espectador no centro, enquanto os *dioramas* são encostados nas paredes circundantes[187]. A grande novidade era que "os *dioramas* eram fixos; e os espectadores na sala, móveis". Concretamente, a sala dos espectadores gira em torno de um eixo central e coloca-se à frente de cada *diorama*: "A abertura da sala dos espectadores e a dos *dioramas* mediam, ambas, 7 metros de largura por 4 metros de altura e, por serem

---

[182] *Idem*, p. 9.

[183] *Idem*, p. 16.

[184] O diorama é baseado no princípio conjunto da pintura *trompe l'oeil* sobre tela translúcida e sua animação por jogos de luz que criam a ilusão de movimento.

[185] G. BAPST, *op.cit.*, p. 8.

[186] O que os usuários do *panorama* pedem é ir além de seu parentesco com o quadro: "A ilusão produzida pelo *panorama* não tem outra causa senão a exata relação de proporção entre todas as partes, e a ausência total dos termos de comparação que pudesse destruir essa ilusão; não seria possível obter para todas os quadros esse efeito mágico que, por si só, pode dar-lhes todo o seu valor? Seria, portanto, difícil isolar um quadro de tal forma que os objetos com os quais foi envolvido não sejam de nenhuma utilidade aos olhos para lhe facilitar a maneira de conhecer a pequenez, a proximidade, a fragilidade da cor dos objetos representados; e o processo empregado para o todo e em grande escala no *panorama* não daria parcialmente o mesmo resultado?", Citado por Germain Bapst, *op. cit.*, p. 19. A expressão dessa hipótese dará origem à sua realização concreta pela a invenção dos *dioramas* por Daguerre.

[187] Um desenho seccional da sala pode ser visto na obra de Alexis Donnet, *Architectonography des théâtres de Paris*, ou *Parallèle historique et critique de ces édifices considérés sous le rapport de l'architecture et de la décoration*, Editora de Didot l'aîné, Paris, 1821, p. 23.

idênticas, elas se relacionavam uma com a outra". Os espectadores viam-se "transportados diante do espetáculo sem nenhum movimento perceptível". Essa situação inédita foi associada aos efeitos de movimentação da pintura por um dispositivo de iluminação que o próprio Daguerre explica: "Todas essas pinturas[188] foram representadas com efeitos de dia e de noite. A estes efeitos, juntaram-se decomposições de formas, por meio das quais, na *Messe de Minuit*, por exemplo, apareceram figuras onde acabavam de ser vistas cadeiras"[189]. Visto que Daguerre aprimorou o primeiro processo pela combinação de dois efeitos correspondentes a duas pinturas diferentes e complementares, cada uma produzida em um lado da tela: "O efeito pintado na frente da tela era iluminado por reflexão, ou seja, somente pela luz que vinha da frente, e a segunda recebia sua luz por refração, ou seja, somente por trás. [...] A luz que ilumina a pintura pela frente, deve vir tanto quanto possível de cima; a que vem de trás, deve chegar por cruzamentos verticais", especificando que "é claro que esses cruzamentos devem estar completamente fechados quando se vê a primeira pintura", mas que a combinação em alternância das duas dava a impressão de movimento à pintura[190].

Embora Daguerre não o especifique, o que se ouviu sobre os *panoramas* foi tanto que esse tipo de contentamento visual anunciou a colocação no blecaute da sala na qual o público era mantido. Fora dos teatros, as *Fantasmagories* herdadas da lanterna mágica, principalmente as de Robertson, não só exigiram o blecaute na sala, mas agiram para criar a atmosfera propícia para a angústia gerada no espectador pelas aparições. Em suas *Mémoires*, Robertson (1764-1837), que se deteve mais nas anedotas e circunstâncias de suas viagens como aeronauta do que na explicação de suas *Fantasmagories*, ainda assim relatou uma situação que confirmou este fato: "um dia, de fato, no qual eu tive a plateia lotada, e que o público, composto pela elite da sociedade, esperava, na escuridão total, as emoções dos sepulcros e dos fantasmas, um grito repentino fez todo mundo tremer"[191]. Depois chegou a época dos ilusionistas científicos ou escamoteadores que exibiam a ciência em barracas de feiras por meio de celebridades populares, como *La Femme Torpille* ou *L'Homme Accumulateur*. Jean-Eugène Robert-Houdin (1805-1871), que era o mestre das ilusões espetaculares, mandou construir um teatro especialmente equipado para a magia, no qual lidava tanto com aparições-desaparecimentos quanto com os efeitos da eletricidade[192]. Um tanto demonizada pelo grande público, a eletricidade seria uma atração antes de se tornar um progresso e uma fonte de luz dominada e desenvolvida. A partir de então, o século XIX assistiu ao surgimento de espetáculos visuais que influenciaram fortemente o uso da luz e da escuridão: a necessidade de colocar a sala no blecaute impunha-se, para o prazer do espectador e para o sucesso do espetáculo. É que as ruas, os subúrbios, toda a cidade, enfim, estava iluminada. O problema do contraste entre a iluminação externa e a das salas não estava mais fundada sobre uma insegurança devida à escuridão. É possível, a partir de então, trabalhar com o blecaute, visto que é possível controlá-lo. No teatro, antes mesmo do uso da eletricidade como meio de iluminação cênica, o advento do gás permitiu o milagre da obtenção de um blecaute instantâneo pela interrupção total do fluxo de gás[193]. Uso polemizado por Charles

[188] As pinturas em questão são: *La Messe de minuit, L'Éboulement dans da vallée de Goldau, Le Temple de Salomon* e *La Basilique de Saite-Marie de Montréal.*

[189] Louis DAGUERRE, *Histoire et description des procédés du daguerréotype et du diorama par Daguerre*, Lerbours, Paris, 1839, p. 75.

[190] Além disso, Daguerre explica como vários efeitos podem ser obtidos pela passagem de luz "por meios coloridos, dependendo das exigências do efeito" (DAGUERRE, *op. cit.*, p. 20).

[191] E. G. ROBERTSON, *op. cit.*, p. 177.

[192] Em 3 de julho de 1845, tiveram início as *Soirées Fantastiques* no Théâtre du Palais-Royal, localizado no número 164 da Galerie de Valois, em pleno coração de Paris.

[193] O que aqui pode ser entendido como um progresso foi, na realidade, um risco indesejável. Tudo foi montado para evitar esse blecaute brutal, que foi considerado um incidente perigoso.

Nodier, que abomina a eliminação do lustre da sala depois de ter criticado a luminosidade muito brilhante e uniforme produzida pelo gás:

> De repente, como se o aparelho luminoso tivesse entendido meu pensamento, ele se enfraqueceu e empalideceu: depois ele derramou matizes lívidos e sulfurosos que atingem com reflexos medonhos as figuras mais arrebatadoras e transformam todas essas graças em bruxas e figuras disformes; então se apagam e deixam a plateia assustada em uma escuridão profunda[194].

Assim, essas diversas formas de espetáculo com efeitos visuais que se baseavam em dispositivos originais perturbavam o protocolo habitual mergulhando os espectadores na escuridão. Mas esses casos são muito específicos, porque o uso do blecaute da parte reservada aos espectadores e o blecaute sobre o palco são tratados mais de forma separada em contextos particulares antes de se encontrarem para proporcionar o blecaute conjunto do palco e da plateia nos teatros tradicionais. Enquanto as questões do conforto e os hábitos do espectador se mantiveram primordiais, apenas as apresentações excepcionais permitiram a chegada ao blecaute total, palco e plateia unidos para o prazer dos olhos e os efeitos de surpresa. No caso das apresentações teatrais, o ato social prevaleceu ao longo do século XIX. Havia o prazer de se mostrar no teatro, marcavam-se encontros, observavam-se uns aos outros, surgiam intrigas... como uma passagem obrigatória, o romance do século XIX está repleto dessas cenas que alimentam a carga romanesca da narrativa. Na vida, essa realidade social efetivamente exclui a possibilidade de colocação da sala no blecaute, mas não o do palco, que é aceito e faz parte do protocolo teatral.

No século XIX, as mudanças de cenário ato após ato (ou quadro após quadro, como indica o drama romântico de Victor Hugo) exigiam um ocultamento do palco. Se no desenvolvimento de dados espetaculares no século XVIII se apreciavam as mudanças às vistas do público ou os efeitos espetaculares integrados à narrativa cênica, no século XIX, a estética do quadro e uma mudança de ponto de vista levaram a favorecer o ocultamento do palco pela cortina, percebida como um componente técnico necessário. A complexidade dos cenários monumentais com efeitos espetaculares, principalmente na Ópera, vai criar no palco e ao redor (urdimento, coxias e porão) um emaranhado de trilhos e praticáveis acompanhados por certo ruído que impede a mudança em cena aberta. São demandados efeitos, e experimentam-se cenários com *praticáveis*[195], ou seja, elementos cenográficos como passarelas, pontes e pilares no cenário, sobre os quais atores e figurantes podiam circular. De onde a necessidade, além da música dos interlúdios já presentes, de baixar a cortina nos intervalos. No entanto, a cortina reapareceu no século XVII (já presente nos antigos teatros gregos e latinos, o *aulaeum* era solto e atirado num fosso feito para recebê-lo, provocando uma verdadeira queda da cortina). Sua função nos mistérios sagrados e profanos, bem como nos teatros de feira da Idade Média e do Renascimento, era ocultar da vista dos espectadores as aparições parciais sobre o palco. No início, a cortina permitia administrar alguns efeitos, mas depois foi todo o palco, o teatro, que apareceu. A cortina foi então instalada nos limites da caixa cênica precisamente demarcada. Encarnando as fantasias entre o visível e o oculto, signo ostentatório de poder ou véu pudico, a cortina acompanha a encenação dos quadros como na pintura, o que Georges Banu contesta numa belíssima obra com

[194] Ch. NODIER, *op. cit.*, "prefácio".

[195] O princípio do *praticável*, sem esse nome, apareceu desde os mistérios para representar, sobre tipos de andaimes altos, o paraíso e as aparições divinas (como foi o caso do *deus ex machina* grego). Ele se desenvolve em paralelo com o teatro com máquina. Assim, vemos florescer nos palcos do século XVIII os cenários em volume no meio ou nas laterais do teatro, além das molduras das telas pintadas: adegas e cavernas, demanda. Mas o *praticável*, como o entendemos, é um suporte sobre o qual os atores podem se posicionar e atuar. Sua ilustração mais famosa é a ponte. Um dos cenários de Fontainebleau ilustra particularmente sua realização e seu uso. Trata-se do *Déserteur*, balé de 1786. A obra dedicada aos espetáculos de Fontainebleau, *Le théâtre de cour à Fontainebleau*, Vincent Droguet Marc-Henri Jordan, *op. cit.*, mostra os restos e as gravuras, p. 184-187.

o subtítulo sugestivo: *Le rideau ou la fêlure du monde*[196]. A cortina tem essa capacidade de ocultar o palco sem passar pelo blecaute: o espectador não é mergulhado na escuridão, ele está simplesmente privado do contentamento do espetáculo pelo ocultamento do cenário. Nesse sentido, a cortina equivale ao blecaute do palco; ela é uma ruptura, uma fenda entre os dois mundos, como diz Georges Banu. Dois mundos que se espelharão depois que a cortina se abrir. No cenário romanesco do século XIX, essa cortina, assim como um véu, torna-se objeto de sedução e intriga por transferência. Recurso de aparições dramatizadas que se transforma em moldura que valoriza o objeto desvelado, a própria cortina é colocada em cena. É entendido que desde há muito ela tem sido alvo de cuidados particulares, seja pela forma estilizada de abrir e fechar, à francesa, à italiana, à grega ou à alemã..., seja pelas pinturas ligadas ao espetáculo que a decoram[197]. Em Bayreuth, não se sabe precisamente se ela era feita em veludo vermelho tradicional ou constituída de um tecido cinza. O que é certo é que a sua abertura, dita à italiana, ou seja, em duas partes por um duplo movimento que separava as duas faces ao levantá-las, descobria o cenário ou o recobria ao fechar, num movimento acordado com a densidade dramática da cena final ou para anunciar o tom da que estava por vir: "Depois da cena aterrorizante que encerra *Le Crépuscule des dieux*, relata o musicólogo Albert Lavignac como testemunha direta, ela fecha como que com pesar, permitindo ver por muito tempo os comoventes lampejos do lenhador e a conflagração do Valhalla; enquanto ela fecha abruptamente as cenas bufãs do segundo ato dos *Maîtres chanteurs*, baixando repentinamente de uma só vez, ao mesmo tempo que a sala é inundada de luz, em meio às risadas alegres dos espectadores"[198]. "A cortina em si já era expressiva". Ligado ao espetáculo, o blecaute no rastro da cortina vai assumindo progressivamente no teatro o desafio dramatúrgico que Wagner prenunciou na ópera. Mas antes de ser uma realidade generalizada, o blecaute é primeiro uma ficção; e a cortina, uma necessidade técnica, tanto quanto uma convenção. É o caso nos teatros parisienses, onde a vida é organizada de acordo com a evolução das práticas sociais dos espectadores. Como a duração das mudanças podia passar de uma hora, o espectador era convidado a sair da sala e comer e beber no *foyer*. Em seguida, ele retornava para a sala e aguardava ansiosamente o próximo cenário, revelado como uma surpresa pela abertura da cortina. O espectador do século XIX apreciava as peças em função do número de "quadros" que apareciam, subida de cortina após subida de cortina: uma peça de três atos podia conter até 12 ou 18 quadros. É o caso, por exemplo, de uma adaptação de *Chat Botté* de Franck Servet, em três atos, publicada em 1900, que incluía 20 quadros em sua versão cênica. Este é o lote das *féeries* cujos sucessos são calculados com base na aposta crescente do número de quadros, que não pode cair para menos de 20[199]. Esse estado de coisas multiplica as pausas na narração cênica e conduz a um tipo de comportamento social que inclui essas rupturas na noite teatral, que se prolongavam até horas bem tardias. Uma vida noturna desenvolvia-se com o espetáculo, a que somente a classe social da burguesia podia se permitir. Porque essa ruptura não ia ficar para trás por muito tempo, a não ser que fosse por uma lógica econômica: aproveitar-se desse blecaute e do lapso de tempo associado a ele para torná-lo uma mais-valia do espetáculo. Mas, antes de chegar a uma suspensão carregada de emoções ou de impressões, ela é experimentada como uma

[196] George BANU, *Le Rideau ou la fêlure du monde*, Biro, 1997.

[197] *Idem*, principalmente o capítulo "*Le rideau et la scène*".

[198] Albert LAVIGNAC, *Voyage à Bayreuth*, Livraria Ch, Delagrave, Paris, 1897, p. 531.

[199] Como relembra Roxane MARTIN, "doravante sujeito à competição, o teatro tem apenas um patrão para seduzir: o gosto do público" (*La Féérie romantique sur les scenes parisiennes 1791-1864*, Honoré Champion, 2007). Chegou a hora de superar: "Respondendo ao entusiasmo do público pelos *grandes espetáculos*, o encantamento desdobra um esplendor cênico incomensurável: destruição de uma arena por uma chuva de fogo em *Le Petit Poucet, ou l'Orphelin de la forêt* (1798), ereção de um espectro com fascínios titânicos em *Kallick Fergus, ou les Génies des Isles Hébrides* (1803), desabamento de uma pirâmide assim que a tela se levanta em *Arlequin à Maroc, ou la Pyramide Enchantée* (1804)", *Idem* p. 55

saída da ficção, e é fornecida pelo convite a uma vida social noturna[200]. É isso que o desenvolvimento dos cenários sucessivos do fim do século XVIII até o século XIX criará.

A noite entre convenção e fascinação

Da comédia à tragédia: uma convenção teatral da noite

Nesta época, no início do repertório teatral que se apresentava em teatros, o blecaute "técnico", necessário para as trocas entre as cenas, propriamente dito, não existe, nem o blecaute "estético" para acompanhar os efeitos espetaculares[201]; somente o blecaute narrativo existe, ou seja, a noite. Se pensarmos ainda no aspecto cômico e dramático do marido confundido George Dandin, que se encontra em plena noite do lado de fora sem vela, muito antes dele, mas ainda no mesmo registro cômico do marido enganado, em 1520, Nicolau Maquiavel situou parte da ação de sua farsa *La Mandragore* na escuridão da noite propícia ao desengano (traição do velho Doutor pelo safado Callimaco com a bela esposa Lucrécia). Nesse caso, tratava-se de um blecaute de convenção que existia porque os personagens se desafiavam com um "boa noite". Convenção compartilhada com o espectador principalmente porque esse tipo de espetáculo de rua era realizado durante o dia. Nessa farsa, os traços característicos da comédia, que se baseia em uma conivência com o público, prevalecem sobre a ficção, como atesta o questionamento do público pelo Frère Timoteo, que avalizou o crime vil. Dirigindo-se aos espectadores, ele proclamou:

> Para vós, Senhores, chega de crítica; ninguém, garanto-vos, dormirá esta noite, de maneira que a ação não seja interrompida. [...] Callimaco e Lucrécia também não dormirão, porque eu sei muito bem que, se eu fosse um e os senhores fossem o outro, nós não teríamos vontade de dormir, nem os senhores nem eu.

A cena terminou com uma canção de uma bênção satírica: "Ó doce noite! Ó sagradas e pacíficas horas noturnas que favorecem os amantes apaixonados!" Quanto à noite quente, ela foi relatada no último ato em detalhes pelo sortudo autor do crime! Dario Fo, em *Non si paga, Non si paga!* (Não se tem que pagar!), adaptou esse estilo cômico a uma dimensão mais política. Nesta peça, o policial é conduzido forçosamente pelos dois operários que, com as luzes apagadas, o fazem crer que só ele perdeu a visão. Cena farsesca de cumplicidade com o público de 1970, que ria das instâncias de poder. Aqui, a ironia queria que a relação entre poder, posse e o domínio da luz fosse revertida em favor da classe proletária, que assumia o controle, apesar de sua indigência. George Dandin vingou-se. A convenção da noite, pretexto para uma sequência de mal-entendidos, era uma tradição cômica dos comediantes italianos muito apreciada pelo público. A peça *Les Deux Arlequins*, interpretada pelos *Les comédiens italiens du Roi* em 1691 no Hôtel de Bourgogne, apresenta um exemplo muito preciso dela pelos detalhes de atuação dados pelas rubricas no ato I, cena XII: "Ambos estão se procurando e vão de uma ponta à outra do teatro sem se tocar"[202], em busca da Marinette, cujos favores esperam. Acontece o inevitável, eles esbarram um no outro acreditando segurar o braço de Marinette, metem-se numa confusão até que encontram, tateando, a barba um do outro... Essas cenas que se

[200] Se o público encontra seu valor nessa decupagem imposta, os amadores do teatro e os defensores da arte são muito críticos a esse respeito. Basta consultar a crítica de Theodore de BANVILLE, "*Changements à vue*", de 10 de maio de 1868, *op. cit.*, p. 240, no qual elogia seus méritos que impediam a ruptura: "Ah! a mudança imediata foi a grande batalha que teve de ser travada em 1830, e o teatro teria sido salvo; mas isso ninguém ousou".

[201] Salvo pontualmente, ver no capítulo "Entrada nos teatros".

[202] *Les Deux Arlequins, Théâtre italien de Gherardi*, t. 3, nova edição, Briasson, 1741, p. 323.

baseavam no gesto cômico dos *lazzi* só podem ter seu resultado cômico em plena luz e com a conivência do público, como num jogo de cabra-cega.

O princípio da convenção, quer o espetáculo se apresente em um teatro, quer ao ar livre, existe no caso de que o blecaute não seja possível. Mas esse não é o único motivo; os exemplos de antes mostram que essa convenção faz parte de uma estética e de um gênero de teatro cuja escrita se baseia em suas realidades espetaculares. Tanto um quanto o outro, palco e texto, se alimentam mutuamente. O mesmo acontece com o repertório elisabetano, do qual Shakespeare é um ótimo exemplo de evocação da noite. Jean-Marie Maguin[203] dedicou-se a um estudo detalhado das ocorrências de cenas noturnas no teatro de Shakespeare, a fim de estudar seu simbolismo e significado. Ele estabeleceu o percentual por peça, constatando: nas tragédias, 25,3% das cenas; nas comédias, 16,3%; nas peças históricas, 12,3%; e somente 1,6% nas peças romanescas. Essa observação induz em si o lugar simbólico da noite no teatro de Shakespeare. Se a mitologia lunar e as dualidades sombra/luz são mobilizadas como em *Hamlet, Othello* e *Macbeth*, é possível encontrar também os poderes obscuros e ocultos (cena final do *Conte d'hiver*); o lugar dado ao sono e ao sonho tampouco é desprezível, principalmente em *Le Songe d'une nuit d'éte*, no qual a noite introduz a dimensão mágica. No teatro de Shakespeare, a noite é convocada mais para evocar uma confusão e uma ameaça não palpável do que para dar origem a um jogo dramático. Se for esse o caso, essas cenas são pouco numerosas e de curta duração. É mais frequentemente uma questão de evocação do que de realização, a representação continua convencional à imagem de qualquer realidade cênica do teatro elisabetano. Ao longo de toda a carreira de Shakespeare, as apresentações ocorreram de dia e ao ar livre, ainda que, em 1608, a inauguração do teatro particular comprado por James Burbage, *Blackfriars*, tenha permitido aos atores trabalhar no inverno no ambiente fechado de um teatro equipado com luzes. A convenção mantém-se, ainda que por vezes se apoie em aspectos igualmente convencionais e herdados do teatro medieval, principalmente pelo uso de uma tela pintada em duas partes, uma branca e outra preta, permitindo representar o dia ou a noite. O que há de mais notável no teatro de Shakespeare em relação à noite, portanto, não reside em sua representação nem no jogo cênico que ela poderia induzir, mas em sua dimensão simbólica.

O drama e a tragédia também dominam a noite e a escuridão como recurso dramático. Se a tragédia grega do modelo ateniense era praticada em plena luz do dia durante as competições dos grandes dionisíacos, não usa menos recursos simbólicos de dia do que de noite. É só pensar no discurso inicial do vigia de *Agamenon*, de Ésquilo, à espera do sinal que, durante a noite, anunciaria o retorno do guerreiro[204]. Rezando aos deuses para "dar um fim ao [seu] cansaço", exausto, "andarilho noturno", lutando contra a sonolência, ele faz vigília, noite após noite, gemendo e chorando pelas desgraças da casa de Agamenon. À noite, circunstância propícia ao desenrolar do drama, não traz consigo a esperança da libertação trazida pela madrugada. Precedido por sinais de fogo emissários da boa nova, o nascer do dia é anunciado com um grito de alegria que contradiz a necessidade de silêncio sobre os dramas latentes: "Quanto ao resto, eu me calo; um boi enorme paira sobre a minha língua", avisa o vigia locutor. O dia, contra todas as evidências, torna-se assassino ao mesmo tempo que a tragédia progride. As palavras do texto grego, pela evocação cósmica, carregam consigo por vezes a ficção narrativa e a dimensão simbólica do trágico. Aristóteles, algumas centenas de anos depois, formalizou a tragédia em *La Poétique*, enfatizando a importância do *muthos*, ou seja, da his-

[203] Jean-Marie MAGUIN, *La nuit dans le théâtre de Shakespeare et de ses prédecesseurs*, t. 1-2, tese apresentada na Universidade de Montpelier 3 em 17 de outubro de 1977.

[204] ÉSQUILO, *Agamenon*, tradução Émile CHAMBRY, Garnier Flamarion, 1964.

tória. Para que a sequência das ações permanecesse plausível, seria preciso que o *muthos* durasse o tempo de um ciclo de clepsidra, ou seja, 24 horas. Tomando o princípio literal sob a égide do abade de Aubignac, as tragédias clássicas, das quais Racine foi o grande exemplo, começavam antes do amanhecer e terminavam à luz de tochas. Essas tragédias clássicas eram representadas no espaço único do teatro Hôtel de Bourgogne, o que explica em parte a regra da unidade do lugar, então adicionada à do tempo. Esse incômodo ficcional, por mais convencional e enquadrador que fosse, não recobria nem mesmo uma nova dimensão simbólica à qual recorreram as histórias relatadas pelos protagonistas. Como uma duplicação trágica, a evocação da noite e da escuridão, não mais cósmica, mas ligada à vida política, fornece uma realidade mais fatalmente humana ao drama raciniano. Nero, seduzido pelos encantos da jovem Junie, embelezada pela luz das tochas à noite, revela em seu relato a negritude de sua ambição no limiar do dia por nascer. Ele declara fortemente quanto a parte obscura do personagem se entrega aos jogos de poder como uma mariposa atraída pela luz. Uma "combinação de sombra e de luz", diz Roland Barthes, produzida pela "fantasia raciniana"[205]. Se a convenção clássica das 24 horas justifica seu princípio, permanece o fato de que a carga noturna incorpora a dimensão trágica. A luz do fogo roubada dos deuses por Prometeu trouxe aos homens, ao mesmo tempo que o calor e a vida, o destino trágico. Num contraste necessário, a luz e a sombra em Racine, diz ainda Barthes, operam numa inversão da metáfora corrente: "Na fantasia raciniana, não é a luz que está afogada na sombra; a sombra não invade. É o contrário: a sombra é trespassada de luz, a sombra se corrompe, resiste e se abandona". Para Roland Barthes, "há um esplendor da noite", enquanto "nascido mais frequentemente com a própria tragédia, o Sol se torna assassino ao mesmo tempo que ela". O vigia de Agamenon pressentiu-o bem: depois da noite que, como uma pausa, trouxe consigo a imprudência e o descanso, o drama anuncia-se com o amanhecer nascente. A tragédia revela-se em plena luz do dia.

Cósmicos ou humanos, tanto a noite como a sombra integram a narrativa no texto por meio de um duplo movimento ficcional. O da fábula, mas também o da cena.

O blecaute dos textos dramáticos não é somente o da noite ou da escuridão convencionais, ele é também o da cena e do teatro, representado por uma personificação da Noite. Molière tinha o sentido de usar contextos e circunstâncias para extrair deles um material dramático. *Amphitryon*, apresentado em janeiro de 1668 no Palácio Real e na Sala das Máquinas do Château des Tuileries, começava paradoxalmente com um pedido de Mercúrio à Noite para atrasar o nascimento do Dia, enquanto as proezas técnicas dessas salas, para as quais Mazarin havia trazido da Itália o arquiteto e cenógrafo de teatro Gaspare Vigarani, foram capazes de esplendores luminosos excepcionais. Talvez esta seja precisamente uma farsa para administrar as surpresas numa progressão visando à sedução do público, sabendo que a rubrica inicial especificava: "Mercúrio, numa nuvem, A Noite, numa carruagem, puxada por dois cavalos". Rubrica que sugere o uso de maquinarias italianas que permitissem suspender os atores e dar a impressão de um céu em transformação. A farsa é integrada à fábula: Júpiter, tendo assumido as características do Anfitrião, que foi à guerra para abusar de sua esposa, encarrega seu mensageiro de desacelerar o tempo e de manter o estado noturno, propício ao engano e ao prolongamento dos prazeres... Há um jogo duplo de ficção narrativa e jogo cênico que pode ser implantado pelos engenhosos sistemas dos teatros barrocos. Mas o blecaute não é ainda nada além de uma convenção que se apoia na imaginação e na participação do espectador, como o sugere claramente a conivência que Frère Timoteo estabeleceu com o público em *La Mandragore*, pedindo-lhe que não perturbasse a noite dos amantes. Enquanto o blecaute no teatro não for pre-

[205] Roland BARTHES, *Sur Racine*, Edições do Seuil, 1963, p. 30.

cisamente efetivo, permaneceremos sob o princípio da evocação: sua realização caminhará de mãos dadas com a evolução dos recursos cênicos introduzidos no século XIX. E, no entanto, quando o blecaute surgir, ele não será usado inicialmente para a noite; pelo contrário, nós ainda nos empenharemos em recriar a noite por evocação. A convenção perdura.

Fascinação romântica

O fascínio do romantismo pelas noites de lua cheia e os ambientes obscuros é um clichê dos "*Nocturnes*", das quais é possível lembrar os desafios perturbadores que assombraram a poesia romântica e para além do conjunto das artes no século XIX. Sem ir muito longe do teatro, pode-se citar estas palavras de Samuel Taylor Coleridge (1772-1834), que, se não fala de teatro, evoca o princípio visual do enquadramento da janela à noite, que funciona como uma cópia da boca de cena:

> Fui até a janela para esvaziar meu Penico e fiquei impressionado com a grandiosidade simples da vista / 1. Obscuridade indistinta sem ser perfeitamente negra / 2. O reflexo azul-acinzentado do aço da Greta e do Lago / 3. As Montanhas negras embora mantendo sua forma / 4. O céu, ali embranquecido pela lua, aqui enegrecido pelas nuvens - e no entanto, com seu aspecto carrancudo e lúgubre, contrastando com a simplicidade da Paisagem que se estendia sob ele.
> Acima das Montanhas negras que mantinham sua forma, o Horizonte do Céu branco--cinza para onde quer que eu dirija meu Olhar, e mais alto o Céu escuro no conjunto, mas longe de ser tão negro quanto o espaço que se estende entre meu olho e o Lago, que é apenas Escuridão sem forma, ou que as negras montanhas nada além de forma e cor além do Lago e do Rio com seu reflexo cinza-aço / e esta Escuridão menor matizada pela meia-lua próxima de se pôr. - Oh, se eu pudesse pelo menos explicar essas rugas concêntricas do meu espectro![206]

Essa anedota, que começa de uma forma muito trivial, transforma-se numa profunda contemplação que permite adivinhar a profundidade indescritível. Coleridge, em uma outra nota, evoca mais precisamente o fenômeno assimilando-o ao simbolismo, e abre o caminho para as múltiplas interpretações das *Nocturnes*:

> Olhando os objetos na Natureza enquanto eu reflito, como aquela lua lá que brilha sombriamente através do vidro de contas, parece que estou procurando, que eu peço, de certa forma, uma linguagem simbólica para algo dentro de mim que existe e para sempre, em vez de observar o que quer que seja de novo. Mesmo quando este é o caso, ainda tenho a obscura impressão de que esse novo fenômeno é o despertar indistinto de uma Verdade desperta ou oculta de minha Natureza profunda.[207]

Haveria muito a dizer sobre as antecipações quase psicanalíticas percorridas pelo campo designado por "o despertar indistinto de uma Verdade desperta ou oculta"[208] e as correspondências entre o eu e a natureza no registro romântico; mas, no campo deste estudo sobre o blecaute no teatro, é aconselhável retornar aos problemas especificamente cênicos que inspiraram os poetas. As semelhanças possíveis de estabelecer entre a janela, aqui "vidro de contas", e a boca de cena, presentes em

---

[206] Samuel Taylor COLERIDGE, *Carnets*, traduzido por Pierre LEYRIS, prefácio de Pierre PACHET, Belin, coleção "Literatura e política" (n. 1.681, p. 108-109), 1987.

[207] *Idem*, n. 2.546, p. 170.

[208] Ver o estudo de Christian LA CASSAGNÈRE, "Imagem pictórica e imagem literária no romântico noturno. Um ensaio sobre poética intertextual", em *Romantisme*, n. 49, p. 47-65, Persée, 1985.

muitas notas destes *Carnets*[209], constituem um fato fundamental que também pode ser encontrado em *Gaspard de La Nuit* de Aloysius Bertrand (1807-1841).

Nesta coleção, a janela que permite ver sem ser visto é comparada a uma abertura imaginária sobre as *"Fantasies"* do próprio *Gaspard de la Nuit*. Se ela pode, como no prólogo, abrir para um mundo de harmonia e de amor divino por meio da visão da sublime e bela musicista, pelo contrário, a janela é mais frequentemente a via de acesso para uma ameaça que surge sob as aparências que podem ser enganosas. É o caso em *Ondine*, em que a personagem epônima é uma aparição graciosa que dialoga com o poeta; então, depois de ter proferido uma "gargalhada" cínica, "desapareceu em aguaceiros que esguichavam brancos ao longo de [seu] vitral azul". *Gaspard de la Nuit*, essa importante obra que inspirou Baudelaire por seus *Petits poèmes en prose: Le Spleen de Paris* (1869), forneceu os fundamentos dos românticos *"Nocturnes"*. Associados à noite, à janela e ao espaço fechado do quarto, tornam-se um prisma fecundo para a imaginação, o devaneio e a alucinação, como uma câmera escura mental de onde sairiam essas imagens. Se para Coleridge essa visão é uma revelação, ou melhor, um obscuro despertar de sua "natureza profunda", em Aloysius Bertrand ela funciona como um dispositivo ótico que permite acompanhar cenas à distância, como no teatro. O conjunto de pequenas peças poéticas de *Gaspard de la Nuit* apresenta verdadeiras pinturas sob o título genérico de *L'École flamande*. Sombras e luzes competem e complementam-se num espaço noturno propício à encenação de pequenos esquetes, *"fantasies"*, em que o sublime se encontra com o grotesco "à maneira de Rembrandt e Callot"[210]. A coleção é marcada pela presença da noite, à qual o próprio nome de Gaspard é associado; a noite é seu domínio, e o noturno domina todo o conjunto do livro. Grande parte de seus textos tem como cenário um espaço fechado e obscuro que remete a profundezas metafóricas. Esses lugares são iluminados como no gênero pictórico dos *"Nocturnes"* por lâmpadas e velas, lanternas ou lampiões, bem como pela lua, os relâmpagos de uma tempestade, as chamas de uma lareira ou de um incêndio. Isso será: "o brilho pálido de minha lâmpada" (*L'Alchimiste*), "Tochas [que] se acendem nas casamatas, percorrem os bastiões, iluminam as torres e as águas" (*La Citadelle de Wolgast*); estas são os brilhos das chamas em *Les Gueux de la nuit*, ou ainda: "A lareira estava vermelha de brasas, as velas cresciam na fumaça" (*Départ pour le Sabbath*), as chamas da lareira desenhando todo tipo de alegorias com suas "cores mutáveis, rosa, vermelho, amarelo, branco e violeta" (*La Salamandre*). Quanto à Lua, se em Baudelaire ela ironicamente recebe certas "bênçãos"[211], ela aparece como um astro malévolo em *Gaspard de la Nuit*. *Le fou*, que se desdobra em sua luz, está impregnado dela, assim como *Le Clair de lune* ou ainda *Ondine*, na qual se trata "dos diamantes sonoros [da] janela iluminada pelos entediados raios da lua"; e em *Le Chavel mort*, "cada noite, assim que a lua ficar pálida no céu, essa carcaça voará" para uma espécie de *sabbat*, sob uma luz maligna.

Essa iluminação específica dos *"Nocturnes"*, adequada para dar vida às sombras, é uma metáfora de teatro, como o teatro de sombras, a exemplo do de Dominique Séraphin (1747-1800), que Aloysius Bertrand conhecia bem: "Uma multidão incontável de indigentes, de mancos, de mendigos da noite correu para a praia, dançando diante da espiral de chamas e fumaça"; como em *La Tour de Nesle*, em que o incêndio é palco de um balé lúgubre e grotesco. Muitas vezes, sombras destacam-se e recortam-se por trás de uma tela ou uma cortina, como em *La Chanson du Masque*: "Dancemos e

---

[209] Pierre LEYRIS e Pierre PACHET escolheram, nessa edição, trechos situados entre 1794 e 1808, enquanto Coleridge redigiu mais de 60 *note-books* durante toda sua vida.

[210] A "narrativa em abismo" em *Gaspard de la Nuit* mostra uma página de rosto de *Gaspard de la Nuit* que inclui o subtítulo: *"Fantasies à la manière de Rembrandt et de Callot"*, uma referência também dada novamente no "prefácio" assinado por Gaspard de la Nuit: "A arte sempre tem dois lados antitéticos, medalha da qual, por exemplo, um lado mostraria a semelhança de Paul Rembrandt, e o reverso, a de Jacques Callot".

[211] Charles BAUDELAIRE, *"Les Bienfaits de la lune"*, em *Le Spleen de Paris (Petits Poèmes em prose)*, Gallimard, Paris, 1975, p. 341.

cantemos, nós que não temos nada a perder, e que atrás da cortina, onde o tédio de suas testas curvadas se desenha, nossos compatriotas jogam, em um golpe de cartas, palácio e amante!" As sombras, submetidas ao capricho da natureza da iluminação e da visão do poeta, metamorfoseiam-se e transformam-se, crescem ou encolhem, como em *Le Nain*: "Acreditei então que ele tinha desmaiado? O anão cresceu entre a lua e eu, como a torre de uma catedral gótica, um sino dourado em movimento no seu chapéu pontudo!" Como um personagem de teatro de sombras recortado que o marionetista afasta ou aproxima da tela para modificar seu tamanho, a aparência transforma-se de acordo com a fantasia que habita o poeta. A potência ótica das cenas noturnas impregnou a coleção como um todo, assim como ela fez nas artes ao longo de todo o século XIX[212].

Na verdade, o universo romântico aproveitará o motivo de seus dramas em que a carga visual será tanto mais importante quanto retransmitirá o lirismo do herói. Em uníssono com pintores românticos, cenógrafos como Cicéri, Philippe Chapon ou Louis Jacques Mande Daguerre competirão em representações ilusionistas de ambientes próprios às intrigas da alma. Os dramas românticos como *La Nuit vénitienne*, de Musset, ou ainda *Lorenzaccio*, que também começa à noite, apresentam cenas noturnas carregadas de conspiração que têm toda a aparência de uma convenção do gênero. Se o seu *Théâtre das um fauteuil*, destinado à imaginação do leitor, funciona ainda sob o pacto teatral, por outro lado, para Victor Hugo, a realidade cênica está bem presente e corresponde, ao contrário do que se pensa, nem tanto ao advento da iluminação a gás nos teatros do que com as lâmpadas a óleo ainda em uso, conhecidas como *quinquets* (do nome do seu criador). O surgimento nas cidades do gás de iluminação produzido industrialmente data de 1810. Se em 1832, o gás era utilizado para os lustres da plateia ou para os espaços de circulação do público nos saguões de entrada e nas escadas de honra, ele de fato era raramente utilizado para toda a iluminação cênica, embora sua técnica permitisse ajustar a intensidade das luzes e obter diferentes cores por meio de filtros de mica. Isso porque seu uso não era completamente aceito por todos. O debate que vai inflamar o mundo do teatro sobre o surgimento do gás está aparentemente ligado mais aos usos e às tradições do que a questões estéticas. Na verdade, na *Comédie Française*, a iluminação a gás foi adotada somente em 1843 e apenas para os lustres. A ribalta continua com o uso de lâmpadas *quinquets*, das quais Mounet-Sully muitas vezes se queixava, sugerindo que preferia uma iluminação menos prejudicial à vista: "que coisa detestável é esta famosa ribalta a óleo, onde, apesar de toda a vigilância, uma ou outra lâmpada nunca deixa de falhar assim que sobe a cortina"[213], ele escreveu em seu "relatório semanal" de 23 de fevereiro de 1886 (ou seja, um ano antes da eletrificação do teatro). Em contraste, Charles Nodier, mencionado anteriormente, protesta contra o uso do gás para a sala. Em 1823 publicou, com Amédée Pichot, toda uma obra polêmica[214] sobre a questão, na qual o prefácio toma a forma de um diálogo entre o Amigo e o Doutor, Charles Nodier dirigindo-se a Amédée Pichot, que é de fato um médico: O Amigo retorna de uma viagem e confidencia ao doutor sensações indesejáveis que o perturbam e o fato de já não reconhecer Paris. A causa, dada pelo Doutor na tradição cômica a cada uma das reclamações do Amigo (Charles Nodier), é sempre: "É o gás hidrogênio"! Por que o culpamos? Essencialmente, para além dos vapores e dos riscos de explosão, por apresentar uma luz considerada demasiado crua e forte que suprime a intimidade e o encanto das lâmpadas *quinquets*, mas também por criar o pânico ao ser apagada quando mergulha na escuridão. O mesmo ocorre

---

[212] Ver no capítulo "Teatro de sombras".

[213] Ver *La Comédie Française: 1680-1980*, Exposições, Paris de 23 de abril a 27 de julho de 1980, Biblioteca Nacional, prefácio de George Le Rider e Jacques Toja, p. 180.

[214] Ch. NODIER; Amédé PICHOT, *op. cit.*

com o lustre dos teatros. Se Victor Hugo não se pronunciou sobre a questão, pode-se facilmente imaginar sua posição nesse debate, ele que vivia em e pelo claro-escuro...

Basta considerar por um momento as rubricas da peça de Victor Hugo que, em 1830, gerou polêmica: *Hernani*, peça na qual os temas da conspiração e da vingança se caracterizam pela dissimulação e pela simulação que vêm contrariar as revelações. Nela se encontra a obsessão hugoliana pelo combate entre a luz e a sombra. Mas, se a luz triunfa por algum tempo com a virada política que faz de Don Ruy Gomez não mais um rei, mas um imperador, e consagra o casamento dos amantes, Doña Sol e Hernani, isso é apenas uma aparência. A sombra da noite e da morte que paira sobre todo o drama encerra a peça. Concretamente, a peça é concebida em um efeito de luz e sombra que esculpe o espaço e conduz a ação dramática. De toda a peça, apenas um ato, o terceiro ato, se passa durante o dia. Se as rubricas indicam o quadro noturno, "Um quarto de dormir. A noite. Uma lâmpada sobre uma mesa" (ato 1, cena 1), ato após ato, cena após cena, é um vaivém de luzes e sombras que fazem de cada cena um quadro vivo cujos movimentos têm uma carga simbólica que não desmentem a realidade dramática. Desde a cena 2 do primeiro ato, é um apanhado de tochas que acompanha as entradas e saídas de Dom Ruy Gomez e seus servos. O 11º ato abre-se sobre "Um pátio do palácio da Silva. - À esquerda, as grandes muralhas do palácio, com janela de sacada. Abaixo da janela, uma pequena porta. À direita e ao fundo, casas e ruas. - É noite. Se vê brilhar, aqui e ali, nas fachadas dos edifícios, algumas janelas ainda acesas". Já o resto da cena dará lugar a um efeito interpretativo de clareamentos ou escurecimentos das janelas que traduzem a impaciência do amante Dom Carlos, que se faz passar por Hernani. Batendo palmas, ele fez um sinal a Doña Sol, que "sai com sua lâmpada na mão, seu manto sobre os ombros". Mas, quando o engano é revelado, uma luta começa onde Doña Sol luta para chamar Hernani. De repente, "o rei vira-se e vê Hernani, imóvel atrás dele, nas sombras, os braços cruzados sob a longa capa que o envolve e a aba larga do chapéu puxada para cima". O herói que sai das sombras, isto é, do nada, triunfa em todo o seu esplendor sobre aquele que se acreditava protegido pela noite. Do ponto de vista da realidade cênica, a iluminação da cena foi sempre dominada, desde o século XVII, pela ribalta e uma distribuição periférica de lâmpadas a óleo no nível das tapadeiras laterais e no fundo do palco pela rotunda. A consequência é uma área escura no centro do palco onde raramente se atua. No século XIX, Hugo defendia um teatro vivo que pretendia utilizar a totalidade do espaço cênicas, da mesma forma que defendia a mistura de emoções. É por isso que Hernani podia realmente sair das sombras. A genialidade de Hugo foi de dar sentido às limitações do palco. Foi assim que, em toda a peça, os personagens, por vezes numerosos no palco, não se contentavam em atuar à luz da ribalta, mas moviam-se munidos de sua própria luz (tochas, lanternas, velas de cera...).

Assim, se o 3º ato ocorre durante o dia, ao que parece, no castelo de Silva, o 4º ato leva à noite das "abóbadas que contêm o túmulo de Carlos Magno, em Aix-la-Chapelle", cujas abóbadas são mal iluminadas: "Uma única lâmpada, suspensa em uma pedra angular, ilumina a inscrição: KAROLUS MAGNUS. - É noite. Não se vê o fundo do subsolo; o olhar perde-se nas arcadas, nas escadarias e nos pilares que se cruzam nas sombras"; "Não se vê". Essa indicação aqui marca com determinação a vontade de esculpir o espaço cênico por meio de áreas iluminadas ou não. Mas o que é interessante é o fato de que o texto acentua justamente o que não se vê... como representar cenicamente o que não é visto? Como passar da prescrição da rubrica à realização cênica? É, ao que parece, pelos movimentos das sombras e das luzes produzidos pela luz móvel das tochas que iluminam momentaneamente os componentes do cenário ou não. Na verdade, Dom Carlos entra acompanhado de sua escolta, "uma lanterna na mão".

A partir dessa rubrica, as idas e vindas da luz e da escuridão seguiram os reveses da fortuna. Quando chegam os conspiradores, Dom Carlos esconde-se e dá lugar no teatro a uma cerimônia de luz que, literal e figurativamente, expressa o desejo dos conspiradores de emergirem das sombras (cena 3): "Todos os conspiradores sentam-se em semicírculo sobre os túmulos. O primeiro conspirador passa na frente de todos, um por vez, e cada um acende com sua tocha uma vela de cera que ele segura em sua mão. Depois o primeiro conspirador vai se sentar em silêncio em uma sepultura no centro do círculo e mais alta que os outros". Mais adiante, o Duque de Gotha toma a palavra, combinando o gesto à palavra: "Ele joga sua tocha no chão e a esmaga com o pé / Que seja com sua testa como com esta tocha!"

A conspiração será interrompida por um acontecimento que se expressa na luta entre a sombra e a luz no anúncio da transformação de Dom Carlos, que aparece à porta do túmulo e grita: "Senhores, vão mais longe! O imperador ouve-os". Injunção que tem efeito imediato: "Todas as tochas se apagam ao mesmo tempo. - Silêncio profundo. - Ele dá um passo na escuridão tão densa que mal se pode distinguir os conspiradores mudos e imóveis". Tomando a palavra, ele usa a metáfora da luz se apoiando sobre a realidade narrativa e dramática:

> Vamos lá! levantem suas cabeças caídas,
> Porque aqui está Charles-Quint. Batam! deem um passo!
> Vamos ver: vocês ousarão? – Não, vocês não ousarão!
> Suas tochas ardiam com sangue sob essas abóbadas.
> Minha respiração foi, portanto, suficiente para extinguir todas elas!
> Mas vejam, e voltem seus olhos incertos,
> Se eu apagar muitas delas, eu acenderei muitas mais!

E, como um demiurgo comandando os poderes da natureza, "ele bate com a chave de ferro na porta de bronze do túmulo. Com esse barulho, todas as profundezas do subterrâneo se enchem de soldados carregando tochas e lanças". Dom Carlos encoraja-os continuando a metáfora: "- Eu ilumino também. O sepulcro está em chamas! / Olhem!" Os conspiradores estão desarmados e, em uma apoteose de som e luz, "entram, com tochas e fanfarras, o Rei da Boêmia e o Duque da Baviera, todos vestidos de ouro, com coroas na cabeça. [...] Os soldados afastam-se, alinham-se numa cerca e dão passagem aos dois eleitores até ao Imperador, a quem saúdam profundamente, e que retribui a saudação levantando o chapéu." Não há dúvida de que a cena traz concretamente às vistas do público as questões dramáticas do combate hugoliano.

Finalmente, o 5º ato anuncia: "O casamento". Na realidade, trata-se da noite de núpcias, de novo a noite no jardim do palácio de Aragão: "os jatos de água à sombra, os bosques com a luz passeando por eles e, no fundo, as torres góticas e árabes do palácio iluminado. - É noite". É muito provável, como observa Anne Ubersfeld, que os amantes fossem iluminados em contraluz de forma a dramatizar a cena[215]. Doña Sol e Hernani encontravam-se sozinhos antes da morte: "as fanfarras e as luzes distantes foram se apagando gradualmente. A noite e o silêncio voltam aos poucos". Seguiu-se o fim trágico do drama que esconde o amor dos amantes na morte. A peça avança em crescendo e decrescendo de luz, partindo da noite realista e concreta, no quarto de Doña Sol, para terminar na noite cósmica e espiritual da morte. Um movimento familiar a Victor Hugo, tanto em seus escritos poéticos quanto nos seus romances.

[215] Anne UBERSFELD, *Le Roman d'Hernani*, Mercure de France, 1985, p. 212.

Quando Hugo escrevia para o teatro, a tendência estética era por uma imitação que acompanhava um crescimento dos efeitos visuais naturais (trovoadas, luas cheias, amanheceres e entardeceres, naufrágios e outras tempestades...). No entanto, ele não deixava de ser um poeta visionário, embora reconhecesse o poder ilusionista do teatro. Já no prefácio de *Cromwell* (1827), ele escreveu: "O teatro é um ponto de ótica. Tudo o que existe no mundo, na história, na vida, no homem, tudo deve e pode levar à reflexão, mas sob a varinha mágica da arte"[216]. Se a expressão deve ser considerada neste contexto em sua dimensão metafórica, o próprio fato de falar de ponto de ótica, para dar conta dos desafios do teatro, não é por acaso. Suas rubricas são testemunhas disso. Os efeitos produzidos podiam ser muito bem imaginados, de tanto que sua descrição era precisa, mesmo que a sala não fosse ficar completamente escura. Certamente, à luz do que a história do teatro nos ensina, a primeira apresentação que impôs o blecaute total no teatro aguardará a chegada de Wagner em 1876, quando da apresentação de seu *Parsifal* em Bayreuth; mas como não considerar a questão quando se olha para a luz e o claro-escuro em *Hernani*? Em 1830, na *Comédie Française*, ainda se usava a iluminação a óleo[217], e a plateia ainda não estava equipada com gás. As lâmpadas a óleo, conhecidas como *quinquet*, eram um simples aperfeiçoamento das lâmpadas de Argand com bicos que garantiam uma combustão regular e um brilho intenso da luz. A adição de espelhos refletores atrás da chama garantia sua dispersão. Mas isso não era suficiente para iluminar equalizadamente toda a caixa cênica. Importantes áreas de sombra em contraste com as iluminadas dividiam o palco[218]. A intensidade luminosa, de uma parte e de outra da sala e do palco, era propícia aos ambientes noturnos. Este é um dado que não pode, ao que parece, deixar o poeta indiferente. O efeito produzido, mesmo no momento da criação, é incontestavelmente físico. Ao fazer luzes complementares entrarem e saírem pelas mãos dos protagonistas, Hugo desenhava uma dramaturgia de luz que ele dosa como faria um iluminador dos dias de hoje. Hugo escrevia no quarto, mas com a realidade do palco em mente (é ele quem, depois, dirigia os atores).

Até o alexandrino vem do palco: para ele, "o verso é a forma ótica do pensamento [que] é especialmente adequada à perspectiva cênica"[219]. Nas rubricas, o cuidado que ele tinha em especificar quais seriam as fontes de luz, sua presença e sua ausência era tão marcante que ele parecia, de certa forma, não pensar na luz integrada à sala para administrar melhor os efeitos dramáticos e cênicos (Fig. 7).

Hernani, hino para a noite? Sem dúvida, mas a noite não é apenas um cenário ou uma circunstância cuja carga simbólica não devia ser demonstrada: ela funcionava dramaticamente. No *Le Preface de Cromwell*, Victor Hugo diz, a respeito do lugar, que ele se torna "uma testemunha terrível e inseparável" da catástrofe na qual o drama aconteceu. Ele acrescenta que "a ausência desse tipo de personagem mudo completaria, no drama, as maiores cenas da história"[220]. Da mesma forma, a noite ou a escuridão como *personagens mudos* poderiam adquirir sua potência dramática por meio de sua presença cênica. Contudo, esta noite ou esta escuridão permanecem presas à ficção narrativa pelo realismo das situações e dos recursos de iluminação que entram e saem com as personagens.

[216] Victor HUGO, *Préface de Cronwell*, Larousse, 2004, p. 58.

[217] Foi somente em 1843 que a iluminação a óleo foi substituída na sala Richelieu pelo gás, com exceção da ribalta, que permanecerá com aquele funcionamento.

[218] As próprias lâmpadas domésticas produziam sombra por causa do reservatório que bloqueava a luz de um lado da lâmpada. Para corrigir esse defeito, foi projetada uma chamada lâmpada de *Sinombre* da Philips (do latim *sine ombra*, sem sombra), posicionando o reservatório na base da lâmpada e que foi concebido na forma de uma vela, ou seja, para iluminar circularmente sem produzir nenhuma sombra.

[219] V. HUGO, *Préface de Cronwell*, *op. cit.*, p. 67.

[220] Émile ZOLA, muito mais tarde, em *Le Naturalisme au théâtre*, expressou a mesma opinião sobre o meio ambiente, que, segundo Arnaud Rykner, se aparenta de "um personagem — silencioso mas onipresente" (Arnaud Rykner, *L'Envers du théâtre Drmaturgie di silence de l'âge classique à Maeterlinck*, José Corti, 1996, p. 262).

Fig. 7. *Les Jumeaux*, manuscrito de Victor Hugo, 1839

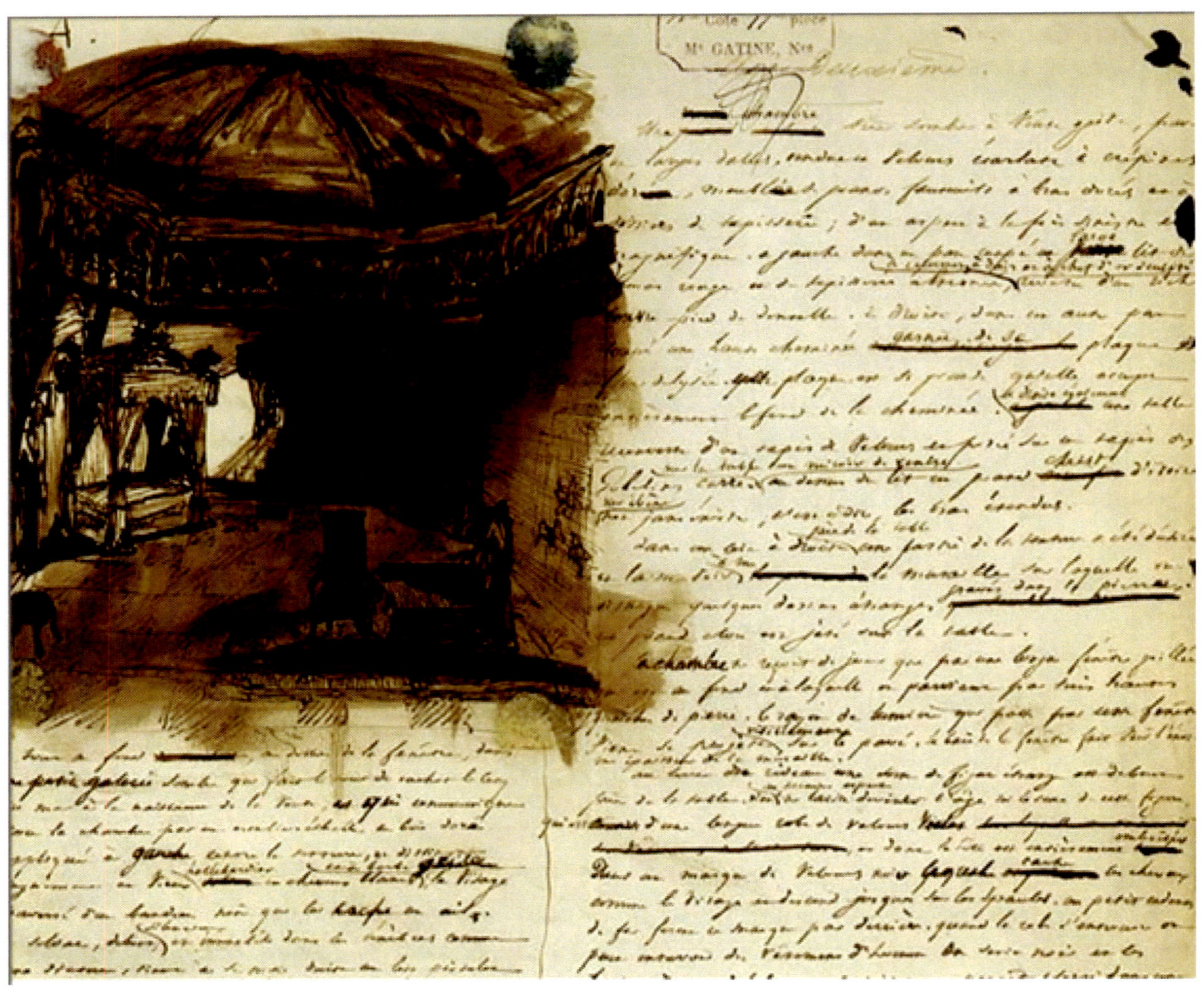

Lâmpadas, tochas ou velas de cera traziam uma luz *humana* instrumentalizada. Seu brilho proclama a vitória, ao passo que apagá-las atestaria a derrota. Alheia a essa luta, a noite reina. "É noite", dizia a rubrica, e não *está escuro*. Essa escolha linguística significa claramente o lugar ficcional da noite na peça. O que não impedia que a obscuridade resultante ocupasse um lugar central. Annie Le Brun, no livro que dedicou a Victor Hugo, em conexão com a exposição de desenhos e aguadas do poeta que ela organizou em 2012 na Maison Victor Hugo, explicou esse espaço tomado pela obscuridade que "assume o centro do palco" na máquina ótica do teatro de Victor Hugo. Assim como ele o fará em sua casa de Hauteville House no exílio em Guernsey, Victor Hugo teatraliza o espaço esculpindo-o graças à sombra e à luz. Mas a luz imanente nunca vinha para contrabalançar a potência da noite cósmica que permanecia essencial e fundava a poética do mundo hugoliano. Somente a luz relatada podia se sobrepor à noite, que nunca se apaga. Como um *valor agregado*, a luz torna a noite magnífica. Hugo, filho de seu tempo, admitia certamente o aspecto ficcional, com a condição de que a parte *mágica* da arte a sublimasse:

> O drama é um espelho no qual a natureza se reflete. Mas, se esse espelho for um espelho comum, uma superfície plana e uniforme, ele devolverá objetos apenas com uma imagem opaca e sem

> relevo, fiel, mas descolorida; nós sabemos que a cor e a luz perdem para a reflexão simples. É preciso, então, que o drama seja um espelho de concentração que, longe de enfraquecê-los, recolha e condense os raios corantes, que transforme um raio em luz, uma luz em chama.[221]

Parafraseando o poeta, pode-se argumentar que o drama transforma a noite em escuridão e a escuridão em blecaute. A noite ficcional, tratada convencionalmente, buscou uma forma de se colocar em cena da maneira mais sensível e dramática pelo obscurecimento dos palcos do teatro. Como resultado, uma dimensão dramatúrgica da noite poderia ser implementada conjuntamente a uma transformação em direção a uma autonomização do blecaute que o século XX alcançará.

Noite naturalista

O escuro no teatro é, antes de tudo, a noite, mesmo que ela, como no teatro naturalista, deva ser usada nas cenas de interior. O que a encenação levará em consideração. Na França, a corrente naturalista que dominou os palcos dos teatros conquistou seu espaço em 1887 no *Théâtre Libre* de André Antoine, ex-empregado do gás — seria por acaso? — vindo para o teatro não pelo meio literários, mas pelo gosto pela encenação, o que era raro no seu tempo. Sob a égide do *Théâtre Libre* dirigido por Antoine, foram montadas, em diferentes teatros, adaptações dos romances de Zola, Balzac, Tolstoï ou Daudet para o palco, bem como as peças de Hauptmann, Ibsen ou Strindberg e todo um repertório de peças "avant-gardistas"[222]. Os atores deram um novo fôlego à sua atuação: "Num cenário feito de móveis antigos emprestados de vizinhos, eles atuam sentindo-se em casa, sem dar atenção especial aos espectadores, aos quais não se privam em virar as costas", relata Jean-François Dusigne no estudo dedicado ao Teatro de Arte na Europa[223]. Este componente da ação, desviado do público, estava alinhada com a proposta audaciosa colocação da sala quase que no blecaute total apresentada por Antoine, reorientando, assim, a atenção do espectador para o palco, que passa a fazer parte de uma máquina ótica[224]. Revolução cênica à qual ele acrescenta a modificação das fontes luminosas, optando pela remoção da ribalta. O que ele compensa por uma iluminação multidirecional, incluindo a iluminação lateral, de modo a unificar o palco com uma luz difusa; ou seja, ao contrário, mobilizando as fontes direcionais de modo a criar áreas mais ou menos iluminadas. Gambiarras, arandelas, refletores, todos os tipos de aparelhos, fixos ou móveis, são manuseados com cuidado seguindo as instruções de Antoine. Essas modulações de intensidade da luz e efeitos de coloração são possíveis graças à fluidez do gás. A regulagem dos bicos das lâmpadas a gás e da chama total amarelada total para o azul próximo do apagamento permite as nuances que variam da luz geral ao escurecimento quase total (Fig. 8). É possível cercar facilmente os bicos com armações de metal (em outras palavras, caixilho ou porta-gelatina atuais) para inserir folhas de mica coloridas. A base dos equipamentos do iluminador e do operador estando, então, perfeitamente sob controle.

---

[221] V. HUGO, *Préface de Cronwell, op. cit.*, p. 58.

[222] Inicialmente, o nome Théâtre Libre não deve ser confundido com um lugar ou com um teatro propriamente dito, mas corresponde ao nome que Antoine dá ao seu grupo de amadores de teatro que desenvolvem suas aspirações estéticas do teatro naturalista. O nome, Théâtre Libre, aparece pela primeira vez em um convite para a criação da peça *Jacques Damour* (Léon HENNIQUE), segundo ZOLA, apresentada nos dias 29 e 30 de março de 1887 no Cercle Gaulois, no número 37 da passagem l'Élysée-des-Beaux-Arts. Na verdade, foi somente em 1888 que Antoine se instalou no Théâtre des Menus Plaisirs, no Boulevard de Strasbourg, 14, que ele rebatizou em seguida de Théâtre Libre.

[223] Jean-François DUSIGNE, *Le Théâtre d'Art aventure européenne du XXe siècle*, Edições Teatrais, 1997.

[224] Em 1890, Édouard VUILLARD, que trabalhou ao lado de LUGNÉ-POE no Théâtre de l'Œuvre, fez uma apresentação significativa do blecaute da plateia em um desenho a tinta, lápis e aquarela sobre papel: *Scène de théâtre*, que coloca, no primeiro plano, os espectadores no blecaute em silhuetas escuras em uma moldura preta; e, em segundo plano, a cena mais clara porque está iluminada, em *Le Théâtre de l'Œuvre, 1893-1900, Naissance du théâtre moderne*, catálogo do Musée d'Orsay, Paris, 2005, p. 87.

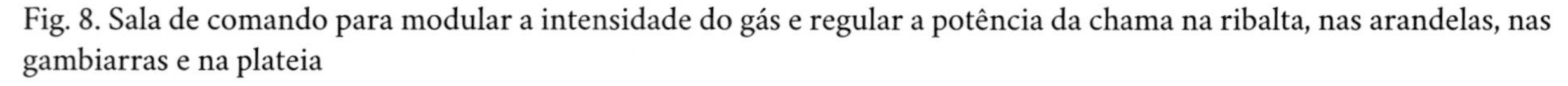

Fig. 8. Sala de comando para modular a intensidade do gás e regular a potência da chama na ribalta, nas arandelas, nas gambiarras e na plateia

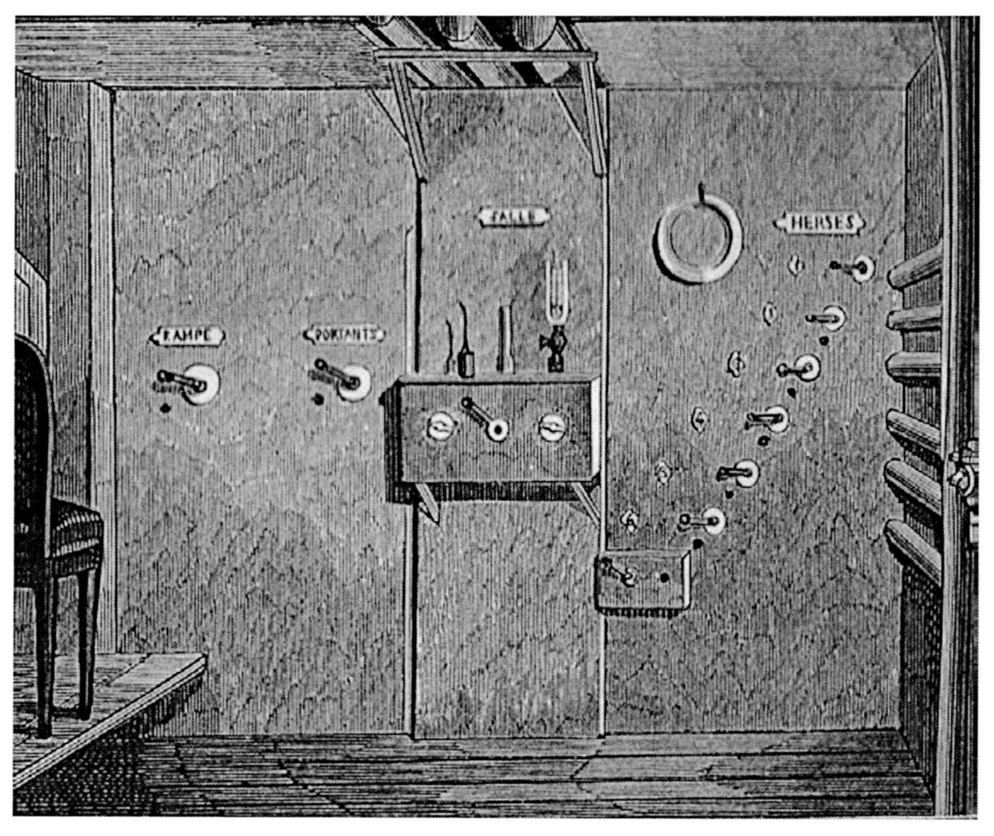

Essas novidades permitiram a Antoine manipular as intensidades de luminosidade de maneira não só a respeitar os contextos do dia e da noite, mas também realmente criar a atmosfera do momento sem passar pela convenção teatral. O palco era um lugar fechado sobre si mesmo do ponto de vista ficcional, em relação com a situação narrativa, tanto que, do ponto de vista teatral, três paredes e um teto constituem o cenário. Esses casos de interiores fechados induziam a um tratamento diferenciado dos efeitos de dia e de noite, não mais por meio de uma luz difusa, fosse a projetada pelo sol, fosse a projetada pela lua, mas pela sua infiltração por uma abertura, como uma janela, ou graças a uma fonte luminosa interna, como uma lâmpada. A luz projetava sombras reais e não mais pintadas no cenário das telas rejeitadas por Antoine (aliás, sombras projetadas cuidadosamente apagadas para as fotos dos espetáculos, pela multiplicação de fontes que anulavam as sombras e refletiam um realismo quase cinematográfico inquietante). Antoine desenvolveu um método do espaço cênico:

> Para que um cenário seja original, engenhoso e característico, ele teria que ser estabelecido primeiro, com base em algo visto, paisagem ou interior; ele teria que ser estabelecido, se fosse um interior, com seus quatro lados, suas quatro paredes, sem se preocupar com aquela que desaparecerá depois para deixar entrar o olhar do espectador.
> Seria necessário, em seguida, dispor as saídas naturais observando as realidades arquitetônicas. [...] traçar fora deste cenário as peças, os vestíbulos sobre os quais dão essas saídas; mobiliar, no papel, esses apartamentos destinados a serem vistos apenas em parte, pelas portas entreabertas — em uma palavra, estabelecer a casa completa em torno do lugar da ação.

> Sintam como, feito esse primeiro trabalho, ele se tornará cômodo e interessante, depois de ter examinado esta paisagem ou este apartamento por todas as suas faces, de escolher o ponto exato onde deverá ser feita a secção que nos permitirá retirar a famosa quarta parede, mantendo no cenário seu aspecto mais característico e o mais adequado para a ação?[225]

A famosa quarta parede é uma realidade que advém da concepção geral do que deveria ser o teatro no *Théâtre Libre*. Paredes em relevo, tetos ornamentados, vigas aparentes e pisos, todos se combinando para representar uma realidade possível, como os cenários de Meininger que Antoine admira[226]. Mas Antoine apresenta uma nuance ao tratamento do espaço cênico. Para ele, o cenário não é, como em Zola, um meio que determina os personagens, mas um "plano [que] antecede a ação concebida como movimentos que ele determina", aponta Denis Bablet[227]. O "plano" que designa a montagem do cenário. Ele se torna um ambiente que reproduz topografias naturais de uma perspectiva ilusionista. Para Antoine, a eficácia da cenografia era ao mesmo tempo descritiva e dramática, como as propostas do famoso cenógrafo russo do Teatro de Arte de Moscou, Simanov. Este cenógrafo, que então trabalhou ao lado de Stanislavski, acompanhava os ensaios e intervia na encenação com os atores. A "montagem" dos cenários e a organização da área de atuação tinham como objetivo, para ele, acompanhar o ator em sua atuação; ele deveria ajudá-lo a "viver seu papel". Se o cenário e sua organização espacial reproduzissem as aparências dos lugares inscritos na peça, eles seriam igualmente reveladores da dinâmica da ação dramática. Para Antoine, assim como para Simanov, a cenografia tem um mesmo objetivo, ajudar a criar uma impressão de verdade e de vida: "A atuação dos comediantes, entre tantos objetos, no complexo conjunto de mobiliários de nossos interiores modernos, torna-se, involuntariamente, e quase que apesar deles, mais humana, mais intensa, mais viva nas atitudes e nos gestos"[228].

O mesmo princípio aplica-se às luzes, que deveriam trazer o ritmo da vida que se desenrola entre as quatro paredes da caixa cênica. No entanto, Antoine constatou que "a maioria dos diretores — excetuando-se alguns efeitos de noite claramente indicados pelo poema — mantém como iluminação a luz brutal e crua da ribalta e das gerais"[229]. Para Antoine, a iluminação «é a vida do teatro, é a grande fada da cenografia, a alma de uma encenação»; ele prontamente aproveitava a vantagem proporcionada pela iluminação combinada do gás e das lâmpadas de arco, antes de todas elétricas, que permitiam nuances de ambientações próprias para resultar no naturalismo desejado. E será criticado por seus efeitos de "meia-noite", como Francisque Sarcey, que, em sua crítica para o jornal *Le Temps*, comenta sobre a montagem do *Canard Sauvage* de Ibsen em 1891: "[Antoine] tem um gosto infeliz para os efeitos de noite. Nunca no seu teatro se acende a ribalta[230]. No terceiro ato, há no texto esta frase que me chocou: *Nós estamos em plena luz do dia*. Não era possível ver nada no teatro. Saímos dessas apresentações com uma grande dor de cabeça; pois era preciso [...] ficar de olhos arregalados"[231]. Mas Antoine resiste e responde numa carta que faz as vezes de manifesto: "Nós conhecemos a sua repulsa por estas meias-noites, habilmente administradas, que, longe de prejudicar a sua impressão, pelo contrário, a favorecem sem que o suspeites: temos de nos manter firmes e

---

[225] André ANTOINE, "*Causerie sur la mise en scène – avril 1903*", texto publicado inicialmente em *La Revue de Paris*, 1º de abril de 1903, p. 596-612, e relatado por Jean-Pierre SARRAZAC e Philippe MARCEROU, em *Antonia, L'invention de la mise en scène, Anthologie de textes d'André Antoine*, Arles, Actes Sud-Papiers, "*Parcours de théâtre*", 1999, p. 113-114.

[226] Ver *La Lettre à Francisque Sarcey de 6 de julho de 1888, op. cit.*, p. 55.

[227] Ver Denis BABLET, *Le décor de théâtre de 1870 à 1914*, Edições do CNRS, 1965, p. 122-124.

[228] Ver Denis BABLET, *Le Décor de théâtre de 1870 à 1914*, Edições do CRNS, 1965, p. 122-124.

[229] E seguintes, *idem*, p. 117.

[230] A ribalta, quando não está em uso, é descida abaixo do nível do palco em um pequeno fosso elaborado para este fim.

[231] Francisque SARCEY, "*Chronique théâtrale*", em *Le Temps*, 4 de maio de 1891.

não sacrificar nada neste sentido"[232]. Esta resposta, na qual Antoine insiste na "impressão", mostra claramente a importância atribuída ao tratamento das atmosferas em relação às circunstâncias, ao contrário da ideia em voga concernente ao naturalismo que seria uma cópia da natureza[233]. Antoine confirma isso em sua *Causerie*, acrescentando que a luz "atua fisicamente no espectador". O que revela suas anotações manuscritas diretamente nos textos, como em *La Fille d'Artaban*, um drama em um ato que se passa ao anoitecer em um pátio de feira[234]. Antoine escreveu principalmente[235] as indicações relativas às luzes, o que por si só é interessante. Estas acompanham a progressão do anoitecer até a noite e a iluminação das barracas da feira. De fato, na primeira página do texto, Antoine escreveu: "Iluminação / Sala lustres galerias"; "Cena amarela / sol poente / projeção na barraca Artaban e depois sol se põe / Ribalta a 100% - gambiarras de 1 a 4 100% / Projetor - ribaltas elétricas que se apagam / atrás [prisioneira / bambolineira][236] acesa a 50%".

A precisão «elétrica» é curiosa aqui, e este exemplo me permite fazer uma reflexão a respeito: de fato, em 1896, o gás e a eletricidade encontraram-se nos teatros. A maioria dos dispositivos era operada a gás, cuja fluidez foi lembrada *supra*, enquanto apenas alguns dispositivos alimentados pela eletricidade foram adicionados de maneira pontual e complementar. Sua operação, antes da instalação dos reostatos, não é nada suave. Eles ficavam acesos ou apagados. Desta forma, a flexibilidade das luzes indicadas nesta operação parece necessariamente ligada, nesta época, ao uso de gás. Se Charles Wheatstone inventou o reostato em 1843, seu uso nas instalações elétricas dos teatros só será realmente efetivo bem mais tarde. Como o dínamo não tinha sido instalado na Ópera até 1883, e somente para fornecer a energia para a iluminação pública, pode-se facilmente pensar que sua generalização em teatros como o de Antoine (*Théâtre des Menus Plaisirs Boulevard de Strasbourg*) será muito mais tarde. Exceto em caso de incêndio e reconstrução, como aconteceu com a *Opéra-Comique* em 1887, data na qual apenas 6 teatros parisienses, dos 37, estavam inteiramente equipados com equipamento de luz elétrica no lugar do gás. Antoine relata em seu *Souvenirs sur le Théâtre Antoine et sur l'Odéon* que, durante o verão de 1901, foi necessário realizar grandes trabalhos de renovação do teatro, que incluíram "uma instalação moderna de iluminação elétrica", especificando um pouco mais à frente que esta "belíssima instalação elétrica" da companhia Clémançon, que já se ocupava do gás e de alguns complementos elétricos, "obrigada a cavar buracos para alojar os sofisticados aparelhos" da companhia[237]. Quando se observam as fotos do catálogo da empresa Clémançon em 1920, é possível imaginar a complexidade dessas instalações em 1901 (Fig. 9).

---

[232] A. ANTOINE, *op. cit.*

[233] O naturalismo é ilustrado antes de tudo no gênero novelístico, mas o teatro, que reside essencialmente na adaptação de romances, leva os mesmos ingredientes: Zola, o principal teórico da corrente, defende uma reorientação das preocupações contemporâneas e de seu contexto. O teatro, como uma pintura em relevo, deve se esforçar para pintar ambientes sociais, buscando a maior semelhança entre o palco e o mundo. Como resultado, o naturalismo aparece como a expressão de um desejo de imitação próximo à realidade.

[234] Alfred MORTIER, *La Fille d'Artaban*, estreou em 27 de abril de 1896 no Théâtre des Menus Plaisirs (que um ano depois se tornou o Théâtre Antoine), com Firmin Gémier no papel-título. A peça foi uma produção do Théâtre Libre de Antoine, que se encarregou da encenação. Manuscrito com as "anotações e correções de Antoine", diponível na coleção documental da Association des Régisseurs de Théâtre da Biblioteca Histórica da Cidade de Paris.

[235] Embora o manuscrito contenha a menção "Anotações e correções de Antoine", a comparação da caligrafia do manuscrito com outros escritos autenticados de Antoine deixa margem para dúvidas. Ou são escritas por terceiros e ditadas por ele, ou o contexto deixa em aberto a hipótese de uma escrita modificada pela urgência e pelo tempo.

[236] Essa palavra é notada duas vezes no manuscrito. Porém, é difícil decidir entre "prisoneira" e "bambolineira", que são apenas hipóteses. A primeira sugeriria de forma bastante plausível uma indicação de operacão ligada à fábula (no fundo do palco, esse espaço é aquele, escondido, de Rosella), a segunda, seria uma invenção para designar tecnicamente onde estaria localizado o equipamento (atrás de um bambolina).

[237] André ANTOINE, *Mes Souvenirs sur le Théâtre Antoine et sur l'Odéon*, notas de 19 de julho e de 27 de outubro de 1901, Plon, primeira edição, p. 179, 203.

Fig. 9. *Jeu d'orgue*: quadro e mesa de comando, 1920

Dessa forma, então, em 1896, o *Théâtre des Menus Plaisirs* ainda não estava ainda equipado com o equipamento necessário para uma operação completa com luz elétrica. Após esse desvio técnico, volto à *La Fille d'Artaban*, cujas indicações de operação que se misturam no início da peça com as indicações de rubricas contextuais (pôr do sol) são mais numerosas nas anotações seguintes para marcar uma evolução dramatúrgica e criar uma atmosfera dramática. Em uma mesma cena ou fala, passa-se voluntariamente de uma atmosfera para a outra. Por exemplo, quando Trinquet deixa pairar uma suspeita sobre as relações entre Artaban e sua filha Rosella, Antoine escreve na frente da fala "baixar refletor [prisioneiro / bambolineiro]", o que provavelmente indica o espaço de Rosella ao fundo do palco, cuja área deve ser escurecida. Efeito que continua no fim da cena, quando um Trinquet confuso sai de cena enquanto a nota indica: "Abaixar ligeiramente a gambiarra 4", cuja menção "abaixar ligeiramente" confirma a hipótese do gás[238]. Quanto aos candelabros[239] que iluminam a plateia, eles também são operados em função da ação dramática. O mesmo vale para a ribalta. A plateia não está mergulhada no blecaute no início do espetáculo, pelo contrário; tanto que, enquanto os dois cavalheiros debatem de maneira clownesca, os candelabros estão acesos (mas o lustre está bem apagado). É apenas na cena 2, quando Artaban começa a fazer observações derrotistas, que é indicado "baixar candelabros balcão"; algumas falas mais à frente, "baixar ribalta", quando Rosella é mencionada; em seguida, novamente um "baixar ribalta", que indica uma operação. No fim dessa mesma cena, um "cortar candelabro balcão" (que coloca a sala no escuro) e um "acender ribalta azul" aparece logo em seguida, criando um ambiente mais sombrio, próprio para o desenrolar do drama. A operação e a intensidade dessas luzes baseiam-se na atividade dramática, como se Antoine também quisesse jogar com a atenção do público, seu distanciamento ou seu envolvimento com a cena, visto que o blecaute ou, pelo menos, a penumbra da sala teve o efeito de concentrar a atenção dos espectadores no palco.

[238] No conjunto das notas, é indicado: "abaixar" ou "subir", que marcam uma nuance de intensidade, e apenas uma vez "cortar" (sobre as girândolas da sala), que indica um apagar completo. Daí se segue a consolidação da hipótese do uso do gás que não se extingue completamente, exceto para a sala (lustre e girândolas), o que é definitivo para o tempo de duração do espetáculo.

[239] Geralmente dispostas no conjunto de parapeitos dos balcões em distâncias simétricas para iluminar a sala.

A inovação era, sem dúvida, o princípio da "operação de luz"[240] que propunha alterações de intensidade, de fonte e de cor ao longo do desenrolar das cenas. Muito mais tradicionalmente, além dos efeitos de natureza espetaculares, as luzes do teatro, naquela época, eram fixadas definitivamente cena após cena. Elas mudavam com os cenários, ou seguiram algumas mudanças realistas, se fossem desligadas ou se uma lâmpada fosse trazida para dentro da peça. Aqui, a operação acompanha os movimentos dos atores no palco, assim como elas participam da criação de atmosferas que agem "fisicamente sobre o público". Antoine joga com as quatro gambiarras da frente ao fundo do palco e suas cores brancas ou azuis, de modo a criar áreas mais ou menos luminosas ou azuladas, dependendo da gravidade da situação desse curto drama realista.

Essas são preocupações que podem ser encontradas no tratamento dos espaços em cena por Stanislávski. Para o primeiro ato de *Trois Sœurs*, de Tchekhov, o fundo iluminado por uma única lâmpada deixava a frente do palco em um quase no escuro, iluminada apenas por um lampejo de luz vindo da porta do quarto do irmão. Atmosfera que estava de acordo com um romance cigano, suavemente cantado. Verchinine poderia, então, dizer a Masha: "Está escuro, mas vejo seus olhos brilhando", relata Denis Bablet em sua obra dedicada à cenografia teatral entre 1870 e 1914. Ao se libertar da dimensão convencional do teatro, a luz da cena naturalista revela, certamente, um lugar onde se desenrola a ação por meio de sua função descritiva, assim como faz o cenário, mas ainda assim ela tem uma função dramática que contribui para transformar os espaços cênicos em espaços de vida. Entendemos que essa tendência vai se fortalecendo progressivamente no palco, levando Antoine a finalmente se interessar por textos simbolistas e a montá-los. Muito mais do que a distinção entre as questões estéticas naturalistas e simbolistas, se ela parecia bastante marcante do ponto de vista narrativo, não era tanto quanto do ponto de vista dos componentes dramáticos. A noite, entre outras, carregada de um simbolismo forte, particularmente marcado entre os românticos, não se desvincula facilmente da sua dimensão metafórica ou mesmo mística... Emblemática das manifestações ocultas, ela aparecia tanto em peças qualificadas como naturalistas quanto naquelas identificadas como simbolistas. Colocando em questão essas classificações, Jean-Pierre Sarrazac lembrou "o fundo comum" aos dois movimentos, que é "uma mesma subjugação dos seres, dos indivíduos a um mesmo princípio superior", explicitando que, "em um caso, essa onipotência é chamada de *a natureza*, em o outro, o *cosmos*"[241]. Na verdade, a noite, para além da sua inscrição no campo da natureza, encontra, no teatro de Zola, eco nas angústias das personagens, da mesma forma que nas peças ditas simbólicas, assim como as de Strindberg. Assim, na versão cênica de *Thérèse Raquin* (1873), o sótão para onde a mãe e a filha se mudaram era percebido por Camille por meio de sua escuridão, em meio a um ambiente tão escuro quanto opressor: a cozinha era "um buraco negro", o quarto era "uma caverna", "o vidro estava todo sujo de pó", e à frente "a parede era preta". O cenário foi montado de acordo com o drama que nele se agarra e anuncia a crise da noite de núpcias. É que o blecaute não podia ser reduzido a um simples referente concreto; ele tinha esse duplo entendimento do blecaute na cena: sua forma e sua função realista, por um lado, e, em conjunto, sua forma mais abstrata e sua carga emocional que traduz uma atmosfera. Finalmente, a corrente naturalista no teatro, essencialmente encarnada no trabalho de Antoine, soube aproveitar da atmosfera noturna para impregnar suas criações de emoções cênicas.

[240] O termo "operação" designa, no vocabulário profissional, a sucessão de efeitos do roteiro durante o desenrolar do espetáculo.

[241] Jean-Pierre SARRAZAC, "*Reconstruir le réel ou suggérer l'indicible*", em *Le théâtre em France*, v. 2, organização de Jacqueline DE LOMARON, Armand Colin, 1992, p. 722.

O obscurecimento dos teatros ao longo dos séculos no quais o teatro se instalou em salas à italiana foi essencialmente demandado pelas necessidades da causa: ao querer criar um contexto noturno, um maravilhamento ou uma atmosfera, recorreu-se a variações luminosas que fizeram apelo ao obscurecimento dos teatros. A gama de situações que geraram um obscurecimento estava certamente ligada a correntes estéticas muito diferentes ou mesmo opostas: dos espetáculos fantásticos ao drama romântico, do melodrama ao drama realista, cada um se aproveitou das oportunidades oferecidas pelo maquinário, truques e evoluções de recursos para iluminar um teatro para uma ilusão atrativa ou a defesa da arte. No entanto, foi examinando os detalhes das produções e das criações que eu pude encontrar os vestígios de uma dramaturgia da luz que joga com as variações de intensidade. Sem ir até o blecaute total, que somente os espetáculos óticos das feiras impuseram, o teatro age em contextos noturnos para trazer uma dramaturgia significante e criadora de atmosfera. Antoine, no fim do século, foi além ao desenhar uma operação de luz que se libertou do realismo para descrever o íntimo. Foi um passo em direção a um blecaute irrealizado que progressivamente foi se integrando ao teatro. Pouco a pouco foi se descobrindo sua faculdade evocativa e o trabalhando nesse sentido. Mas, por outro lado, se a noite, de forma emblemática, é, indiscutivelmente, um componente universal que inspirou poetas de todas as épocas, não há dúvida de que sua carga simbólica, mais forte que sua representação e seu uso significante, soube se colocar no palco.

FAZER O BLECAUTE, USAR A SOMBRA

Da desrealização à poesia cênica

Longe do esplendor decorativo e seguindo as pegadas de Alfred de Musset e de George Sand, um novo sopro no teatro passou primeiro pelos autores para renunciar à produção cênica de suas peças[242]. Denis Bablet lembra como a rejeição do "luxo cênico" que "sufoca a arte teatral" e "engana o público", percebido como o sinal de uma "decadência do teatro", se tornou "o tema maior da crítica expressa pelos homens diferentes de Goethe, De Donald, Léon Halévy, Gustave Planche, Jules Janin ou Delacroix"[243]. Théodore de Banville levanta a hipótese do desaparecimento dos poetas dramáticos sob o efeito de duas correntes: "De um lado, as fantasias, embelezadas pelos últimos avanços dos maquinários e da fotogenia; de outro, a comédia realista, moderna, burguesa, indo direto ao ponto, afetando cada vez mais a concisão de um século agitado e do estilo telegráfico"[244]. Shakespeare parece ter arcado, em primeiro lugar, com o custo de uma desfiguração cênica pelos excessos decorativos que invadiram o teatro francês e contra os quais esses novos teóricos e dramaturgos lutaram: "Móveis raros e cenários extremamente descomplicados, uma tela de fundo, tapadeiras retas e bambolinas, na maioria das vezes representando uma continuação da cortina da boca de cena, dando uma indicação clara, eram a verdadeira bagagem de que Shakespeare precisava"[245]. Se Théodore de Banville se opõe ao "luxo da falsificação", é em nome da poesia, assim como Victor Hugo. A poesia não se coaduna com o ilusionismo cênico, nem com a sobrecarga do palco que impede a "comunhão dramática". Shakespeare apareceu, então, como um mestre mítico em termos de teatro despojado de qualquer excedente cênico. Radicalmente, Maeterlinck afirmou que "algo de Hamlet morreu para nós no dia em que o vimos morrer no palco"[246]. Condenando qualquer visão preestabelecida imposta ao espectador, Théodore de Banville, falecido em 1891, justamente no momento em que o simbolismo se afirmava, clamou em seus desejos por uma poesia que a cena simbolista soube renovar.

O blecaute simbolista

O simbolismo, breve período (1890-1896) que marcou definitivamente a cena em sua fase de modernização, concretizou essa arte cênica requintada que culminou na evolução do teatro no fim do século XIX e no limiar do século XX, rumo a uma nova concepção das percepções sensoriais no dispositivo cênico. É nisso que os simbolistas se destacaram[247]. Associando o espaço e a luz à

---

[242] Alfred de MUSSET e seu *Théâtre dans um fauteuil*, por um lado, George SAND e seus *Contes dramatiques*, por outro, representam essa tendência radical quanto ao *Théâtre em liberté* de Victor Hugo; ele corresponde, por outro lado, ao teatro escrito no exílio e, portanto, impedido de representação. Embora diferente em sua abordagem, Victor HUGO também rejeita o teatro com efeitos e os grandes espetáculos.

[243] Denis BABLET, *Le Décor de théâtre de 1870 a 1914*, Edições do CRNS, p. 70.

[244] Théodore de BANVILLE, *"Séparation"*, 24 de junho de 1878, em *Critiques*, seleção e prefácio de Victor BARRUCAND, Editor Fasquelle, 1917, p. 269.

[245] *Idem*, *"Changement à vue"*, 10 de maio de 1869, p. 240.

[246] Maurice MAETERLINCK, *"Menus propos"*, em Œuvres I: Le Réveil de l'âme, Edições Complexe, Bruxelas, 1999, p. 458.

[247] Émile ZOLA, figura do naturalismo por excelência, também defende uma forma de simplificação contra a sobrecarga decorativa como ela pode se desenvolver visando à realidade exata. Ele "confessa [que ele é] muito mais afetado por reproduções de ambientes menos complicados e menos difíceis de representar", mas também afirma não aderir ao princípio do caráter "abstrato" ou "cerebral" do qual teríamos removido "o corpo". Se situando entre os dois, ele evoca uma simplificação, que não é, no entanto, da mesma essência que a preconizada pelo simbolismo. Ver *"Les décors et les accessoires"*, em *Le Naturalisme au théâtre*.

ambivalência do visível e do invisível, Maeterlinck ou Strindberg fizeram do blecaute um aliado do drama existencial. Seus textos abordavam a ficção cênica em uma dimensão não realista que se baseava nas impressões. No entanto, a questão do blecaute era tratada, novamente com base na situação dramática. A presença de uma única lâmpada como fonte luminosa em *L'Intruse* (1890) de Maeterlinck é um bom exemplo. A rubrica inicial é precisa:

> Uma sala bastante escura em um antigo castelo. Uma porta à direita, uma porta à esquerda e uma pequena porta escondida em um canto. Ao fundo, janelas com vitrais dominadas pelo verde e uma porta de vidro que se abre para um terraço. Um grande relógio flamengo em um canto. **Uma lâmpada acesa.**[248]

As primeiras palavras trocadas entre as três filhas e o ancião dizem respeito a essa lâmpada:

> As três filhas:
> - Venha aqui avô, sente-se embaixo da lâmpada.
> O ancião:
> - Parece-me que não está muito claro aqui.

Essa questão da percepção da claridade, fio condutor da forte simbologia na peça, imprime a ideia de um espaço trêmulo onde os limites eram imprecisos, apesar da rubrica explícita quanto à disposição do lugar. Isso porque a percepção, distorcida pela cegueira do ancião, não era, de forma alguma, uma realidade externa. Esse teatro era o da "alma" humana, ou seja, de um espaço imaterial que Mireille Losco qualifica de "teatro espectral"[249]. A desrealização para a qual contribui um enfraquecimento da visibilidade leva a uma perda de referências. A escuridão assume, então, uma dimensão dramatúrgica: além da dimensão simbólica da clarividência encarnada em Maeterlinck pelo ancião, as meninas, os cegos (especialmente na peça de mesmo nome) e as jovens crianças, a questão da visão é inerente à exploração do que se poderia chamar um "outro mundo" invisível. Se os textos não indicam diretamente as áreas de sombra, no sentido próprio, elas não estão, no entanto, menos presentes e ligadas ao enfraquecimento de fontes de iluminação, normalmente mínimas: apenas uma lâmpada estava presente em *L'Intruse*, cujo apagar revela a morte em um movimento concomitante. Se o Ancião visionário sentia a presença da grande ceifadora, o Tio, racional e incrédulo, chamará com todas as suas forças, no momento fatal, com um grito que se adivinha pleno de consternação, a luz que se apagou. A peça termina, diz a rubrica, "no blecaute", deixando o cego sozinho na sala. Léon Spilliaert, amigo dos simbolistas Maeterlinck, Verhaeren ou ainda Crommelynck, traduziu uma atmosfera que parece ser parecida com as paisagens desoladas e infinitas da Bélgica. Querendo, ao que parece, evocar o indizível e o indescritível, ele adorna as páginas dos textos de Maeterlinck com aquarelas aguadas das quais ele poderia ter dito, usando as palavras de Rimbaud: "Eu escrevia no silêncio das noites, eu anotava o inexprimível, eu olhava fixamente vertigens"[250]. Para a montagem de *L'Intruse*, Lugné-Poe contou com a colocação da sala no blecaute (ou seja, o apagar do lustre e dos candelabros das varandas) e a supressão da ribalta para eliminar qualquer iluminação da frente do palco. Os atores atuavam somente ao redor de lâmpadas de baixa intensidade, como sugere um desenho de Édouard Vuillard, que realizou os cenários[251]. Esse desenho apresenta o ambiente familiar fechado como um espaço mal iluminado que

[248] Grifo da autora.

[249] Mireille LOSCO-LENA, *La Scène symboliste (1890-1896): pour un théâtre spectral*, ELLUG, 2010.

[250] Arthur RIMBAUD, *Une saison en enfer*, *"Délire II - Alchimie verbale"*, Éditions Gallimard, *"Bibliothèque de la Pleiade"*, 2009, p. 263. Rimbaud, cuja versão cênica do *Bateau ivre* foi apresentada em 1892 (15 a 25 de janeiro) no palco simbolista do Teatro de Arte de Paul Fort, diante das pinturas de Édouard Vuillard, Paul-Élie Ranson e Paul Sérusier.

[251] Édouard VUILLARD, *L'Intruse*, 1891, Lápis, tinta e aquarela sobre papel, 12 x 16,5, coleção particular, em *"Le théâtre de L'Œuvre, 1893-1900, Naissance du théâtre moderne"*, Catálogo do Museu d'Orsay, Paris 2005, p. 114.

dá uma ideia da realização cênica. A ação dramática é representada pela entrada de um personagem (a morte) pela porta e o olhar aterrorizado da criança de frente para o espectador. Na produção cênica de Lugné-Poe, a criação da escuridão ambiente tinha o mérito de realçar a atmosfera pesada e inquietante da peça e favorecer as sombras errantes ao apagar o resto do palco quase nu.

Em *Interieur* (1894), o tratamento da noite é ainda diferente. A família, ainda sem saber da morte de sua filha por afogamento, está reunida em torno de uma lamparina para a vigília. Segundo as indicações cênicas da rubrica inicial, é possível compreender que o primeiro plano no qual *Le Vieillard* e *L'Étranger* se encontram estava na escuridão da noite fora da casa, enquanto a família, atrás de suas janelas iluminadas, ficava num plano mais ao fundo. Toda a situação da peça reside neste momento que antecede o anúncio da notícia fatal, e desenrola-se no jogo do mostrado-oculto. Era conveniente permanecer na sombra e manter a família na ignorância do fato. Sombra e ignorância versus luz e revelação. Para que isso seja possível, deve-se ter o cuidado de que nenhuma luz manifeste a presença dos que já sabem, por respeito aos que ainda não sabem: "Eles ergueram os olhos", diz *L'Étranger* que os observa; "E ainda assim eles não conseguem ver... ", responde *Le Vieillard*. Um pouco mais adiante, *Marie*, a jovem que faz a ligação entre o cortejo dos mortos e os dois vigias responsáveis por dar a notícia, relata: "Todo o vilarejo está em torno dos carregadores. Eles trouxeram luzes. Eu disse para eles para apagarem". Tudo depende da manutenção da obscuridade, cuja realidade — o estado noturno — é superada pelo seu simbolismo, o da ausência de conhecimento do drama, da não consciência da morte. A questão do limite, ou a fronteira entre o conhecimento e a ignorância, é materializada pela obscuridade e pela luz formalmente marcada. Mais uma vez, foi Lugné-Poe quem apresentou *Interieur* em março de 1895 no palco do *Nouveau Théâtre*[252], com o mesmo desejo de tornar visível a atmosfera íntima do drama[253].

O tremor evocado anteriormente também é encontrado em outras peças nas quais a situação é ainda menos realista, em que o espaço e a atmosfera são, acima de tudo, reveladores de uma visão interior. O que a corrente expressionista propôs, em particular nas suas interpretações cênicas das peças de Ibsen e Strindberg, embora seus textos, geralmente muito precisos quanto aos lugares e dispositivos cênicos, não mencionem um espaço indeterminado próprio para dar conta a priori de uma visão. Por exemplo, na rubrica inicial de *Rosmersholm*, de Ibsen (1886), é especificado que "o sol acaba de se pôr». Por outro lado, em sua peça *Les Revenants*, além de ela ser banhada pela névoa dos fiordes, que o crepúsculo vai escurecendo aos poucos, há uma atmosfera em uníssono com o clima existente entre os protagonistas que se confunde com o sobrenatural que fecha a peça: Osvald pedindo "O sol. O sol", que "parece encolher", diz a rubrica, "seus músculos se tornam flácidos; seu rosto não tem qualquer expressão; ele olha direto para a sua frente, os olhos apagados". Mas aqui não é a relação entre o indizível e o dizível que caracteriza a estética dessas peças, são as situações dramáticas tensas entre as personagens, caracterizadas por uma grande violência. De certa forma, trata-se mais de uma questão psicológica do que de visões baseadas em um ambiente noturno.

O fato simbolista é mais fortemente marcado nos textos de Maeterlinck, inclusive em seus contos mais tardios, como *L'Oiseau bleu*[254], peça em seis atos e 12 cenas apresentada pela primeira vez no Teatro Artístico de Moscou, em 30 de setembro de 1908, em uma encenação por Stanislavski, depois em Paris, no palco do Teatro Réjane, em 2 de março de 1911. No elenco, em meio aos humanos e à fauna, era possível

[252] Na verdade, trata-se do teatro parisiense, que foi construído no número 15 da rue Blanche sobre as fundações de um ringue de patinação demolido, ele próprio construído sobre as fundações mais antigas de um teatro construído pelo duque de Richelieu durante o reinado de Luís XV.

[253] A montagem foi dirigida por Victorien Sardou, enquanto Lugné-Poe fazia o papel do Velho; e Suzanne Desprès, o de Marthe.

[254] Maurice MAETERLINCK, *L'Oiseau bleu*, Biblioteca Charpentier, 1950, para o conjunto de citações.

notar a presença de alegorias como "As grandes alegrias", "O amor maternal", assim como "O tempo", "O fogo", "A água" ou ainda "O pão", e o que mais nos interessa, a presença personificada de "A noite" e "A luz". De maneira notável, a peça passava-se primeiro na cabana de um lenhador, "simples e rústica, mas não miserável", a rubrica inicial especificando a presença dos dois filhos, Myltil e Tyltil, "dormindo profundamente em suas pequenas camas", e da mãe, cobrindo-os e deixando o quarto "após ter apagado a lâmpada". A rubrica de operação de luz especificava então: "A cena fica obscura por um instante, depois entra uma luz, cuja intensidade aumenta aos poucos, filtrada pelas frestas das venezianas. A lâmpada da mesa acende sozinha". Toda a peça era baseada no princípio do sonho, acordado ou não, que dava origem à magia do Natal. Era olhando pela janela, para os vizinhos, "as crianças ricas", que as duas crianças pobres, inundadas por "uma forte claridade" que entrava na peça, eram introduzidas no mundo mágico do Pássaro Azul. Era através da passagem pela escuridão e depois pela aparição luminosa que a magia operava. Foi necessária a passagem pela escuridão, que, como que por um apagamento do real, abria uma nova página, uma nova história, uma outra vida. Em seguida, interna e repetidamente, o fato era renovado, mesmo que apenas pelas personificações de A Luz e A Noite, que amplificavam o seu princípio. É possível perceber os temas caros a Maeterlinck, nos quais a visão estava associada à clarividência e à capacidade de sonhar; enquanto na boca das fadas se tratava de "pessoas cegas más" e de uma lógica popular: "são muito curiosos os homens... desde a morte das fadas, eles não veem mais nada e não duvidam disso"[255]. Seu tratamento era simplificado e mais concreto: quando A Luz aparecia, tinha as características de uma "virgem luminosa de beleza incomparável". Era ela quem guiava Tyltil em sua busca pelo Pássaro Azul, prisioneiro no Palácio da Noite (Fig. 10). Essa Luz, de acordo com o campo da Noite, "trai a todos nós, visto que ela se colocou inteiramente ao partido do Homem". A Noite apareceu na quarta cena, abertura do terceiro ato, que se situava no "Palácio da Noite". Quando a cortina abriu, ela se apresentou "sob a forma de uma mulher muito bonita, coberta com longas vestes pretas". Enquanto isso, o Pássaro Azul, prisioneiro, "se tornou preto". Uma luta maniqueísta de poder entre A Noite e A Luz, da qual O Pássaro Azul é o objeto, dava-se sobre um fundo simbólico, como evidenciado por um certo número de respostas, como aquela peremptória do Pão: "Teus olhos estão fechados para a visão invisível das coisas". A Noite personificada encarnava simbolicamente o poder malicioso, no entanto necessário para o equilíbrio do universo. O visível sem o invisível tem pouco significado. Nesse texto alegórico e simbólico que induz um tratamento cênico, estava-se, antes de tudo, em um componente narrativo característico do conto.

Lugné-Poe, que se especializou nesse teatro simbolista no *Théâtre de l'Oeuvre*, não alcançou, no entanto, os resultados esperados. Ainda que tenha desenvolvido, desde 1893, uma pesquisa experimental sobre o simbolismo cênico, que ele traduziu em cenários pintados, sintetizados e sugestivos, reforçados por iluminações que não vinham mais da frente nem do proscênio, acentuando os efeitos de sombreamento e instaurando um clima sensível, as realizações que ele propôs não foram compreendidas. Em colaboração, no *Théâtre de l'Oeuvre*, com o pintor Édouard Vuillard, ele ousou, em 1894, para *La Gardienne* de Henri de Régnier, usar estruturas representando paisagens identificáveis, mas tratadas com cores não realistas em tons impregnados de mistério, como o malva, o marrom ou o verde em diferentes tonalidades. A ribalta foi suprimida, como nas produções do *Théâtre Libre*, e a plateia, privada de seu lustre, foi separada do palco por um tule verde atrás do qual os atores da pantomima atuavam. Os próprios personagens, cujos figurinos pareciam feitos do mesmo material

[255] É bastante interessante relacionar essa questão de consciência, evocada aqui no campo das fantasias, a um elemento recorrente no discurso de Antoine sobre o espetáculo. Por duas vezes, ele mencionou o fato de que as coisas estão indo tão bem do ponto de vista do ator quanto do espectador, "sem o seu conhecimento".

Fig. 10. Cenário para *"Le palais de la nuit"* em *L'Oiseau bleu*, de Maeterlinck, encenação de Stanislavski no Teatro de Arte de Moscou, 1908

das telas do cenário, misturavam-se ao cenário, enquanto o narrador (Lugné-Poe) estava no fosso da orquestra. A distância induzida por esses procedimentos cênicos deveria criar uma impressão que a crítica não entendeu, como Jules Lemaître, zombando dos efeitos da cor: "A tela de fundo retratava uma paisagem de sonho, árvores azuis, um piso violeta, um palácio mauve, um afresco de Puvis de Chavannes imitado pela mão duvidosa de um recém-nascido com daltonismo, alguma coisa como uma pintura gaguejada"[256]. Sem comentários, esta crítica mostra bem a dificuldade que Lugné-Poe teve para impor um estilo. Em um primeiro momento, o princípio dos cenários pintados lembrava muito a imagem das peças convencionais para não ser comparado a elas. Porém, se o pintor Édouard Vuillard foi chamado, foi porque as suas pinturas colocavam em cena, explica Mireille Losco-Léna, "cenas de interior", nas quais o pintor "explora cuidadosamente a imagem da vigília e procura trazer à tona a sua estranheza perturbadora"[257]. Sua obra, segundo Lugné-Poe e de acordo com a cena simbolista, "mantém-se nas sombras antes de projetar sua luz"[258]. Quando Lugné-Poe e Camille Mauclaire montaram *Pelléas et Mélisande* (1893), eles solicitaram o trabalho do pintor Vogler, cujas propostas, mais impressionistas do que os nabis, atendiam às exigências de harmonia visual, em nuances de cores

[256] Jules LAMAITRE, *Le jornal des débats*, de 24 de junho de 1894, p. 2.

[257] M. LOSCO-LENA, *op. cit.*, p. 90.

[258] LUGNÉ-POE, *La Parade: souvenirs et impressions de théâtre*, t. 1; *Le sot du tremplin*, Gallimard, 1930, p. 194.

combinadas com as dos figurinos. Nada deveria surpreender o olhar, que deveria fundir-se em um espaço antes de tudo sensível. É neste sentido que a cena é trabalhada, e a qualidade das encenações das peças de Strindberg, Ibsen e Hauptmann iria melhorando graças ao investimento de Édouard Vuillard, que criou universos oníricos propícios à dimensão simbolista das peças. As diferentes cenas em torno da lâmpada, dada como única fonte de luz, representaram a oportunidade para o pintor trabalhar as áreas de sombra e de luz de forma poética, de acordo com as encenações de Lugné-Poe. A pesquisa cênica associava a obscuridade do palco a uma diminuição dos cenários, em sua dimensão mimética, em favor de símbolos e das impressões. Há uma tendência em tornar visível o invisível, para o que a obscuridade é o meio: ela ocasiona um desaparecimento dos indícios reais em favor de uma manifestação de ausência. No entanto, certas encenações deram bons resultados. Édouard Vuillard, ao combinar os cenários e a luz, soube administrar os dois níveis concretos e abstratos presentes nas peças do repertório de Ibsen, de Maeterlinck ou ainda de outros autores encenados por simbolistas, como Hauptmann. Ao utilizar os claro-escuros, Vuillard criou no palco e na plateia ambientes misteriosos que dão lugar ao devaneio poético ao qual o espectador é convidado, chamado a participar dessa comunhão simbólica[259]. Se a dupla luz/obscuridade funciona, é de acordo com a outra dupla, ruído/silêncio. O tique-taque do relógio, os sons de passos, os suspiros e os sussurros que habitam o espaço deixado vazio pela obscuridade. Arnaud Rykner, em sua obra sobre a dramaturgia do silêncio, observa como as ocorrências sonoras manifestavam, na realidade, a presença do silêncio no teatro de Maeterlinck[260]. Um silêncio que era, antes de tudo, um quadro exterior, mas que, pouco a pouco, vai contaminando a situação e os diálogos. Os sentidos eram totalmente solicitados desde a leitura e, talvez, mais facilmente do que a cena da época, dependente dos aspectos técnicos, podia resolver[261].

Por outro lado, enquanto Claude Régy dirigia, em 1997, *La Mort de Tintagiles*, de Maeterlinck, ele parecia realizar o que prenunciavam as pesquisas de Lugné-Poe. Nessa montagem, a poesia cênica — ou seja, a arte de destacar a dimensão poética dos recursos cênicos por meio de uma estilização que leva ao devaneio, como desejavam os simbolistas — e a estética do diretor aliam-se perfeitamente para permitir essas atmosferas. A cenografia de Daniel Jeanneteau, acompanhada pelas luzes de Dominique Bruguière, desenhava, no espaço do palco pouco visível, a angústia e a morte. Como único elemento de cenário, o palco tinha uma grande cortina no fundo do palco que deixa passar uma luz difusa em contraluz. Se o primeiro ato acontecia ao ar livre no crepúsculo, os outros quatro adentravam lentamente os domínios do castelo construído "nas profundezas de um circo de trevas". Longe de qualquer evocação naturalista, o espetáculo passava inteiramente na sombra em um efeito de luzes no qual os corpos indistintos pareciam nada mais ser do que vozes envolvendo os corações, entre névoa e noite. Claude Régy retratou perfeitamente o sonho de Maeterlinck, que imaginava substituir o ator por "uma sombra, um reflexo, uma projeção de formas simbólicas ou um ser que pareceria com vida sem ter a vida"[262]. O teatro de Claude Régy, alinhado com o de Maeterlinck, manifesta o indizível e o invisível pelo sopro das vozes transportadas pelos corpos flutuantes na lentidão de uma paleta que ia do cinza ao preto. O blecaute associado ao tempo, ou talvez à eternidade, é desmaterializado. Este

[259] Fazer apelo ao espectador para espreitar a cena na penumbra foi uma prática teatral inédita, criticada violentamente por críticos como Francisque Sarcey, que se indignou e atribuiu a esse exercício "uma grande dor de cabeça", a respeito da apresentação do *Canard sauvage*, F. SARCEY, *op. cit.*, p. 315.

[260] Arnaud RYKNER, *L'envers du théâtre, Dramaturgie du silence de l'âge classique à Maeternilck*, José Corti, 1996, cap. II, *"Pour une dramaturgie du silence: le retournement de Maeterlinck"*.

[261] Ainda que algumas propostas tenham ido ainda mais longe na afetação dos sentidos, como foi o caso de *Le Cantique des cantiques* de Paul-Napoléon Roinard (1891), que, além de um trabalho sutil sobre intensidades luminosas, propunha a consonância com os movimentos cênicos e a partitura musical, com estímulos olfativos distribuídos pela plateia.

[262] Maurice MAETERLINCK, *"Menus porpos"*, em *la Mort de Tintagiles*, seguido de um *dossier* dramatúrgico *"Résonances"* elaborado por Claude Régy, Actes Sud/Babel, 1997, p. 64.

teatro, que privilegia o mistério e a mística, cria de imediato um ambiente propício ao "despertar da alma", como sugere Georges Banu[263]. Toda a questão da transição do efeito de noite para a atmosfera noturna reside na mudança do teatro ótico para o impressionista. O que o expressionismo se empenhará em tornar visível.

A sombra expressionista

O tratamento do blecaute no contexto expressionista teve duas orientações, que não são necessariamente contraditórias. Uma está ligada à contestação do naturalismo no teatro e da arte figurativa na pintura, a outra está associada à expressão de uma subjetividade individual. O próprio termo "expressionismo" surgiu na Alemanha em reação ao impressionismo, considerado como o último avatar do naturalismo. Concretamente, distinguem-se dois grupos originais de pintores: *Die Brücke* (A ponte) em Dresden, de 1905 a 1910, depois *Der Blaue Reiter* (O cavaleiro azul) em Munique, de 1910 a 1913, do qual resultarão essas duas tendências. Por um lado, o expressionismo psicológico, em que o lugar da subjetividade do indivíduo estava fortemente presente, decorrente essencialmente do movimento *Die Brücke*; e, por outro lado, o expressionismo abstrato, herdeiro do movimento do Cavaleiro azul (*Der Blaue Reiter*). Fundador deste último, Wassily Kandinsky publicou, em 1911, um ensaio no qual ele trabalhou durante vários anos: *Du Spirituel dans l'art et dans la peinture em particulier*. Como o título indica, o livro é uma reflexão sobre as relações do espírito e do ato artístico que estão no centro da abstração iniciada por Kandinsky desde que ele realizou uma aquarela composta somente por linhas e manchas coloridas em 1910. *Der Blaue Reiter* tornou-se o coração do expressionismo em Munique, onde uma intensa atividade artística se desenvolveu no fim do século XIX e se prolongou pelo início do século XX. Participaram desde movimento pintores e escritores, incluindo Rainer Maria Rilke, Thomas e Heinrich Mann, Frank Wedekind e depois, no ano de 1912, dois artistas austríacos, Oskar Kokoschka e Egon Schiele, que trouxeram uma contribuição fundamental. É nesses contextos de emulações artísticas entre abstração e psicologia que se desenvolve um teatro que destaca a expressão do drama pessoal. A noite expressionista, seu vetor, assumirá esse tom ao mesmo tempo abstrato e subjetivo.

A mudança radical de parâmetro na aceitação da noção de espaço e no tratamento do ambiente deste teatro dava todo um outro valor à obscuridade cênica. O teatro de Strindberg encontrou o lugar que lhe era devido: a mudança de ponto de vista que coloca a visão interior do protagonista no centro de toda a encenação revelou a dimensão dramática existencial de seu teatro e a saída do realismo no qual ele havia sido colocado inicialmente[264]. Com esse movimento, "a subjetividade se projeta violentamente no mundo, recriando do interior os objetos que ela extrai dele: símbolo, visão, abstração – destinados a traduzir a mais intensa vibração da alma", disse Jean-Michel Palmier[265]. Na verdade, apenas algumas das peças de Strindberg — *Le Chemin de Damascus, Le Songe, Orage, La Maison brûlée, La Sonata des spectres* e *Le Pelican* — encontraram o eco de uma sensibilidade que alcança a do pintor Edvard Munch[266]. A qualificação "naturalista", algumas vezes dada ao seu teatro, levou

[263] Georges BANU, *Nocturnes. Peindre la nuit. Jouer dans le noir*, Editor Biro, 2005.

[264] Para *Le Chemin de Damascus*, se a primeira produção em Estocolmo de Carl Grabow em 1900 manteve a peça no realismo, a de Olaf Molander em 1937 orientou definitivamente a peça para o registro expressionista por uma distorção da realidade, dando a impressão de que o palco manifestava os "fantasmas de sua mente", segundo J. L. STYAN, *Modern Drama in Theory and Practico: vol. 3, Expressionism and Epic Theatre*, Editora da Universidade de Cambridge, 1981.

[265] Michel CORVIN (org.), *Dictionneire encyclopedique du théâtre à travers le monde*, Bordas, 2008.

[266] Podemos ver analogias em particular entre uma peça como *Le Chemin de Damas* e *Le Cri de Munch*, que pode ser devido ao fato de que os dois artistas se conheceram em Berlim por volta de 1892.

o próprio Strindberg a reagir no prefácio de *Mademoiselle Julie*: "Minhas almas (seus personagens) são conglomerados de elementos culturais antigos e atuais, restos de livros e de jornais, fragmentos de seres humanos, de pedaços de roupa transformado em trapos, assim como a alma é feita de um pouco de tudo"[267]. A noção de "teatro da alma" aparece e Strindberg cede um espaço importante ao monólogo, assim como fizeram os expressionistas Ernst Toller, Carl Stemheim e Georg Kaiser. Seus *Kammerspiel*, peças íntimas, dispensavam os cenários volumosos, e o *ich-drama* era reflexo de um drama mais profundo que acontece na consciência do personagem. Esses dramas, como a peça *Père* (1887, criada em 1890), retratam a história de um homem basicamente comum como um símbolo da humanidade. A peça *Le Chemin de Damas* (1899-1904), com sua estrutura circular, ilustra o princípio dos dramas da estação, assim como as obras *La Conversion*, de Toller, e *De l'Aube à minuit*, de Kaiser. Estas peças com itinerário partem do ponto de vista do protagonista como uma via sacra. É possível citar ainda, em versão feminina, *Lulu*, de Wedekind[268] ou mesmo a ópera de Arnold Schönberg, *Erwartung*, embora mais tardia (escrita em 1909, mas estreada em 1924).

Essas mudanças de pontos de vista, que passam a ser corriqueiras, orientam a representação do espaço e dos componentes da cena, cuja luz se torna um elemento de destaque. Se certos encenadores se apoderaram desses textos, como Leopold Jessner, Richard Fehling ou Émile Pirchan, foram as encenações de Max Reinhardt que, ao dar um lugar preponderante aos contrastes luminosos e cuidar da estética geral da cena, atuaram sensivelmente sobre a percepção das peças e lhes deram esse tom expressionista característico. Com os pintores Karl Walser e Ernst Stern, ele assumiu literalmente o destino cênico das peças do repertório expressionista, como as de Wedekind, Strindberg e Sorge[269]. Para *La Sonata des spectres* (encenada em novembro de 1920), Max Reinhart, assistido por Gustav Knina, que ocupava as funções de iluminador, usou uma série de procedimentos cênicos relacionados tanto à forma operística quanto à do balé ou da pantomima: o tratamento de vozes abafadas, seu ritmo abrandado, as interrupções silenciosas, os sons de pássaros ou de relógios juntavam-se a uma atmosfera sombria na qual as criaturas sinistras, como condenados, se moviam em gestos espasmódicos ou lentos e pareciam personagens de museu de cera. Para a cena da ceia, um efeito de luz marcou a mudança brusca e o fim fatal do protagonista Hammel, cuja loucura não é diferente da de Hamlet:

> Como o coronel Bengtsson colocou a tela da morte diante da porta do armário, uma força avassaladora compeliu Hummel, que se levantou com dificuldade e atravessou o chão lentamente até a tela onde ele se pendurou, como se encolhido e morto, entre suas muletas. Depois, desprovido de toda vontade, ele foi para trás da tela. Então, os convidados para a ceia dos espectros, sentados, observaram diante deles uma luz do entardecer brilhar por trás das janelas enquanto a cena se tornava mais escura e tenebrosa. A cortina baixou lentamente.[270]

Essa simples descrição da imagem final demonstra o caráter da encenação, que parece oscilar entre o expressionismo e o simbolismo. Porque, se outras formas de iluminação são mais características da estética expressionista por um emprego de feixes de luz direcionados, a dimensão simbólica da tela e a atmosfera sombria geral abrem uma possibilidade de interpretação neste sentido. Para *Le*

---

[267] Tradução de Terje SINDING, Circé, 2006.

[268] *Lulu* é o título genérico dado a várias peças de Frank Wedekind (1864-1918). A primeira, uma tragédia em cinco atos, *La Boîte de Pandore. Une tragédie-monstre. Drame pour la lecture.* Escrita em 1892-1894, ela nunca foi montade ou publicada durante a vida do autor. O amoralismo da peça obrigou-o a reescrever o texto, que ele dividiu em duas partes: *L'Esprit de la terre* e *La Boite de Pandore.* Jean-Louis BESSON, "LULU, Frank Wedekind", Encyclopædia Universalis [online], consultada em 23 de março de 2015. URL: http: // www.universalis.fr/encyclopedie/lulu/.

[269] Ver J. L. STYLAN, *"Expressionist experiment"*, em *Max Reinhardt*, Editora de Universidade de Cambridge, 1982, p. 33-50.

[270] *Idem* e seguintes (tradução da autora), p. 40.

Mendiant de Sorge, encenado em 1917, quatro anos antes de *La Sonate des specters*, Reinhardt deixou uma dúvida mais presente, embora o tipo de iluminação fosse bem marcado. Ele colocou uma gaze no proscênio, ou seja, um tule que lhe permitia alternar entre mostrar e esconder, bem como com a profundidade da cena em função da fonte luminosa, em primeiro plano, à frente ou atrás do tule: "O poeta aparecia e reaparecia, ora em frente à cortina, ora em um café, ora no interior, ora no exterior. Cada cena estilizada correspondia ao aparecimento de um rosto na cortina negra como o de um fantasma desenhado a giz"[271]. O público ficou impressionado com a rapidez da mudança de imagens que Reinhardt realizou de várias maneiras. Assim, um certo feixe de luz direcionado sobre um personagem ou grupo de personagens em um espaço obscurecido dava essa impressão de focalização sobre eles durante o tempo de um quadro. Da mesma forma, a luz intercalada com blecautes favorecendo as impressões da aparição era igualmente trabalhada no sentido de um teatro da consciência, como destacado em uma crítica americana:

> Quando o inconsciente emerge, o centro da cena é obscurecido enquanto um canto particular - significativamente porque é decorado com sofás ou bancos - é destacado. Quando a consciência ressurge, o canto mergulha na escuridão, enquanto o centro é iluminado. Assim, as cenas de canto, que se tornam curiosamente estranhas à ação da cena principal, podem ser consideradas como meras aparências não relacionadas à ação principal. Essas cenas funcionam simbolicamente como comentários disfarçados ou reflexões sobre os temas discutidos no centro, e é aí que se encontra sua qualidade onírica.[272]

A abstração e a psicologia que caracterizam duas tendências conjuntas do expressionismo não estão tão longe do simbolismo, e permitem compreender por que a ambivalência das peças de Strindberg não encontravam necessariamente resolução. Além disso, as escolhas das cores marcadas com forte significado simbólico, como o vermelho e o verde, também foram utilizadas nos cenários simbolistas e expressionistas. É possível afirmar que a verdadeira distinção foi favorecida pelo tratamento da luz ao qual se acrescenta uma espécie de jogo espasmódico, "meyerholdiano", para não dizer expressionista, que pode ser visto no cinema. Por outro lado, se os naturalistas, segundo a lógica da plausibilidade, queriam dar aos espectadores a impressão de que a luz vinha de fontes naturais, para os expressionistas a luz era desvinculada de qualquer busca ilusionista. Reflexo das tensões espirituais do drama, ela era um fator de dramatização por recorrer aos efeitos dos contrastes: em oposição à luz difusa, sombras e fachos de luz operavam direcionalmente marcando áreas e efeitos cujos feixes eram visíveis. Os protagonistas, isolados pela luz, eram como que extraídos do universo circundante, mergulhado na escuridão. Qualquer relação entre o personagem e o mundo exterior parecia suprimida. Um isolamento que Denis Bablet qualifica como "momento de êxtase" para dar conta de uma subjetividade exacerbada. Por outro lado, a presença da personagem é amplificada pelas sombras projetadas, cuja fonte, colocada no chão de frente ou de lado, amplia a silhueta, como demonstrado, por exemplo, pelo esboço de César Klein para *Hölle, Weg, Erde*, de Kaiser[273] (Fig. 11). A projeção de sombras era produzida graças a uma luz direcionada sobre um blecaute circundante que revela a angústia existencial do personagem. A visão interior perturbada pela aproximação da morte reflete-se no espaço que beira o nada ou o caos, o que se reflete nos cenários desconstruídos e nas áreas de sombra inquietantes.

---

[271] *Idem*, p. 42.

[272] Walker SOKEL, *An Anthology of german Expresionist drama*, Nova Yorque, 1963, p. 15, citado por J. L. STUAN, *op. cit.*, p. 43 (tradução da autora).

[273] Esboço de Bozzetto Cesar KLEIN para *Holle, Weg, Erde* de George KAISER, encenado por Vktor Barnowski no Lessing-Theatre em Berlim em 1920. Ver Lionel RICHARD, *Petite encyclopédie. L'Expressionisme*, ed. Aimery Somogy, Paris, 1993, p. 197.

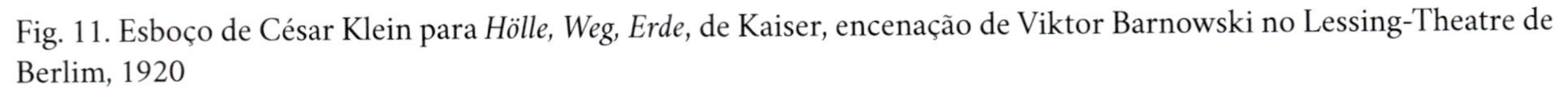

Fig. 11. Esboço de César Klein para *Hölle, Weg, Erde*, de Kaiser, encenação de Viktor Barnowski no Lessing-Theatre de Berlim, 1920

A projeção de sombras nas pernas negras da caixa cênica teve um destino especial. Foram eliminadas essas sombras indesejáveis, quando elas eram irrelevantes. Usando um tipo de iluminação difusa, a sombra projetada foi ocultada, e acostumamo-nos a não vê-la mais no teatro. Mas, por um fenômeno de citação cênica, ela é frequentemente reutilizada de forma oportuna na década atual. A sombra projetada, como um duplo do personagem ou uma extensão fantasmagórica, ressurge. Eimuntas Nekrošius usou esse processo para representar o espaço do purgatório na sua adaptação do Paraíso de Dante (*Rojus yra*) em 2013. Nessa passagem, uma mudança de luz quebra a aparente leveza que acompanha a chegada das almas saltitantes ao palco; a realidade da cena aparece por meio do destaque das cortinas negras que, até então, desapareciam das vistas do público graças à iluminação difusa. Se a citação direta das sombras mencionadas por Dante era a primeira referência nesse processo de iluminação, era também uma forma de lembrar ao público que ele estava em um teatro e que as aparências enganam. Como no Mito da Caverna de Platão, as sombras aumentadas dos atores gesticulando projetadas nas cortinas traziam uma dimensão expressionista à cena. Como "selvagens" se entregando a uma dança ritual diante do fogo (na encenação era um refletor em primeiro plano sobre o palco), as almas parecem conjurar o real antes de desaparecer, deixando Dante continuar seu caminho e sua busca[274]. Essa evocação do inferno

[274] É também uma citação cênica, como o é também, e muitas vezes concomitantemente, o recorrer à ribalta e às cortinas da boca de cena em tecidos transparentes cetinados branco. Uma evocação de um teatro simples e popular de antes do teatro de arte. Podemos encontrá-lo nas encenações que evocam o cabaré, mas também em todo teatro que pretendesse expor sua artificialidade ou simplesmente evocar uma sala de festas do interior.

não deixa de lembrar as ilustrações de Gustave Doré, também usadas em 1911 em um filme mudo italiano em preto e branco, *Inferno*[275].

A parte da sombra

Sombra, um vasto domínio que evidentemente tangencia a questão do blecaute, pode ser considerado como uma de suas variantes. Ricas e recentes obras foram dedicadas a ela, cobrindo o conjunto de aspectos físicos, técnicos e filosóficos a respeito[276]. No entanto, a especificidade da sua ocorrência no teatro, na medida em que ela nutre este estudo sobre o blecaute, é um dado que evocarei nos seus aspectos mais marcantes do ponto de vista histórico, plástico e estético. Sua questão está obviamente relacionada à da luz, entendendo que a sombra é uma área de obscuridade produzida pela intercepção da luz por meio de um corpo. Este dado é um fato conhecido. Porém, Johann Wolfgang Goethe (1749-1832), mais conhecido no campo do teatro por suas versões de *Fausto*, desenvolveu uma teoria que questiona essa simples constatação. Por mais de 20 anos, Goethe interessou-se pela obscuridade e pela cor em relação à luz[277]. Suas observações dos objetos na luz levaram-no a formular um Tratado sobre as Cores[278] (*Zur Farbenlehre. Didaktischer Teil*), que ele publicou em 1810, no qual concedeu autonomia à obscuridade em relação à luz, teoria que se opõe à de Isaac Newton (1616 -1727), normalmente aceita. Goethe afirma que as cores não provêm de uma luz branca composta, na qual elas estariam contidas, como demonstrado pela teoria de Newton, que revela sua existência por meio de um prisma. Para Goethe, a cor surge do encontro em oposição de uma luz que permanece pura e homogênea, e da obscuridade (*Finsternis*), a "não luz" (*Das Nichtlicht*). Segundo Goethe, a cor não é o resultado de uma *decomposição* da luz branca, mas fruto de uma *composição* entre ela e a obscuridade. Para Goethe, isso resulta em uma teoria das "sombras coloridas": "Duas condições devem estar reunidas, escreve ele, para que as sombras coloridas apareçam; primeiro que uma luz colorida tinge a superfície branca, e que, em seguida, uma luz em sentido contrário atinja, em uma certa medida, a sombra projetada"[279]. Goethe descobre que a sombra é a da cor complementar à cor da luz colorida que atinge o objeto cuja sombra está sendo projetada. Fenômeno bem conhecido dos iluminadores, que podem, assim, modificar o negrume da sombra dando-lhe um aspecto colorido. O ponto de partida de Goethe é que a cor é, antes de tudo, uma modificação da luz, um escurecimento dela (sua pureza sendo maculada). Com isso, ele fala da "qualidade obscura das cores"[280] e usa a expressão do jesuíta Athanasius Kircher, para quem a cor é *lumen opacatum*, "luz escurecida"[281]. Para Goethe, as cores são, ao mesmo tempo, meias-luzes (*Halblichter*) e meias-sombras (*Halbschatten*), a meio caminho entre a sombra e a luz.

As teorias de Goethe, por por falta de comprovação científica, foram rapidamente relegadas ao nível das fantasias. Não obstante, justiça foi dada à sua obra e às suas observações pelos artistas e

---

Lugares como Jean-Luc LAGARCE sugere na rubrica inicial do *Music hall*: "Sempre há um lugar assim, neste tipo de cidade, que acredita poder servir de music-hall: é neste lugar que isso acontece".

[275] *Inferno*, 1911, filme em preto e branco de Francesco BERTOLINI, Giuseppe DE LIGUORO e Adolfo PADOVAN.

[276] Ver bibliografia.

[277] Goethe trabalhou nesse tema desde 1790, sem dúvida de forma intermitente, mas às vezes muito intensamente, até 1810, quando o *Farbenlehre* foi publicado em dois volumes.

[278] Johann Wolfgang GOETHE, *Traité des couleurs*, acompanhado de três ensaios teóricos, introdução e notas de Rudolf STEINER, textos escolhidos e apresentados por Paul-Henri BIDEAU, tradução de Henriette Bideau, 5. ed., segundo a edição de 1980, Tríades, Paris, 2011 (1. ed., 1973).

[279] *Idem*, p. 114.

[280] Johann Wolfgang GOETHE, *"Ombres colorées"*, em *Traité des couleurs*, capítulo *"Couleurs Physiologiques"*, Textos escolhidos e apresentados por Paul-Henri Bideau, tradução de Henriette Bideau, TRIADES, 2011 para a 5. ed. (1. ed. em 1980), p. 113-14.

[281] *Idem*, e ver também Jean LACOSTE, *Goethe Science et philosophie*, capítulo *"Lapart de l'ombre"*, PUF, 2010, especialmente p. 115.

pintores que viam nele um pioneiro de quem se interessa pela cor mais como sensação do que como fenômeno físico ou químico. O preto, neste caso, originar-se-ia também de uma sensação. Goethe interessou-se em observar os efeitos produzidos pela obscuridade, a luz e as cores de um ponto de vista subjetivo. Sua posição sobre as sombras coloridas procede do mesmo princípio sensorial de percepção. Assim, este princípio, aceito essencialmente pelos artistas, pintores e iluminadores, permite libertar-se de todos os dogmas na exploração dos fenômenos ligados à presença ou à ausência de luz. O blecaute, não objetivado, assim como as sombras, oferece-se à análise, incluindo-se aquele que o confronta. Isso é característico de um princípio estético que abre o caminho da relatividade em termos da percepção do que seria fútil definir.

Na verdade, como o blecaute, as sombras, sua percepção e representação cobrem uma dimensão cultural e histórica. A maneira como elas são representadas fornece informações tanto sobre o contexto de sua emissão quanto sobre o de sua percepção. Assim, a observação da sombra permite voltar à fonte e aprender um certo número de conhecimentos sobre os processos de iluminação no teatro. Na verdade, quando eu comecei a me interessar pelas fontes de luz dos teatros do século XVII, fiquei impressionada com as gravuras de época que expunham situações de representação. Nessas gravuras, uma sombra projetada estava geralmente gravada no chão do palco do lado esquerdo, localizando, assim, a fonte luminosa do lado direito. Essa observação me permitiu levantar várias hipóteses. Em primeiro lugar, que a luz não estava uniformemente distribuída entre a plateia e o palco, caso contrário não seria possível distinguir essas sombras; em segundo lugar, que a fonte vinha diretamente da lateral do palco de cima para baixo, observação que me permitiu pensar que as prescrições de Nicola Sabbatini sobre a montagem das luzes vindas de um lado do palco estavam sendo usadas; e, por fim, que prevalecia uma certa lógica de orientação da cena predominante, visto que essas gravuras muito geralmente apresentavam a mesma orientação das sombras projetadas[282]. Essas são, é claro, hipóteses que seguem uma observação empírica; no entanto, se observarmos gravuras representando cenas de teatro ao ar livre, veremos que o gravador indica a presença de uma luz zenital (vinda de cima) difusa, evidenciada pelas sombras curtas ao pé dos personagens. Isso começa com a miniatura de Jehan Fouquet do *Mystère de Sanit Apolline* (por volta de 1450) (Fig. 12), e continua com outros exemplos nos séculos seguintes.

Quanto às sombras projetadas voltadas para o lado direita, no caso de um teatro fechado, elas são vistas principalmente nas gravuras que representam *Gros-Guillaume* no Hôtel de Bourgogne no século XVII ou ainda nas gravuras usadas nas capas das primeiras edições das *Femmes savantes*, das *Précieuses ridicules* ou de qualquer outra peça de Molière (ver, particularmente, os textos editados por Georges de Backer em Bruxelas em 1694) (Fig. 13).

Contudo, seguindo este processo, eu pude observar uma evolução das fontes luminosas nos séculos seguintes. Assim, as ilustrações destes mesmos textos de Molière de François Boucher[283], numa edição de 1734 (Fig. 14), apresentam uma grande evolução que propõe uma pesquisa de luz direcionada que cria uma dinâmica cênica por contraste entre as áreas de sombra e de luz. É evidente que essas ilustrações representando uma cena de teatro não poderiam ser uma cópia fiel dela,especialmente porque conhecemos a capacidade dos pintores oficiais de magnificar o que devia ser feito por ampliação[284], mas também que, tradicionalmente, as ilustrações das cenas de teatro representam

[282] Ver as ilustrações de acompanhamento.

[283] Desenhos de François Boucher reeditados em 1847 com a menção: "adicionamos o conjunto de águas-fortes e gravuras feitas nesses desenhos para a edição de Paris, 1734, em-4; todos proveniente dos escritórios de Paignon-Dijonval, Morel-Vindé e Soleinne", bnf.

[284] Em particular sobre o número de participantes e na presença do público representado em uma escala não fiel, como se pode verificar nas gravuras que reproduzem as festas de Versalhes de 1664 e 1668, ou mesmo posteriormente, para o circo Olympique durante um concerto de Berlioz em 1845 etc.

como a cena deveria aparecer na ficção, e não a realidade material, nitidamente muito mais pobre e decepcionante da cena[285].

Fig. 12. Nessa gravura de Jehan Fouquet, *Mystère de Saint Apolline* (cerca de 1450), a ausência de sombra é indicativa da luz difusa característica da luz do dia

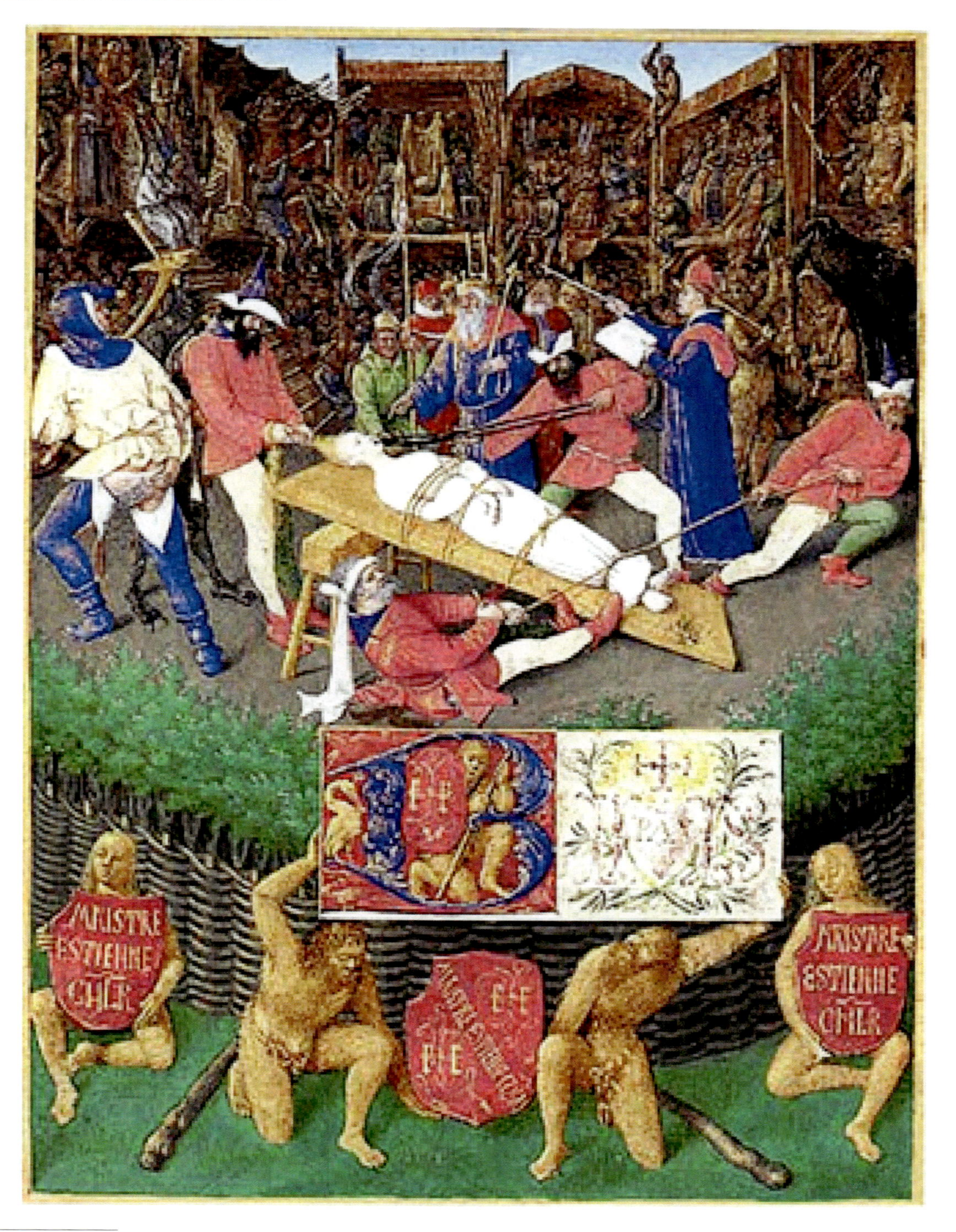

[285] O que as miniaturas de Fouquet atestam a respeito do mistério de Valenciennes, onde se veem cenas pintadas que representam o que o espectador *deveria* ver, e não a realidade das *mansions* de madeira e tecido.

Fig. 13. Sombras projetadas vindas do lado esquerdo para o direito, no Hôtel de Bourgogne (c. 1634-1635). No centro, da esquerda para a direita, *Turlupin, Gaultier-Garguille* e *Gros-Guillaume*

Fig. 14. 1734, efeito de luz direcionada. Desenho de François Boucher, para as Œuvres de Molière

No entanto, esta observação dos efeitos de sombra permite imaginar uma evolução das realidades cênicas no campo da iluminação, o que é corroborado pelos escritos[286]. Assim, a parte de áreas de sombra e a presença de sombras projetadas, causadas pela presença da ribalta, apesar dos lustres, são perceptíveis desde a entrada no teatro pela plateia. Somente o princípio controlado da luz difusa permitiria não ver essas sombras.

As sombras em cenas são, portanto, dependendo das épocas e das estéticas, ou inevitáveis e consideradas indesejáveis, ou buscadas e criadas para as atmosferas e os efeitos que elas produzem. No entanto, é preciso distinguir as sombras projetadas das áreas de sombras. As sombras projetadas, particularmente trabalhadas pelos expressionistas, tanto no palco quanto no cinema, destacaram o aspecto de uma projeção das angústias interiores em um mundo fantástico e hostil, ou seja, fantasmagórico; enquanto o teatro realista e naturalista, ao trabalhar os efeitos de luz, combateu os efeitos não realistas das sombras projetadas no pano de fundo do teatro pela ribalta, que Antoine removeu por esse motivo[287].

Por outro lado, outros se interessaram por sua capacidade de materializar os objetos de que dependem e aqueles que tocam. Appia baseou-se especialmente nessa dinâmica para criar volume no palco por meio da combinação de luz e sombra, criando assim uma "luz viva"[288]. Como na pintura, a sombra no palco é um princípio ativo, um revelador. Ela manifesta tanto um objeto presente quanto um objeto ausente. No desenho *L'Ombre du cyprès* (1909) (Fig. 15), Appia traz essa dimensão particular para uma desmaterialização de dados ficcionais ilusionistas graças ao uso da sombra projetada. Por meio da sombra do cipreste que se espalha pelo chão e pela parede do cenário, a luz permite manifestar a presença do objeto sem realismo. Se uma realidade qualquer se manifesta, é a do tempo que passa materializada pelo alongamento da sombra. Mais sutil do que a projeção de imagens que tem um impacto necessariamente concreto, a sombra projetada do objeto permite permanecer em uma desmaterialização que se coaduna com a desrealização e o trabalho da imaginação.

Indo mais longe, Appia imaginou uma treliça, indicada somente pelo recorte das sombras que a luz projetava de cima no chão e nas paredes cujas "obstruções invisíveis» poderiam fazer «as sombras se moverem a nosso critério", por um processo que prenuncia a combinação dos gobos e dos equipamentos motorizados de hoje[289]. Certamente inspirado nos aparelhos de projeção de Hugo Bähr[290], o movimento quase imaterial almejado por Appia em face das suntuosas e pesadas mudanças de cenário de antes tem a vantagem de propor uma "modulação" da imagem cênica de acordo com o ritmo do drama, em vez de uma mudança de lugar por uma sucessão de cenários descritivos.

[286] Ver N. SABBATINI, *op.cit.*

[287] Ver no capítulo "Noite naturalista".

[288] Em oposição às sombras pintadas na tela dos cenários: ver Adolphe APPIA, *"Comment réformer notre mise en scene"*, in Œuvres complètes, t. 2, L'Âge d'Homme, Lausanne, 1986, p. 349; e t. 1, 1983, p. 111-112; e no capítulo "Luzes e sombras sugestivas de Appia".

[289] O *gobo* é uma peca em alumínio perfurada com formas que permitem passar a luz do refletor e cujo facho se desenha no solo ou em outra superfície. Normalmente é utilizado para representar folhas de árvore e criar um efeito de floresta, ou ainda a luz que atravessa uma janela quadriculada; esse efeito permite todo tipo de motivo. Combinado aos refletores ditos automatizados, ou seja, motorizados, permitem fazer se movimentar no solo as imagens projetadas em uma alternância de luz e sombra que pode também ser colorida.

[290] Ver adiante: o parágrafo dedicado à lembrança das questões técnicas na introdução do capítulo "Estética do blecaute".

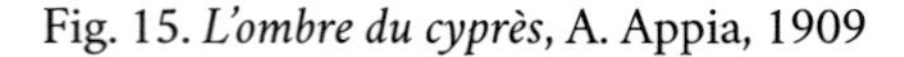

Fig. 15. *L'ombre du cyprès*, A. Appia, 1909

Para Appia, não se trata mais de uma realidade materializada de uma perspectiva ilusionista, mas de uma materialização de ritmos pela estruturação do espaço por meio de volumes e de áreas de sombra e de luz. Ora, já em seus projetos wagnerianos, Appia imaginava dispositivos que rompiam a linearidade do espaço cênico com obstáculos estruturantes e significativos. Isso pode ser visto nos esboços de *Parsifal* e em seus projetos para *L'Or du Rhin*. Neste último, Appia imaginou, para representar os desafios e a realidade da ferraria subterrânea dos Nibelungen, um espaço no qual "a própria montagem, ao impor obstáculos à iluminação, produziria com suas sombras projetadas um conjunto caótico"[291]. A arquitetura do espaço associa-se à representação mental.

No caso do cipreste, a árvore não está fisicamente presente no palco, mas sua materialidade está manifestada por meio de sua sombra projetada no chão. Antes disso, a sombra era representada de forma fixa em *trompe l'oeil* nas telas das tapadeiras dos cenários. Ela era antinatural, não acompanhando a passagem do tempo, e seu caráter imóvel não era, tampouco, o da realidade dos tempos das chamas. Porque, por muito tempo, a sombra foi associada à vibração natural do fogo. Seu tremor trazia à vida que ela cobria, por mais imaterial que fosse. A luz elétrica da lâmpada incandescente trouxe uma estabilidade à sombra que foi, num primeiro momento, percebida como estranha e *desnaturalizada*, literalmente. Essa sombra criada artificialmente, estática e com cores uniformes, foi alardeada

[291] Adoplhe APPIA, *La mise es scène du drame wagnérien*, Léon Chailley, Paris, 1895, p. 36.

e combatida. Junichiro Tanizaki, em seu Éloge de l'ombre, aborda abertamente essa nova ordem que enfatiza a supremacia da luz fria ocidental em detrimento da intimidade e do calor da sombra das casas japonesas tradicionais. Um problema que se encontra nos palcos de teatro tradicional: "a obscuridade intrínseca do *nô* e a beleza que engendra formam um universo de sombra singular que, hoje em dia, só é vista no palco, mas que antigamente não deviam ser estranhos na mesma medida da vida real. [...] É porque a obscuridade que reina no palco do *nô* não é outra senão a obscuridade das casas daquela época"[292], escreveu o poeta em 1910. A sombra moderna é definitivamente padronizada.

Teatro de sombras

No teatro, trata-se das mesmas problemáticas compensadas por um feixe em movimento como o de um canhão seguidor ou um *moving light* dando mobilidade à luz e à sombra. O que lembra o mundo dos cabarés. Ou ainda: são os atores que, por suas passagens diante das fontes luminosas, provocam ou não a presença da sombra, o que o teatro de sombras assume em pequena escala. Porque, se há uma área na qual a estabilidade da fonte de luz pode ser considerada como um progresso técnico e estético, é nos teatros de sombra[293]. No caso do uso de uma luz difusa que cria uma sombra desfocada, para combater esse efeito os manipuladores só podem aproximar ao máximo as figuras de pergaminho ou de papel da tela na qual as silhuetas aparecem em sombras (coloridas ou não). O uso de fontes pontuais graças às lâmpadas de baixa tensão permite que os marionetistas descolem suas silhuetas da tela, joguem com seu tamanho e as sobreponham; em suma, coloquem-nas em movimento. O princípio do teatro de sombras remonta ao ano 1000 na China e na Índia, mas também em Java, Bali, Bornéu, na Grécia e na Turquia. Cada origem tem sua peculiaridade: algumas são compostas por silhuetas recortadas e articuladas (China), outras iguais, mas em pele bronzeada[294] com transparência colorida (Java), enquanto a tradição ocidental se apresentou em diferentes formas, mas com um princípio e um dispositivo sempre idênticos — um tecido branco bem esticado para a tela iluminada por trás por uma fonte luminosa poderosa. Entre os dois, figurinhas recortadas que os marionetistas manipulam desviando dos feixes de luz. Havia também um gosto pelas sombras humanas em tamanho real ou pelas sombras criadas com a ajuda das mãos, que são erroneamente chamadas de "sombras chinesas", uma distração muito valorizada pelo público letrado do século XVIII que era praticada entre eles nos salões[295]. Goldoni, em *La Trilogie de la villégiature*, apresentou uma cena do gênero conduzida pelo aproveitador que paga sua estada entretendo o público desta forma. Mas na França os teatros de sombras de inspiração oriental datam do fim do século XVIII, por meio das famosas representações da família Séraphin, pais e descendentes que praticavam esta arte entre os anos de 1770 a 1870. Foi em 1772 que Dominique-François Séraphin montou, no jardim Lannion em Versalhes, um espetáculo "de um novo tipo", como se costumava dizer na época. O anúncio de seu espetáculo em uma "sala muito escura", chama o público jovem da corte:

> Venham, meninos, venham meninas
> Ver momo em silhueta.

[292] J. TANIZAKI, *op. cit.*, p. 57-58.

[293] Pelo menos na sua forma ocidental moderna, como sugere Émile Lagarde, que, refazendo a história do teatro de sombras, afirma que, "na época do Barão Grimm, a iluminação era pálida e incerta, as silhuetas mal desenhadas", acolhendo, num espírito modernista, o progresso do século. Porque, por outro lado, as tradições indonésias atuavam com os efeitos dessa estética instável. Ver Émile Lagarde, *Ombres chinoises, guignol, marionnettes*, Louis Chaux, Paris, 1900, p. 37.

[294] Ao contrário do pergaminho de pele fina, como de ovelha ou de cabra, trata-se de uma pele animal mais grossa, como a de burro.

[295] Embora a moda tenha vindo da Itália no século XVI.

Sim, venham ver em Séraphin
O bom humor vestido de preto.
Enquanto minha sala está bem escura,
E meu ator é apenas a sombra.
Possa, Senhores, sua alegria
Tornar-se realidade.[296]

O sucesso foi tanto que a Rainha o trouxe ao palácio e, em pouco tempo, Séraphin conquistou o público em geral instalando-se na galeria Valois do Palácio Real. Ele atravessou os tempos, adaptando-se aos gostos do momento[297]. Contudo, os caprichos da moda e dos hábitos do público forçaram seus descendentes a fazer melhorias. Mas, por mais que eles tenham "renovado os cenários, criado quadros fantasiosos, um diaporama, transformado a sala em uma *bombonnière*"[298], os negócios iam mal. A concorrência dos teatros ao ar livre com ingressos mais baratos prejudicou-o, mas também novas atrações do circo ou dos espetáculos de Robert-Houdin, que conquistam a adesão do público; o pequeno teatro de Séraphin vê surgir seu fim. No entanto, o teatro de sombras renascerá.

No fim do século XIX, o aperfeiçoamento dos equipamentos de iluminação daria um novo impulso à prática que se esgotava num repertório convencional. Foi no cabaré do *Chat noir* que a moda explodiu em 1885. O princípio é o mesmo do de qualquer teatro de sombras, mas, como Émile Lagarde corretamente observa, "um era obra de artesão, [Séraphin] o outro era obra de artista [*Le Chat noir*]"[299]. Rodolphe Salis, pintor profissional, encontra no *Chat noir* onde ele se instala, os artistas do momento com os quais o teatro de sombras vai renascer de uma noitada improvisada. Com base no sucesso, Salis confiou a Henri Rivière o desenvolvimento e a criação de um repertório. Ele mesmo desenvolveu e aperfeiçoou os recursos técnicos necessários, combinando as lâminas de vidro colorido com lâmpadas de projeção a ponto de chegar a uma forma espetacular de imagem em movimento que prenunciava tanto o cinema que o *Chat noir* teve que fechar as portas enquanto os irmãos Lumières lançaram o mercado cinematográfico...

Tecnicamente, utilizava-se uma tocha com luz oxidrogênica que permitia a obtenção de uma luz muito brilhante e dispositivos de projeção com feixe duplo de luz (dito de outra forma, uma espécie de projetor com duas lâmpadas) para criar uma cadeia de efeitos pela interrupção de um ou do outro. Esses recursos permitiam a criação de imagens com uma nitidez perfeita, bem como o movimento. As produções do *Chat noir* sugeriam um mundo que entusiasmava o público, como retratado pela crítica. Jules Lemaître repetidamente exalta e detalha os bastidores do *Chat noir* orquestrados por Henri Rivière: "seus recortes de paisagens, de arquiteturas, de multidões, de grupos ou de figuras isoladas, em céus fantasiosos e mutantes, são para mim obras-primas"[300]. Ou ainda, ele se surpreendeu pela forma como "as silhuetas de sujeitos recortados em zinco e desfilados atrás de uma tela de 1 metro de largura pudessem nos comunicar a emoção guerreira e a sensação de grandeza"[301]. Este teatro de sombras é habilmente trabalhado: a qualidade do blecaute necessário para as aparições, bem como as figuras recortadas de acordo com as necessidades dos efeitos, os vários

---

[296] Denis BORDAT, *Les Théâtres d'ombres, histoire et techniques*, L'Arche, 1956, nova edição 1981, reedição 1994, p. 71.

[297] Séraphin apresentou, no seio da revolução, espetáculos com títulos evocativos: *l'Apothicaire patriote*, a *Démonseignerisation*, ou ainda a *Pomme à la plus belle ou la chte du trône* em benefício dos necessitados da sessão da *Montagne* apresentada em janeiro 30 de janeiro de 1794.

[298] E. LAGARDE, *op. cit.*, p. 31.

[299] *Ibidem.*

[300] Julles LEMAÎTRE, sobre a representação de *Saint Geneviève de Paris* no Chat Noir, em *Le Journal des débats*, citado por D. BORDAT, *op. cit.*, p. 156.

[301] J. LEMAÎTRE, em D. BORDAT, *op. cit.*, p. 156, e citações seguintes.

filtros de vidro colocados na frente da fonte luminosa para colorir o fundo da tela e dar a aparência de céus em mutação, tudo é cuidadosamente estudado por meio da física e da química. Assim, uma Épopée criada em Paris em 1886 no Cabaret du *Chat noir*, concebida pelo ilustrador Caran d'Ache (cujo nome verdadeiro era Emmanuel Poiré), causou sensação (Fig. 16).

Fig. 16. Placa de zinco para o primeiro ato de *L'Épopée*, Caran d'Ache, 1866

O desenhista desenvolveu uma série de placas de zinco revestidas de preto que retratam de forma humorística em cerca de 30 a 50 quadros, dependendo da versão, episódios do gesto napoleônico, de Austerlitz ao campo da Rússia: "Nós reconhecemos imediatamente", escreveu Jules Lemaître, "a sombra do homem com a orelha quebrada", acrescentando como,

> [...] pela perspectiva observada em suas longas filas de soldados, ele nos dá a ilusão do número e do número imenso, indefinido. Pelo movimento automático que os põe em movimento ao mesmo tempo, ele dá a ilusão de uma alma, de um único pensamento animando os corpos incontáveis e, posteriormente, a ideia de uma força desmedida.

É fácil entender por que Émile Lagarde qualificou os espetáculos do *Chat noir* como "artísticos", enquanto Jules Lemaître, no prefácio de uma coleção de *Les Gaîtés du Chat noir*[302], reconheceu neste teatro "um dos primeiros a desacreditar o naturalismo taciturno", contribuindo para o "despertar do idealismo". Segundo ele, ele era "místico" e "aberto ao invisível". Tal reconhecimento técnico, artístico e estético sugere que os espetáculos combinavam todo o leque de emoções às quais o blecaute unificador e focalizador da sala não era indiferente (Fig. 17).

[302] Jules LEMAÎTRE, "Prefácio", *Les Gaités di Chat noir*, P. Ollendorf, Paris, 1910, p. 1-3.

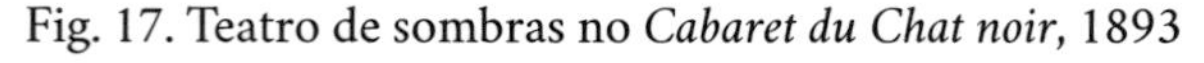
Fig. 17. Teatro de sombras no *Cabaret du Chat noir*, 1893

Para além destas proezas artísticas e técnicas, se as diferentes formas de teatro de sombras, orientais, ancestrais ou mais modernas tiveram grande sucesso, é porque a leveza da sua forma conferiu-lhes um caráter popular que poderia ser conseguido em um ambiente familiar ou privado. A manifestação dessas sombras reveladas pela luz sobre uma tela concentrou a atenção de um grupo sobre as imagens que poderiam assumir um caráter feérico, mágico ou fantástico, o que o teatro dos humanos não conseguiria fazer, a não ser com grande esforço.

No entanto, o teatro de sombras não ressurgiu apenas na forma de miniaturização teatral. A sombra em tamanho real também é usada em palcos teatrais. Assim, uma figura separada serviu ao teatro de sombras da mesma forma que renovou a arte da dança. Foi Loïe Fuller que, depois de triunfar nos palcos mundiais com as suas danças luminosas apresentadas durante a Exposição Universal de 1900, voltou-se para o teatro de sombras no contexto tanto orientalizante da moda da pré-guerra quanto daquela macabra do pós-guerra. Se suas danças *Serpentine, Dance du feu, Dance du lys* ou *du Papillon* assumiram a alegria da criação liberada, os espetáculos de sombras revelaram preocupações mais sérias já presentes em algumas de suas danças dos véus por seus títulos: *Lumière et ténèbres, La Rivière de la mort, Aperçu de l'Hades*; mas também *La Dance de l'ombre, La Ronde des sorcières, Lea Ames errantes, Le Grand Oiseau noir*, que anunciaram o teatro de sombras. Abalada pelos horrores da guerra, a Europa estava se reerguendo, mas procurando afastar o mal, exorcizá-lo de uma forma ou de outra. De acordo com a interpretação dada em particular por Giovani Lista, neste momento decisivo na carreira de Loïe Fuller, parecia que o teatro de sombras desempenhou esse papel na carreira da dançarina[303]. Em um encontro cara a cara com o medo, seu teatro de sombras exorcizá-lo-ia apresentando o mal por meio da ilusão. Se "a claridade é, para a Srt.ª Fuller, um agente de bondade, da honestidade"[304], disse uma jornalista em 1904, seus balés mudos, seu teatro de sombras encarnavam as angústias e os medos por meio do jogo das formas e das sombras em suas deformações e multiplicações que um domínio da relação com a luz permite. De forma mais geral, as sombras representam, neste caso, os medos imaginários do homem, como uma lembrança daquelas que habitam as noites das crianças.

Loïe Fuller destacou-se pelo domínio dos efeitos de luz e sombra exigido pelo teatro de sombras que ela utilizou durante vários anos. Em seu *Sorcières gigantesques* (1922), ela desenvolveu o processo experimentado um ano antes em *L'Ombre*, um balé curto com música de Maurice Honnegger (Fig. 18):

> No ano passado, vimos uma dançarina colocada entre a lanterna e a cortina de fundo formando uma tela; a sombra assim obtida, com uma nitidez de contorno absoluta, acompanhava a artista, repetindo todos os seus gestos, crescendo e depois diminuindo à medida que ela se afastava ou se aproximava da fonte luminosa. A ideia agora está sendo aplicada ao conjunto, a um balé de bruxas.[305]

Fig. 18. *L'Ombre*, Loïe Fuller, 1921

[303] Ver Giovani LISTA, *Loïe Fuller, danseuse de la belle époque*, Hermann, 2006, capítulo *"La dance de l'ombre"*, p. 523-538.

[304] Jérôme Doucet, *"Miss Loïe Fuller"*, em *La Revue Illustrée*, n. 22, de 1 de novembro de 1903. Nesse retrato de Loïe Fuller, o autor declina desta filosofia que ele atribui a Loïe Fuller: "A grande luz, no sentido absoluto da palavra, a grande verdade são duas coisas idênticas e Miss Fuller espera que um dia tudo aconteça em plena luz do dia, que o homem não tenha nada a esconder e, portanto, não cometa mais coisas vergonhosas", *ibidem*. Foi em 1903, antes da Grande Guerra.

[305] Marcel FOUNIER, *Le Monde illustré* de 6 de abril de 1922, p. 470.

Ainda em 1921, ao som de uma música Darius Milhaud da suíte de dança: *Saudad*ès do Brasil, Loïe Fuller posicionou a tela na abertura da boca de cena, e não mais no fundo do palco. As dançarinas, fora das vistas do público, colocadas atrás da tela, pareciam dançar duas a duas, "uma se projetando em preto, a outra em cinza, realizando ao mesmo tempo os mesmos gestos"[306], enquanto desenhos coloridos e mutantes apareciam na tela.

Com suas danças de sombras, inseridas no ciclo de seus *Ballets fantastiques*, Loïe Fuller conquista o espectador com impressões novas, perturbando suas referências perceptivas e imergindo-o em um universo fantástico. Entre o medo e a surpresa, o espectador aprecia a aventura. Depois de ter assistido ao balé *Les Sorcières gigantesques* em 1922 no Théâtre des Champs-Élysées, outro jornalista escreveu:

> Eis que ela entra no mistério atrativo da sombra. [...] O prodígio aumenta. Sombras gigantescas nos atraem agora para um reino de fantasia do qual poucos suspeitavam. Bruxas desfilam, correm, perseguem umas às outras, dançam diante de uma imensa tela branca, e é sua impressionante duplicação pela sombra - sombra desproporcional, mas tão fiel! que percebemos, contra o fundo claro, um céu repentinamente povoado por fantasmas.[307]

Mergulhado na escuridão, nem é preciso dizer, o espectador é vítima de visões habilmente orquestradas. Com o balé simplesmente denominado *Les Ombres gigantesques*, apresentado na Ópera em 1922, Loïe Fuller demonstrou a técnica a serviço da arte cênica.

Ela incorporou os princípios de projeção da lanterna mágica cuja forma espetacular havia sido desenvolvida por Hugo Bähr. Ela mediu as deformações dos corpos e a relação com sua sombra, distorceu as escalas entre um personagem real e uma sombra projetada cuja fonte estava oculta, operando também nos tempos entre o aparecimento de um corpo e de sua sombra, ou vice-versa. Trabalhando nos figurinos em tecidos reflexivos ou absorventes das bailarinas, ela criou um balé misturando realidade e ilusão com base em efeitos fantásticos prolongados pelas luzes. Sabendo aproveitar as potencialidades das sombras que ela sublima por meio da sua experiência cinematográfica[308] e de sua pesquisa permanente com os cientistas e os técnicos, os seus espetáculos foram emblemáticos dos progressos associados à arte e à tecnologia[309]. O resultado foi, segundo testemunhas, verdadeiramente "alucinante", embora o princípio das sombras projetadas, conforme ilustrado na gravura *Danse des ombres*, de Samuel Van Hoogstraten[310] (1678), já fosse experimentado há muito tempo (Fig. 19). Para *Les Sorcières gigantesques*, Loïe Fuller havia trabalhado mais na coreografia das sombras. Ela explorou a relação inversa entre os deslocamentos das dançarinas e o tamanho das sombras projetadas, bem como na duplicação das sombras projetadas sobre uma tela colocada na frente do palco. Pouco conhecidos, esses espetáculos de Loïe Fuller eram, no entanto, ricas explorações das possibilidades cênicas oferecidas pelo efeito de sombras

Ainda viva, essa tradição fascinante é impulsionada por uma renovação que o teatro para o público jovem aproveitou. Podemos citar um dos mais famosos da Itália, o Theatro Giocovita de Fabrizio Montecchi, que não só cria inúmeros espetáculos, mas também apresenta seu trabalho na

---

306 Marcel FOURNIER, *Le Monde illustré* de 12 de março de 1921, p. 194.

307 Éduard BEAUDU, citado por G. LISTA, *op, cit.*, p. 529.

308 Ver Loïe FULLER e Georgette SORÈRE, *Le Lys de la vie*, 1921.

309 Ver a parte dedicada a Loïe Fuller no capítulo "Sob o toque do raio elétrico: o blecaute de Loïe Fuller".

310 Gravura de Samuel Van HOOGSTRATEN, que encenou o princípio das sombras ampliadas projetadas e produzidas pelos dançarinos sobre um palco de teatro.

Fig. 19. *La Danse des ombres*, gravura de Samuel Van Hoogstraten, 1678

forma de conferências demonstrativas que revelam o leque de possibilidades que um único indivíduo e uma lâmpada podem criar:

> Estamos profundamente convencidos de que o teatro de sombras é uma linguagem que sabe interpretar o nosso pensamento e dar uma forma cênica às histórias que gostamos de contar. Porque a sombra não é uma imagem, mas uma forma que existe por subtração. O teatro de sombras não impõe significados, ele os oferece e, acima de tudo, nos pede que os interpretemos. Num mundo dominado pela imagem hiper saturada e redundante, invasiva e impositiva, o teatro de sombras torna-se o mensageiro de uma comunicação primordial e ancestral, pura ecologia da percepção.[311]

Em suas conferências, Fabrizio Montecchi relembra os fundamentos da estética do teatro de sombras enquanto os demonstra. Desde a aparente distorção do corpo, ampliando ou reduzindo sua sombra, dependendo se o corpo se aproxima ou se afasta da fonte luminosa, até o desaparecimento da sombra ou sua superposição sobre um corpo, ele demonstra que a sombra é uma luz da qual podemos extrair todas as possibilidades que os corpos reais não permitem. Os teatros que se especializaram nesta área contaram com invenções inéditas para alcançar os resultados desejados. Toda a engenhosidade, geralmente bem escondidas das vistas do público, completamente mergulhado no blecaute, cria uma magia sensível particularmente forte. Somente o resultado é deixado visível (exceto quando os espetáculos incluem a encenação da manipulação na estrutura narrativa). E esse é o paradoxo do

[311] Fabrízio MONTECCHI, trecho da conferência por ocasião do espetáculo *Femme de Porto Pim*, Théâtre de Bourg-em-Bresse, nos dias 25-27 de novembro de 2014.

teatro de sombras, que é apenas a imagem de uma efígie, portanto duplamente mentirosa, como deixa entender *Le Mythe de la caverne*, de Platão, quando a parte sensível é afetada. O princípio da caverna, assim como pensado por Platão, apresenta um dispositivo totalmente artificial[312]. Há aí uma "dupla impostura" à qual se acrescenta um artifício espetacular: não apenas os espectadores são designados a um lugar de onde não podem se mover, pois estão presos, seu olhar dirigido unicamente para a parede do fundo da caverna, mas, além disso, o que eles veem são sombras de objetos fabricados e revelados não pela fonte natural do sol, mas por um fogo preparado e colocado para produzir esse efeito. Em suma, trata-se do dispositivo do teatro de sombras que apresenta sombras de marionetes projetadas sobre um lençol estendido diante de um público voltado para a tela, por meio de um projetor colocado atrás das marionetes. À exceção de que o espectador entrasse no aparelho de forma consensual. Esse dado é importante. Porque, se a alegoria da caverna se tornou um mito da origem da ilusão teatral, é preciso lembrar que se trata apenas de uma "imagem" que tinha uma função de contraexemplo no contexto das demonstrações de Sócrates[313]. O espectador está disposto a entrar no protocolo do teatro de sombras e a deixar de lado sua incredulidade diante da ilusão teatral redobrada. E é talvez porque é duplamente enganosa que ela é ainda mais atraente e fascinante para o espectador que aceita essa farsa. Na verdade, a mensagem da *Caverne* traz uma outra contradição. Saber que o dispositivo (obscuridade da caverna e luz artificial), que é a condição para a projeção das sombras, é indispensável para que as sombras sejam vistas pelos prisioneiros. Assim, então, a obscuridade é indispensável para ver; ver não realidades, não luzes, ver pedaços de escuridão... Daí, talvez, também a carga de fascínio que elas produzem desde "a noite dos tempos", como deixa entender o princípio dos mitos.

É que a sombra também, como um duplo do homem, é a prova de sua existência. Clément Rosset, ao classificar a sombra entre os "duplos de proximidade", insiste no aspecto específico da sombra (e do eco) que não são uma recusa do real, ou uma ilusão, mas, pelo contrário, "assinaturas da realidade que garantem a sua autenticidade"[314]. De onde vêm os medos ligados à sua ausência, percebida como uma perda de si. Em 1923, o filme *Le Montreur d'Ombre*, de Arthur Robison, incorporou particularmente as fantasias e os medos ligados à facticidade das sombras. A história passava-se no início do século XIX em um casarão onde vivia um casal em crise. Durante um jantar, eles recebem entre os convidados um jovem e três cavaleiros que cortejam a dona da casa. Após a refeição, através do véu da janela que atua como uma tela, o marido acredita compreender que os amantes estão persuadindo a sua mulher. Na verdade, eles só se relacionam com a sombra do corpo da mulher projetada na cortina. É uma cena cômica para os amantes e o espectador, mas não para o marido ciumento. Esta cena anuncia a continuação do filme, que envolve um verdadeiro mostrador de sombras que invade a casa. A esquete que ele apresenta coloca em cena uma mulher, seu marido e o amante. Assim, o mostrador de sombras leva literalmente seu público "para o outro lado da tela" para mostrar o que pode acontecer: a mulher beija o jovem, e os cavaleiros riem do infeliz marido. Este último ordena a seus empregados que amarrem sua esposa e obriga os cavaleiros a matá-la, antes de perder sua sanidade. Depois os cavaleiros e o jovem o empurram por uma janela. Felizmente, esta cena dramática é apenas o resultado de uma confusão alucinante entre realidade e ficção... Todo o filme é baseado na ilusão da realização das fantasias e medos que as sombras personificam. No filme, o demiurgo mostrador de sombras tem um poder sobre a realidade e sobre os espíritos que confunde a compreensão e recupera o medo primitivo do escuro. O teatro de sombras e as formas

---

[312] Ver Max MILNER, "Prólogo", em *L'Envers di visible Essai sur l'ombre*, Seuil, Paris, 2005, p. 11-19.

[313] A finalidade é a de revelar a verdade "ofuscante" pela destruição do dispositivo orientando o olhar dos prisioneiros em direção à luz afim de chegar ao princípio de que ver é saber.

[314] Clément ROSSET, *Impressions fugitives: L'Ombre, le reflet, l'écho*, Edição de Minuit, Paris, 2004, p. 10.

narrativas que se utilizam dele têm a capacidade de despertar as angústias ligadas à perda, seja do amor, seja da identidade ou da alma.

Em outros casos, as sombras podem assumir o poder ou gerar loucuras destrutivas; o que *La Femme et son ombre*[315] (1922-1923), de Paul Claudel, encena por meio da história de um ser abusado pela sombra e que se engana ao matar a pessoa errada. Claudel idealizou *La Femme et son ombre* quando ele era embaixador no Japão[316], além de dois outros mimodramas, *Le Peuple des hommes cassés* e *La Parabole du festin*, no qual o papel da sombra é essencial. Para *La Femme et son ombre*, tratava-se inicialmente de um mimodrama concebido para ser representado com um fundo da música tradicional, mas a adição de poemas criou uma segunda versão lírica[317]. Ligado ao tema dos espectros, esse drama do ciúme do marido enganado estreou em 1923 no Teatro Imperial de Tóquio. Embora interpretado pelos melhores atores do Kabuki da época, em uma cenografia e com figurinos do grande pintor Kaburagi Kiyokata, ao som da música do mestre de *nagauta* (recitativo acompanhado) Kineya Sakichi IV, o espetáculo teve uma recepção misturada. Para a representação, a profundidade do palco foi separada do proscênio por uma tela que representava a névoa atrás da qual, segundo o princípio do teatro de sombras, aparecia e desaparecia a sombra da mulher morta, aos olhos do guerreiro enlutado. Uma outra mulher viva, que havia aparecido e queria seduzir o guerreiro, tentou esconder a imagem da morta (a sombra), com seu próprio corpo. Mas o guerreiro que perseguia a sombra deu-lhe um golpe de sabre, matando a mulher com o golpe que julgou dar no fantasma da mulher morta. Claudel voltará a usar o tema em *Le Peuple des hommes cassés*[318], do qual tirou um drama colocando em cena o duplo de uma jovem que aparecia sob a forma de sombra fantasmagórica a um jovem cujos amores monstruosos alertaram os vizinhos que o espionavam seus encontros amorosos através de um buraco feito na parede entre as duas casas. O jovem, compreendendo seu abandono sórdido, mergulhou numa loucura mortal. Infelizmente, *Le Peuple des hommes cassés* não foi encenado, mas é bem provável que o dispositivo cênico fosse o mesmo de *La Femme et son ombre*. Uma cena particular demanda este dispositivo pelas aparições e pelos desaparecimentos "de uma só vez"[319], "simultâneos ou sucessivos, completos ou não" de *aniwas* (pequenas estatuetas de argila funerárias), Claudel especificou: "Os *aniwas* são todos feitos de pedaços desarticulados. Vemos os raios de lua pelas fendas". Não há dúvida de que a referência formal é a das figuras de teatro de sombras. Já em *La Parabole du festin*[320], que se refere a um tema cristão ambientado no cenário de uma abside de catedral, sua cena desenvolve-se em um dispositivo mais complexo. Claudel imagina uma cena de cinco andares e seis planos de profundidade que permite sobrepor vários lugares e cenários por meio das aparições criadas por um teatro de sombras ao fundo. O princípio de sua

[315] Esse texto para o palco tem uma genealogia interessante, pois parte de um primeiro balé, *L'Homme et son désir*, que Claudel escreveu e encenou ao som de uma música de Darius Milhaud. Originalmente destinado a Nijinsky, mas que tinha adoecido então, o *ballet* foi apresentado pela trupe dos Ballets Suédois em junho de 1921 no Théâtre des Champs-Élysées. O libreto evoca a tortura do desejo que o fantasma dividido de *La Femme morte* inflige a um homem durante o sono. A aparente nudez do ator principal, Jean Börlin, causou um grande escândalo, notificado pela imprensa. Mesmo assim, *L'Homme et son désir* não foi o tema de menos de 50 representações nos Ballets Suédois entre 1921 e 1924, e constituiu um importante marco na carreira de Claudel. Ele será retomado em 15 de junho de 1948 pelos Ballets Roland Petit no Théâtre Marigny com música de Alexandre Tcherepnine e coreografia de Janine Charrat.

[316] Os espetáculos de Loïe Fuller e os de Claudel que encenam sombras são contemporâneos.

[317] *La Femme et son ombre* não é, ao contrário do que se costuma dizer (e que Claudel escreveu em uma carta a Elizabeth de Sainte-Marie Perrin, de 8 de março de 1923), influenciada pelo Nô, mas pelo Kabuki, e a origem do assunto não é japonês, mas chinês. Parece que esse mimodrama deve tanto a Kabuki pela forma quanto ao Nô pelo tema. Ver Jean-Bernard [Yehuda] MORALY, *Claudel metteur en scène: la fronteire entre les deux mondes*, Presses Universitaires Franco-Comtoises, 1998, em particular a primeira parte, cap. 2, "*Trois ballets pour un théâtre d'ombres*", p. 59-86.

[318] *Le Peuple des hommes cassés* é baseado no conto chinês *La lanterne aux deux pivoines*, que também inspirou o balé *L'Homme et son désir* e a variante em mimodrama citada acima, *La Femme et son ombre*. Ver Paul CLAUDEL, Œuvres en prose, Gallimard, "*Bibliothèque de la Pleiade*", 1965, p. 1.031-1.036.

[319] E seguintes, "*Le Peuple des hommes cassés*", em Paul CLAUDEL, Teatro II, Gallimard, "*Bibliothèque de la Pleiade*", 1965, p. 658-659.

[320] Paul CLAUDEL, "*La Parabole du festin*", *idem*, p. 1.191-1.195.

visão cênica é detalhado por Claudel: coros múltiplos à vista ou não, "mistura de instrumentos e de vozes", figurantes e fantoches, dançarinos, tela luminosa, teatro de sombras, altura, profundidade, fosso, proscênio, nichos..., todos os recursos cênicos parecem estar mobilizados para representar a catedral em ruínas. Neste caso, o teatro de sombras não é o elemento central, mas um elemento entre outros a serviço de um grande oratório. Por outro lado, Claudel, na segunda parte, faz aparecer "servos inteiramente vestidos e mascarados de preto" que ficaram escondidos "de bruços no chão" na primeira parte, "levantaram-se, cada um segurando um chicote na mão". Relembrando os mostradores de marionetes de *Bounraku*, esses servos das forças do mal dançam sob seus chicotes, mendigos, coxos, cegos, surdos e aleijados que saem dos alçapões instalados sob o fosso, como profundezas do além, dominados pelos instrumentos negros do destino. Claudel mobiliza tudo o que pode dar uma imagem marcante das representações do invisível a que pertencem as sombras, sem se limitar a ele. De acordo com as vozes e os instrumentos do "caos orquestral" que vão crescendo, a figura cristã afunda sob gritos blasfemos. A sombra da cruz que surge na tela ao fundo dos nichos, aparecendo e desaparecendo alternadamente, representa a ameaça que assalta a fé que tende a desaparecer em favor das cenas da vida cotidiana que se desenrolam em cada um dos camarotes: "um café, um salão de costura, um atelier, um baile, um banquete, uma sala de jogos, uma sala de dissecação, um quarto com dois amantes etc." O todo representado de forma "cadavérica" pode fazer pensar em uma estética um tanto expressionista.

O teatro de sombras e o tema da sombra no palco são inicialmente de origem oriental, cuja estética inspirou os artistas ocidentais que integraram a cena nos anos 20. Claudel era embaixador no Japão (de 1921 a 1927) quando idealizou esses cenários de pantomima. Quanto a Loïe Fuller, suas ligações datam da exposição universal de 1900 e seu papel foi decisivo na introdução do teatro japonês na França. Ela não só convidou a trupe Sada Yacco, dirigida por Otojiro Kawakami, mas também se apresentou no palco com eles em *La Geisha et le Chevalier*, misturando teatro japonês e sua dança, dando início a uma colaboração mais longa. Se não se tratava da sombra nem do seu uso em cena, por outro lado, a morte da heroína e o tema do duplo da mulher que encontramos em Claudel estão presentes. A arte cênica japonesa trouxe para Loïe Fuller uma complementaridade estética que lhe permitiu abordar a questão da condição humana compartilhada entre a fatalidade das paixões e a sede do ideal, como em Claudel.

Quando o Ocidente integra o tema da sombra, muitas vezes ligado ao do duplo, isso se dá mais de forma simbólica por meio da literatura e numa dimensão psicológica, até mesmo psicanalítica, para um questionamento existencial do "eu". O palco, que permite, graças aos efeitos de luz, multiplicar os efeitos de ilusão e de perturbações entre realidade e ficção, vivos e mortos, corpos e fantasmas, tirou o teatro de sombras dos espetáculos de efeitos ópticos para integrar o das angústias existenciais até o medo da perda de sua sombra, como reveladora de sua própria existência.

Assim, *L'Ombre*, o conto de Andersen retomado por Jacques Vincey (2013) numa adaptação livre de Frédérique Vossier, é a história perturbadora e maravilhosa de um homem sábio mergulhado nas suas pesquisas, mas que, por não ter sabido acolher todas as promessas da vida, se vê abandonado por sua sombra. Esta, liberta, ávida pelos prazeres da vida, decide viajar o mundo até o dia em que, num ímpeto de nostalgia, ou por brincadeira, ela volta, rica e famosa, para junto daquele de cuja vida um dia compartilhou. Mas, entre os dois, a filha do rei e o amor infiltraram-se, e nada seria mais como antes. Esta adaptação para o público jovem dá, sobre o palco, a oportunidade de trabalhar a sombra, que aqui se torna um personagem integral. As imagens intrigantes ao longo desta história, que dissocia o inseparável, criam confusão e geram um medo saudável. O mesmo vale para os espetáculos para adultos, como mostra a ópera *La Femme sans ombre*, de Hugo von Hofmannsthal (1919), e a narrativa que dela ele extraiu e, seguida, aliás, mais desenvolvida no que diz respeito à questão da perda da sombra. A história, que certamente trata da incomunicabilidade entre os mundos dos vivos e dos mortos, é voltada para o fantástico e para a fantasia; e, como em *Les Fées*, a primeira ópera de Wagner, *La Femme sans ombre* é trazida de volta aos temas do romantismo. No entanto, do ponto de vista cênico, a questão da perda é central: nesta história, ao contrário da de Andersen ou de Peter Pan, a sombra não tem autonomia. Ela é retirada de um corpo para outro, em função do capricho dos proprietários do momento. Mas simbolicamente ela representa a faculdade de procriar. Ela é, de acordo com Clément Rosset, "a personificação da heroína na singularidade de um aqui e de um agora e, consequentemente, a capacidade de viver e reproduzir a vida"[321]. A sombra seria como a extensão da mulher em sua futura descendência. Separar-se dela seria renunciar a ela... Os artistas que se apoderaram dela tiveram tudo a ver com o tratamento da luz e das sombras em cena, como Josef Svoboda, que foi chamado para este trabalho[322].

Esta dimensão simbólica lembra o que a cena gosta de mostrar, a saber, o efeito de multiplicação das sombras. Plasticamente, o efeito é notório: sobre o chão branco, por exemplo, como em *Mystère bouffe et fabulages*, de Dario Fo, dirigido por Muriel Mayette na *Comédie Française* em 2010, o personagem duplicado, triplicado, quadruplicado etc. por sua sombra está em processo de perda das referências, mas a coisa é considerada com o burlesco que é reconhecido no autor. Esta peça, construída de uma reescritura da bíblia e dos evangelhos misturada com contos de vilarejo e de fábulas, se caracteriza por sua forma: uma sucessão de monólogos irreverentes que dão voz a malabaristas bufões que Dario Fo quis perto de suas origens medievais por um gestual e por posturas que seu simples traje preto já demonstrava. A luz desenha um número de sombras proporcional ao número de fontes de iluminação apontadas para elas. Ao aspecto cômico dessa amplificação está associado a um jogo de referência ao cabaré e de falsas aparências que *Mystère bouffe et fabulages* denuncia. Onde um simples efeito de luzes cruzadas seria suficiente, sua multiplicação resulta nessa alteração irônica.

Em outros casos, a situação é mais trágica. Joël Pommerat utiliza-a quando os personagens estão em um desdobramento narrativo, no limiar da esquizofrenia, como em *Cet enfant* (criação em 2006) e *Au monde* (criação em 2004). Eric Soyer, o iluminador, geralmente trabalha sem mostrar a fonte nem o feixe de luz e tem uma predileção pelas luzes difusas. Mas, no caso dessas duas criações, o impacto marcante da sombra (ou das sombras) dos corpos assume uma dimensão explícita. Em *Cet enfant*, são as crianças que têm sua imagem duplicada em suas sombras projetadas. Essa imagem das crianças confusas e perdidas em um mundo de incompreensão traduz seu desânimo e sua solidão perante os adultos. Por outro lado, em *Au monde*, o primeiro aparecimento deste efeito corresponde a uma espécie de pausa na trama narrativa: uma mulher (aquela que acaba de entrar em casa para ajudar nos afazeres domésticos, de quem ainda não ouvimos a voz e que é apresentada sem ser nomeada) encontra-se, depois de um blecaute, sozinha no palco nu. Sua silhueta iluminada na obscuridade, um microfone na mão, ela canta uma música lenta. Na verdade, não é a sua voz que ouvimos; mas, por um efeito de ilusão de ótica, temos a impressão de que ela tem essa voz masculina que para abruptamente enquanto ela continua a imitar, com convicção, a canção em *playback*. Este momento conturbado associado às três projeções de sua sombra na frente dela e dos seus lados

[321] Clément ROSSET, *Le Réel et son double*, Gallimard, 1984, edição revisada e ampliada, p. 90. Na sua análise de *La Femme sans ombre*, Clément Rosset percebe naquele momento que "a sombra não representa o duplo, mas se constitui, pelo contrário, como o inverso". O que ele nega mais tarde no prólogo de suas *Impressions fugitives*, *op. cit.*, para restituir à sombra sua autenticidade.

[322] Em 1978, em uma encenação de J.-C. Riber no Grande Teatro de Genebra.

reforça terrivelmente essa impressão de solidão fora do mundo; fora desse claustro familiar; e, paradoxalmente, surge um desejo incrível de ser, de existir. Em três ocasiões, o princípio repete-se no decorrer do espetáculo, mas com conotações diferentes, dependendo das cenas que precedem essa intrusão que, como um coro, comenta os acontecimentos. Além disso, essa figura feminina trazida para o círculo familiar encarna as fantasias ou cristaliza as tensões: durante uma cena em que um dos filhos expressa essa tomada de consciência ao designá-la como a encarnação do mal, ela está presente em cena e, por um jogo grotesco e silencioso, ela desenha com sua sombra, em uma tela à esquerda, figuras diabólicas com suas mãos e seus cabelos. O contraponto que ela traz ilumina os subentendidos dos segredos que a família tenta esconder dela mesma.

Além do efeito, é a dramaturgia que prevalece. A sombra simples ou multiplicada nunca se afasta do seu sentido simbólico e tem a faculdade de mergulhar quem atua com ela, ou que é privado dela, em uma vertigem na qual experimenta o lado obscuro. O teatro de sombras e os efeitos de sombras no teatro unem-se a um dos mitos da criação artística concebida como um domínio das forças obscuras. Isso colocaria essa prática artística à margem do teatro tradicional do Ocidente, ao lado dos teatros orientais. No Ocidente, a dualidade simbólica entre a sombra e a luz trazida pela cultura judaico-cristã é fecunda no imaginário coletivo, mas, longe de uma complementaridade, ela é percebida como um duelo cujo vencedor é a luz. É que a sombra, além dessa oposição, é carregada, concreta e simbolicamente, das possíveis transformações que o corpo físico não pode realizar. Maleável graças aos efeitos de luz, a sombra é o duplo deformado ou deformável, descolorido e plano da matéria. Entendemos que ela seja assimilada ao éter, à Ideia platônica ou à alma, alimentando os mitos que se confrontam com a morte. A sombra finalmente recobre a dualidade irresoluta das possibilidades: poder imaginativo e criativo de um lado, é a manifestação de mundos impalpáveis; sinal visível do invisível.

Estética do blecaute

Foi dessa aparente contradição que a sombra, como signo visível do invisível, se juntou às correntes simbolista e expressionista. Não se trata apenas da sombra própria ou projetada de uma forma humana, mesmo que seja representada por uma figura recortada; porque o sinal visível do invisível envolve também o realce das áreas obscurecidas do palco, cujo sentido se define no próprio centro da dramaturgia. É todo o blecaute que é trabalhado no sentido de uma estética significante, com a luz. Auxiliado por meios técnicos, o palco é esculpido e recebe um relevo dramático e dramatúrgico. Depois que o gás foi introduzido na França a partir de 1822, facilmente operado graças ao seu fluxo regulável, a chegada da eletricidade não foi, a princípio, um progresso neste campo. Para esclarecer isso, convém observar as inovações técnicas que, de Paris a Dresden, permitiram que a tecnologia de iluminação desse um salto considerável em apenas uma dezena de anos. Desde a criação da primeira lâmpada de arco por Louis Foucault (físico) em 1841, ao seu desdobramento para o palco por Jules Duboscq (opticista), que a desmembrará em um certo número de dispositivos para efeitos especiais, quais sejam, em primeiro lugar, o do sol nascente em 1849, na Ópera de Paris, para *Le Prophète* de Meyerbeer, dando início ao surgimento da iluminação elétrica no teatro (Fig. 20).

Fig. 20. Nascer do sol para *Le Prophète* de Meyerbeer. Recurso técnico atrás da tela pintada e efeito visto da sala. É possível ver o técnico que aciona a alimentação elétrica da bateria de Bunsen com a mão direita

Mas, inicialmente, como registrado em um livro técnico de 1891[323], a eletricidade teve um "papel muito mais modesto" do que se possa imaginar. E acrescenta: "Por muito tempo, a Ópera não teve nenhuma outra fonte de eletricidade além de uma pilha de 50 células de Bunsen; trabalhadores qualificados montavam-na em meia hora quando necessário". Tratava-se de um "regulador de arco, geralmente do sistema Foucault-Duboscq". O livro explica, a seguir, como também se pode "iluminar um grande espaço", colocando esta mesma fonte numa "lanterna de madeira" munida de um "refletor de vidro prateado" e de um "conjunto de lentes". Mas também é possível, antevendo o refletor chamado "seguidor", "acompanhar um personagem que se move no palco como o espectro de Hamlet", usando uma dessas lanternas menores e "capaz de girar em todas as direções" (Fig. 21). Outro caso de uso desse dispositivo "para acompanhar" o deslocamento de um artista também é descrito em uma revista científica de 1879-1880, na qual a iluminação do Hipódromo de Paris é apresentada como exemplo: "Não há, até o presente momento, a mais jovem e ousada pessoa que se suspenda pelos dentes em um carro e se deixe deslizar do alto do Hipódromo por um fio sem ter uma luz elétrica especial para iluminar a sua descida vertiginosa pelo espaço"[324].

Em 1878 foi possível produzir uma luz elétrica poderosa o suficiente para cobrir um hipódromo com lâmpadas de arco. Mas, tecnicamente, se o circuito for fechado, o arco vai se apagar. A lâmpada do arco não permite gradação, ela está acesa ou apagada. Por si só, ele só pode atender às necessidades do palco e da iluminação em casos excepcionais. Trata-se, portanto, de um uso móvel, potente e bastante desenvolvido, mas que, não tendo a flexibilidade do ajuste de intensidade, pode inicialmente oferecer apenas um substituto para a iluminação a gás, que, por si só, permite nuances do claro-escuro à luz total. Por outro lado, somente com o gás não é possível produzir o blecaute completo apagando o fogo dos bicos sem o risco de vazamento de gás.

[323] Julien LEFÈVRE, *Dictionnaire d'électricité et de magnétisme*, Livraria J. B. Baillière e filhos, 1891, artigo "Éclairage des théâtres", p. 203-210.

[324] *La Nature, Revue des sciences er de leurs applications aux arts et à l'industrie*; Jornal Semanal ilustrado, redator chefe Gaston Tissandier, ano 8, n. 340, de 6 de dezembro de 1879, Editor G. Masson, Paris, 1880, p. 364.

Fig. 21. Modelo Dubosq de lâmpada de arco com obturador

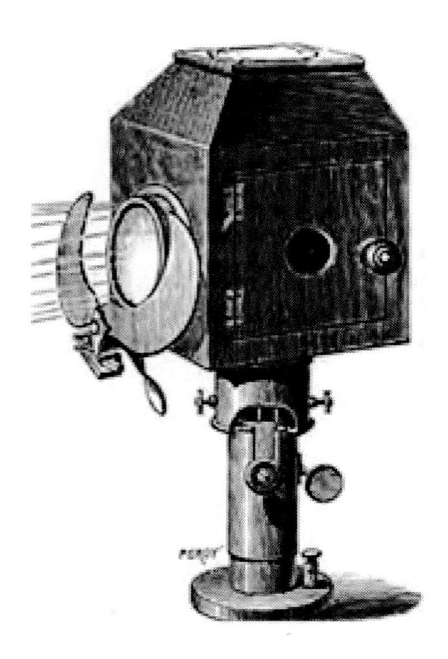

Julien Lefèvre, autor do artigo sobre "a eletricidade nos teatros", especificou que, a partir de 1878, "o Hipódromo de Paris adotou a luz elétrica", e que foi "o primeiro teatro a ser completamente[325] iluminado com eletricidade". Efetivamente, ao cruzar essa informação com as fornecidas um pouco antes pela revista *Nature*, que descreve com detalhes a eletrificação luminosa do Hipódromo, entende-se que o Hipódromo, destinado aos números circenses com uma pista central era um bom lugar para a experimentação com iluminação geral. A revista científica explica: "No Hipódromo, a sala é iluminada com cem velas e vinte reguladores: é a iluminação mais grandiosa e mais potente que fizemos até agora"; e acrescenta que "cada aparelho atual só pode alimentar um regulador de cada vez». Porém, "com a ajuda de um comutador multidirecional, é possível enviar a corrente de cada aparelho sucessivamente em várias direções para iluminar as partes da sala de acordo com as exigências do espetáculo". Nenhuma distinção é feita entre a pista e a sala neste contexto de espetáculos equestres e corridas de bigas. No entanto, o autor do artigo especifica que "os apagamentos, tão frequentes no início, se tornam cada vez mais raros, graças aos cuidados do senhor Geoffroy, engenheiro-chefe do serviço". Essas experiências bem-sucedidas, mas bastante raras, se devem ao fato de que em 1878, data da exposição universal, foi feita a demonstração da iluminação elétrica com lâmpadas de arco na avenida de *l'Opéra* com base no princípio da corrente alternada, mais confiável do que a corrente contínua. Na verdade, como especificado em outro artigo científico de 1879:

> O conselho municipal [da cidade de Paris] decidiu, com razão, que essas experiências comparativas eram necessárias. É por isso que a iluminação elétrica foi autorizada por um período de um ano na avenida de *l'Opéra*, praça de *l'Opéra*, praça do teatro francês e em um pavilhão dos *Halles*. Da mesma forma, e simultaneamente, a companhia de gás parisiense foi autorizada a testar bicos de alto calibre ao longo da rua do *4 de septembre*,

[325] Grifo da autora.

> praça do *château d'eau* e em um pavilhão dos *Halles*. Seria possível, assim, ter uma noção exata das respectivas vantagens e dos inconvenientes dos dois tipos de iluminação[326].

Quando as experiências comparativas comprovaram a vantagem da iluminação elétrica, o Hipódromo (Fig. 22) e as lojas do Louvre foram os primeiros lugares públicos a serem equipados. Desde então, em 1880, é sabido que esses dois locais possuem uma casa de máquinas que garante a sua própria produção de energia elétrica.

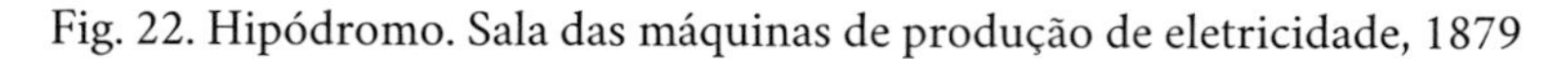

Fig. 22. Hipódromo. Sala das máquinas de produção de eletricidade, 1879

Em um primeiro momento, portanto, se não era possível graduar a luminosidade das lâmpadas de arco, o problema não foi solucionado pela lâmpada incandescente, que ainda só podia ser mantida acesa ou apagada. Problema que estabelecimentos especializados como Clémançon solucionaram adicionando moduladores de fluxo, chamados reostatos. A eletricidade, instalada de forma mais massiva nos teatros a partir do fim da década de 1880, quando associada aos reostatos, finalmente permitiu o uso de fontes de iluminação e sua operação. No entanto, alguns teatros não foram equipados com o sistema elétrico completo até mais de 20 anos depois. Isso porque essas instalações, custosas e trabalhosas, não podiam ser feitas levianamente. Foi o caso do *Théâtre des Menus Plaisirs*, cuja obra decorreu um ano após a inauguração do *Théâtre Antoine*, em 1901[327]. E, além disso, não era raro notar que os três sistemas de iluminação podiam conviver, como na *Comédie Française*. Em 1886 ainda se usava óleo das lâmpadas *quinquet* para a ribalta; o gás para o lustre e as áreas de circulação do público; e, conforme a necessidade, lâmpadas de arco do tipo Duboscq como complemento para o palco, quando não era uma lanterna a gás oxídrico, ou seja, uma tocha a gás operada manualmente (Fig. 23).

---

326 Ver referência *"La lumière électrique"*, trecho do *Journal universel d'électricité*, t. 1, n. 1, em seguida.

327 Ver no capítulo "Noite naturalista".

Fig. 23. Lanterna a gás oxídrico, para ser segurada na mão

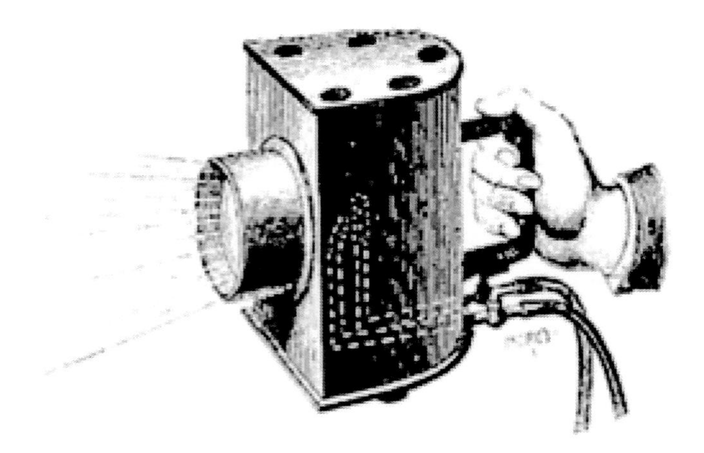

A lâmpada incandescente, que data de 1879, fruto do trabalho de Joseph Swan, em seguida aprimorada por Thomas Edison que lhe deu sua forma comercializada conhecida como "lâmpada elétrica", será desenvolvida em conjunto[328] (Fig. 24).

Fig. 24. Lâmpada incandescente

O artigo *"La lumière électrique"* do *Journal universel d'électricité* de 1879, citado anteriormente, apresenta e analisa cada um dos avanços feitos na área. Ao lê-lo, tem-se a impressão de estar acompanhando uma novela em andamento[329]. Foi escrito, principalmente, na introdução:

> É raro que uma grande descoberta comece, desde seu surgimento, a fornecer resultados que um dia deviam surgir. Quase todas elas passam por um período de silêncio e obscuridade. [...] Estamos passando hoje, com a luz elétrica, por essa fase de produção

[328] As lâmpadas chamadas "incandescentes" utilizam bulbos com filamentos metálicos de carbono, que, quando fortemente aquecidos, produzem uma incandescência e, portanto, uma luz. Mais quentes e menos vivas do que as lâmpadas de arco, aquelas podiam ser usadas sem filtro de proteção. Mais tarde, em 1909, o filamento de carbono foi substituído por filamentos de tungstênio — metal que resiste a uma temperatura de fusão mais elevada e garante maior longevidade aos bulbos.

[329] É claro que a corrida pelo progresso na área deixa para trás muito mais tentativas e descobertas em benefício do que será disseminado e comercializado a partir da invenção de Edison. É difícil, na realidade, atribuir qualquer autoria à descoberta da lâmpada incandescente com filamento vegetal. Segundo um descendente de Jean-Eugène Robert-Houdin, este último teria criado a lâmpada incandescente e a teria usado em uma festa em homenagem a sua filha em 1863, 25 anos antes da de Edison chegar à Europa. Ver *"Robert-Houdin: la magie de l'ampoule. Entretien de Sylvain Lefavrais com André Keime Robert-Houdin"*, em *Lux Des lumières aux lumières*, organizado por Monique Sicard, *Les Cahiers de médiologie*, n. 10, Gallimard, 2000, p. 85-89.

> tumultuada, e, no movimento que nos interessa, é preciso tentar com a maior frequência possível manter o estado da questão. É preciso tentar discernir, por meio das múltiplas manifestações da atividade geral, em que direção se dá o avanço, onde estão as ilusões e quais esperanças possibilitaram conservá-las. [...] No que diz respeito à produção da luz [...]. O trabalho dos últimos quarenta anos produziu muitos dispositivos de regulagem, vários dos quais resolvem muito bem o problema. Para citar apenas os principais na França, os nomes de Archereau, Foucault, Duboscq, Serrin, Lontin etc. etc., e as lâmpadas que eles criaram são conhecidas por todos; na Inglaterra, a Siemens, na Rússia, Rpieff e muitos outros apresentaram soluções. [...] Hoje [1879] parece haver uma certa desaceleração e nenhum novo tipo de alguma importância foi anunciado recentemente. A principal preocupação parece ser examinar e estudar os aparelhos conhecidos.[330]

O restante do artigo apresenta e comenta, às vezes de forma crítica, a patente de Edison, mas conclui: "Os progressos feitos por Edison nos últimos dois meses são muito notáveis"[331].

A nova lâmpada elétrica, associada aos princípios físicos da ótica, principalmente lentes, ajudou a criar refletores elétricos que terão uma vida longa, uma vez que ainda é possível encontrar seus sucessores nos atuais teatros. Às vezes chamados de "*spots*", conforme o nome em inglês, eles podem ser colocados livremente no palco ou na plateia. Esses primeiros refletores (chamados de "*projecteurs*" em francês), graças aos sistemas de reostatos associados ao princípio do controle à distância da graduação da intensidade luminosa com a ajudas das mesas de comando, chamadas de "*jeu d'orgue*" em francês, são a chave para a evolução da dramaturgia da luz. Os *jeu d'orgue* foram assim denominados desde o surgimento do primeiro modelo criado na França pela empresa Clémançon, que equipou a Opéra Garnier com ele em 1828[332], na época do uso do gás (Fig. 25).

Esse equipamento permitia a regulagem dos fluxos de gás por meio de um sistema de tubulação que lembrava os órgãos musicais. Também foi mantida a expressão do "*plein feu*", "fogo total" em português, para designar, em francês, o grau máximo de potência dado a um refletor (100%). Graças a esses equipamentos elétricos, a luz podia ser dosada e trabalhada numa dimensão plástica que acompanhava a pesquisa dramatúrgica, os textos e os efeitos produzidos para o espectador[333]. Mas, incontestavelmente, o modelo virá de além do Reno, com desafios espetaculares libertados do classicismo prevalecente na França. As lâmpadas de arco, apesar do desenvolvimento da lâmpada incandescente de Edison, continuaram a ser usadas nos teatros e foram aperfeiçoadas até mesmo por Hugo Bähr em Dresden. Foi no Hoftheater que Hugo Bähr foi levado a mostrar as suas qualidades como pintor sobre vidro, atividade que exercia ao lado do seu pai. Em 1867, ele foi chamado para pintar placas de vidro para dispositivos de projeção com lâmpadas de arco. Flagrado no desempenho de sua nova função e apaixonado pela física, ele propôs aperfeiçoar o sistema que acompanhou durante ensaios a fim de verificar como seria o funcionamento adequado. Foi assim que uma vocação surgiu de suas competências. O diretor confiou-lhe, em 1870, a responsabilidade de toda a área técnica e artística da luz e dos efeitos especiais. Seus equipamentos criados sob encomenda traziam, como no catálogo de aparelhos de Duboscq, o nome do efeito produzido: "para as nuvens", "para a água"... Seu talento não demorou para se tornar conhecido, e foi assim que ele saiu com seus aparelhos em turnê com os Meiningers em 1874. Eram particularmente destacáveis

---

[330] Artigo introdutório "*La lumière électrique*" do *Journal universal d'électricité* de 1879, em *La Nature, Revue des sciences et de leur applications aux arts et à l'industrie*; Jornal semanal ilustrado, redator-chefe Gaston Tissandier, ano 8, n. 340, de 6 de dezembro de 1879, Editor G. Masson, Paris, 1880, p. 5-6.

[331] *Ibidem.*

[332] As primeiras empresas especializadas surgem, principalmente em Clémançon, depois em Crémer, a partir dos anos 1820, e Falconet & Cie.

[333] Ver o trabalho de André Antoine no capítulo "Noite naturalista".

Fig. 25. Uma das primeiras mesas de luz (*jeu d'orgue*) para a iluminação a gás

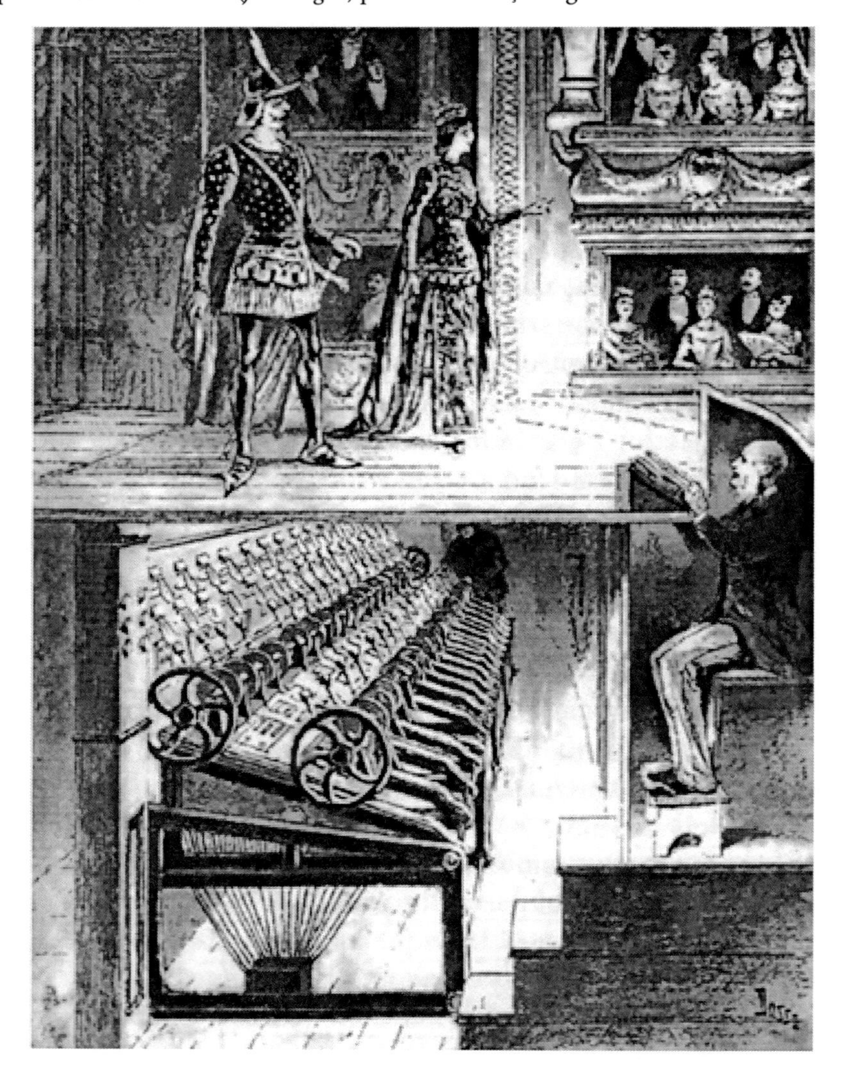

os claro-escuros que caracterizavam seu trabalho, cujo uso principal consistia em evitar a luz geral que acentuaria a falsidade das pinturas, mas que, graças aos talentos de Hugo Bähr, adquiriam uma dimensão artística. Hugo Bähr conseguiu fazer instalações em cerca de 60 teatros, incluindo o de Wagner em Bayreuth, no qual ele trabalhou de 1876 a 1906. Num primeiro momento, seus equipamentos de arco voltaico foram usados com a iluminação a gás, sendo suas aplicações diferenciadas. O gás, para a iluminação geral difusa; e as lâmpadas de arco, para os efeitos e a luz direcionada. Em Bayreuth, foi em 1888 que o teatro foi equipado com a iluminação elétrica por Cosima Wagner, esposa do compositor, cinco anos após sua morte. Tudo o que Wagner sonhou foi realizado antes do uso generalizado das luzes elétricas. Naquela época, em Bayreuth, assim como em outros teatros, se a lâmpada incandescente era principalmente usada para equipamentos da plateia, ela continuou a ser usada com as lâmpadas de arco, algumas vezes até os anos 50. Com seus equipamentos de projeção dotados de discos pintados girando por pulsos elétricos controlados à distância, Hugo Bähr, "pai da luz", como era então chamado, podia proporcionar as melhores soluções possíveis para os efeitos do cintilamento da água, das nuvens em movimento ou de qualquer outro efeito mágico. Em Dresden, durante a estada de Appia, entre 1882 e 1886, os equipamentos de Hugo Bähr estavam em pleno funcionamento, e foi com base nesses processos luminosos e de projeção que Appia propôs sua "luz viva".

Luzes e sombras sugestivas de Appia

Sem dúvida, se uma figura teve uma influência determinante, foi a de Adolphe Appia, cujos sonhos cênicos, teorias e realizações lançaram as bases do teatro que floresceria no século XX. A primeira coisa a ser esclarecida, seguindo sua lógica, é a questão do blecaute da plateia em 1876, durante a apresentação do *Ring* na inauguração da *Festspielhaus* de Wagner em Bayreuth. Appia, que tinha visto as encenações do *Ring* de Wagner (não em Bayreuth em 1876, pois era muito jovem, mas em Dresden em 1889), pôde apreciar os efeitos produzidos pelos equipamentos de projeção de Hugo Bähr, mas, não tendo ficado totalmente satisfeito com as encenações propostas, ele imaginou, por sua vez, uma encenação, um "roteiro de encenação *Für der Ring*"[334]. Foi depois de ter visto *L'Anneau du Niebelung* que ele disse ter tido uma revelação: "submerso pela obra", "e maravilhado com a encenação com que foi ela foi realizada, eu comecei, disse ele, a discernir os recursos internos com que fui dotado pelo meu temperamento e pelo tipo de responsabilidades eles me impunham. Eu me dediquei, então, à encenação de *L'Anneau* com o único desejo de me conformar com a visão pela qual meus olhos clamavam"[335]. Proposta que começou com uma análise da obra e das suas realizações cênicas. Quanto à iluminação, ele não se privou de falar do "vazio decepcionante" produzido pelo palco à medida que a música "empurra ao limite a sugestão e o desenvolvimento das nuances mais sutis que o poema lhe ofereceu". Esse vazio não era devido à ausência de luz, pelo contrário; Appia critica severamente os hábitos adotados para responder ao público que só tinha uma exigência relativa ao palco: "*ver* o máximo possível". E isto seja qual for a circunstância ou a poética do momento: "se é a noite que se lhe apresentava, ela exige uma luz azul [...] mas que, no entanto, lhe permitisse tudo *ver*". Para Appia, acontecia que esse drama, que era "só sombra e claridade", infelizmente, se "refletia em uma superfície uniforme, cujos pontos são todos monotonamente distintos". O principal problema, segundo Appia, era que se apresentava "uma coisa viva, viva com uma vida excessiva, em uma atmosfera sem vida". Para Appia, a vida só será devolvida ao palco por meio de um trabalho com o material físico do palco: "só daremos vida às fisionomias, aos gestos, aos grupos e a tudo o que é coreografia (no sentido pleno) devolvendo-lhes a sombra". Seria anulando a atenuação provocada por uma luz muito sistematicamente difusa, com uma intensidade muito forte para o seu gosto, que Appia imaginou poder dar novamente vida à cena.

Esta é uma primeira constatação técnica que vem acompanhada de recomendações segundo as quais "a própria luz seria sempre fornecida por instalações móveis" e, consequentemente, "o uso atual da ribalta fixa deveria ser abolido sem retorno"[336]. Ribalta que ele posteriormente qualificou como uma "monstruosidade singular"[337]. E, a propósito da projeção, cuja técnica era devida a Hugo

[334] Adolphe APPIA, *"Um scénario de mise en scène für des Ring"*, em Œuvres complètes, t. I, L'Âge d'Homme, 1983, elaborada por Marie BABLET--HAHN, p. 95-168.

[335] Trecho de *Expériences de théâtre et recherches personelles*, citado por Marie-Louise BABLET-HAHN em Œuvres complètes, t. I, L'Âge d'Homme, 1983, p. 99.

[336] Para o conjunto de citações, ver Adolphe APPIA, *"Notes de mise en scène für der Ring des Niebelungen"*, em Œuvres complètes, t. I, L'Âge d'Homme, 1983, elaborada por Marie BABLET-HAHN, p. 111-114.

[337] Adolphe APPIA, *La musique et la mise-em-scène – principe théorique*, "Capítulo II: A encenação como meio de expressão", em Œuvres complètes, t. 2, L'Âge d'Homme, 1986, editado por Marie BABLET-HAHN, p. 95.

Bähr[338], ele especificou que os efeitos "alcançam uma perfeição tão maravilhosa" que é uma pena que sejam usados apenas para efeitos especiais. Pois, "como elo entre e iluminação e o cenário, ela imaterializa tudo o que ela toca". Appia recomenda que seu uso seja "suscetível a todos os desenvolvimentos". Em outras palavras, que não se deveria se contentar com umas poucas "lanternas mágicas mais ou menos aperfeiçoadas", mas que "seu número e seus equipamentos de escolha de vidros suficientes" (para as colorações[339]), pudessem assumir, no palco, "um papel ativo". A ponto de poder, se necessário, suplantar o dos personagens. Finalmente, ela deveria "ter toda a gama, desde o movimento obscuro quase imperceptível, até as evocações mais brilhantes".

Essas recomendações e esses lamentos de Appia levaram-no à ideia de uma fonte de iluminação dupla, difusa e direcionada, de intensidade regulável graças aos reostatos e às mesas de luz, sabendo que a "luz total" (100%), naquele momento, era de uma intensidade muito menor à dos dias de hoje. Appia nomeou apropriadamente a primeira "luz difusa", mas ele usou o termo "luz ativa" para a luz direcionada e apresentou o sistema duplo ao falar de iluminar "naturalmente" e "artificialmente" a cena. Essas duas fontes deveriam se ajustar uma à outra e uma em relação à outra, de modo a tornar a dimensão plástica da cena perceptível pelas sombras. Com isso, ele criou uma "luz viva" (um termo que ele mais tarde considerou pleonástico[340]). Para Appia, não há luz sem sombra; caso contrário, "veríamos claramente, mas sem luz"[341]. Todo o trabalho plástico se baseia na necessidade de criar sombra e claro-escuro, ou seja, obscuridade.

Por outro lado, em *La Musique et la mise en scene*, e a respeito do uso da luz difusa, Appia critica "o uso abusivo feito dela por nossas cenas modernas" e afirma que "é, em grande parte, este abuso e suas múltiplas consequências que determinaram a redação deste estudo"[342]. Em outras palavras, vale a pena reconsiderar o trabalho de renovação da encenação empreendido por Appia com base na luz, que ele considerava como o fundamento da vida cênica. É verdade que, percebendo quanto a potência da luz desnuda os cenários pintados e sua tentativa irrisória de competir com o real, tanto quanto sua inadequação à presença do ator, Appia inicialmente protesta contra o uso de telas no teatro. Ao retirar este primeiro elemento, ele devolveu aos outros componentes da cena uma importância hierárquica que colocava o ator na primeira posição; em segundo lugar, o espaço, depois a luz. Se a luz viesse por último, que não haja nenhum mal-entendido, na realidade, seria preciso ler esta lista ao contrário e considerar que, graças a um trabalho de luz no espaço, o ator seria colocado numa situação plástica de vida. "O espaço *vivo* será, portanto, ele sintetiza, e graças à intermediação do corpo, a placa de ressonância da música", estendendo o paradoxo de que "as formas inanimadas do espaço, para se tornarem vivas, devem obedecer às leis da acústica visual". É possível entender, com isso, que a "acústica visual" destaca, ao mesmo tempo, uma informação plástica, mas também *sugestiva*. Para Appia, "pela iluminação, tudo é possível no teatro, visto que ela sugere com certeza e a *sugestão* é a única base sobre a qual a arte da encenação pode se expandir sem encontrar nenhum obstáculo, tornando secundária, assim, a *realização* material"[343]. Sobre o castelo de Klingsor em *Parsifal*, Appia especifica: "O mago construiu seu castelo sobre as trevas do desespero;

[338] O termo comumente usado na época não designava o princípio cinematográfico, mas aquele que mais tarde deu o nome de *refletor* à lâmpada usada nos teatros. O fato de Hugo Bähr ter adicionado a ilusão do movimento graças aos seus filtros pintados movidos por rotação (como os gobos atuais montados em projetores motorizados) não deve criar uma confusão entre os dois usos da palavra.

[339] Destacado pela autora.

[340] Em *L'Œuvres d'art vivant*, publicada em 1921, Appia intitulou a seção sobre a luz *"La couleur vivante"*, afirmando no início do parágrafo que "este capítulo deveria ser chamado: luz viva; mas haveria tautologia. A luz é para o espaço o que os sons são para o tempo: a expressão perfeita da vida", em Œuvres complètes, t. 3, L'Âge d'Homme, 1988, elaborado por Marie Bablet-Hahn, p. 374.

[341] Adolphe APPIA, *La musique et la mise-em-scène – príncipe théorique*, "Capítulo II: A encenação como meio de expressão", em Œuvres complètes, t. 2, L'Âge d'Homme, 1986, editado por Marie BABLET-HAHN, p. 94.

[342] *Ibidem.*

[343] Ver Adolphe APPIA, *"Notes de mise en scène für der Ring des Niebelungen"*, em Œuvres complètes, t. I, L'Âge d'Homme, 1983, elaborada por Marie BABLET-HAHN, p. 113.

isso é tudo que é preciso saber"[344]. O importante é saber quanto suas visões e realizações coadunam uma desrealização progressiva dos tratamentos de palco dos quais o blecaute se prevalece.

Blecaute no palco e na plateia: percepção relativa

Essa vida redescoberta só foi possível com a inclusão do público, que deveria restaurar seus hábitos, não buscando mais *ver*, mas *sentir* a presença da "essência íntima"[345] da luz. Appia lembrou, a respeito de *Tristan et Isolde*, que a tarefa do encenador nesse "drama interior" era a de buscar, como prioridade, a harmonia com o público. Ele teria que reavaliar suas expectativas e, para isso, o diretor o ajudaria ao condicionar suas faculdades perceptivas por um reequilíbrio da intensidade da luz e da plateia seguindo o princípio de Wagner. O que leva a reconsiderar concretamente a colocação da plateia no blecaute por meio de um estudo das propostas de Appia. Com isso, para *Die Walküre* (primeiro ato), Appia observa que, na página 39 do libreto do *Ring*, ele diz "O fogo se apaga completamente", mas imediatamente notando que "a obscuridade absoluta não é possível"[346]. Disto seguem duas observações. Por outro lado, o blecaute na plateia, como nós o imaginamos, não é a realidade exata: na plateia de Bayreuth, inaugurada em 1876, Wagner havia introduzido somente uma diminuição de três quartos da iluminação da plateia. Se Albert Lavignac, como testemunha da época, escreveu em sua *Voyage* à *Bayreuth*[347] "De repente, a escuridão invadiu a sala", no último, chamado da fanfarra, ele especifica imediatamente que "o olho inicialmente não distinguia nada, mas depois ele conseguia se orientar na fraca claridade produzida por algumas lâmpadas deixadas acesas em cima, perto do teto". E isso porque, tecnicamente, era perigoso apagar completamente os bicos de gás, cujo reacendimento tinha que ser feito sem a presença do público, e porque havia sempre o risco de um controle precário das emissões de gás. Por outro lado, mesmo que a intensidade dos bicos fosse reduzida ao máximo, levando a plateia e o palco a um obscurecimento quase total, a presença da luz vinda do fosso da orquestra, ainda parcialmente recoberta abaixo do palco, anulava parcialmente o efeito desejado[348]. O problema do momento para Appia era, portanto, levando em consideração esses dados técnicos restritivos, criar uma "obscuridade artificial". Ele contornou o problema baseando-se na intensidade luminosa vinda do fosso: "o brilho que subia da orquestra seria, como para todas as penumbras, o ponto de partida"; dado pelo qual ele propõe uma uniformização luminosa da iluminação do palco graças a uma luz branca difusa proveniente da primeira vara (ou seja, de cima na linha do proscênio). Esse tão procurado equilíbrio dava a *impressão* de obscuridade[349]. Deve-se tomar o cuidado, acrescenta Appia, "de garantir que essa luz não dê origem à criação de sombras" nem "de tornar um objeto claramente visível". Para evitar isso, é compreensível que ele dependesse do funcionamento físico da retina, que levaria um tempo para se acostumar com a ausência de luz antes de distinguir o que quer que fosse. A pouca luminosidade seria, inicialmente,

[344] Adolphe APPIA, *"Projet de décor pour Parsifal"*, em Œuvres complètes, t. 2, *op. cit.*, p. 290.

[345] Adolphe APPIA, t. I, *op. cit.*, p. 97.

[346] Para o conjunto dessa análise, ver Adolphe APPIA, *"Notes de mise en scène für der Ring des Niebelungen"*, em Œuvres complètes, t. I, L'Âge d'Homme, 1983, elaborada por Marie BABLET-HAHN, p. 127.

[347] Albert LAVIGNAC, *Voyage à Bayreuth*, Librairie Ch. Delagrave, 1897, p. 26 (Gallica).

[348] A instalação elétrica trazida por Cosima Wagner em 1888, cinco anos após a morte de seu marido, não impede que o princípio seja mantido, como relata Albert Lavignac: "A iluminação consiste em uma fileira dupla de lâmpadas incandescentes; a fileira inferior, colocado a meia altura das colunas que circundam a sala, é totalmente apagada um minuto antes do início de cada ato; a outra, bem próxima ao teto, é somente reduzida ao máximo; a escuridão é, portanto, quase total", mas não absoluta. Abert LAVIGNAC, *op. cit.*, p. 84.

[349] O mesmo princípio será usado para o cenário imaginado para o Ato III de *Tristan et Iseult*: "nas páginas 245-258, a ação tumultuada ocorre em relativa obscuridade na qual o público não pode controlar os detalhes, enquanto os primeiros planos são iluminados diretamente com uma luz cada vez mais sangrenta", em Adolphe APPIA, *La musique et la mise-em-scène – príncipe théorique*, "Capítulo II: A encenação como meio de expressão", em Œuvres complètes, t. 2, L'Âge d'Homme, 1986, editado por Marie BABLET-HAHN, p. 189.

assumida pelo olho como uma escuridão total, na qual o observador não distinguiria nada[350]. O que ele expressou claramente em suas propostas de encenação para *Tristan et Isolde*. Appia, ao questionar aspectos essenciais sobre a luz em sua dimensão dramatúrgica, fornece tanto respostas técnicas quanto estéticas. Se ele afirmava, como é costume, que a luz era o oposto da escuridão, na realidade sua reflexão mostra bem que a luz inclui a escuridão em sua esfera.

Suas propostas e seus sonhos cênicos, transcritos em palavras e esboços, proporcionaram concretamente uma aplicação das suas ideias na área. Assim, para *Tristan et Isolde*, em 1896, Appia imaginou um espaço cênico que se perde na profundidade do blecaute. Em seus desenhos do Ato II, apenas uma tocha acesa poderia deixar entrever uma escada recuada que se fundia na profundidade do fundo do palco (Fig. 26).

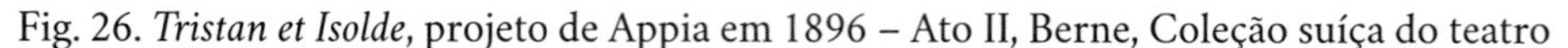
Fig. 26. *Tristan et Isolde*, projeto de Appia em 1896 – Ato II, Berne, Coleção suíça do teatro

[350] Appia, que não tinha visto as óperas em Bayreuth na época de sua criação em 1876, mas em Dresden em 1889, ignorava o que o próprio Wagner havia montado e que Appia reinventou, de certa forma.

A massa escura é incontestavelmente dominante em relação ao espaço iluminado. No entanto, esse blecaute não é insignificante. Um e outro; massa escura e luz têm seu valor. Os dois personagens presentes, na sombra ou na luz, participam da natureza "espiritual" do espaço do drama, da mesma forma que dele dependem. A área escura que separa os personagens tem uma carga significativa que contradiz qualquer hipótese de absurdo atribuível ao blecaute enquanto uma área não iluminada. Essa obscuridade circundante encarna o desejo expresso de Appia de "redução excessiva do material cenográfico". Um processo que tem como finalidade "atingir diretamente o público", "forçando-o a *participar*" dessa ação pelo enfrentamento dessa obscuridade. O espectador não tem mais como recorrer ao signo, mas apenas à "expressão poético-musical exclusivamente interior" para restaurar o equilíbrio que a falta de ênfase sobre o drama em sua dimensão narrativa desconstruiu. "Nossos olhos", diz Appia, "chamado a contribuir", como princípios próprios da forma espetacular, permanecem "alheios a esta vida" (esta narrada pelo drama): "*videntes* por um lado, somos, pelo outro, cegos comparsas". Ou seja, Appia faz com que o espectador sinta o que os próprios protagonistas sentem colocando-os na mesma condição, a obscuridade. Appia diz isso com menos radicalidade, mas deixa entender: "a encenação de *Tristan et Isolde* consiste, então, em dar ao público uma visão que é a dos heróis do drama». A única luz, a tocha, corresponde ao sinal adequado para afastar aquele que Isolda ama. Alagá-lo significaria destruir o obstáculo que os separa. Com ele, o espaço é abolido. A obscuridade é uma aliada de seu enlace. "Então, o tempo que já não existe mais", diz Appia, conserva, para nós, público, uma duração fictícia, a Música. Mas o espaço? O que resta para nós que não bebemos a poção da morte?" Appia fornece a resposta com esta imersão no blecaute: "Assim como os dois heróis, nós não podemos mais ver". No entanto, Appia diz que "ainda os vemos", o que é uma fonte de "angústia", porque "compreendemos vagamente que é nosso doloroso privilégio ver aqueles que já não existem".

Essa ode ao blecaute e ao claro-escuro que foi *Tristan et Isolde* encarnava as contradições oferecidas pelo teatro: vivenciar o que os elementos cênicos, aqui a obscuridade, tornam sensível pela sugestão. Claro, Appia sabia muito bem que "o olho se acostuma aos poucos com esse espetáculo", e que ele passa a "perceber com nitidez a forma de um edifício". Mas ele também sabia que o olho, irresistivelmente atraído pela tocha, teria, com seu apagamento por Isolda, um tempo de adaptação sobre o qual ele se baseia: "Quando Isolda apaga a tocha, o cenário toma, por esse simples gesto, uma uniformidade de claro-escuro na qual o olho se perde sem ser detido por nenhuma linha ou objeto". Isolda mergulha, e o espectador com ela, "em uma obscuridade misteriosa" que reforça "a impressão de profundidade". A obscuridade, longe de ser a negação da luz e ausência de sentido, bem como o cancelamento do espaço, é exatamente o contrário: a obscuridade, na concepção que Appia dá concretamente a *Tristan et Isolde*, tem todas as faculdades que reconheceremos nele muito mais tarde. Ela é significativa e esteticamente portadora de um elo entre o público e a cena, ela estrutura o espaço que não é negado, apesar do todo angustiante, pelo próprio fato de remeter o espectador à sua faculdade de ver, confundida. Todo o conjunto da encenação de *Tristan et Isolde* foi baseado nessa ambiguidade entre o visível e o invisível, a vida e a morte. Já em 1832, aos 19 anos, Wagner, ao conceber seu primeiro libreto de ópera, *Les Noces*, buscava esse efeito mesclando o blecaute efetivo de um "quadro noturno" com o blecaute relativo ao infortúnio, em oposição à luz e seus valores, como ele relata em sua biografia:

> Eu compus, por assim dizer, preto sobre preto, esta pintura noturna nos tons mais escuros, em que se percebiam os ecos enobrecidos de Leubald e Adelaide. Eu havia recusado introduzir nele o menor raio de luz ou o menor ornamento normalmente encontrado na ópera.[351]

[351] Richard Wagner, *My life*, Translation Noémie VALENTIN and Albert SCHNEK, escolha e edição de Jean-François CANDONI, Gallimard, 2013, p. 97.

Em *Tristan et Isolde*, a obsessão wagneriana por esse "preto sobre preto" é traduzida, segundo Appia, pela falta de forma e o mistério que coexistem, criando um distúrbio cognitivo com as percepções do espectador. Quando tudo se torna uniformemente obscuro, permitindo perceber vagamente as formas, Appia pergunta-se, como espectador fictício de seu próprio espetáculo imaginário: "Será essa a lembrança vaga e indefinível das sombras projetadas ocasionadas pela claridade da tocha, ou seria o caminho que os dois heróis acabam de percorrer diante de nossos olhos, o que nos faz sentir profundamente como as coisas se tornaram envolventes para nos enganar?" O espectador de Appia parece, então, estar vagando em uma névoa produzida pela obscuridade que tem a capacidade de modificar seu estado de consciência. O visionário Appia leva o leitor muito mais longe do que a mera descrição formal por si só poderia produzir, levando-o a mergulhar neste estado entre lucidez e cegueira. Para Appia, sem dúvida, o blecaute renasce da luz. Ele não é o seu oposto, ele é uma realidade cênica completa.

Essa imersão encontrou, mais tarde na carreira de Appia, a luz plena; o que Alexandre de Salzmann[352] ofereceu à Hellerau. A sala, construída em 1911, segundo as indicações de Appia, não tinha nem boca de cena, nem cortina, mas um amplo espaço e uma arquibancada para os espectadores. Salzmann inventou um sistema de iluminação inédito e difuso que ele descreve e comenta em um artigo que apareceu no programa de *L'Annonce fait* à *Marie*, de Claudel, encenado em Hellerau em 1913. Nesse texto, intitulado *Licht, Belichtung und Beleuchtung*[353] (Luz, iluminação e clareamento), o princípio que ele descreve se baseia no modelo da luz difusa natural, "como na natureza, onde o raio de sol não atravessa uma escuridão absoluta, mas [onde] a própria atmosfera [é] luminosa". Princípio de realidade que se baseia em uma teoria complementar segundo a qual "toda a luz que deve modelar e dar forma pelo jogo de sombra e de luz é uma luz na claridade"; em outras palavras, toda arquitetura luminosa vem de luz direcionada sobre uma luz difusa. Ele cria uma luz que envolve a plateia e o público em uma mesma luz. Em suma, ele não ilumina uma plateia, ele cria uma "plateia iluminante". A luz é disposta em todo o perímetro da sala, cujas paredes são recobertas com panos umedecidos em cera a uma distância suficiente dos refletores para evitar os impactos luminosos e o superaquecimento. O princípio permite ocultar as fontes e criar, pelo princípio dos cicloramas retroiluminados, uma luz uniformemente difusa, cuja variação de intensidade e cor tornava a atmosfera irreal. A impressão de flutuação para o espectador vinha também da disposição muito particular da plateia sem boca de cena de Jaques-Dalcroze e Appia[354]. Essa técnica de iluminação difusa faz parte da continuidade e da evolução da inclusão do espectador no processo. Desde a luz obscura imaginada para *Tristan et Isolde* até essa luz difusa para Hellerau (que também poderia mergulhar o conjunto no blecaute), envolvia-se o espectador em uma sensação provocada pela "luz viva".

A luz de Salzmann tinha uma função muito especial: ela não estava mais lá para "contar anedotas sobre o sol, a lua e as estrelas". Nós não lhe pedíamos que produzisse efeitos, diz ele. Ela tampouco devia mais tornar as coisas bonitas; ela não devia criar atmosferas. Ela devia somente dar a cores, a superfícies, a linhas, a corpos e a movimentos a possibilidade de se manifestar"[355]. É nessa

[352] Para aprofundar as questões relacionadas o trabalho de Alexandre Salzmann, consultar a obra de Carla di Donato, *L'Invisible reso visible. Alexandre Salzmann*, Roma, ed. Arcane, 2013.

[353] O texto de Alexandre de SALZMANN do qual as seguintes citações foram tiradas é encontrado por completo nas Œuvres complètes de A. Appia, t. 3, *op. cit.*, p. 171-173.

[354] Para mais detalhes, ver: A. APPIA, Œuvres complètes, t. 3, *op. cit.*

[355] A. de SALZMANN, *op. cit.*

mesma base de luz que Adolphe Appia trabalhou nos "Espaços rítmicos", que encontraram, com Salzmann, uma aplicação concreta. Graças a uma alternância de blecaute e luz, ou sombra e luminosidade, o espaço torna-se ritmo. Este trabalho da luz associado a um piso estruturado em planos escalonados estava relacionado à colaboração com Émile Jaques-Dalcroze em Hellerau, fundador da *La Rythmique*, um método de dança ginástica ou, mais propriamente, uma educação ativa pela música e para a música. Jaques-Dalcroze, com Alexandre de Salzmann, apresentou o trabalho de *rythmique* dos estudantes em um trecho de *Orphée et Eurydice*, de Glück (1912 e 1913), bem como a encenação de *L'Annonce faite* à *Marie*, de Claudel (1913). Em sintonia com a harmonia dos jovens alunos, o conjunto refletia a busca do ritmo no espaço. Uma nova organização espacial era possível pela combinação material e imaterial dos componentes da cena. Essa modulação do espaço cênico possibilitada pela iluminação era o próprio fato da luz atuante que Appia definiu em *La Musique et la mise en scene*[356] evocando uma "luz viva", cujo movimento ele qualifica como "cenário decorativo". As fotos ou os desenhos das representações mostram o lugar dado às linhas verticais e horizontais em um espaço arquitetado sublinhado pelas áreas de sombra e de luz que davam profundidade. Ao atingir os volumes das escadas, a luz cria áreas de sombra que garantiam um ritmo ao espaço, estruturado por esses contrastes de luz e de sombra. Embora não se trate do blecaute propriamente dito, podemos ver claramente que o tratamento da luz acompanha essa evolução do trabalho de Appia, com o das áreas de sombra ou das áreas obscurecidas em uma gestão do espaço em movimento. A demonstração de Appia relembra: o blecaute não funciona sem a luz nem o espaço. Com Appia, a obscuridade, a sombra, o blecaute, em suma, é luz. Ele não é negação da iluminação, cuja única função é de dar a *ver*, ele é um componente da luz viva, ou poderia até ser uma *cor viva*, para retomar sua própria lógica.

Sob o toque do raio de luz elétrica: o blecaute de Loïe Fuller

Um sonho de abstração cênica desenhava-se fora das cenas realistas, onde os cenários tinham uma função ilustrativa em que a luz devia se esforçar para iluminar o máximo possível. O que melhor que a dança, mais impressionista do que o teatro, para colocar em prática esse apelo? Loïe Fuller, cujo trabalho com as sombras projetadas já foi mencionado neste estudo, veio da América em 1893 com sua "dança serpentina" carregada desse sonho de abstração. Em um palco totalmente vazio e escuro, a dançarina entrava na obscuridade que iluminava seu vestido. Evoluindo "sob a carícia do facho de luz elétrica"[357], ela própria era a luz. Foi com *La Danse du feu* e *Le Lys*, no Folies-Bergère em 1897, que Loïe Fuller desenvolveu essas relações vivas entre luz, movimento, cor e obscuridade que conquistaram o seu público. Porque, para além dos efeitos produzidos pelos seus vestidos de *voil* nos seus movimentos incessantes, ascendentes, descendentes, rodopiantes, fluídos como o ar ou a água, a dança de Loïe Fuller caracterizava-se pela alquimia entre o blecaute e a luz. Giovanni Lista, que lhe dedicou uma obra relacionada, relata testemunhos apaixonados de jornalistas:

> Na noite da cena, no meio da mais completa escuridão da sala, um imenso cálice de arum, uma espécie de lírio gigante está ali e escapa girando sobre si mesmo, flor lenta e lumi-

[356] Adolphe Appia, *Die Musik und die Inscenierung von Adolphe Appia*, 1899, edição francesa: *Adolphe Appia: la musique et la mise en scène*, 1892-1897, Theaterkultur-Verlag, Berna, 1963.

[357] Roger MARX, *"Choréografhie. Loïe Fuller"*, *La Revue encyclopédique*, 10 de fevereiro de 1893, p. 107.

> nosa com corolas de opala, transparência envolta em volutas de geada e ares de luar. É a carne de lírios e é a carne de mulher, ela se desfaz em incandescências frias, se desdobra e desvanece, renasce, floresce e depois morre, se apaga na escuridão e então surge.[358]

Abundam os relatos pictóricos para descrever o indizível e homenagear a novidade desse encanto sensorial[359]. É um triunfo. Para chegar a esse resultado, dança após dança, a jovem mulher trabalha durante horas tanto nos movimentos quanto no dispositivo cênico. Seu irmão, Burt Fuller, eletricista e iluminador em Chicago, abandonou seu cargo na Ópera para segui-la em suas turnês e gerenciar a parte técnica da iluminação. Isso porque, a partir dos espetáculos da primeira turnê, em 1893, o dispositivo de iluminação torna-se mais importante: não é nada menos do que formado por 16 técnicos que, instalados sobre escadas nos bastidores, operam manualmente os refletores direcionados para a bailarina. Em um espaço inteiramente equipado com pernas de veludo preto e um tapete do mesmo material, o corpo giratório de Loïe Fuller captura os feixes de luz coloridos dirigidos para ela, enquanto seu irmão, localizado na parte inferior do palco, a ilumina por meio de uma placa de vidro colocada no centro do palco em que a dançarina se move. Este é apenas o início de uma obra colossal na qual Loïe Fuller investe a si mesma, dirigindo os técnicos após a saída de Burt em 1897. A imprensa, unânime ou não, exalta tanto a poesia de seus balés quanto o trabalho e as proezas técnicas (Fig. 27).

> Atrações tão complicadas, que exigem o trabalho conjunto de muitas áreas, não passam sem o prelúdio secreto dos longos preparativos, [...] de onde os ensaios diurnos e noturnos, durante os quais a artista, assumindo a dupla tarefa de engenheira e de diretora, se obrigava a dirigir maquinistas, eletricistas, realizava e regulava a consonância dos esforços a fim de que, em uma sucessão planejada, movimentos e cores respondessem simultaneamente uns aos outros.[360]

Aos poucos, Loïe Fuller complexifica e varia os dados de uma dança que permaneceu fundada nas mesmas bases. Primeiro, o blecaute absoluto, depois, o balé dos véus sob os quais o corpo se metamorfoseia num movimento acariciado pelas luzes coloridas dos refletores. A impressão que fica é a de um corpo emergido da obscuridade, cuja consistência parece ser devida unicamente à modelagem produzida pelas diferentes fontes luminosas. O contraste, para os espectadores, entre o blecaute e a luz, era tão mais forte quanto as lâmpadas dos refletores eram mais potentes. Esse processo, aclamado por suas proezas estéticas, terá, no entanto, consequências irreversíveis para Loïe Fuller, que perderá a visão ao fim de sua vida. Ela, que dedicou sua carreira à luz, dela será definitivamente privada.

Concretamente, Loïe Fuller usou meios simples para gerenciar os movimentos dos feixes pilotados diretamente pelos técnicos: ela usava um código gestual e sonoro com os calcanhares para indicar uma mudança de fonte ou cor. Isso é claramente demonstrado na gravura onde vemos os técnicos operando os refletores aos quais é adicionado um disco equipado com filtros de várias cores que os técnicos selecionam girando o disco na frente da fonte luminosa[361], de acordo com as instruções de Loïe Fuller (Fig. 27) Cada dança é ajustada detalhadamente por seus cuidados, com uma equipe de técnicos que foi aumentando até chegar a 40 deles. Ela própria explica os princípios em uma entrevista para o jornal *The Blade*:

---

[358] Citado por G. LISTA, *Loïe Fuller, danseuse de la belle époque*, *op. cit.*, p. 231.

[359] As páginas mais belas são certamente as de Camille Mauclair, que, em 1900, descreve os balés da exposição com lirismo.

[360] Roger MARX, *"Une rénovatrice de la danse"*, em *L'Art social*, Eugène Fasquelle, 1913, p. 227-228.

[361] Ver adiante, nota 365.

> Quando eu finalmente estou pronta para começar, a primeira coisa a fazer com qualquer refletor que seja é ensinar eletricistas como encontrar suas cores e operar o seguidor. Em seguida, eles aprendem os sinais e o responsável pelo gás deve aprender quando é o momento certo para cortar o gás ou não, o maquinista de palco deve saber quando levantar ou abaixar a cortina e o técnico no fundo do palco deve saber quando precisa abrir a cortina de trás e me ajudar a ir para as coxias, dando ao público a impressão de que eu desapareci do nada.[362]

Fig. 27. Sistema de iluminação imaginado por Loïe Fuller

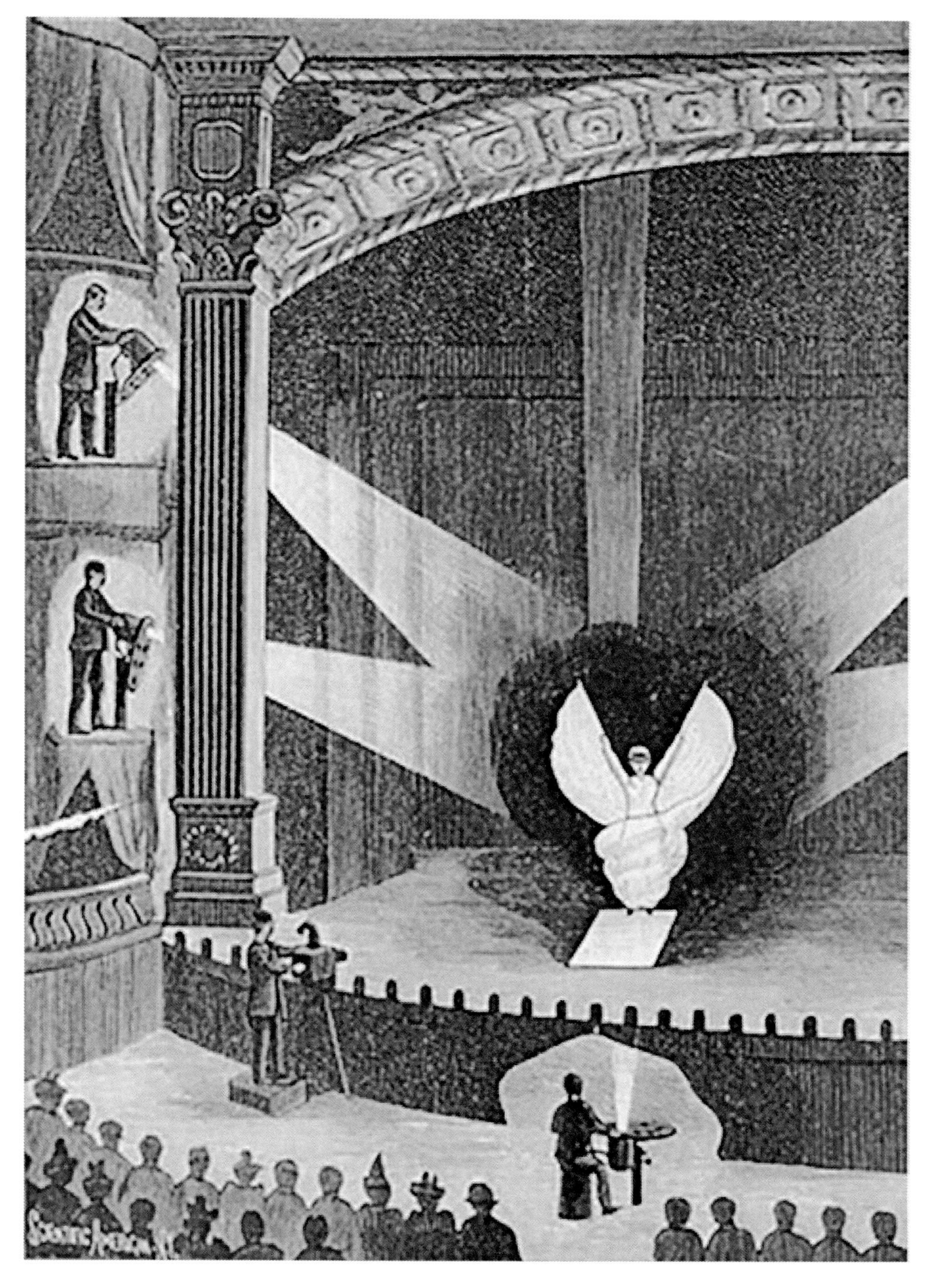

[362] Citado por Guiovanni LISTA, *idem*, p. 223.

O que ela diz sobre o gás e a eletricidade confirma que os sistemas de iluminação operavam conjuntamente nos teatros. No *Folies-Bergère*, onde Loïe Fuller se apresentou em Paris, os dois sistemas eram usados em conjunto. O que permitia que Loïe Fuller solicitasse uma obscuridade total quando o gás era desligado na plateia e no palco, depois de atuar com os refletores colocados diretamente na boca de cena e apontados para ela pelos técnicos. Isso exigia um técnico por refletor, como para a operação dos atuais canhões seguidores.

Acima de tudo elétrica, essa prática é difundida. Joris-Karl Huysmans descreveu em uma carta a Paul Daniel, em 1879, uma cena de circo apresentada no *Folies-Bergère* e durante a qual a luz geral a gás e a outra, elétrica, destinada a realçar os artistas, atuavam conjuntamente:

> A mulher sobe, na sua vez, até a rede que se curva abaixo dela, atravessa-a de ponta a ponta, relançada a cada passo como um trampolim, seus trajes cor de enxofre dançando na luz na parte de trás de sua nuca, e, ao subir numa pequena plataforma pendurada acima do balcão, parada na frente do homem, separada dele por toda a plateia, ela espera. Todos os olhares fixos nela.
> Os dois fachos de luz elétrica lançados sobre suas costas do fundo do *Folies* envolviam-na, interrompidos na curva de seus quadris, tocando-a da nuca aos pés, envolvendo-a, por assim dizer, com um contorno prateado, passando separadamente pelos lustres, quase invisíveis em seu trajeto, reunidos e separados quando chegam ao homem do trapézio num sopro de uma luz azulada que ilumina as franjas do seu calção de micas cintilantes como grãos de açúcar.[363]

É claro que essa cena aconteceu perto de 12 anos antes da produção de Loïe Fuller. No entanto, as evoluções técnicas não aconteceram tão rápido quanto o tempo gostaria de fazer crer, e, nos anos de 1890, a situação era idêntica. É possível notar a diferença de luminosidade entre as potentes lâmpadas de arco posicionadas na frente do palco e a do lustre, mais pálida. Os feixes elétricos mais potentes, direcionados para um artista, focalizam o olhar do espectador, o que a luz difusa por si só não permite. Os refletores, no blecaute, acentuam o princípio, dando início a uma nova relação com o espetáculo pelo público, que tem seu olhar guiado. Essa é a novidade trazida por Loïe Fuller[364].

Compreendendo o impacto do contraste da luz no blecaute, Loïe Fuller passou a trabalhar em outros balés que destacaram esse efeito. Com isso, ela conheceu pessoalmente Thomas Edison, que a admirava e estudou com ele a confecção de um tecido recoberto de sais fosforescentes que brilhavam no escuro após terem sido submetidos a uma forte luz. Esses grãos espalhados em seu vestido davam a impressão, no blecaute, de um céu estrelado. Suas pesquisas levaram-na também a conceber um novo dispositivo para *la Dance des mirroirs* (1899), em cuja época ela registrou uma patente técnica. Ele é projetado, ela explica, para:

> Produzir uma ilusão de ótica por meio de vidros transparentes colocados na frente de espelhos do tipo comum, e isso de tal forma que não só os múltiplos reflexos são obtidos com os espelhos comuns dispostos em ângulos adequados em relação uns aos outros, mas que sejam produzidos, ao mesmo tempo, reflexos adicionais com as superfícies de vidro transparente.[365]

[363] Joris-Karl HUYSMANS, *Croquis parisiens*, Edições Stock, Paris, 1905, p. 16.

[364] Concretamente, o que chamo por conveniência de "refletor" é, na verdade, chamado na época de "caixa de luz" ou "lanternas de projeção". São lâmpadas de Dubosq equipadas para o palco com certos meios eficazes, conforme descrito por Georges Moynet em seu *Trucs et décors* (Georges Moynet, *op. cit.*, p. 260): a caixa de luz está equipada com uma lente simples ou dupla que permite a condensação ou abertura de seu feixe luminoso. "Montado sobre uma prateleira giratória que permite orientar o feixe e seguir um caráter", esse projetor também poderia direcionar e mudar a cor do seu feixe: "na frente das lentes de cada uma das lanternas estava disposto um disco de vidro, montado em um eixo de rotação excêntrico em relação ao eixo da objetiva. A superfície do disco foi dividida em setores pintados de cores diferentes, que se fundem umas nas outras. O disco recebeu um movimento de rotação mais ou menos vivaz, e tingiu a luz com cores que variavam infinitamente e produziram um efeito caleidoscópico" (*idem*, p. 295).

[365] Citado por G. LISTA, *op. cit.*, p. 239.

Os espelhos foram igualmente distribuídos no teto e no chão do teatro, enquanto:

> [...] as luzes do palco eram dotadas de várias bolas coloridas para cada lâmpada elétrica, de forma que fosse possível mudar instantaneamente a tonalidade da cena indo de uma cor para a outra, ou combinando as diferentes cores primárias.[366]

O uso do termo "lâmpada" especifica que se trata, neste caso, das lâmpadas incandescentes, ou filamentos de Edison, que constituíam a base dos refletores que ainda surgiriam, usados até o início do século XXI, enquanto as "bolas coloridas" eram usadas como as nossas gelatinas atuais. Todos esses efeitos eram incrivelmente complexos para uma época em que o teatro operava de forma bastante artesanal. Eles representavam uma renovação que colocava a técnica a serviço do artístico. Os efeitos de luz e o uso do blecaute dominado por Loïe Fuller anunciavam um teatro moderno que contava com a "Fada" eletricidade, tanto quanto com as novas referências estéticas trazidas pelo cinema. Após sua morte em Paris em 1928, seu trabalho foi continuado por suas alunas, lideradas por Gab Sorès, que foi sua companheira e discípula. Assim, em 9 de fevereiro de 1938, na sala *Pleyel*, os *Ballets Loïe Fuller* apresentaram um espetáculo em "luz negra". O processo era usado pela primeira vez para um espetáculo. Tal inovação técnica necessitou uma comunicação especial para a imprensa, na qual foram explicados os detalhes técnicos:

> A luz negra é produzida por lâmpadas elétricas especiais cujo vidro negro intercepta a luz branca e permite apenas a passagem dos raios ultravioleta, mas que são absolutamente inofensivos. Sob a influência desses raios, certos materiais tornam-se luminosos. Eles não refletem luz, mas parecem se tornar eles mesmos fontes de luz.[367]

O processo foi festejado (passou-se do fosforescente para o fluorescente) e seus efeitos foram constatados: sem essa luz negra, as dançarinas em túnicas e maquiagem fluorescentes permanecem invisíveis na obscuridade, mas há um apego maior às proezas técnicas do que à qualidade artística do *ballet*: "Este não é um ballet propriamente dito. É uma experiência muito curiosa de física e luz, aplicada a figuras e objetos em movimento"[368]. Para alguns, os limites do gênero foram atingidos. A luz negra parece ter matado a emoção produzida pelas luzes como elas foram sublimadas por Loïe Fuller desde 1893, quando ela foi associada e designada como "Fada Eletricidade".

Fada eletricidade e dramaturgia

Foi durante a exposição universal de 1900 que Loïe Fuller foi celebrada como um ícone da luz, a "Fada Eletricidade". Nada menos que dois palácios foram dedicados a ela: o gigantesco *château d'eau* e um palácio de dança, no topo do qual sua estátua como "*Dance serpentine*" foi entronizada. Tudo o que representava a dança de Loïe Fuller encarnava a modernidade que a exposição universal de 1900 pretendia celebrar. Gênia da luz, vinda da América, ela representava a ousadia e a graça, assim como, simbolicamente, o triunfo do progresso sobre o obscurantismo e o da luz sobre a escuridão. Porém, se o *château d'eau*, que se iluminava à noite para seu balé aquático de jatos pudesse corresponder a uma estética fulleriana, Loïe Fuller não se reconheceu no *Palais de la danse*, que propunha uma espécie de síntese da dança acidental por meio de figuras estereotipadas. Loïe Fuller recusou-se

---

[366] *Idem*, p. 237.

[367] Simone AMIAUX, "*Les ballets de Loïe Fuller em lumière noire*", em *les Échos de Paris*, de 13 de janeiro de 1938.

[368] Raoul BRUNEL, "*Fluorescences*", em *L'œuvre* de 16 de fevereiro de 1938.

a participar deste contexto e pediu um pavilhão somente para ela, onde ela poderia mostrar as suas últimas criações, bem como as escolhidas aos seus cuidados. Desta forma, ela obteve um terceiro lugar, o *Théâtre-Musée Loïe Fuller*. Ela optou por projeções de luz em movimento e coloridas que animavam a fachada após o anoitecer. A construção apressada encontrou alguns embates, mas o seu Teatro-Museu, uma vez tirado da terra, deu-lhe total autonomia. Além do cenário perfeito que o lugar representava para suas danças, ele lhe oferecia a possibilidade de ela se tornar encenadora, criadora de luz e produtora, funções que ela desempenhou ao convidar a companhia de teatro *Kawakami-Yacco*, formada em torno da atriz japonesa Sada Yacco. Essa foi a revelação da Exposição de 1900. Camille Mauclair, André Gide e muitos outros ficaram deslumbrados. Loïe encarregou-se da iluminação e da encenação do primeiro espetáculo, conseguindo a fusão entre sua dança e o teatro que sua experiência com *Salomé* em seus primórdios não havia conseguido. No momento da estreia, o palco estava mergulhado na obscuridade, e, naturalmente, o espetáculo terminou com o fim conjunto da heroína e de uma luz apagando que foi baixando gradualmente sobre o palco. Um jornalista relatou: "Com a luz, o sangue parece sair das bochechas da artista japonesa; enquanto ela morria, tudo morria. A sombra ia ganhando lentamente, chegava aos pés da trágica atriz, subia pelos galhos do quimono que ela vestia, deixando apenas um brilho esverdeado pálido no rosto, depois nada mais"[369]. Loïe Fuller criou a dramaturgia da luz, ou seja, um controle de iluminação que acompanha o drama, o sublinha e o transcende. A boca de cena é, ao mesmo tempo, tanto uma paleta preta neutra quanto um espaço significando a morte e o nada. Foi assim que ela quis seu Teatro-Museu, do qual Camille Mauclair entendeu a dimensão dramatizante:

> No fim de uma rua escura, triste com o discurso de vendas gritado a intervalos dos cavaletes de alguns pequenos palcos de feira, vazio de todo o cansaço da modernidade que o humor irrita e não sabe mais alegrar, ergue-se o pequeno teatro estranho. [...] E, por toda a superfície pálida, foi apresentado, ao entardecer, um mutante poema de cores, criado pelos vidros que filtravam a eletricidade [...] [que] já faziam estremecer um arco-íris de claridade cintilante, prenúncio do espetáculo interior.[370]

Mas essa explosão de luz só pôde surgir da morte, encenada pela primeira vez no fim de Sada Yacco e depois renovada indefinidamente durante seu próprio balé. Nessa tela drapeada de luto, Loïe Fuller, que "emerge do centro das trevas"[371], domina o blecaute e a luz, cujas alternâncias ela opera em função dos efeitos dramáticos e estéticos produzidos no espectador:

> De repente, depois dos acordes de um breve prelúdio, a aparição escapa da noite; ela nasce para a vida e para a luz sob a projeção adamantina, ela se destaca do fundo de luto, assume a brancura do cristal, depois a abandona para percorrer a gama de cores e tomar emprestado o brilho das pedras preciosas. [...] O tecido colore-se com toda a iridescência; em todas as sombras do prisma decomposto, e a visão que nunca é tão deslumbrante, tão arrebatada como no instante em que vai desaparecer, se afundar no nada e devolver o poder às trevas.[372]

369 Citado por G. LISTA, *op. cit.*, p. 331.

370 Camile MAUCLAIR, *"Sada Yacco et Loïe Fuller"*, em *La revue blanche*, Paris, 1900, p. 277.

371 *Idem*, p. 281.

372 R. MARX, *"Une rénovatrice de la dance"*, *op. cit.*, p. 218-221.

Mas a trégua foi breve, apenas o tempo suficiente para que o retorno do blecaute profundo solicitasse dos olhos do espectador uma adaptação que o faria apreciar, em seu verdadeiro valor, a seguinte aparição: "Às trevas novamente reinantes, vemos com espanto o nascimento de uma forma azulada de pássaro noturno vagando e tateando com as pontas de suas asas, empoleirado na parede implacável da noite [...] embriagado com a sombra que bebeu"[373]. A alquimia com o espetáculo de Sada Yacco, que terminava com "um breve grito de passará ferido"[374], funciona, transformando a atriz japonesa em uma "boneca inerte de olhos vidrados", em um silêncio que clamava pelo blecaute que sozinho rasgava seu "estertor" de morte.

Essa experiência permaneceria, para Loïe Fuller, como o ponto de partida de uma nova atividade de criação-produção com a arte japonesa moderna, que ela continuaria ainda por seis anos depois na companhia de outra atriz japonesa, Hanako. Ela criou para ela uma pantomima, drama em um ato, *La Martyre*, depois outros dramas curtos durante o ano de 1907, para os quais Loïe Fuller escreveu os projetos de iluminação mais precisos. O visual era a prioridade do teatro preconizado e difundido por Loïe Fuller, cuja luz era o elemento revelador. Edward Gordon Craig, que já tinha visto Sada Yacco, viu um espetáculo de Hanako na Itália em 1911, que ele relatou em sua revista *The Mask*. Ele apreciava seu "desprezo pela expressão psicológica" que o trabalho plástico do movimento da música e da luz unia. Fonte de inspiração, a dança de Loïe Fuller, sua relação com a cena e o teatro, seu trabalho inédito com a luz, merecia muito mais do que o título de "fada eletricidade", como ela havia sido chamada. Ela tinha a audácia de realizar, indo além deles, as aspirações cultivadas tanto por Craig quanto por Artaud de um teatro livre de sua aura mimética, porque ela não tinha vindo do teatro, mas do gesto, do movimento e da luz. Sem essa relação estabelecida entre a luz e o blecaute, sua dança não teria tido o efeito revolucionário que teve sobre seus contemporâneos e sucessores. Se a colocação da sala no blecaute se tornou óbvia para a percepção do espectador, ela foi necessariamente associada à do palco para resolver o desafio estético da dança fulleriana. Reveladora da luz, Loïe Fuller foi, também, aquela por quem o blecaute encontrou sua função estética. O que seu teatro de sombras evocou e realizou[375].

O blecaute dramático de Craig

Edward Gordon Craig, muitas vezes associado a Appia na autoria da modernização do tratamento cênico, vai mais longe na concepção de uma desmaterialização no teatro. Suas reflexões, transcritas em *The Art of the theatre (A arte do teatro)* em 1905, depois aquelas sobre "a cena do drama poético" em *Scene* em 1923, afirmam a recusa do realismo em favor do símbolo. Sua reflexão, esboçada nos desenhos, mas também nas suas realizações cênicas, precede os seus escritos teóricos: Craig era um homem da prática, o que não o impediu de sonhar com espetáculos que, para os seus contemporâneos, representavam utopias. Sua famosa definição de teatro, que não era "nem a atuação dos atores, nem a peça, nem a encenação, nem a dança", mas que era "formado pelos elementos que os compõem: do gesto que é a alma da atuação; das palavras que são o corpo da peça; das linhas e das cores que são a própria existência da cenografia; do ritmo que é a essência da dança"[376], demons-

[373] C. MAUCLAIR, "*Sada Yacco et Loïe Fuller*", *op. cit.*, p. 281.

[374] *Idem* e seguintes, p. 277-280.

[375] Ver no capítulo "Teatro de sombras".

[376] Edward Gordon CRAIG, "*L'Ar du théâtre*", em *De l'Art du théâtre*, introdução de Jacques Rouché, Ed. Richard Clayand Sons, 1920, p. 115.

tra claramente que, para Craig, o teatro não se limitava a um ajuntamento de componentes, mas realizava a união de elementos visuais e auditivos que se harmonizariam em um todo cênico. Com Craig, assim como com Appia, mas de forma diferente, o *Gesamtkunstwerk* Wagneriano estava, ao mesmo tempo, fazendo escola e clamando por uma reflexão global sobre a arte cênica qualificada, por simplificação, como "Arte Total".

É neste contexto que Craig se interessou pelo blecaute e pelos efeitos de luz e sombra no palco. Para ele, o teatro como obra de arte tinha como vocação atingir os nossos sentidos e principalmente a visão. Ele foi, portanto, tentado, em seus projetos, a sonhar com um teatro feito inteiramente de elementos visuais no qual estavam sua teoria da "supermarionete" e a concepção de seus *screens*. O palco era, acima de tudo, um universo cuja atmosfera podia ser compartilhada por impregnação visual. Para Craig, como para Appia, a luz devia animar o espaço e o colorir, ela devia criar o clima e apoiar sua evolução. O trabalhar com as formas, os materiais, os volumes e as linhas encontra naturalmente o seu lugar fora de todo realismo, numa estética estilizada na qual a luz assume um lugar de importância. Ao longo de sua carreira, depois de trabalhar como ator com Henry Irving no *Lyceum*, onde sua mãe, Ellen Terry, era uma atriz experiente, Craig desistiu, ao mesmo tempo, da profissão de ator e do realismo, buscando outros caminhos no teatro. Ele conviveu com os pintores-gravadores James Pryde e William Nichlolson[377], com os quais descobriu "o valor expressivo do preto", como relata Denis Bablet numa monografia que ele lhe dedicou durante a vida[378]. Uma cor da qual Craig disse ter gostado particularmente, citando, em seu *jornal*, estas palavras de Odilon Redon: "O preto é a cor mais essencial. Ela leva, acima de tudo, sua exaltação e sua vida, devo admitir? às fontes discretas e profundas de saúde... Devemos respeitar o preto. Nada o prostitui. Ele não agrada aos olhos e não desperta nenhuma sensualidade. Ele é agente do espírito muito mais do que a bela cor da paleta ou do prisma"[379]. Foi igualmente, pela descoberta, em 1895, de desenhos da *Comédie Française* em turnê no teatro de *Orange*, acompanhando um artigo de Louis Loeb numa revista americana (*The Century Magazine*), que o contraste estruturante da sombra e da luz apareceu para ele como uma fonte de inspiração.

Gradualmente, por meio de suas encenações e seus desenhos, suas notas e suas reflexões, Craig foi definindo os contornos de um teatro de arte que dá lugar de destaque ao claro-escuro e buscando criar uma emoção visual. Assim, para *Didon et Énée*, de Purcell, que mobilizou toda sua energia e seus recursos de jovem diretor, ele concebeu um espetáculo radical que colocava em evidência o conjunto de componentes da cena; ele tinha como ambição traduzir as linhas musicais da ópera em imagens cênicas. Se a primeira versão, de 17 a 19 de maio de 1900 na sala de concertos do conservatório de Hampstead, não lhe permitiu ir até o fim de seu projeto, ela teve o mérito de fazê-lo buscar soluções originais para as luzes e o espaço de atuação. O palco, mais largo do que alto e retangular, era composto de plataformas elevadas específicas para as salas de concerto para acomodar a orquestra. Craig acrescentou a elas uma ponte encimada por oito postes, que ele completou com vários outros pilares, "constituindo assim uma estrutura profunda de silhueta incongruente"[380]. Este dispositivo permitiu-lhe iluminar o palco de cima. O conjunto arquitetônico foi completado com uma tela de fundo de um azul-violeta que se estendia até o urdimento, dando uma impressão de imensidão. Uma

---

[377] Deve-se a William Nichlolson o crédito do pôster gravado em preto e branco de *Hamlet*, no qual Craig desempenhou o papel-título sob a direção de Henry Irving em 1894.

[378] Denis BABLET, *Edward Gordon Craig*, l'Arche, 1962, p. 33.

[379] Odilon REDON, citação extraída de *"Pour unes conférence faite em Hollande à l'occasion d'une exposition de ses oeuvres"* em À soi-même. *Journal (1867-1915)*, Floury, 1922, p. 119-120.

[380] Edward, Gordon, CRAIG, *Ma via d'homme de théâtre*, Artaud, 1962, p. 226.

luz complementar vinha das laterais, e ele colocou dois refletores no fundo da sala que iluminavam os atores pela frente de cima dos espectadores. Para a luz, Craig indica em suas notas informações gerais dos climas de cor, mas também de seus direcionamentos. Por exemplo, ele anotou que, no Ato III, "uma luz focada no espírito subterrâneo poderia vir de uma fonte lateral, enquanto uma luz pálida viria do urdimento e fecharia no centro"[381]. Essas poucas pistas dão uma ideia da vontade de arquitetar o espaço pelos volumes dos cenários e pela luz, organizando os pontos de focalização pelo contraste dos feixes luminosos e das zonas de sombra, em particular nos ambientes lunares (Ato II), onde "o azul e o verde das folhagens dominam". O que outros desenhos posteriores de projetos de encenação confirmam, incluindo o de uma maquete de cenário para *Les Prétendents* à *la Courone*, de Henrik Ibsen, do Ato I, cena 2, que mostrava, em branco, os direcionamentos da luz que vinham principalmente do urdimento e da lateral ou da contraluz[382]. Em 1901, durante a remontagem de *Didon et Énée* em uma sala mais bem equipada, uma crítica identificou judiciosamente estes efeitos: "uma cena admiravelmente composta era aquela em que, no mistério da noite, em um cenário lunar, a bruxa se dirige ao meio dos demônios que rastejam a seus pés, zombam, surgem e caem como fitas e algas marinhas rasgando contra os rochedos quando o fluxo traiçoeiro sobe", e frisando que "é nesta cena que o talento do projetista de Gordon Craig foi de uma ajuda preciosa para ele". Um pouco mais adiante, o mesmo crítico descreve a cena final: "a ribalta foi desligada e a iluminação vem das bambolinas: uma luz suave banha o rosto de Dido, fazendo vibrar as trágicas sombras acima das sobrancelhas maciças e bem definidas, projetando um misterioso brilho nas órbitas e deixando a parte inferior do rosto na escuridão que se funde com a tonalidade negra do vestido, enquanto a rainha fazia ouvir seu admirável canto de morte"[383]. Essa estética não deixa de lembrar a do Expressionismo ou de qualquer teatro que buscava suas formas na penumbra dos claro-escuros. Foi isso o que deve ter agradado a Yeats, que, no fim da apresentação, dirigiu uma carta a Craig cumprimentando seus cenários como "os únicos bons cenários que eu já vi", e concluindo: "é uma nova arte que o senhor criou"[384]. Vindo de Yeats, que se destacava no teatro por essa arte do mimodrama banhada na obscuridade das noites inquietantes, essa observação adquire todo o seu valor. Para *Le masque d'amour*, Craig reforçou esses ambientes ameaçadores com cenários e figurinos em tons de cinza que vinham acentuados pela iluminação: no programa, uma das cenas de infortúnio é intitulada *"L'ombre"*. Ela encenou, com um efeito de luzes, a sombra gigantesca de Polifemo, o gigante antropofagista que ameaça engolir os dois amantes. Naquele momento, "Acis e Galatea aparecem no meio do palco, que está iluminado apenas por uma luz vermelha direcionada para eles. Em seguida, quando o coro os convida a 'contemplar o monstro', a imagem de um imponente castelo de contornos dourados aparece sobre a tela de fundo"[385]. Os dois amantes encontram-se isolados na luz que os separa de uma penumbra inimiga. Edward Gordon Craig substituiu a realidade e o objeto pela imagem e a impressão criada pela situação. Para isso, ele articula a abstração simbólica por meio do efeito de sombras e de luzes que atuam sobre o cenário e fazem corpo junto aos personagens. Craig confere à luz uma função dramática da qual ele dá a ideia pela boca do Diretor em seu Primeiro diálogo entre um homem de teatro e um apaixonado por teatro:

---

[381] Ver Edward Gordon CRAIG, *Notes sur Dido and Aeneas*, 17 de maio de 1900, bnf. Tradução de Véronique Perruchon.

[382] Ver *"Documents"* em Edward Gordon CRAIG, *Le théâtre en marche*, Gallimard, 1964, p. 263.

[383] Haldane MACFALL, *"Réflections sur l'art de Gordon Craig dans son rapport avec la mise en scène"*, em *Le studio*, v. XXIII, n. 102, setembro de 1901, suplemento n. 36, p. 83.

[384] *"Lettre de Yeats du 2 avril 1902"*, em Edward Gordon CRAIG, *Ma vie d'homme de théâtre*, *op. cit.*, p. 234.

[385] Legenda de um desenho de F.S. Spence que apareceu em *The Sphère* em março de 1902, citado por Denis BABLET, *op. cit.*, p. 67.

> O DIRETOR. [...] Meu iluminador nunca tentou reproduzir os efeitos de luz da Natureza. Ele não procura reproduzir a Natureza, mas sugerir alguns de seus fenômenos. [...]
> O APAIXONADO POR TEATRO. Nesse caso, em que ele se inspira e quem o orienta em sua forma de iluminar cenários e figurinos?
> O DIRETOR. Mais justamente, os cenários e os figurinos, o ritmo do texto, o sentido da peça; todas as coisas que, pouco a pouco, se fundem em um todo harmonioso [...].[386]

A sequência do diálogo traz à tona muito concretamente a necessidade de "eliminar a ribalta de todos os teatros e não falar mais sobre ela", e substituí-la por novos dispositivos controlados pelos iluminadores, mas a serviço do projeto do encenador (O Diretor) que Craig clama com todas as suas forças em 1905:

> O advento de um homem que reúne em sua pessoa todas as qualidades que fazem um mestre do teatro e a renovação do teatro como instrumento. Quando isso for realizado, quando o teatro for uma obra-prima de mecanismo, quando tiver inventado sua técnica particular, ele gerará sem esforço sua própria arte, uma arte criadora. [...] O artista do futuro teatro vai compor suas obras-primas: com o movimento, a cenografia, a voz.[387]

E segue sua definição dos componentes cênicos do teatro:

> Eu entendo por movimento o gesto e a dança, que são a prosa e a poesia do movimento. Eu entendo por cenografia tudo o que vemos, tanto quanto os figurinos, a iluminação e os cenários propriamente ditos.
> Eu entendo por voz as palavras ditas ou cantadas [...].[388]

Ao mesmo tempo, em 1905, Craig imaginou um "drama do silêncio" cujo título, *The Steps* (*L'Escalier*), revelava a importância dada ao elemento convencionalmente denominado cenário. Aqui, a escada não é um mero suporte para a ação, ela é o centro do drama. «Muitas vezes eu pensei que seria possível dar vida (e não voz) a esses lugares utilizando-os para fins dramáticos. Quando esse desejo me ocorreu, eu estava perpetuamente esboçando dramas nos quais o lugar de ação desempenhava um papel arquitetural e se prestava, desta forma, aos meus fins. Foi então que eu comecei a compor um drama chamado *L'Escalier*", Craig explica em *Pour l'Art*. Ele concretizou seu projeto por meio de quatro esboços do *The Steps* em 1905, que ele publicou em 1913 em *Towards a new theatre* (Fig. 28).

Esses esboços mostram a evolução de um drama que encena as mudanças de ambientação de *L'Escalier*. Concretamente, a escada ocupa toda a largura do palco e leva a uma plataforma superior. Sobre a escada, é possível ver alguns personagens. Tudo se passa em quatro quadros. Cada um corresponde a uma "ambientação" que se estabelece pelas áreas de sombra e de claridade mutáveis. A escada é o centro do drama, ela é como que dotada de vida própria: no segundo quadro, ela "parece cochilar"; no terceiro, "a idade parece pesar sobre a escada, é muito tarde da noite"; e, no quarto, ela tem "um peso maior para suportar". Os efeitos de luz e de sombra deste drama puramente *dramático* desenham áreas obscuras e aparições luminosas, principalmente no terceiro e depois no quarto quadro. O "é muito tarde da noite" é uma frase que vai além da convenção das realidades tangíveis em prol da ambientação. O blecaute profundo dominante no topo da escada ao fundo do palco de

[386] Edward Gordon CRAIG, *"Premier dialogue entre un homme du métier et un amateur de théâtre"* em *De l'art du théâtre* (Edição original, 1911), Circée, 1999, p. 149.

[387] *Idem*, p. 156.

[388] *Idem*, p. 158.

Fig. 28. *The Steps*, projeto de Edward Gordon Craig, 1905

frente para o público é muito mais do que a marca de uma circunstância. Ele prenuncia um vazio capaz de engolir toda a cena. Ele também está vivo, ou pelo menos potencialmente dinâmico. O quadro seguinte lembra a influência dos vitrais das catedrais, dos quais Craig havia notado o impacto sobre a oração, como um teatro que deveria primeiro se dirigir aos olhos. Nesses quatro esboços, fica claro que, quadro após quadro, um efeito de ótica entre o mostrado e o oculto estruturava o drama para o potencial espectador, tanto quanto as ambientações que se sucedem. É possível ver surgir a ideia de uma progressão no tempo que alterna os efeitos visuais pelo obscurecimento e clareamento das áreas contrastadas sobre a plataforma. Com Craig, a reformulação da arte teatral certamente passou por uma negação do realismo no qual ele havia, no entanto, sido formado por Irving, mas, acima de tudo, por uma forma de desmaterialização cênica que o trabalho específico da luz e do blecaute lhe permitiu realizar. O blecaute, como qualquer outra luz, não constitui um fator de descrição realista, mas corresponde a um meio de expressão dramática em uma harmonia visual que inclui tanto os cenários e figurinos quanto os corpos dos atores distribuídos no espaço do palco. Foi necessário, para suas realizações, entre elas a de *Didon et Énée*, o apoio de atores que não monopolizavam a luz dos projetores de gás oxídrico, cujos feixes cruzavam o espaço os esculpindo. Craig tornou-se, como Loïe Fuller, um mestre da luz, propositor de uma dramaturgia na qual o claro-escuro e as oposições luz e sombra marcaram sua estética. Ao transportar seus atores e seus espectadores para além da realidade, em espaços onde a imaginação não restrita ao realismo podia se desenvolver, Craig participou do movimento que colocou os componentes da cena e os recursos técnicos a serviço da encenação de forma irreversível ao longo do século XX.

As paisagens móveis de Reinhardt

Aproveitando os avanços estéticos de seus predecessores e de seus contemporâneos, Max Reinhardt, um inventivo e eclético diretor austríaco, dirigiu, desde 1917, os primeiros dramas expressionistas como *Le Mendiant*, de Sorge ou *La Bataille navale*, de Goering, depois peças de Oskar Kokoschka, de Else Lasker-Schüler, de Fritz von Unruh e de Franz Werfel. A sua prolífica produção levou-o tanto a explorar dramas íntimos quanto a propor espetáculos magistrais em locais propícios a essa expressão, ou ainda em cenários naturais com uma impressionante mobilização de figurantes. Seu teatro, pouco conhecido na França no início do século XX, senão pelos escritos teóricos de Jacques Rouché, foi, no entanto, uma referência em termos de inovações cênicas e de pesquisas estéticas[389]. Trabalhando com pintores — Lovis Corinth, Max Slevogt, Edvard Munch, Emil Orlick, Ernst Stern, Georges Grosz, o iluminador Gustav Knina e o diretor de palco Berthold Held (diretor do Teatro Kleines em Berlim) —, Max Reinhardt buscava produzir no palco uma visão interior[390]. Enquanto os pintores tradicionalmente tendem a transpor para o palco as leis de composição pictórica de um quadro, Reinhardt escolhe-os primeiro por sua proximidade estética com as atmosferas das obras que ele encena. Isso é testemunhado pelo cineasta Heinz Herald quando ele era dramaturgo e jornalista[391]. Para *Les Revenants* de Ibsen, Reinhardt trabalhou diretamente com o pintor Edvard Munch, que, como vemos nos esboços sucessivos, propôs um distanciamento progressivo com detalhes realistas para conceber um cenário que se harmonizasse com o conteúdo psicológico do drama e no qual fosse possível sentir o peso da fatalidade materializado por elementos evocativos. A janela que dava para um fiorde se abria, assim, para uma montanha opressora e ameaçadora que transformava a sala em uma verdadeira prisão. Ao confiar a criação do cenário a Edvard Munch, Max Reinhardt engajou-se em uma via descompromissada que ele defendeu firmemente com Ernst Stern, encarregado de sua realização, que se queixava de sua "irrealização". Stern relatou seus propósitos:

[389] Jacques ROUCHÉ foi o primeiro a apresentar a obra de Reinhardt em 1910 em um livro dedicado às teorias do palco: *L'Art du théâtre moderne*, edições E. Cornely. Ele será seguido por Denis BABLET, depois por Jean-Louis BESSON, que foi porta-voz das obras alemãs dedicadas a Reinhardt em vários artigos e um livro na Actes Sud-Papiers em 2010. Em seguida, Marielle SILHOUETTE dedicou-se ao estudo e à classificação de seus arquivos na Alemanha. Organizou um congresso internacional em outubro de 2013, *Max Reinhardt, L'Art et la technique à la cpnquête de l'espace*, com a colaboração de Jean-Louis BESSON, Danièle COHN e Ségolène LE MEN, LABEX-ARTS-H2H. FR. (Procedimentos a serem publicados).

[390] Ver principalmente as reflexões e indicações contidas em sua correspondência: Max Reinhardt, *Ich bin nichts als ein Theatermann. Briefe, Reden, Aufsätze, Entrevistas, Gespräche, Auszüge aus Regiebüchern*, ed. Hugo Fetting, Berlim, 1989.

[391] Heinz HERALD, *Das Entstehen einer Inszenierung in Reinhardt und seine Bühne. Bilder von der Arbeit de Deutschen Theatres*, ed. Ernst Stern e Heinz Herald, introdução de Hugo von Hofmannsthal, Berlim, 1919.

> Pode ser, mas a poltrona pesada diz tudo o que você quer saber. A cor escura reflete toda a atmosfera do drama. E então olhe para todas as paredes: elas são da cor de gengivas doentes. Devemos tentar obter esse tom. Isso deixará os atores no clima certo. A mímica precisa de um espaço feito de forma, luz e, acima de tudo, cor para fazer justiça a si mesma.[392]

Como um lembrete do drama, o cenário impregnado de preto reflete a tensão interna em uma impressão modulada pela luz. No fim do drama, as figuras da Sr.ª Alving como uma mãe perturbada e de Oswald, seu filho moribundo, haviam alcançado uma dimensão simbólica pela projeção de suas sombras gigantes em uma parede por uma lâmpada suspensa.

Reinhardt trabalhava no sentido da realidade espacial da cena. Para isso, ele modernizou o teatro explorando as inovações técnicas em termos de cenário e de iluminação. Longe dos debates políticos e das questões existenciais, Reinhardt defendia que o teatro era o lugar dos sonhos: "O que eu imagino, ele escreveu em 1901, é um teatro que devolva alegria aos homens"[393]. O resultado foi uma estética muitas vezes onírica que privilegiava os efeitos de luz e sombra, a transparência e a sobreposição de planos mostrados ou escondidos graças aos efeitos de luz e de tules - véus tornados transparentes ou não, dependendo da iluminação.

As fotos de suas várias encenações em teatro ou em cenário natural de *Sonho de uma noite de verão* entre 1905 e 1934, depois de um filme em 1935[394], deixam imaginar os efeitos mágicos que ele amava, permitindo ver o invisível pela atmosfera misteriosa dos cenários, e reunindo, de certa forma, as teorias de Craig e Appia. É óbvio que a distância entre 1905 e 1934 sugere certamente uma evolução técnica e estética. No entanto, uma linha deve ser observada: a peça, inicialmente criada no *Neues Theatre am Schiffbauerdamm* em Berlim em 1905, foi a primeira de Reinhardt a ser encenada em cenário natural em um parque perto de Murnau, antes de suas remontagens no parque do castelo de Klessheim, no campus da Universidade de Oxford e nos Jardins Boboli em Florença. Finalmente retomada ao ar livre no *Hollywood Bowl*, a peça atraiu, em 1934, mais de 200 mil espectadores em dez apresentações. Apresentada à noite por causa dos efeitos de iluminação, essa versão de sucesso ajudou a convencer Hollywood a fazer dela um filme. Além disso, o palco giratório[395], cujo uso ele renovou desde a primeira montagem de *Sonho de uma noite de verão* no teatro em 1905, não era mais um recurso simples para permitir que os cenários compartimentados em quartos de círculo se sucedessem, mas um espaço único em relevo cujas diferentes faces se revelavam lentamente no palco como em um *travelling* cinematográfico. Essa variedade de encenações do *Sonho de uma noite de verão*, sobre palco giratório e ao ar livre, prenuncia em si uma estética cinematográfica que combina, paradoxalmente, o intimismo da visão e do sonho com o gigantismo dos espaços naturais, como no cinema.

Inegavelmente talentosos para cenografias fantásticas e as "paisagens em movimento", Max Reinhardt e seus cenógrafos, principalmente Gustav Knina, Karl Walser, Léo Impekoven e Ernst

---

[392] Max REINHARDT, citado por Ernst STERN, *My life, my stage*, Gollancz, Londres, 1951, p. 74-75 (tradução da autora). Ver também a retomada da citação traduzida por Hermine HELLER: "Pode ser bom, responde Reinhardt, mas veja, aquela grande poltrona escura, aquela cor preta diz tudo, e a cor das paredes! É justamente este cenário que dá o clima para os atores: para poder dar curso livre à sua atuação, a mímica precisa de um cenário onde as formas, as luzes e, sobretudo, as cores deem o tom!", Hermine HELLER, "Um impressionista austríaco, Max Reinhardt", na *Revue de la société d'histoire du théâtre*, v. 13, n. 4, 1961, p. 320.

[393] Max REINHARDT, *"Le théâtre tel que je l'imagine"*, tradução de Jean-Louis BESSON, Actes Sud-Papeirs, 2010.

[394] *A Midsummer night's dream* é um filme americano de William Dieterle e Max Reinhardt lançado em 1935 e produzido pela Warner Bros enquanto Max Reinhardt estava exilado nos EUA.

[395] Max REINHARDT usa e aperfeiçoa o palco giratório com cenário em relevo criando dois níveis para sua encenação de *Faust* no Deutsche Theatre em 1909, do qual Jacques ROUCHÉ dá uma explicação detalhada acompanhada por um desenho em *L'Art du théâtre moderne, op. cit.*, p. 29.

Stern, usavam todos os recursos mais inovadores das épocas atravessadas por sua grande carreira de diretor. Eles criaram efeitos fantásticos de luz e sombra, em particular pelo uso de posicionamentos inovadores dos refletores oriundos do trabalho de Hugo Bähr. Reinhardt usou, segundo René Lauret em um testemunho da época, um "grande refletor colocado no alto da sala, no fundo e no meio que dava o tom geral"[396]. Foi o que André Diot recomendou nos anos 70 na França, ao trazer um refletor de cinema, um HMI[397], descendente da lâmpada de arco. Reinhardt trabalhou com ele intensamente, causando efeitos noturnos de floresta muito intrigantes, como no *Sonho de uma noite de verão* de 1905. Alfred Mortier[398], que o assistiu, conta quanto foi seduzido pela atmosfera e pelo ambiente recriado apenas por "alguns acessórios" em um "cenário esquemático", um cenário "sugerido". De uma forma metonímica, "o cenário da floresta [era] formado ao todo e no geral por quatro troncos de árvores cujas folhagens se encontravam no topo". Para a luz, ele relatou como Reinhardt fez iluminar os artistas, "não pela ribalta, mas de cima, como nos ilumina a luz natural, o sol", processo ao qual ele dá destaque ao associar áreas obscurecidas: "o fundo do teatro estava na mais completa escuridão, e a luz era distribuída com tanta arte que nossa mente se estendia e via, literalmente, nesta penumbra, o mistério encantador do matagal"[399]. A distribuição de luz completada por laterais rasantes, frequentemente usadas por Reinhardt como relatado em vários estudos das estruturas giratórias de Ernst Stern, que incluíam o projeto de iluminação[400], deixa a cena ainda mais misteriosa pelos contrastes entre áreas de sombra e luz na profundidade do palco. É o que Ernst Stern descreveu na legenda de um esboço de cenário sobre plataforma giratória, apresentado como regra: "Através das janelas ou das portas, a luz chega aos espaços interiores, vinda de grandes refletores equipados com filtros coloridos iluminando o cenário ou o horizonte. A cena pode mudar de local rapidamente, mantendo a ilusão e sem tirar os espectadores da atmosfera do drama"[401].

Para o *Sonho de uma noite de verão*, as luzes rasantes ou laterais combinadas com o uso de sua famosa cena giratória, ao atingir as árvores aparentemente reais instaladas em um cenário tridimensional, geravam essas áreas de sombra, que permitiam a Reinhardt criar, dessa forma, luzes verdadeiramente mágicas. Com base na cúpula de Mariano Fortuny, que tinha imaginado um dispositivo côncavo em um quarto de círculo para produzir um efeito como o do céu, ancestral do ciclorama, que foi descrito extensivamente por Jacques Rouché[402], Reinhardt realizou aprimoramentos técnicos inéditos. O sistema de Fortuny é baseado no uso de uma grande tela em arco de círculo posicionada no fundo do palco e de uma luz difusa criada pela reflexão sobre a tela: "Esta disposição provoca uma ilusão surpreendente de perspectiva e atmosfera, em oposição ao sistema atual no qual o céu pintado é tão claro e tão pouco transparente quanto os cenários"[403]. Originalmente desenvolvido em 1900 em Veneza[404], Fortuny exportou seu modelo para Paris, Londres e depois para Berlim em 1911. Reinhardt, que tomou conhecimento dele durante suas turnês internacionais, percebeu imediatamente o interesse pelo princípio e por melhorá-lo. Assim, desde 1902, ele o utilizou para a

[396] René LAURET (1882-1975), *Le théâtre allemande aujourd'hui*, Paris, Gallimard, 1934, p. 186-187.

[397] Com sua luz em alta temperatura de cor alta, em torno de 5.200 K, esse refletor chega perto da luz do dia.

[398] Alfred MORTIER, *"Dramaturgie de Paris"*, em *Le vieux-neuf au théâtre*, G. Crès, 1917, p. 314.

[399] *Ibidem.*

[400] Particularmente na obra de Ernst Julian STERN, *Reinhardt und sein Bühne: Bilder von der Arbeit des deeutschen Theatres*, Ensler & co. Berlim, 1920.

[401] Ernst STERN, *idem*, p. 180, tradução da autora.

[402] Jacques ROUCHÉ, *op. cit.*, p. 65-78.

[403] *Idem*, p. 68.

[404] Ver a conferência internacional *La scena di Mariano Fortuny*, Pádua/Veneza, 21-23 de novembro de 2013, Universidade de Pádua (Cristina Grazioli), em conexão com o museu Fortuny em Veneza (Maria Ida Biggi) e a Fundação Giogio Cini, Università Ca'Foscari (Daniela Ferretti), anais a serem publicados.

Salomé de Oscar Wilde no Teatro Kleines em Berlim[405]. Ele podia dar à cena a atmosfera sufocante e a sensualidade oriental, tanto pelas cortinas transparentes quanto pela seda azul-celeste do ciclorama iluminada pelo completamente novo sistema de Fortuny, criando um efeito de luar. Além da iluminação difusa, já pensada por Fortuny em uma modulação de cores, ele acrescentou projeções de imagens de nuvens. Manipulando a luz com destreza, Max Reinhardt, combinando os diferentes sistemas cênicos com os processos de luzes variáveis, amplia a cena. "Pode-se facilmente, especifica Jacques Rouché, pela reflexão de espelhos brilhantes, projetar luz direta, o que permite, dependendo da forma e dos tons dos espelhos, produzir todos os efeitos de nuvem possíveis"[406]. É evidente que as contribuições de Hugo Bähr no assunto contribuíram para a realização desses efeitos mágicos. Mestre do claro-escuro e dos efeitos da lua pálida, das luzes douradas e dos céus vermelhos do sol poente, principalmente para *Pelléas et Mélisande* (1903), Reinhardt criou a intriga dentro do ambiente cênico instalando uma atmosfera (*Stimmung*) própria para transportar os espectadores para o sonho que ele desejava lhe proporcionar. Não é surpreendente que ele tenha sido chamado de "mágico das luzes", como os efeitos espetaculares de Giacomo Torelli haviam sido elogiados no século XVII, chamando-o de "grande feiticeiro". Nas propostas cênicas de Reinhardt, o blecaute não é mais um obstáculo cênico a ser superado, nem necessariamente o reflexo de um universo interior angustiado, mas antes um benefício que permitia esculpir o espaço, criar volumes, amplificar os planos e as sombras projetadas, em um espírito tão expressionista e onírico quanto fantástico e mágico, ou para trabalhar um espaço multifuncional (Fig. 29).

Sua colaboração com Hugo von Hofmannsthal é uma ilustração disso pelo tratamento das luzes. Segundo Cristina Grazioli, o trabalho sobre *Elektra* em 1903 foi além da habitual colaboração entre o autor e o diretor, pois a própria ideia de escrever essa peça para Reinhardt teria servido como uma "alavanca de escrita". Isso é o que testemunham seus dois textos escritos antes e depois da estreia de *Elektra*: *Indicações* cênicas para a encenação d'Elektra (*Szenische Vorschriften zu Elektra*) e o ensaio *O palco como imagem sonhada* (*Die Bühne als Traumbild*)[407]. Essa escrita "cênica" o fez imaginar efeitos de luz e um simbolismo cromático que ele indicou nas rubricas e no texto complementar.

Nessa peça, a luz não atuava de maneira informativa, mesmo que as criadas evocassem, ao falar da Electra, "o entardecer" e o seu hábito de deitar no chão ao relento a gemer. Certamente, a contextualização do entardecer que caía era possível, como o indica também a primeira rubrica sobre a luz: "Electra atravessa a entrada *já* escura do palácio"[408]. A luz, cuja base era a obscuridade, informava mais sobre o humor interior de Electra: a peça de um ato desenrolava-se do ponto de vista de Electra, que o leitor-espectador compartilhava ao ser incluído na mesma atmosfera. Desta forma, ele tinha, desde o início da peça, acesso à sua visão interior, que era representada pela luz. Assim, quando as criadas entravam na casa e ela estava sozinha no palco, ela podia abandonar seus pensamentos, que se voltavam para a menção de seu pai, Agamenon, "atingido e morto em [seu] banho de sangue". Ora, a rubrica indicava não o sangue de uma forma externa à Electra por

[405] Ver o artigo de Cristina GRAZIOLI "Éclairage et dramaturgie de la lumière dans les mises-en-scène de Max Reinhardt", nos anais do congresso internacional *Max Reinhardt, L'art et la technique à la conquête de l'espace*, organizado por Marielle Silhouette com a colaboração de Jean-Louis Besson, Danièle Cohn e Ségolène Le Men, LABEX-ARTS-H2H.FR, outubro de 2013, a ser publicado.

[406] Jacques ROUCHÉ, *op. cit.*, p. 68.

[407] O primeiro texto (Hugo von Hofmannsthal, *Die Bühne als Traumbild in Gesammelte Werke in Einzelausgabe*, Frankfurt-sur-le-Main, 1959, Prosa II, p. 63-67) apareceu em 1º de outubro de 1903 na revista *Das Theatre. Illustrierte Halbmonatsschrift*. O segundo (Hugo von Hofmannsthal, *Szenische Vorschriften zu "Elektra"*, em Hugo von Hofmannsthal, *Gesammelte Werke in zehn Einzelbänden. Dramen II*. 1892-1905, ed. B. Schoeller e I. Beyer-Ahlert, Frankfurt-sur-le-Main, 1979, p. 240-243) apareceu em 7 de novembro de 1903, na mesma revista, nas páginas 35 a 39. Ver Cristina GRAZIOLI, "Éclairage et dramaturgie de la lumière dans les mises-en-scène de Max Reinhardt", *op. cit.*

[408] Hugo von HAFMANNASTHAL, *Electre Elecktra*, versão bilíngue, tradução de P. A. Huré, Flamarion, 2002, p. 89; grifo da autora em "já", em itálico.

Fig. 29. *L'Orestie*, de Ésquilo, encenação de Max Reinhardt, cenário de Alfred Roller, no Circo Schumann em Berlim, 1911

sua representação pintada no chão, mas especificava: "Ela está sozinha no meio de *manchas de luzes vermelhas*, que caem obliquamente [...] sobre o chão e as paredes, *parecidas com* manchas de sangue"[409]. A luz chega com Clitemnestra majestosamente acompanhada por tochas e sai com ela. Antes de sua entrada: "As janelas estão bem iluminadas e podemos ver uma procissão apressada". Em seguida, "a silhueta de Clitemnestra aparece na fresta da maior das janelas. Sob a luz forte das tochas, suas roupas escarlates denunciam a palidez de seu rosto lívido e inchado"[410]. Mas, quando ela cruza a soleira da porta e entra na esfera de Electra, ela se junta à sombra: "as tochas [...] desaparecem, e apenas um brilho fraco vindo do corredor ainda ilumina o pátio"[411]. O efeito de luz e de obscuridade descrito por Hofmannsthal *através* da janela e da porta do palácio, que funcionavam como interfaces entre o mundo de Electra e o de sua mãe, certamente cobria uma dimensão simbólica[412], mas, além disso, a luz atuava plástica, espacial e sensorialmente sobre a cena: ela foi teatralmente pensada em sua realidade cênica, tal como Reinhardt sabia fazê-lo. Isso confirma a hipótese de uma escrita cênica de luz por Hofmannsthal que projetada, desde a escrita, uma encenação ao estilo de Reinhardt. É o que aparece precisamente em sua nota de intenção sobre a iluminação:

> Inicialmente, conforme indicado na descrição da cena, o cume da figueira à direita permite cobrir a cena com faixas de pretos profundos e de manchas vermelhas. O interior da casa está, no início, completamente obscuro, a porta e as janelas dão a impressão assustadora de buracos negros. Durante o monólogo de Elektra, essa iluminação mais forte sobre a parede e o chão parece produzir grandes manchas de sangue de um vermelho Incandescente. Durante a cena Crisótemis-Electra, a vermelhidão diminui, todo o pátio escurece no crepúsculo. O cortejo que precede Clitemnestra no interior, preenche primeiro a grande janela, depois a segunda janela à esquerda da porta, a luz das tochas alternando com aparições fugazes. Clitemnestra aparece na grande janela com suas duas confidentes, cada uma à esquerda e à direita com uma tocha na mão, seu rosto pálido como uma figura de cera e seu vestido suntuoso se destacam na luz intensa. O pátio permanece escuro. Clitemnestra aparece na porta, dois portadores de tocha atrás dela, e entra no pátio escuro: a luz oscilante incide sobre Electra. Clitemnestra dispensa suas atendentes que entram na casa, os portadores da tocha também desaparecem, apenas uma luz muito fraca oscilante vinda do espaço interno ilumina o pátio. Uma das confidentes retorna, a tocha atrás dela e, ao chamado de Clitemnestra, vários portadores da tocha retornam: em um instante tudo se ilumina. Eles saem. Agora o pátio está escuro, mas o céu do entardecer à direita, na medida em que está visível, lança sua luz em tons variáveis, é um elemento essencial da atmosfera. Está escuro naquele triste pátio enquanto ainda é dia no mundo. O ponto mais luminoso é a porta principal, que dá para o exterior à direita. Na fresta desta porta aberta, aparece a silhueta escura de Orestes. Agora tudo acontece na obscuridade crescente, a duração da peça é exatamente a de um lento crepúsculo até que a confidente chama Orestes de dentro da casa. Atrás dela está um escravo com uma tocha que ela coloca em um porta-tocha à esquerda da porta de entrada, onde ela permanece até que Elektra a chama para olhar na direção de Egisto saindo. Em seguida, a tocha oscilante ilumina o pátio até o fim.[413]

[409] *Ibidem*, grifo da autora.

[410] *Idem*, p. 107.

[411] *Idem*, p. 115.

[412] O que confirma, mais adiante, a luz que inunda o palco, por ordem de Clitemnestra, com um gestual silencioso, ao saber, da morte de Orestes. Informações desmentida em seguida e que é acompanhada novamente pelo mergulho no blecaute.

[413] H. Von Hofmannsthal, *Die Bühne als Traumbild* em *Gesammelte Werke in Einzelausgabe, op. cit.*

Nesse verdadeiro *ballet* luminoso em um palco escuro, a luz "viva", como desejado por Appia, transforma o espaço cênico e dramático ao mesmo tempo. Essa é a verdadeira assinatura cênica de Reinhardt, que entendeu claramente como a escuridão pode agir na recepção e servir como ambiente para a luz escolhida, e não submetida. Se essa luz é muito viva e sensorial, no caso da *Elektra*, associada ao princípio do ponto de vista interno, ela não deixa de ser responsável por um gesto oriundo esteticamente do cinema: a visão interior. Parece que o teatro de Reinhardt explorou, diretamente no palco, as possibilidades cinematográficas, o que seu trabalho de iluminação revela em particular. Se é inútil passar em revista a totalidade de suas criações, algumas particularmente marcantes pelas variações no tratamento do blecaute e da luz que Reinhardt propôs devem ser destacadas.

Assim foi com *La Mort de Danton* (1916), de Büchner, cuja chave, segundo Siegfried Jacobsohn, era "a própria obscuridade, a obscuridade que dá origem à luz"[414]. A neutralidade da cena resultava numa indecisão quanto ao contexto interior ou exterior, o que em si já era uma inovação. Uma grande escadaria central ladeada por pilares bastava para a moldura sobre a qual aparecia, segundo as necessidades, uma balaustrada, um muro baixo, a silhueta da velha Paris etc. Essa transformação foi possibilitada por feixes direcionados para áreas do palco e do cenário, causando uma alternância entre obscuridade e luz com uma rapidez inteiramente nova: "o palco iluminava-se como que piscando por um ou dois segundos, entre os quais reinava a escuridão. Em seguida, a luz era direcionada para outro lugar no palco, em um ritmo que reforçava o da peça"[415]. Essa rápida interação entre o blecaute e a luz continuava ao longo de toda a apresentação, permitindo um trabalho no espaço de fusão encadeada das vozes por antecipação, enquanto a luz seguia o movimento na totalidade do palco. Nenhuma pausa nessa produção que superou em rapidez e eficiência o que o palco giratório poderia oferecer. A proposta das paisagens cênicas criadas pelo cenário via-se suplantada por uma mobilidade esculpida pela luz, principalmente na grande sala do circo *Schumann* em Berlim.

No entanto, a combinação dos cenários e da luz de seus palcos, que se tornaram verdadeiras "paisagens móveis", prenunciava o que ele viria a realizar no cinema com *Sonho de uma noite de verão* nos Estados Unidos[416]. A utilização do tule, em particular essa cortina de gaze muito utilizada por Reinhardt para criar um desfoque mágico no palco, foi recuperada sobre a película pelo desfocar das imagens. O resultado evoca cenas imaginárias ou sonhadas de uma forma que se tornará convencional no cinema. No teatro, esse dispositivo, entre fechamento e abertura das perspectivas, modula o olhar do espectador a quem é dada a ver (ou não) uma imagem onírica em uma forma espetacular redobrada. Se a cena tem esse poder que o efeito das luzes permite, o cinema reinventou seu uso com a montagem, o enquadramento e o tratamento das imagens nítidas ou desfocadas. Em ambos os casos, trata-se de convidar o espectador para entrar na imagem invertida do sonho, passando para o outro lado do espelho.

Da cena à tela

A passagem do palco para a tela segue naturalmente o curso da evolução das formas teatrais e cinematográficas, como aconteceu com Reinhardt; os recursos do cinema atraíram sobretudo quem

[414] Siegfried JACOBSOHN, *Max Reinhardt, Erich Reiß Verlag*, Berlin, 1921, p. 133. (Tradução da autora.)

[415] *Idem.*

[416] Filme do qual é possível ver certo número de trechos na internet no YouTube.

trabalhava com a matéria do palco. Foi assim que a história do teatro muitas vezes se cruzou com a do cinema e até integrou alguns projetos ou espetáculos. Em 1933, depois de uma vintena de anos de trabalho e de pesquisa, o Laboratório *Art e Action* de Édouard Autant e Louise Lara citou "o filme integral" em seu esquema de "cinco concepções de estruturas dramáticas"[417]. Da mesma forma, mais de 50 anos depois, André Engel e sua equipe criaram o "Centro bilateral de criação cinematográfica e teatral", que deveria propor tanto filmes quanto peças de teatro. As duas artes atraem conjuntamente, embora se distingam por suas formas; mas, acima de tudo, elas oferecem uma possibilidade de diálogo cênico que caracteriza particularmente o trabalho do *Laboratoire d'Art et Action des Autant-Lara* entre as duas guerras, no qual se buscava a integração de uma à outra. Édouard Autant e Louise Lara trabalhavam a matéria cênica levando em consideração sua plasticidade. A abstração para fins significantes também recorria aos meios cênicos, dos quais a luz é essencial. Os executores poderiam, por exemplo, em *Les Saintes Heures de Jeanne d'Arc* (1926), tornar-se invisíveis em favor de uma obra polifônica. Apenas os elementos do cenário, peças de lã trançada, eram destacados pela luz que atravessava o palco. A variação dessas possibilidades assume várias formas no Laboratório. Se a tendência às manifestações plásticas encontra seu desdobramento particularmente em suas noites futuristas em que o ator desaparece, em outros casos, como para *Hamlet* de Jules Laforgue (1924), *Les Nuits blanches*, de Dostoiévski (1928), ou *Le Partage de midi*, de Claudel (1921), o ator, visível, mais ou menos escondido por uma tela, permanece o centro das atenções. No entanto, o desejo de fazer, no teatro, uma obra cinematográfica é significativo. Em particular para a *Poème-Dancing*, de René Chomette (René Clair, na verdade), em 1922 quando o cinema ainda era mudo. No centro do palco havia uma tela branca de cinema, enquanto os atores, escondidos de cada lado, eram a voz. Um anunciando as legendas, o outro dizendo o poema com uma voz monótona, ao mesmo tempo que passavam as imagens, enquanto um piano tocava melodias dançantes da moda. A questão, claro, residia na passagem do ao vivo para a imagem, como no caso de *Le Partage de midi*, que, embora permaneça em sua forma teatral, incluía projeções de imagens. Louise Lara apostou na construção da peça: "as situações abstratas e concretas dividem-se paralelamente para se encontrarem no infinito, dividindo-se logicamente de acordo com o desenvolvimento cênico: já não bastava mais dar a cada um a sua parte da execução"[418]. A presente reflexão mostra com clareza a dimensão dramática conferida a essas escolhas cênicas, que se distribuíam em função das cenas "objetivas" no palco e das cenas "subjetivas" projetadas. Todas as propostas de aliança entre o palco e as telas eram exploradas esteticamente e discutidas dramaturgicamente dentro do *Art e Action*, que era um trabalho de pioneiros na área. Nesses primórdios do cinema, se o inevitável preto e branco e a ausência da fala eram percebidos de um certo ponto de vista, como um retrocesso em relação ao palco, é possível ver claramente aqui que esses dados técnicos rapidamente se revelaram fecundos. Nessa encenação do *Partage de midi*, a maior parte das cenas foi realizada no escuro, enquanto apenas uma simples projeção sobre a tela de fundo simbolizava os personagens, o que buscava traduzir ou sintetizar a "alma" de cada um deles. Não longe da negação da forma teatral, o desafio era, apesar de tudo, uma presentificação dos recursos cênicos e cinematográficos em suas respectivas especificidades, por questões dramáticas dialeticamente fecundas. Em outros casos, a pesquisa será mais analisável em termos de influências estéticas das artes entre eles do que de sua articulação com o palco. Este foi o caso de Max Reinhardt, que transpôs as estéticas de um meio para o outro.

[417] Ver Michel CORVIN, *Le théâtre de recherche entre les deux guerres – Le laboratoire art et action*, L'Âge d'Homme, 1990, principalmente p. 29.

[418] Louise LARA, extraído de *La Nervie*, n. especial IV, consagrado à Art et Action, p. 79-80, citado por Michel CORVIN, *op. cit.*, p. 253.

De Reinhardt ao expressionismo

Se a encenação de Reinhardt era "um estilo decorativo ou neorromântico", diz-nos René Lauret, ou ainda comparada ao "estilo naturalista de seus predecessores", Jean-Louis Besson chega a afirmar que "suas inovações não deixaram o cinema indiferente, e que é em parte dele que vieram os famosos claro-escuros do cinema expressionista alemão"[419]. Sua estética do tratamento cênico tridimensional teria, de fato, tido uma influência decisiva sobre o cinema alemão, em particular para os filmes *Golem*, de Paul Wegener (1929), e *Les Trois Lumières* (*Der Müde Tod*, 1921), de Fritz Lang[420]. No entanto, Lotte H. Eisner defende a tese de que esses filmes não seriam característicos do cinema expressionista e estariam mais em dívida com o "impressionismo" de Reinhardt[421]. Segundo Eisner, as restrições financeiras da guerra de 1914-1918 teriam levado Reinhardt a reduzir seus cenários caros e a passar a confiar na luz e na obscuridade para criar os ambientes e esculpir o palco. Dominando perfeitamente esses dados, Reinhardt mostrou-se habilidoso em administrar os efeitos de aparições repentinas de personagens, de elementos de cenário, ou até em ampliar os movimentos de multidões que sempre pareciam "mais densas no segredo das sombras"[422].

Na Alemanha, os diretores de cinema familiarizados com os espetáculos de Reinhardt estavam também agradecidos por uma estética germânica, da qual, naquele momento, a obra de Oswald Spengler *Le Déclin de l'Occident* (publicado em dois volumes, em 1918 e 1922) era exemplo. O filósofo, teórico do misticismo, demonstrou, a esse respeito, uma predileção pelo marrom dos *ateliers* de Rembrandt, que é, para ele, a cor da alma, a da transcendência. Nesse pensamento, o contraste é significativo: "A luz do dia impõe limites aos olhos, cria objetos corporais. A noite dissolve os corpos; o dia dissolve a alma"[423]. Baseando sua análise da influência de Max Reinhardt no cinema dos anos 20, Eisner estabeleceu correspondências entre as estéticas dos filmes e as das encenações de Reinhardt. Parece que Paul Wegener "não deixa de usar todos os efeitos de iluminação de Reinhardt". Sabendo que Paul Wegener era ator de Reinhardt desde 1906, principalmente em papéis principais como Édipo ou Ricardo III, é fácil seguir o fio das influências. É preciso ver apenas a primeira imagem do *Golem* para se convencer. Com a ajuda do preto e branco da película, os efeitos da construção da atmosfera pelas profundezas do blecaute são impressionantes. O cenário das montanhas com a teatralidade exibida divide-se em sombras escuras sobre um céu iluminado somente pelas estrelas cintilantes. À medida que o filme se desenrola, as figuras iluminadas por uma fonte invisível e mística destacam-se de um nada obscuro em um efeito que acentua as emoções. O cinema mudo precisava desses suportes para contar os pensamentos que habitavam os personagens. Nisso, as oposições entre o fundo escuro e os rostos iluminados ou as tochas dos castiçais de sete braços não tinham tanto a dever a uma estética expressionista quanto ao impressionismo de Reinhardt. No filme, como em Reinhardt, o encantamento prevalece em meio ao choque dos contrastes. Os personagens aparecem repentinamente como em suas encenações, banhados de luz, sem, no entanto, destruir a obscuridade que trazia sua carga significativa e estética à construção

---

[419] Jean-Louis BESSON, *"Max Reinhard, Un magician du théâtre"*, em *Le spectaculaire dans les arts de la scène du romantisme à la belle époque*, organização de Isabelle MOINDROIT, CNRS, 2006, p. 209.

[420] Por outro lado, um artigo assinado por Constantin LANDAU na revista *Cœmedia* de 10.08.1922, *"Les Nouveaux Films Allemands"*, destaca uma outra ligação entre Reinhardt e o cinema. O autor propõe uma classificação dos filmes alemães em três grupos, e é na categoria dos "grandes filmes" que situa a ligacão: "É aqui que se manifesta uma das principais escolas da encenação cinematográfica alemã, uma escola tão mais interessante que o cinema a achou toda formada nos palcos dos teatros de Reinhardt; assim como, em teoria, nos escritos de Gordon Craigh [sic]".

[421] Lotte H. Eisner, *L'écran démoniaque – Les influences de Max Reinhardt et de l'Expressionnisme*, Éric Lasfeld editor, 1960 e 1981 para a nova edição.

[422] *Idem*, p. 45.

[423] *Idem*, p. 47.

narrativa. Nisso, pode-se concordar com o sentido da conexão entre Reinhardt e o Expressionismo. Porque o Expressionismo se caracteriza, sobretudo, pelo fato de que os cenários, carregados da subjetividade do protagonista, seriam a sua "expressão".

Em *Les Trois Lumières*, de Fritz Lang, o tema da morte domina, como na maioria de seus filmes. Ora, Eisner constatou que Fritz Lang era, de todos os cineastas alemães, aquele "que foi mais fortemente influenciado pela encenação de Max Reinhardt»[424]. Neste filme, o contexto renascentista, os cenários e os efeitos de multidão tratados nas cenas noturnas carnavalescas de Veneza pareciam ser diretamente inspirados na encenação de Reinhardt. Em 1909, na grande sala do festival de música de Munique, com capacidade para 3.200 espectadores, Reinhardt encenou Œdipe *roi*, de Sófocles (numa adaptação de Hugo von Hofmannsthal), bem como *L'Orestie*, de Ésquilo, que ele remontou no circo Schumann em Berlim, que tinha 5 mil lugares; e, em 1911, foi *L'Orestie* e depois *Jedermann* de Hugo von Hofmannsthal, um milagre da Idade Média, ainda no imenso circo Schumann. Em 1915, tendo finalmente comprando o circo Schumann, que ele rebatizou de *Grosses Schauspielhaus*, nele ele apresentou, sucessivamente entre 1919 e 1921: *L'Orestie* e *Oedipe roi*, *Lysistrata*, de Aristófanes, *Judith et Holopherne*, de Nestroy, *Danton*, de Romain Rolland, *Hamlet*, *Jules César* e *Le Marchand de Venise*, de Shakespeare, *La Mort de Danton*, de Büchner. Quando, em 22 de agosto de 1920, Max Reinhardt montou *Jedermann* em Salzburgo, na praça da catedral, ele se baseou na arquitetura da fachada de mármore branco e se apoiou nos edifícios do claustro de São Pedro que margeiam a praça. A apresentação começou às 17 h; nessa época do ano, era dia, e o sol punha-se às 20 h. Na peça, do princípio ao fim, a luz estava, então, presente nas rubricas como acessório trazido de um contexto externo: era o caso, no momento do banquete campestre, de "rapazes carregando candelabros" e de uma mesa que aparecia "ricamente decorada e iluminada por candelabros"[425]; perto do fim, uma rubrica especifica a presença da obscuridade e de uma luz carregada por um servo mesmo que o dia estivesse amanhecendo: "Jedermann ora fervorosamente, o órgão toca mais alto. Vemos passar, ao longe, a mãe de Jedermann, que se encaminhava para a missa matinal, conduzida por um criado carregando uma luz"[426]. Sem prever que a apresentação teria uma duração de mais de três horas (o texto não é tão longo), era possível estimar que o dia começaria a cair (a fachada está a leste e a iluminação do sol poente em contraluz, bloqueada pelo edifício) e que os efeitos de luz poderiam ser perceptíveis. De qualquer forma, esses espetáculos davam origem ao que se tornaria uma das assinaturas estéticas de Reinhardt: os movimentos da multidão e os efeitos de luz e de obscuridade que não deixaram de influenciar o cinema. Porém, pode-se pensar que a recíproca é verdadeira, tanto a encenação do *Marchand de Venise*, de Shakespeare, que Reinhardt encenou em Veneza com cenário natural em 1934, parece ter sido influenciada pelo cinema quanto, aliás, suas encenações anteriores do *Sonho de uma noite de verão* ao ar livre.

O que não impediu que o impacto da luz na obscuridade permitisse esculpir os cenários que pareciam emergir em uníssono com os personagens, de uma profundidade sem fim. Ampliando o princípio, o cinema expressionista enfatizou expressamente os contrastes. Como na cena expressionista, no cinema de Fritz Lang a aproximação da morte refletia-se no espaço conturbado e caótico, mas no cinema esse universo em preto e branco, por razões evidentemente técnicas da película, reforçava a impressão de pavor. E esse é um fator significativo da nossa percepção da estética expressionista, que tinha como referente as imagens em preto e branco do cinema que agiam sobre os contrastes. O que Fritz Lang amplificou, abrindo caminho para uma estética cinematográfica que muito deve à

424 *Idem*, p. 64.

425 Hugo von HOFMANNSTHAL, *"Jadermann"* em *Le Chevalier à la rose et autres pièces*, Gallimard, Traduction Léon Vogel, 1979, p. 276, 278.

426 *Idem*, p. 320.

influência da luz e da cena reinhardtiana, o preto e branco não sendo uma prerrogativa do cinema expressionista altamente contextualizado.

Densidade revelada pela tela

Assim, a evolução da estética cinematográfica em preto e branco aproximou-se do impressionismo. Henri Alekan, a quem são devidas não apenas conquistas inovadoras como diretor da fotografia, mas também uma reflexão sobre a luz[427], foi responsável pela evolução conjunta das técnicas e dos desafios no campo da iluminação. Em seus filmes, a obscuridade demonstra a fragilidade do homem, indo além do pressuposto que associa o blecaute à morte *versus* a luz à vida. Na impossibilidade de perceber o universo por causa da escuridão, o homem estaria, de fato, excluído, isolado e enfraquecido como se estivesse paralisado. Parece que trabalhar o blecaute significaria enfrentar essas afirmações e essa realidade: o impossível. Toda a arte de Alekan parece não apenas traduzir "plasticamente" os "equivalentes psicológicos" dos efeitos da luz natural sobre o homem, mas também lutar contra o nada do blecaute para revelar sua densidade. Numa transcrição que se afasta do naturalismo sem ser, no entanto, apenas impressionista ou simbolista, ele trouxe para a relação "claridade-trevas" um tratamento não em termos de "área coberta", mas em termos de "densidade ou opacidade". O blecaute seria um "espaço-tempo incompreensível"; trabalhá-lo no filme, assim como no palco, seria dominar e apreender o espaço em sua duração. Na adaptação cinematográfica do conto *La Belle et la Bête* (1946), Alekan trata da perda de referências espaçotemporais por meio do tratamento plástico do blecaute e dos efeitos das luzes. Mística e plástica, a luta entre o bem e o mal encontrou seu lugar. É possível encontrar essa obsessão novamente em *Anna Karenine* (1948), em que a busca pela felicidade passava por uma travessia pelas trevas e por uma aceitação de abandonar a luz social pelo anonimato. A progressão ao longo da duração do filme foi, graças ao *savoir-faire* de Alekan, a de uma progressão na espessura da matéria espacial. Henri Alekan, que começou sua carreira no cinema em 1928, atravessou o século e viu as estéticas sucederem-se umas às outras. Mas sua relação com a luz permaneceu marcada pelos efeitos do claro-escuro que expandiram o filme em preto e branco. O que ele não negou, no entanto, ao trabalhar com cores, cujo realismo foi, por princípio, mais marcado, até mesmo inserindo os efeitos de névoas ou de neblina que permitiram obscurecer o horizonte e desfocar as referências em um resultado pictórico impressionista. Com a evolução do cinema technicolor, que afastou o blecaute em seu tratamento estético, o tema não foi mais colocado em questão. Por outro lado, e para retomar o tratamento do blecaute em cena, a evolução do teatro, ao integrar o cinema no palco, exigiu uma gestão da luz em função das intensidades e fontes divergentes entre a da tela e a do palco. Não concorrentes, era a habilidade do seu tratamento que enriqueceria a estética espetacular.

Da "laterna magika" à "politela": Svoboda

Nas décadas seguintes, seguindo os passos desses pioneiros, Josef Svoboda, em associação com o diretor Alfred Radok, criou uma forma experimental de teatro quando da exposição universal de 1958 em Bruxelas. A "laterna magika" parte de um princípio que faz a síntese entre o cinema e o espetáculo ao vivo. A projeção sincronizada em uma ou mais telas associadas às performances dos atores em conexão com os elementos do filme criaram um gênero inédito para a época. A lanterna mágica foi, em seguida, transportada para Praga, onde ela foi instalada em uma nova sala experimental do Teatro Nacional. Logo recuperada pelo *music hall*, ela perdeu o interesse pelo teatro. Embora não

[427] H. ALEKAN, *Des lumières et des ombres, op. cit.*

tenha tido influência direta no tratamento do blecaute no teatro, essa forma espetacular, que associa as telas e os corpos, exige um trabalho de luz em equilíbrio entre as diferentes fontes.

Nesse sentido, o trabalho de Josef Svoboda faz parte de uma tradição que marcou a cena teatral de uma ponta à outra do século XX. A imagem projetada fixa ou cinematográfica responde a usos tão diversos quanto as próprias técnicas. Quando Adolphe Appia evocou os possíveis recursos de projeção para uma encenação em *Notes de mise en scene für den Ring des Nibelungen*[428], ele via nessa técnica o "elo entre a iluminação e o cenário". A projeção passível de ser explorada "assume um papel ativo no palco" e, de acordo com Appia, deveria até mesmo suplantar, algumas vezes, a dos personagens. No mínimo, ela apoia a iluminação para "envolver todo o material cênico em uma atmosfera móvel". Svoboda, desde suas primeiras tentativas, usa a projeção, cujas possibilidades explora em termos de aparição, desaparecimento, superposição... não se trata de nada além da projeção de imagens que se reconhece da técnica dos slides. Mas seu uso por Svoboda era necessariamente ditado pela obra. Ele não se contentou com uma projeção sobre o ciclorama, mas integrou os suportes de projeção ao cenário. Mais exatamente, o cenário tornou-se um suporte da projeção. Em 1936, para o *Songe d'une nuit d'été*, ele criou um dispositivo cênico abstrato à base de telas inclinadas que funcionavam como plataformas em todo o palco, que subiam até o fundo do palco em curvas para terminar na vertical. Como uma cortina de lâminas, as telas, ao mesmo tempo que serviam como suporte de projeção, deixavam aparecer, em seus interstícios, as luzes em contraluz. A superposição das projeções em preto e branco, combinadas com o dourado dos suportes, criava uma atmosfera outonal, afirmou Denis Bablet, que dedicou a Svoboda uma monografia rica e detalhada[429]. A arte de Svoboda residia nesta alquimia entre a projeção, fixa ou móvel, o cenário e a luz. Totalmente integradas, as projeções não eram reduzidas a imagens apensadas nem a elementos decorativos agregados, mas eram criadoras de atmosferas, assumindo os desafios estéticos e dramatúrgicos próprios à obra encenada.

Com Svoboda, os componentes cênicos visuais funcionavam de maneira adicional e a multiplicação das projeções era um ganho suplementar à criatividade: "Com todas essas coisas, ele disse, é possível trabalhar ao infinito. [...] Esses são métodos cenográficos com os quais se pode realmente pintar diretamente no espaço"[430]. Entendemos que o repertório simbolista era apropriado para suas criações, assim como as obras que convidavam a trabalhar formas mutáveis ou não realistas. Assim, em *Pelléas et Mélisande* para a versão operística de Debussy, as visões, a água, as sombras e a vegetação propícias às atmosferas mutáveis foram capazes de levá-lo a trabalhar os claro-escuros ou as luzes gerais usando ferramentas cênicas próprias.

É claro que a projeção daria lugar à imagem móvel do cinema, como aconteceu com muitos cenógrafos e diretores do século XX. Mas seu uso por Svoboda foi além da simples "projeção" de trechos de filmes para transpassar os desafios da cena. Piscator, a quem se deve, desde 1927, a introdução do filme sobre o palco, esclarece as finalidades entre o *filme didático*, que fornece os fatos objetivos, o *filme dramático*, que intervém no desenrolar da ação, e o *filme comentário*, que acompanha a ação da mesma maneira que um *choir*[431]. Se Piscator multiplica as superfícies de projeção que assumem diferentes formas incluídas no cenário, ele não imaginou, como fez Svoboda, um dispositivo que unisse totalmente o filme e a ação cênica. O que fizeram, também, o diretor tcheco Emil F. Burian e

[428] A. APPIA, *"Notes de mise en scène pour L'Anneau de Nibelungen"*, em Œuvres complètes, edição elaborada por Marie-Louise BABLET-HAHN, L'Âge d'Homme, 1983, t. I, p. 113-114.

[429] Denis BABLET, *Joseph Svoboda*, L'Âge d'Homme, 1968, p. 111-155.

[430] *Idem*, p. 117.

[431] Ver Erwin PISCATOR, *Le Théâtre politique*, texto francês de Arthur Adamov, L'Arche, 1962, p. 83.

o cenógrafo Miroslav Kouril. Juntos, eles combinaram o teatro e o filme, cujas produções conhecidas são *L'Éveil du printemps* em 1936 e *Les Souffrances du jeune Werther* em 1938. Nessas produções, os atores foram literalmente capturados, ou imersos na projeção cujas imagens eram desproporcionais. Acentuando o uso do plano fechado, a técnica deu a impressão de entrar na imagem. A flexibilidade do conjunto possibilitou acompanhar o ritmo dramatúrgico do espetáculo passando do geral ao íntimo. Svoboda, que desenvolveu este princípio na década de 1950 com o diretor Alfred Radock, mobilizou recursos cinematográficos para conectar verdadeiramente o palco e a tela. A *Laterna Magika*, apresentada pela primeira vez na exposição de Bruxelas em 1958 prenuncia as possibilidades de passagem da tela para o palco. Perfeitamente sincronizada, a atuação do ator e a imagem sobre a tela criavam uma ilusão de diálogo direto entre o ator vivo e seu duplo; um efeito entre 2D e 3D. O interesse da lanterna mágica residia também na possibilidade técnica da variante das telas que podiam mudar de formato, aparecer ou desaparecer, girar, inclinar-se... Era possível toda uma multiplicação da mobilidade das telas no palco. O princípio diferia daquele das projeções fundidas à cenografia apresentada anteriormente. As telas passavam a fazer parte da cenografia, oferecendo uma possibilidade que assumiria a forma de um novo dispositivo: a *politela*.

Se a lanterna mágica se baseava em conectar o ator e a imagem, a ponto de exigir dramaturgias específicas, a politela exclui a presença do ator. Por um lado, porque ela era autossuficiente, e, por outro, porque, tecnicamente, a cena colocada no blecaute constituía a base neutra necessária ao surgimento do visível. O blecaute, como sabemos, é uma ferramenta técnica necessária para esculpir o palco. Porém, em seu trabalho com a politela, as áreas escuras são necessárias e devem até mesmo contrastar radicalmente com a luz das telas. Porque, se o olhar é naturalmente mobilizado pelos componentes luminosos de uma cena, o blecaute intersticial das telas, claramente separadas umas das outras, é essencial para seu realce. O blecaute, para valorizar as telas, torna-se novamente tela. No entanto, esse blecaute participa implicitamente da criação da atmosfera que move o espectador atraído pelo dispositivo. Agente de focalização, agente de criação do espaço, o blecaute coloca o espectador em uma disposição que ele encontra na sala de cinema.

Svoboda esculpia o espaço do palco, transformando-o ao utilizar a luz e a obscuridade. O espelho, outro tipo de tela, era um recurso cênico que possibilitava dar a ver uma imagem quando dada a refletir, ou um blecaute profundo quando nada era refletido nele. Ferramenta adequada para passar da imagem ao blecaute, o espelho e os painéis reflexivos eram igualmente associados à projeção de imagens em diversos espetáculos. Já em 1955, para *Le Cercle diabolique* de Hedda Zinner (direção de A. Radokau no Teatro Nacional em Praga), Svoboda usou o espelho para fazer os personagens do coro aparecerem ou não sem colocá-los fisicamente sobre o palco, ou mais tarde, para *Le Mariage* de Gombrowicz em 1968 em Berlim (direção de E. Schöder), ele propôs uma partitura da cena ou não, dependendo da iluminação do espelho. Uma variação para *Hamlet* (direção de O. Krejča) permitiu-lhe representar o fantasma do pai pelo reflexo distorcido de seu filho Hamlet. Em outros casos, um uso técnico do espelho e de sua exposição ou não a uma fonte luminosa direta ou indireta deixava a possibilidade de um blecaute dos mais profundos ou, ao contrário, de uma multiplicação da luz. Combinando os vários processos que ele explorou e finalizou, Svoboda chegou a uma abundância de propostas cênicas que colocaram definitivamente a projeção e a tela no centro das questões dramatúrgicas da cena. Mas, sempre atento às necessidades da obra em que estava trabalhando, Svoboda não fez dela um processo. Ao mesmo tempo, ele desenvolveu uma *cinética cênica*, desvinculada, tanto quanto possível, do referencial ficcional. Para ele, o palco era, antes de tudo, um espaço dinâmico moldado pela luz. O *Hamlet* encenado por Jaromir Pleskot, diretor de teatro em

Praga em 1959, parecia uma repetição daquele de Craig: um espaço escalonado com escadas e postes verticais associados às áreas de sombra e de luz ritmavam o espaço cênico, assim como fizeram seus antepassados, Appia e Craig. O que Svoboda trouxe, sem dúvida, foi a radicalização dos princípios dinâmicos desde a concepção de uma obra cênica. Svoboda concebia inicialmente a luz e o cenário, conjuntamente ao movimento e ao tempo.

No mesmo sentido, o cenógrafo Jacques Poliéri, que trabalhou a matéria da cena numa dinâmica originária das vanguardas, declarou em 1954: "o que nos impede de imaginar por um momento e de uma vez por todas uma organização diferente: o cenário, ponto de partida, depois a música, a atuação dos atores, o texto"[432]. Neste texto, *Kaléidoscope*, verdadeiro manifesto cênico à glória das formas e do movimento, Poliéri expressa o desejo de partir de uma tela abstrata de Kandinsky ou de Mondrian, para constituir uma paleta cênica: "formas, cores, uma composição, uma matéria", longe das preocupações tradicionais do teatro, "o ator e o texto", que ele animaria com um "movimento" envolvendo em seu ritmo "as outras máquinas do espetáculo". Poliéri desejava que todos os elementos do espetáculo fossem "móveis" de acordo com um "princípio de vida". Ele estende seu desejo de mutação ao futuro espectador que, "em uma gaiola de acrílico", teria adquirido as características dos personagens das telas cúbicas, aumentando em dez vezes seu potencial: "rodeado de sons, luzes, cores, formas, sombras, ele seria permeável, e com todos os seus sentidos, a todas as combinações múltiplas, de harmonias, de desarmonias, [...] que iriam se desdobrando neste magnífico e extraordinário caleidoscópio". Seu sonho foi motivo de uma busca perpétua e uma assinatura cênica na qual as projeções e as telas foram amplamente mobilizadas em uma *Scénographie de l'image électronique*[433]. Ao apelar para as ciências físicas que ele explorou antes mesmo de serem amplamente divulgadas, a caixa cênica, em sua tridimensionalidade, tornou-se um imenso espaço de jogos matemáticos e de exploração das possibilidades oferecidas pela ferramenta informática que derrubou as paredes da boca de cena abrindo perspectivas no seu sentido literal. Foi o que o *Cybercinéma* demonstrou em 1989, de Tóquio a Paris, ao provocar uma revolução nas práticas e técnicas cinematográficas. Tratava-se da estreia mundial de uma sessão de "Cybercinema" produzida na rede de Tóquio a Paris e vice-versa, propondo uma transmissão simultânea por teleprojetores de *Sonorité Jaune* e *Mathématics* para Paris e *Mangas* e *Danse Butô* para Tóquio. Originárias das vanguardas das quais ele é herdeiro, as suas experiências apresentavam a questão da imersão no centro das suas pesquisas e proposições. Esse condicionamento envolvia necessariamente o blecaute unificador, que dava a possibilidade de uma criação visual mais livre possível. A necessidade do blecaute, já iniciada no século passado por toda a gama de espetáculos ópticos dos quais o cinema foi a criação definitiva, era reforçada pelo envolvimento físico do espectador em uma esfera abrangente real ou imaterialmente sugerida.

Inegavelmente, esses criadores devem ser colocados entre os iniciadores da dramaturgia cênica e de uma cenografia na qual o blecaute é um fator construtivo, e não um obstáculo a ser superado. Alquimista da luz e das cores, Svoboda foi um técnico virtuoso que dominou o leque de possibilidades em matéria de associação do espaço e do ritmo por meio da cenografia e da luz. O blecaute, material como qualquer outro componente do espectro luminoso, teve seu lugar na criação. Seu refletor homônimo, o "Svoboda", é um sinal disso; a luz tinha, para ele, uma consistência física muito real. Composto por nove lâmpadas de baixa tensão (24 v) montadas em série e encimadas por uma tampa prateada combinada com um sistema de espelho duplo, o Svoboda fornece uma luz forte graças a um feixe estreito que permite criar uma cortina de luz. Barreira para o blecaute, ele

[432] E seguintes, Jacques POLIÉRI, "*Le Kaléidoscope (1945)*", em *Poliéri sur internet*, Biro, Paris, 2011, p. 105.

[433] Título de um texto de J. Poliéri, de 1963.

afirma uma potência da luz como elemento estruturante do espaço. A sua utilização muito difundida, associada aos efeitos de fumaça, deslumbra os espectadores num encontro frente a frente que oculta o espaço do palco. O Svoboda, criado com o objetivo de materialização da luz, tem a capacidade de cegar o espectador...

Polissemia da tela

A presença da tela em cena não pode ser reduzida a um único uso nem a um único problema. A tela é polissêmica. Ela tem um poder de ocultação e de separação da mesma forma que uma cortina de luz criada com uma série de gambiarras Svoboda ou com uma tapadeira opaca. Ela tem também, quase paradoxalmente, um poder de abertura como superfície de projeção. Essas duas acepções, por mais distintas que sejam, se tornam compatíveis no palco por artistas que se apropriam da tela como elemento estruturante e poeticamente significativo. Eu mencionarei apenas dois casos exemplares da cena que foram particularmente bem-sucedidos no uso das telas. Trata-se de Guy Cassiers no Toneelhuis, em Antuérpia, e de François Tanguy com o *Théâtre du Radeau*.

Para o primeiro, Guy Cassiers, o uso da tela cumpre sua função de suporte de projeção. Se esse uso é unidirecional, não deixa de ser uma riqueza dramatúrgica e dramática que acompanha a inventividade de suas utilizações na cena. Ao longo de suas criações, o diretor-artista plástico inventa uma relação espetacular com a tela que se torne uma forma de projeção do íntimo. Se a projeção tem, normalmente, a função de ampliar a caixa cênica para um outro lugar ficcional, nos palcos de Guy Cassiers, a tela redireciona a atenção dos espectadores para o mundo interior. O teatro de Guy Cassiers não é, de forma alguma, um teatro de efeitos cênicos que manteria o espectador distante, pelo contrário, ele o captura em um envolvimento irresistível. Modificada de espetáculo para espetáculo, seu universo coloca-nos em um estado de recepção próximo à hipnose; encantados, experimentamos mais ou menos conscientemente os efeitos de um vício fascinante.

O universo singular criado por Guy Cassiers não é, entretanto, novo; o vídeo e os microfones HF (alta frequência) são usados no teatro com frequência há muito tempo e de maneiras criativas, principalmente nos espetáculos de Josef Svoboda, a exemplo de *Intolleranza*, montada no *Fenice* de Veneza em 1961, na qual ele associa, de uma forma completamente nova, o trabalho visual às criações sonoras de Luigi Nono. Essa mesma ópera foi, em 1965 em Nova York, objeto de desenvolvimentos dramáticos performáticos. Nessa versão, alguns componentes do espetáculo, como os coros, externos à cena, foram filmados e projetados em telas, assim como cenas das ruas de Nova York. Essa criação ao vivo e dupla abriu o caminho para criações internacionais, das quais atualmente Frank Castorf, Robert Lepage, o *Wooster Group* e muitos outros, como Jean-François Peyret na França, costumam integrar cenas externas por meio de câmeras móveis, projeções, sobreposições ou divisões espaçotemporais usando telas interpostas. O espetáculo *Eraritjaritjaka*[434] de Heiner Goebbels em 2004 foi um caso memorável ao interagir com as possíveis perturbações entre a realidade externa projetada e a ficção filmada. O fenômeno desenvolveu-se de forma bastante explosiva a partir da década de 70, nas margens do teatro performático. Herdeiro desses criadores da cena, Guy Cassiers tinha familiaridade com materiais não teatrais[435]. O romance e o vídeo são a matéria-prima de todas

---

[434] *Eraritjaritjaka, musée des phrases*, de Elias Canetti, dirigido por Heiner Goebbels, Odéon-Théâtre da Europa.

[435] Estudante de Artes Gráficas na Academia de Belas Artes de Antuérpia e responsável pelos eventos festivos da escola, ele se viu fazendo teatro quase sem querer.

as suas criações[436]. A sua obra dramática, sem reivindicar uma "arte total" artaudiana, baseia-se na narração cênica. Conclui-se que um dos pontos fortes de seu teatro é o de oferecer ao espectador uma identificação com o "outro" em cena. Mas é uma identificação de um tipo muito particular com o todo da cena, mais do que com o indivíduo.

O que só o ator, em um teatro tradicional e clássico, deve representar passa a ser de responsabilidade de todo o conjunto cênico. Acontece um deslocamento da mimese. Não é mais a ficção nem o ator sozinho que tem a tarefa de produzir uma imitação na qual o espectador possa se reconhecer, mas o próprio processo de todo o teatro é incumbido dessa função. Essa relação com o íntimo difratado nos componentes visuais e sonoros é tão mais eficaz que o espectador, imerso no blecaute, torna-se parte do palco, envolto na penumbra. Na adaptação de *Mefisto for ever*, de Tom Lanoye para Guy Cassiers, e na primeira parte do *Triptyque du pouvoir*, o ator-personagem Kurt Köpler, também conhecido como Gründgen, não consegue mais falar em seu nome, de tanto que ele se acostumou a falar por meio das palavras dos personagens que ele interpretou ou dirigiu no palco. No texto de Klaus Mann, misturam-se trechos de peças de Shakespeare, Tchekhov e Goethe. Esses textos têm uma dupla orientação, como partes das peças ensaiadas pelos atores no teatro, em que se situa a ação, mas também como vetores dos pensamentos profundos que são expressos pelas palavras dos autores. Esse caminho é indispensável para acessar o eu profundo. É o que é mostrado pela encenação que, nessas passagens pelo abismo, se revela muito íntima. Concretamente, os atores aparecem diversas vezes, no início da peça, na posição horizontal sobre bancos de vidro. Eles são filmados por câmeras suspensas, e sua imagem, geralmente em plano fechado, é projetada em quatro telas verticais no fundo do palco. Tudo está envolto em uma atmosfera de semiescuridão. Suas vozes amplificadas sussurram o texto com o refinamento sonoro de uma dicção impecável que reforça, para nós, ouvintes de língua francesa, as vogais harmoniosas e o delicado brilho das consoantes em holandês. O princípio de focalização das imagens e vozes em plano fechado por meio do uso de microfones dá a impressão de que esses seres estão sendo observados pelo microscópio, como em um laboratório de almas. Doutor Fausto não está longe. Entre a sessão com o psiquiatra, a confidência íntima, o murmúrio amoroso e a conspiração, essas cenas rompidas pela súbita erupção do real nos tinham levado a um outro lugar.

Uma mudança do estado luminoso passando do clima íntimo para a luz geral impudica, das nuances quentes contra um fundo de penumbra à crueza das atmosferas frias da realidade, essa súbita mutação atinge todos os participantes, pois o espectador, em uníssono com o ator-personagem sobre o palco, viu essa intrusão como uma violação das consciências. As projeções são substituídas pela presença dos corpos físicos que se endireitam em um salto e ficam de frente para a sala. O desconforto dos atores desnudados é traído por suas posturas desajeitadas. O desafio de *Mefisto for ever* é o de analisar o comportamento daquele que tenta lutar de dentro contra a máquina do poder, nesse caso o fascismo hitleriano. Para Guy Cassiers, essa peça mostra que o teatro é o lugar dos questionamentos, o lugar da dúvida e das tentativas de construção em um mundo que está se desintegrando. Isso é o que as telas, como cubos empilhados, mostram. As imagens projetadas dão a ver os rascunhos em ação que buscam captar uma realidade que escapa tanto quanto o lugar do indivíduo no coletivo ou da arte na política.

Um pouco mais adiante em *Mefisto for ever*, um discurso de Goebbels é retomado pelo personagem que faz o papel do ministro da propaganda. É um momento teatral que faz gelar o sangue,

[436] Apenas algumas criações fazem parte de textos teatrais recompostos como *Bloetwollef-duivel*, variação de Shakespeare ou mesmo textos encomendados a Tom Lanoye.

despertando o espectador de seu torpor para fazê-lo entrar em um outro sonho que parece mais um pesadelo. Inicialmente, apenas o plano fechado do rosto do ator em um único exemplar é refletido na tela do fundo do palco. Depois, à medida que o discurso progride e o timbre se amplia até incorporar as ressonâncias dos discursos do Führer, sua imagem multiplica-se e preenche a tela de forma esporádica em um crescendo que segue a progressão sonora do discurso até invadir literalmente o palco com movimentos estroboscópicos.

As cenas desse tipo, encontradas com diferentes nuances em cada um dos espetáculos de Guy Cassiers, são uma nova forma de projeção do "eu" sobre todo o palco. O palco torna-se o teatro onde o "eu" reprimido se expressa levando o espectador em um medo envolvente. É também por meio do uso das cores e dos recortes do espaço pela luz que o universo mental dos protagonistas se expressa e se projeta em cena. Os códigos, de um espetáculo para outro, apresentam-se com nuances: o azul e a penumbra geralmente se referem à relação mais íntima do narrador ou do protagonista consigo mesmo. O plano fechado de seu rosto acompanha essa intrusão complementada pelo tratamento da voz, cujas confidências sussurradas são amplificadas por uma sonorização sistemática. No entanto, o ator está sempre presente e visível ou perceptível no palco. Ele não é substituído pela imagem filmada, mas duplicado, amplificado, transpassado.

As suposições de incompatibilidades estéticas entre o cinema e o teatro denunciadas por André Bazin[437] nos anos 60 e postas de lado em favor de uma nova estética são uma realidade afirmada por todos os diretores que se apoderam das *novas tecnologias*[438] em suas criações. Guy Cassiers faz parte dos que, evocados nesta análise, propõem uma outra forma de perceber o encontro entre o palco e a tela, não mais em um clima de confronto, nem em uma idealização de fusão fraterna entre as artes. Se a tela é um suporte de projeção no sentido técnico do termo, no seu teatro ela é uma abertura para o íntimo e os pensamentos profundos. Ela é um convite para entrar no universo do palco, e não uma ocultação.

O trabalho de palco de François Tanguy com o teatro Radeau vai ainda além dessa imersão no universo do íntimo. No *Théâtre du Radeau*, a óptica e o poético cruzam-se para dar origem, no palco, a um objeto nascido da alquimia de uma dramaturgia cênica associada à do espectador. É no cruzamento desses imaginários que se encontram os painéis móveis do *Radeau* em um trabalho único e essencialmente inclassificável desde os anos 80. Em 2001, Marie-Madeleine Mervant--Roux[439] fez uso do termo "imaginamento" para designar o trabalho de François Tanguy, abrindo caminho para uma abordagem que recoloca a parte poética no centro do palco-Radeau, nunca fixa e constantemente dinâmica[440]. Isso porque o seu teatro não era um teatro de imagens reduzido a uma dimensão plana. Mais parecido com quadros em movimento, ele não é, tampouco, redutível à ideia de uma simples mobilidade dos componentes. Se o palco estava em permanente recomposição por um jogo de construção, desconstrução, opacidade, fechamento, abertura e transparência por meio de simples tapadeiras sobre as quais se acrescentava a projeção de imagens, por outro lado, o objeto "tela" não era mais aceito. Desde *Choral*, a poética cênica realizada no próprio palco pelos

[437] André BAZIN, *Qu'est-ce que le cinema?* Éditions du Cerf, reedição 2008.

[438] Embora o termo "novas tecnologias" continue a ser usado para designar recursos audiovisuais relacionados à projeção, essa expressão não é mais válida quando se trata da questão da "novidade"; preferimos o termo genérico "digital", que é usado agora.

[439] Marie-Madeleine MERVANT-ROUX, *"Le ré-imaginement du monde. L'art du théâtre du Radeau"*, em Béatrice PICON-VALLIN (orient.), *La scène et les imagens, Les voies de la creation théâtrale*, v. 21, Edições CNRS, 2001, p. 362-387.

[440] Éric VAUTRIN é o autor de uma tese orientada por Marie-Madeleine MERVANT-ROUX: *Os fascínios do mito no teatro contemporâneo: uma abordagem antropológica à representação (teatro-melancolia de Claude Régy segundo Jon Fosse, Coda de François Tanguy e o Théâtre du Radeau, Tragédia Endogonidia de Romeo Castellucci e Socìetas Raffaello Sanzio*, Paris 3, 2006). Ele dirigiu também um número de Théâtre public que foi dedicado a ele: *Variations Radeau*, Théâtre public, n. 214, outubro/dezembro de 2014.

atores que continuamente redesenham o seu contorno e sua profundidade tem reflexos oníricos que não contradizem a materialidade ostensiva dos painéis, mesas, cavaletes, cadeiras e lâmpadas que preenchem o universo deste agrupamento de pessoas falando de outro mundo. Acontece que as questões previamente formuladas em termos de opacidade ou de suporte de projeção em relação às telas presentes nos palcos dos teatros eram inoperantes em uma abordagem descritiva e analítica da obra de François Tanguy. Assim como a única referência à noção de imagem, se ela evoca uma lembrança do espectador, afirma Marie-Madeleine Mervant-Roux, não pode dar conta da experiência. Jean-Paul Manganaro, na coleção de artigos dedicados ao *Théâtre du Radeau*, evoca uma resposta poética às questões colocadas ao teatro, pelo teatro com os recursos do teatro. Sobre o *Jeu de Faust*, ele relata: "quando a cortina se abre [...] descobrimos uma cena feita de marcenaria atemporal e outras cortinas menores: há algo ali como uma concentração de cenas multiplicadas que vão, por sua vez, encenar suas pequenas tarefas"[441]. Os painéis tornaram-se suportes de sombras ou criadores de espaços entre as áreas escuras, enquanto o fundo deixava, por vezes, perceber à distância "um dos mais belos blecautes cênicos jamais vistos". Um blecaute "total", "vazio" que "engolia ou cuspia os atores"[442]. O blecaute e a obscuridade só estavam presentes para manifestar o próprio teatro, como analisou Eric Vautrin. A cena infinitamente reenquadrada e desenquadrada como um rizoma deleuziano desenhado por biombos não era um espaço para situações, mas "uma forma de território"[443]. Nem objeto, nem moldura, o espaço-movimento tinha a fluidez da luz que estava no início de tudo. Sobre o palco de François Tanguy, as luzes tinham esta função inicial, elas eram "as primeiras dramaturgias no espaço":

> Elas falam da visibilidade e da invisibilidade, não porque elas iluminam sujeitos, objetos, imagens e até atores, mas porque elas são, no espaço, as primeiras contribuições e signos do que vai tomar forma. Elas estão para elas mesmas, em sua divisibilidade da matéria da narrativa, de uma memória do tempo. Elas buscam, também, introduzir ressonâncias, transumâncias de instantes, de velocidades, de junções das - diretivas espaciais -; antecipar ou às vezes atrasar o desenvolvimento das imagens.[444]

Em *Choral*, esculpindo a profundidade cênica, François Tanguy expôs diferentes planos por meio dos efeitos de luz. No primeiro plano, surgia a silhueta sombreada de homens de sobretudos e chapéus, usada desde então, à maneira de Kafka ou de Folon, mas sem desmerecer estes últimos. Dessa forma, em face ao fundo do palco, eles pareciam ser, eles próprios, espectadores de aparições. De fato, no segundo plano, em um corredor de luz, as mulheres em vestidos brancos deslizavam diáfanas de uma ponta a outra, da esquerda para a direita do palco... Foi Nadia Vanderheyden quem, como uma noiva dançarina em seus véus, cativou a atenção de espectadores redobrados. Às vezes, uma cortina de lençol esticado, à maneira brechtiana, evocando a roupa secando no varal, serve de tela obstrutiva. A questão da imagem, se é que ela existe, não está ligada à segunda dimensão; a sutileza reside nessa reconstrução dos princípios visuais entre olhar e ser mostrado. A cada meia hora desse espetáculo de quase duas horas, um blecaute, entre os do início e do fim, interrompia o fluxo contínuo da caixa de aparições. O espectador, que é relembrado com isso dos códigos do teatro, ansiava pela retomada da vida intensa e fascinante. Os espetáculos de François Tanguy eram baseados nessa atração física alimentada pela música quase permanente dessas novas formas operísticas. Em outros espetáculos como *Ricercar* ou *Onzième*, o princípio repetia-se. O visual constan-

[441] Kean-Paul MANGANARO, *François Tanguy et le Radeau*, P.O.L., 2008, p. 14.

[442] *Ibidem.*

[443] François TANGUY, *"Matériaux"*, em *Variations Radeau*, Théâtre public, n. 214, outubro/dezembro de 2014, organização Éric Vautrin, p. 57.

[444] *Ibidem.*

temente ligado ao movimento dos painéis era redobrado pela presença de corpos e projeções que traziam a cor, enquanto alternavam retornos ao preto e branco primitivo pelo uso de sombras. Era na transparência que as sombras emergiam e interagiam com os corpos presentes no palco, como um desdobramento da teatralidade, enquanto as projeções de árvores e de folhagens luminosas proporcionavam uma abertura e um respiro.

"É o próprio teatro que François Tanguy se dedicou a dramatizar"[445], sintetizou Éric Vautrin, e foi com base nessa definição que sua poética óptica foi criada, para além das utilizações codificadas de telas que não tinha escolha além de entre a função de suporte ou a de obturador. Com François Tanguy, os painéis-telas, nunca parados, integravam intrinsecamente o movimento, a fluidez e a polissemia ao virtuosismo poético. Mantendo a frontalidade do espaço espetacular de onde o espectador "vê", o palco do Radeau, transformado, antes de tudo, em um espaço, alterava constantemente o ponto de vista, o ângulo, a distância focal e a profundidade. A lanterna mágica não utilizava menos dessa materialidade exposta e de códigos indispensáveis ao "ver", mas renovando seu poder, a ponto de fazer com que o espectador acreditasse ou sentisse o poder de uma virtualidade "imaginante". O blecaute envolvente, necessário a esses espetáculos que mergulham o espectador em uma intimidade sensível, assumia uma profundidade insuspeita para quem passou pela experiência do espectador "vidente" à maneira do poeta: ele se autodramatiza, revelando-se em e por meio das telas, às vezes abertura e noutras, paradoxalmente, fechamento. A interação das telas entre obstrução e projeção tinha essa capacidade de mergulhar o espectador em sua própria dramaturgia em uníssono com o movimento da cena em um universo poético envolvente. Por fim, o espectador, cujo olhar era cativado no sentido próprio do termo, via além do visível cênico o que a realidade escondia dele, graças e por meio das telas.

Do palco para a tela, o jogo de mutações e permutações trazia em seu rastro um deslocamento dos quadros e das fronteiras entre o visível e o invisível. Atuar como tela sem prejudicar a visibilidade não era uma ação radical; ao contrário, a tela podia se tornar um suporte para imagens de projeção, como Svoboda demonstrou, ou uma construção de imagens por deslocamentos incessantes como no *Théâtre du Radeau*. Ela pode refletir a intimidade oculta como feito por Guy Cassiers, sublinhando os estados de espírito em nuances. O cinema e o palco, desde os impressionistas e os expressionistas, compartilharam essa alquimia, cada um buscando emprestar do outro os meios de tornar perceptíveis os movimentos interiores e a essência da vida. É nesse ponto que a tela em cena se torna interessante. Se a sua presença anula a visão do palco ao torná-lo "tela", para além do dispositivo que ela representa, ele assume o desafio paradoxal de mostrar o invisível. Nisso, a tela que se assemelha a um obscurecimento não é contraditória pela capacidade de ver a projeção dos pensamentos ou das emoções quando a tela é utilizada como dispositivo apropriado para revelar essa interioridade.

Este capítulo, "Fazer o blecaute, usar a sombra", que termina com a polissemia da tela, partiu da observação das mobilizações do blecaute e de seus avatares nos campos explorados pelo teatro na virada do século XIX para século XX. Ao longo desse período, discernem-se as orientações estéticas que forjariam o teatro moderno e contemporâneo, sobre o qual não é o caso de se deter neste estudo. No entanto, é nesse contexto que o blecaute encontrou seu lugar como revelador das principais tendências estéticas. O blecaute contribuiu amplamente para a escrita de um teatro que se desenvolveu no campo da desrealização para se tornar um material cênico completo, sem complexo. O blecaute, que, como pudemos ver, ainda é, muitas vezes, um simples obscurecimento, conquistou um lugar na

[445] *Idem*, p. 6.

construção dramatúrgica cênica, assim como na poética do palco. O desafio para o teatro será, então, o de ir além da valorização de um processo necessário para que a teatralidade considere o blecaute em si, carregado de seus múltiplos sentidos e valores. O que somente uma adoção consentida pela atuação poderá tornar possível.

ATUAÇÃO DO BLECAUTE, DESAFIO DA CENA

Blecaute

Desde o último terço do século XIX, a questão da luz e a do blecaute estiveram intimamente ligadas no tratamento da cena. Appia, em uníssono com os espetáculos de Wagner, desejou esse blecaute fundador de uma fusão do espectador com o espetáculo; ele o integrou não só nesta relação cena-sala, mas também o mobilizou para gerar uma arquitetura cênica que desse conta do espaço e da duração em um ritmo espacial que marcará época. Craig, opondo-se ao cenário realista, propôs uma arte baseada no movimento, na cor, nos efeitos de luz e sombras, que enfatizou a precedência do gesto sobre a fala. Sonhando com um espetáculo baseado na dança e na música, no jogo das linhas, nos contrastes entre a luz, a cor e o blecaute, ele criou uma arte total na qual tudo seria simbólico. Com Reinhardt e depois Svoboda, o blecaute tornou-se um constituinte da cena, ele era matéria e luz. As propostas do primeiro, que beiram o sonho acordado e a magia realizada, foram vistas, no segundo, desrealizadas em um material abstrato libertado da narrativa. O blecaute intenso é dramático, assim como a luz. Luz e blecaute unem-se em um jogo de percepção e de ação física, que os futuristas intuíram em seus jogos cênicos. Com eles, o blecaute, em uma autonomia e uma materialidade comprovadas, era um componente completo da cena.

O blecaute dos futuristas

Numa radicalidade completamente diferente, mas sempre nos períodos de explorações cênicas e artísticas das vanguardas do início do século XX, seguindo os passos dos poetas e dos pintores, os cubofuturistas e os futuristas trouxeram a abstração cênica da qual o tratamento do blecaute se beneficiará. A ópera *La Victoire sur le soleil*[446], criada no Luna-Park de São Petersburgo nos dias 3 e 5 de dezembro de 1913[447], marcou com um estrondo o nascimento de um teatro futurista. Em dois atos — duas "ações" — e seis quadros, a ópera relatava a vitória sobre o antigo esteticismo, ou "sobre o antigo conceito do sol como beleza", segundo Matiouchine. Seus abstratos dominantes fizeram dela uma revolução cênica em si: nenhum texto para o prólogo, mas um espaço sonoro na língua "zaoum" brincando com as sonoridades ao alterar o léxico e criar palavras; e durante as "ações": declamações da poesia alógica de Alexeï Kroutchonykh por uma trupe de amadores sobre as "dissonâncias" de Matiouchine. Tudo em um espaço visual, para o qual cada quadro autônomo correspondia a uma tela de fundo que duplicava a caixa cênica constituída por paredes e pisos coloridos[448]:

> 1º quadro: preto e branco – paredes brancas, piso preto.
> 2º quadro: paredes e piso verdes.
> 3º quadro: paredes e piso pretos.

Em 1913, este cenário de Malevitch, que poderia levar o nome de cenografia, de tão ausente que estava, nele, a questão da representação, trazia a semente da radicalidade de sua investida contra a arte acadêmica. A cortina do palco (Fig. 30), negando a figuração, mas mantendo o princípio do

[446] Ver Valentine e Jean-Claude MARCADÉ, *La Victoire sur le soleil*, Ópera futurista russa de A. Kroutchonykh e M. Matiouchine. Cenários e figurinos de K. Malevitch, L'Âge d'Homme, La Cité, 1976, e Sally *Norman, "La Victoire sur le soleil. Naissance de l'enfant majestueux et chute de la place du prince: une arcui-fiction scénique"*, em *Ligeia*, n. 2, 1988.

[447] Essa ópera foi beneficiada pela reconstituição por Robert Benedetti em Los Angeles em 1980 e depois em Berlim, Amsterdã e Nova York em 1983.

[448] Ver a versão bilíngue de V. e J.-C. MARCADÉ, *La Victoire sur le Soleil*, *op. cit.*

anúncio, ou seja, de uma ilustração pintada de acordo com a peça, representava, sobre um fundo pintado como um *patchwork*, um grande retângulo e quadrado pretos, uma espécie de prefiguração de seu famoso quadro, símbolo do *suprematismo*, conhecida pelo título: *Carré noir sur fond blanc* (1915)[449].

Fig. 30. Kasimir Malevitch, esboço para a cortina de cena de *Victoire sur le soleil* 1913, ópera futurista de Kroutchonykh e Matiouchine

Para *La Victoire sur le soleil*, em cada quadro, colisões de formas geométricas formavam-se entre os figurinos e os cenários, momentaneamente iluminados pelos feixes móveis de potentes refletores operados pelos técnicos. Sally Norman comentou: "*La Victoire* afirma-se como uma canção de vitória ganha sobre os antigos modelos espaçotemporais, tornados obsoletos em face do universo transracional e supradimensional do 'zaoum'. A ópera cubofuturista oferece uma experiência sensorial

[449] O quadro, intitulado *Quadrangle* antes de se tornar *Carré noire sur fond blanc* em duas versões posteriores, foi exibido durante a *"Dernière exposition de tableuax 0,10 (Zero-Dix)"*, realizada em Petrogrado de 19 de dezembro de 1915 a 19 de janeiro de 1916. Para a análise, ver Victor I. Stoichita, *Brève histoire de l'ombre*, Droz, 2000, p. 203-204.

que pretende resolver e superar o conflito eterno do espaço cênico bi e tridimensional, ao qual se acrescenta a dimensão do movimento"[450]. Do conflito apocalíptico entre a luz e as trevas, a noite saiu vitoriosa e, com ela, a abstração supremacista.

Paralelamente, na Itália, sob a liderança do poeta Filippo Tommaso Marinetti, que defendeu uma "poesia livre, emancipada de todos os laços tradicionais, ritmada pela sinfonia dos encontros, das fábricas, dos automóveis, dos aeroplanos voadores", uma nova estética futurista era experimentada nas diversas formas de arte e suas combinações. Luigi Russolo, que se interessava pela música, deu mais um passo ao escrever o manifesto *L'Art des Bruits*, considerando que "é preciso romper, a todo custo, este círculo restrito de sons puros e conquistar a infinita variedade de sons-ruídos". Aqui, novamente, a influência da vida moderna gera um interesse criativo: "vamos nos divertir em orquestrar idealmente as portas dos bastidores das lojas, o rebuliço das multidões, os alvoroços diferentes das estações, das forjas, das fiações, das gráficas, das usinas de eletricidade e das linhas férreas subterrâneas"[451], que os espetáculos "barulhentos" conseguiram realizar graças a aparelhos que reproduziam esses sons modernos e mecânicos do progresso. Em várias cidades italianas, espetáculos noturnos futurísticos floresciam, durante os quais reuniões políticas e artes se misturavam. Neles aconteciam debates moderados por Marinetti, leituras de manifestos e poemas de versos-livristas e apresentações de quadros. As relações com o público eram muitas vezes turbulentas, Marinetti fazendo de tudo para excitá-lo, insultando-o quando necessário, tornando essas noites uma espécie de "*happening*" antes da hora.

Nesse contexto, os futuristas criavam espetáculos nos quais a contribuição da luz elétrica era associada a essa emancipação das formas de arte tradicionais. Em 1915, Fortunato Depero propôs, com Balla, um eloquente manifesto intitulado *Reconstruction futuriste de l'universe*, no qual ele anunciava a arte dos "complexos plásticos", ou seja, das construções ruidosas e cinéticas: "Nós encontraremos equivalentes abstratos para todas as formas e para todos os elementos do universo, então os combinaremos segundo os caprichos de nossa inspiração, e nós formaremos com eles complexos plásticos aos quais comunicaremos o movimento". O espectador, corporalmente envolvido em emoções plurissensoriais, era convidado para uma experiência antinaturalista. Mais tarde, Depero propôs um novo manifesto chamado *Théâtre Magique* (1921), que defendia um teatro a serviço de "um novo maravilhoso baseado na atuação, na magia, no riso, na surpresa, na máquina". Enrico Prampolini redigiu, por seu lado, dois manifestos eloquentes: *Manifeste de la scénographie futuriste* (1915), depois *L'Atmosphère scénique futuriste* (1924). Ele sonhava com um descompartimentar das linguagens artísticas para melhor representar o dinamismo universal sobre o palco. Ele acabou por desejar se livrar do ator e até mesmo das imagens para fazer "da luz, do movimento, da cor e do ruído os únicos atores do drama". Não havia mais cena pintada, mas "uma arquitetura eletromecânica incolor, poderosamente animada por emanações cromáticas de uma fonte luminosa". Em vez do ator humano, era preferível o "ator de gás", uma forma luminosa dinâmica cuja ideia era muito devida a Craig, indo ainda mais longe na sua rejeição do ator. O que a dança serpentina de Loïe Fuller também prenunciava, no fim do século XIX, ao fazer o corpo desaparecer por trás de um movimento colorido pelas luzes em uma forma sugestiva. Por fim, o manifesto *Pour un nouveau théâtre électro-vibro-lumineux*, de Montalti e Augusto Mauro, propunha um teatro no qual o visual e o plástico tinham precedência sobre o auditivo e o inteligível. Um "*electro-théâtre*" baseado na cor e no movimento, no qual o ator estaria ou ausente, e o espetáculo consistiria apenas em vibrações

[450] S. NORMAN, *op. cit.*

[451] Giovani LISTA, *Futurisme, Manifeste Documents proclamations*, p. 314.

luminosas que desenhariam formas geométricas por associação de pontos luminosos, ou, se estivesse presente, o ator seria o "Mestre das vibrações", unido à "Obscuridade sensível", ou seja, uma espécie de quadro negro de onde poderiam emergir pontos luminosos que se iluminariam com os movimentos do ator extraindo as fitas do drama, literalmente, conforme o exemplo de aplicação proposto por Montalti na sequência do manifesto.

É nesse contexto que eclodiu o tratamento do blecaute como elemento ao mesmo tempo dramatúrgico e cênico. Componente do teatro futurista tanto como cor quanto como elemento estruturante e rítmico, o blecaute aparece nominalmente nos textos, ou melhor, nos roteiros das performances cênicas. Fortunato Depero propôs, em 1916, uma "síntese teatral abstrata" intitulada *Couleurs*, que colocou em cena "quatro individualidades abstratas" manipuladas mecanicamente por fios invisíveis e correspondendo cada um a uma cor: "1– Ovoidinâmico cinza escuro plástico, 2– Poliedrodínamo plástico triangular vermelho, 3– Longlinear – afiado-pontudo, dínamo plástico branco (chamado de Branco puro), 4– Multiglobo preto". O palco era "uma peça cubo-azul, completamente vazia", e a ação, uma "voz gutural profunda" que repetiria onomatopeias no blecaute. O blecaute era aqui, ao mesmo tempo, uma cor, como o cinza, o vermelho e o branco, mas também estrutura espacial, visto que a ação se passava no blecaute. Em 1917, ele idealizou *Suicide et homicodes acrobatiques*, um "drama plástico futurista em 4 partes" assim divididas: "1– Precipitação vermelha, 2– Espiral humana em ascensão, 3– Funeral em semicírculo, 4– Dança dos anéis". Este drama colocava em cena entidades mais ou menos abstratas: uma "mulher ruiva rica que tinha apenas um olho com discos concêntricos verdes" e era "coberta de pérolas azuis e joias de ouro e de prata"; com um "enorme copo vermelho", "luminosa, embriagada", "ela dança". Durante a sucessão de quadros, outros personagens intervêm: um "Louco", um "Cadáver", um "Conde" enlouquecido, uma "Dançarina branca", um "Ginasta dourado" e um "Atleta negro". As ações: "dupla precipitação ritmada", "ruído surdo", o copo que "se eleva, balança, se desfaz, pousa sobre a mesa", o "lançamento de estrelas luminosas" partindo "do centro do olho" com "sensações de tontura fatais" etc. Essas ações eram concomitantes ou sucessivas e eram sequenciadas por uma indicação claramente marcada no texto: "– Blecaute –". Indicação preciosa para este estudo, visto que ela marca, pela primeira vez, a notação do blecaute como elemento cênico.

Para o *Drame de lumières* (1915), uma síntese teatral de Paolo Buzzi, o drama começava com uma "sala vazia na penumbra" com uma "janela vidrada aberta para [um] crepúsculo sangrento". O cenário era particularmente preenchido com fontes luminosas pontuais: "candelabros com uma vela; uma pequena lâmpada; três castiçais; um grande lustre", a rubrica especificava: "no entanto todas as luzes interiores estão apagadas". Todo o jogo dramático envolvia as várias fontes luminosas externas (pôr do sol, lua) e internas. Passava-se alternadamente da obscuridade à luz, movimento acompanhado de efeitos sonoros (tambores, sinos, trovões, vozes diversas). Alternância marcada pela designação explícita: "Obscuridade". Os futuristas optaram pela dramaturgia cênica que envolvia com humor ou provocação os efeitos de luz. O blecaute, fora do contexto narrativo, ao contrário de todo realismo e de toda psicologia, era experimentado com radicalismo em um jogo, antes de tudo, cênico. Inventando uma linguagem cênica que não hesitava em caricaturar o teatro, as sínteses futurísticas brincavam com seus códigos. Foi assim que o "blecaute" interveio na cena curta *Lumière*, de Francesco Cangiullo, mencionada a seguir[452]. Desviado de suas funções primárias de enquadramento, o blecaute foi integrado ao drama, mas de forma indireta. Ele era muito mais do que uma simples rubrica.

---

452 No capítulo "Área de passagem".

Tradicionalmente, o texto teatral não marcava exatamente essa ruptura. Por outro lado, desde o comprovado advento da cortina, ela era indicada "cortina" no fim de um ato ou de uma peça, o que pode ser encontrado sistematicamente nos textos dramáticos do século XIX. Mais tarde, isso seria feito com um obscurecimento, como em *La Parodie*, texto de Arthur Adamov que mencionava, ao fim de cada quadro: "obscuridade". Essa peça, criada em 1952 por Roger Blin, prenunciava uma generalização que esperaria até o último terço do século XX para ver a menção "Blecaute" aparecer nas publicações textuais em substituição aos seus *ersatze*, a cortina ou o obscurecimento. A lacuna entre o aparecimento de "Blecaute" entre os futuristas em 1915 e seu aparecimento no texto de Adamov em 1952 permite imaginar quanto fazer emergir o blecaute ou, mais exatamente, seus equivalentes (obscuridade e noite) da ficção narrativa para marcar a ficção cênica nos textos não foi tão simples. Daí a fazer dele um suporte para a escrita dramática, precisou-se esperar que a cena teatral se transformasse, ela mesma, em um lugar de ficção.

O blecaute, como elemento cênico desenvolvido pelos futuristas, tomou um lugar duplo. Ele pertencia tanto à dimensão dramática quanto à realidade cênica[453]. Ele não era, prioritariamente, um elemento dramatúrgico imaterial. Bem real, esse blecaute cumpria seu papel, ocupava seu lugar nas construções cênicas. Ele era um elemento constitutivo do drama cênico. Era um dado que, pouco a pouco, cautelosamente, entraria em uso, exceto em certos casos nos quais, ao contrário, da mesma forma que as proposições futuristas e sob a influência do cinema, o blecaute poderia se tornar o principal desafio da cena.

O blecaute como ação cênica: Beckett

Com Samuel Beckett (1906-1989), a ficção cênica estava inegavelmente presente nos textos[454]. Ele demonstrou, assim como muitos homens de teatro, um interesse pela contribuição das novas técnicas que modificaram profundamente a escrita teatral do pós-guerra, incluindo a notação das indicações de direção e de operação. Não se anotava mais, simplesmente, as entradas e as saídas, nem as intenções e os tons da atuação, mas todo um caderno de direção passou a estar inserido no texto ou até mesmo ser adicionado a ele depois. Basta lembrar somente as rubricas de Ionesco, Anouilh ou, é claro, Genet e seu *Comment jouer Les Bonnes*, uma referência na área. No entanto, esses contemporâneos de Beckett não inscreveram, como ele, o blecaute como um elemento dramático[455]. Na melhor das hipóteses, ele era um elemento de enquadramento, sempre um substituto da cortina. Com Beckett, se, por muito tempo, a cortina marcava o início e o fim, em *Catastrophe*, peça escrita em 1982, sua abertura mostra uma "cena no blecaute": o blecaute anotado depois da abertura da cortina faz, portanto, parte da peça. Ela era um elemento integrante da ação dramática. Mesmo princípio na peça *Pas* (1978). *Catastrophe*, uma peça interessante em muitos aspectos no que diz respeito à desencarnação dos personagens, apresentava rubricas que indicavam "os olhos fecham-se, ligeira diminuição da iluminação"; depois, algumas ações mais tarde: "Silêncio 3 segundos. Os olhos abrem-

[453] Também está presente na pintura, como mencionei ao relembrar o *Carré noir sur fond blanc* de Malévitch. Mas deve-se acrescentar que a última exposição futurista em Saint-Petersboug, entre 19 de dezembro de 1915 e 19 de janeiro de 1916, "*0,10*", deu um grande espaço para o preto nas várias formas geométricas expostas. Se em 1918 Malévitch propôs um quadrado branco ligeiramente deslocado em outro quadrado branco, na forma de uma resposta, Rodtchenko ofereceu no mesmo ano seu "Preto sobre preto".

[454] Os textos de Samuel Beckett são publicados pela Éditions de Minuit, mas, para a lisura deste estudo, as datas indicadas com os textos citados são as datas da redação, e não da publicação.

[455] Trata-se aqui de um blecaute dramático em sua dimensão cênica. Para uma análise literária e interpretativa do blecaute na obra de Beckett, ver Arnaud BEAUJEU, *Matière et lumière dans le théâtre de Samuel Beckett Autour des notions de trivialité, de spiritualité et d'"autre-là"*, Peter Lang, Bern, 2010, p. 290-294.

-se. Ligeiro aumento da iluminação. Respiração audível. 7 segundos". Essas rubricas de operação da luz, com as variações de intensidade, bem como os tempos de execução no acompanhamento da abertura e do fechamento dos olhos, indicam um "movimento" técnico que apresenta claramente uma função dramática e um valor dramatúrgico. Percebida como uma exigência de autor que não confiaria nos diretores, a exigência de Beckett relativa ao respeito rigoroso às suas indicações de operação foi, com frequência, mal compreendido; havia um erro. Os componentes da cena integrados às dramaturgias de Beckett tinham uma função intrínseca. Elas não eram uma possibilidade dada entre outras realizações cênicas, elas eram ações cênicas de total valor dramatúrgico, a ponto de existir sem a palavra ou mesmo a voz de um ator, sem texto falado. Esses roteiros, "Atos sem palavras" de Beckett, são, no entanto, verdadeiras "peças". Nesse contexto, o blecaute, longe de ser uma rejeição da luz, era um elemento de ação cênica. Bem no início do "dramatículo" *Solo* (1982), a rubrica inicial indica:

> Lâmpada desligada. Silêncio. Recitando, globo, extremidade da cama, quase invisível na luz difusa.
> Um longo tempo.
> Blecaute.

Aqui, a fonte luminosa intradiegética por intermédio da lâmpada também tinha uma função na ação dramática. O "Blecaute" indicava uma pausa pouco antes do início da fala. Não se sabe quando a lâmpada se acenderia, nenhuma indicação de operação especificava isso. É possível imaginar que a lâmpada se acenderia no momento do início da fala, visto que o texto dizia, finalmente: "Pouco antes do fim da fala, a lâmpada começa a baixar". Mas, por outro lado, a situação evocada no próprio texto — uma tentativa de sair do blecaute — deixa duvidar e supor igualmente uma concomitância entre a ação evocada no texto e a operação da luz. Pela primeira vez, Beckett não especifica. De fato, em *Solo*, a fala do "Recitador", que era um monólogo ao longo de uma noite de insônia, estava cheia de alusões ao blecaute ficcional e ao blecaute real que invadiam a imaginação do sonhador acordado:

> No quarto é o blecaute que ganha. Até a luminosidade do poste. Pavio baixo. E agora. Esta noite. Levantado à noite. Cada noite. Luminosidade fraca no quarto. De onde o mistério. Vazio da janela. Não. Quase nula. Não existe nula. Vá tateando até a janela e olhe para fora. Imensidão escura onde nada se move. Retorne finalmente tateando até a lâmpada invisível. Punhado de fósforo no seu bolso direito.

Este texto oferece uma série de qualificativos do blecaute: "blecaute completo", "blecaute" que "se desfaz", "o outro blecaute além", "penumbra", "buraco negro", "noites fantasmas" e, finalmente, "o vazio negro". O pouco de luz percebida é uma "luz que morre". Uma luz qualificada como "quase nula" e retificada: "Não existe luz nula". Uma maneira pode ser tranquilizar-se ou constatar que o olho sempre busca instintivamente captar a menor luminosidade ou então se acostuma, finalmente, ao blecaute. Este texto, que não está isolado no ano de 1982, descreve a experiência física, psicológica e metafísica do insone. Um outro insone foi apresentado em *Nacht und Träume*, peça de Beckett escrita para a televisão no mesmo ano. *Nacht und Traüme* era também o título de um dos últimos *Lieder* de Schubert, Op. 43, N.º 2 em Si Maior, composto de um poema de Heinrich Joseph von Collin:

> Noite abençoada, você desce
> E a onda de sonhos nos oprime também,
> Enquanto a obscuridade invade o espaço,
> E se acalmam os homens e sua respiração
> Você ouça em segredo e se regozija

Enquanto ao amanhecer eles clamam:

> Volte, noite abençoada,
> Doces sonhos, voltem também.

Os "Elementos" do roteiro de *Nacht und Traüme* são:

> Luz do entardecer.
> Sonhador (A)
> Como ele sonha (B)
> Mãos que ele sonha D (direita) e E (esquerda).
> As sete últimas medidas do *Lied* de Schubert, *Nacht und Traüme*.

Peça para televisão, sem texto, espécie de mimodrama, *Nacht und Traüme* não mencionava nenhuma mudança entre a luz e o blecaute, nem dava nenhuma indicação de operação nesta área, exceto no início: "uma peça escura e vazia, iluminada apenas por uma luz do entardecer que entra por uma janela aberta muito alto na parede de fundo". Nessa peça, eram as indicações de movimentos da íris da câmera que substituíam os blecautes, designados como "abertura" ou "fechamento" ou ainda "baixando", associados a outros procedimentos cinematográficos: "lento movimento de recuo até o enquadramento do início". Nas peças de rádio, as indicações visuais eram obviamente ausentes nos textos. No entanto, também é possível encontrar, aqui, um correspondente ao blecaute dramático, uma espécie de equivalente, por meio das indicações de silêncios e de pausas: "um tempo". Na *Comédie*, no fim, "Silêncio e blecaute", diz F1 (a Primeira Mulher), "são apenas um". A ausência de fala e o blecaute eram concomitantes: de uma forma bastante geral, é possível constatar que, na cronologia das obras de Beckett, um lugar crescente é dado à operação e ao blecaute, em detrimento das palavras. Seus primeiros textos negavam aos personagens a capacidade de ver, ou estreitavam seu campo de percepção visual: cegos, trancados em latas de lixo ou em um buraco no chão, deficientes, com seus movimentos reduzidos, eles não tinham nada além da fala como salvação, ou menos como sobrevivência; enquanto os textos tardios dos anos 80 fizeram a proposição oposta: desgastando a fala, os textos abandonados pelas palavras buscavam em outros lugares seu doloroso desdobramento.

Gilles Deleuze, em um estudo intitulado *L'Épuisé*[456], concentrado sobre a obra de Beckett, distinguiu três tipos de linguagem em sua obra. A linguagem I, que é a "linguagem das palavras", a linguagem II, a "das vozes", e a linguagem III, sobre a qual Deleuze se deteve nesse estudo, que é a das "imagens, sonoras, coloridas". É aquela do "hiato, buracos ou rasgos que não percebemos, atribuindo-os ao simples cansaço" que ecoam ao "hiato para quando as palavras desaparecerem. Quando não há mais pavio. Então, tudo é visto simplesmente como é. Desobscurecido. Tudo o que as palavras obscureceram é desobscurecido. Assim tudo visto e não dito", para usar as palavras de Beckett em *Cap au pior, Worstward Ho* (1982): este texto, na "penumbra obscura", grita a dor de dizer, a incapacidade de criar ou de "fazer uma imagem pura", para retomar a expressão de Deleuze. Isso revelado no hiato, o buraco fora das palavras, da voz e da memória. Imagem pura que se insere na linguagem I e na linguagem II, mas a favor do silêncio, "no momento em que a voz parece ter se matado". Eu acrescentaria: fora da luz, quando o blecaute se torna uma vitrine da imagem pura. Porque "essa linguagem III não procede apenas com imagens, mas com espaços", especifica ainda Deleuze, que nota que a imagem pura em Beckett é, muitas vezes, imperceptivelmente breve. De fato, Beckett planeja sequências de aparição de alguns segundos: 3, 5 ou 7 segundos (*Cette fois*, 1978;

---

[456] Gilles DELEUZE, *L'Épuisé* se segue a: Samuel BECKETT, *Quad* (traduzido por Edith Fournier) e outras peças para a televisão, *Trio du fantôme, ...que nuages..., Nacht und Träume*, Ed. Minuit, 1992.

Comédie, 1972). Mas os blecautes não são obturadores de imagens, são espaços-tempos propícios ao aparecimento dessas imagens fugazes. Pode-se arriscar, no rastro de Gilles Deleuze, que os blecautes, propícios às imagens fora das palavras e das vozes, funcionem também como refrões, formas de territorializações repetidas e necessárias ao ato dramático.

Não é surpreendente que Roger Blin tenha se apaixonado pelos textos de Beckett. Em meados do século XX, esse diretor, descobridor de autores contemporâneos, interessou-se particularmente pelos textos que incorporassem a realidade cênica em seus temas, incluindo a metateatralidade. Textos que exaurem a cena percebida como um reflexo do mundo a ser reconstruído depois da guerra. Um mundo que se inventa nas artes com base em um novo começo do zero[457]. Tela nua, drama sem palavras, palco vazio. Entre sonho de futuro e estado cataléptico, o mundo, atordoado pelo inominável, tenta encontrar respostas em uma profusão criativa que trai a desordem. O blecaute reflete essa dupla tensão contida na página em branco: cheia de promessas, ela não deixa de ser uma fonte de angústia do vazio a ser preenchido. A obra de Beckett também oscila entre esses dois estados de cheio e de vazio. O cheio até o *"l'Épuisé"*, que beira o vazio das possibilidades da "imagem pura". Se as obras do pós-guerra acentuaram a desordem por um transbordamento de fala, os textos dos anos 70 e 80 acusam a angústia que se transferiu para a do criador. O insone não é consumido pelo pavor do vazio da noite em claro como metáfora da página em branco? Porém, é esgotando esse vazio, esse buraco, esse outro blecaute que o blecaute se transformará em um espaço de criação, administrando os hiatos propícios à imagem pura.

O teatro de Beckett revela uma etapa na evolução do uso cênico do blecaute, que não é alheio ao contexto do pós-guerra. O desafio do blecaute nesse contexto é paradoxal: carregado com o poder — ou com o risco — de provocar o desaparecimento do qual ele se tornaria o sintoma, o blecaute é, ao mesmo tempo, um espaço de aparição. Alfa e Ômega, o blecaute é abertura e fechamento, mas não somente do espetáculo, como é a tradição: no próprio corpo do espetáculo, mesmo da cena, o blecaute em Beckett escreve a dramaturgia dos possíveis, mas também das perdas e das fugas. Ele garante a teatralidade e a representa cruelmente como um novo agente de poder até a angústia. O que está em jogo pelo blecaute por meio do território da cena teatral é, metaforicamente, o poder da cena política. Com Beckett, o blecaute assume, por assim dizer, o papel de mestre do drama cênico. É ele que não só ocupa um lugar pleno entre os componentes e a escritura cênica, mas é deles o regente[458].

Angústia do blecaute: Bond

Edward Bond, "cidadão de Auschwitz e cidadão de Hiroshima", segundo sua própria descrição de identidade, faz parte dos autores contemporâneos que conheceram o trabalho dos pioneiros do teatro "pós-dramático", como Beckett, aliás, seu compatriota. O teatro de Bond, habitado pela violência e pelo horror desde a primeira peça, *Sauvé* (*Saved*, 1964), teve dificuldade em chegar ao público antes dos anos 2000. No entanto, Bond, que não é nem complacente nem catastrófico, buscava, segundo a expressão da filósofa Hannah Arendt, encontrar o senso "comum" por trás desses horrores. Para Alain Françon, ele era, com isso, um anti-Beckett. Nascido no teatro sobre as ruínas da guerra, Edward Bond imediatamente incorporou os dados cênicos em seus textos, nos quais a ação desempenhava um papel tão importante quanto as palavras na tensão dramática. O blecaute

[457] "Recomeçar do zero, como se a pintura nunca tivesse existido" foi o título atribuído a uma exposição dedicada à pintura entre 1945 e 1949, no Musée des Beaux-Arts de Lyon, em fevereiro de 2009.

[458] No sentido alemão do termo: diretor, organizador, que aqui inclui o significado francês — responsável pelos dados técnicos.

para Bond marcava uma elipse temporal e funcionava como o corte cinematográfico entre os planos. Mas ele tinha, ao mesmo tempo, um valor dramático nesse sentido que marcava uma pausa preparatória para o horror. Em *Chaise* (2006), a mãe pede que Billy vá para o quarto dele. Segue-se um blecaute. Em seguida, a luz permite perceber o corpo da mãe pendurado na abertura da porta. O mesmo princípio de utilização do blecaute antes da morte de Billy será repetido e amplificado: antes de sua morte, ele se encontra no meio da noite em um estacionamento que parece deserto. Nesse momento, na encenação de Alain Françon, a plateia estava mergulhada na penumbra, depois tudo entrou no blecaute, palco e plateia. Um som abafado reverberou então, tornando-se gradualmente mais alto a ponto de fazer as poltronas dos espectadores vibrarem. Em seguida, um tiro rasgou a noite e repercutiu-se contra as paredes. Alain Françon, que colaborou com Edward Bond desde as *Pièces de guerre* que ele montou em 1994 e 1995, tornando-o conhecido na França na época, sabia que, ao realizar as indicações cênicas dos textos, ele iria além do simples respeito pelas rubricas. Nos textos de Bond, como é comum no teatro contemporâneo, a escritura dramática é feita tanto por meio de palavras quanto de ações cênicas, a tal ponto que, às vezes, a ficção cênica suplanta a ficção narrativa. E, no caso de *Chaise*, a ficção cênica também envolvia o efeito sobre o espectador. A escrita cênica era claramente realizada neste sentido, como evidenciado pela associação do blecaute, do barulho e das sensações produzidas pelas vibrações. Nas peças Bond dos anos 2000, na virada do milênio, o blecaute assume um lugar mais importante. Ao situar *Si ce n'est toi* em 2077, ou em um tempo pós-atômico futurista, Edward Bond coloca suas ficções em um espaço-tempo no qual os acontecimentos pertencem a um poder incontrolável que questiona nossa liberdade. Em *Naître* (2005), o blecaute é o marcador da elipse espaçotemporal, mas é também um tempo dado ao espectador que, neste momento, sozinho consigo mesmo, se questiona sobre a situação: o que eu mesmo teria feito? Que resposta eu teria dado à pergunta, à situação? O teatro de Bond é um teatro que fundamentalmente convoca a imaginação do espectador; ele lhe faz perguntas que despertam sua consciência[459].

No teatro de Bond, o tratamento do blecaute é interessante quando é combinado com os efeitos sobre o espectador. Em outros casos, como em *Existence* (2002), uma peça mais antiga, embora publicada na França no mesmo volume de *Chaise*, o desafio parece menos poderoso, mesmo que o tratamento do blecaute tenha sido mais extremo. Em *Existence*, a ação dramática ocorre inteiramente no blecaute. Um dado que o filme *Seule dans la nuit*, de Térence Young (*Wait until dark*, 1967), incorpora progressivamente até a última cena, inteiramente realizada no blecaute. Nesse filme, extraído de uma peça de teatro[460], a obscuridade é, alternativamente, fonte de angústia ou de salvação, dependendo do domínio ou não da realidade do blecaute. Suzy (Audrey Hepburn), embora com os olhos bem abertos, é uma jovem cega que domina o espaço na escuridão, enquanto o principal psicopata que a agride usa óculos escuros e perde o controle da situação à medida que ela apaga as luzes de sua casa. Para ir além da simples convenção, parece que, quando do seu lançamento nos cinemas, a iluminação dos cinemas foi sendo gradualmente apagada durante os últimos 12 minutos do filme, de modo a fazer com que os espectadores vivenciassem mais intensamente a angústia. Na peça de Bond, o contexto era mais simples: a rubrica especificava que a ação se passava em uma cidade "tarde da noite", sem indicar por uma rubrica de operação a menção ao blecaute, por mais necessário que ele fosse para a credibilidade da situação. A ação: um personagem X invade um apartamento no qual

[459] Ver o artigo de Véronique Perruchon *"Le Théâtre de Bond ou le meurtre de l'enfant garant de l'ordre"*, em *L'Enfant qui meurt Motif avec Variations*, organização de Georges Banu, L'Entretemps, 2010.

[460] Peça de Frédéric KNOTT criada na França em 1966 no Théâtre Édouard VII sob o título *Seule dans le noir*, numa adaptação de Raymond CASTANS e dirigida por Raymond ROULEAU no papel de Suzy, Annie GIRARDEAU.

ele esbarra em um outro corpo, o de Tom. Um encontro que imediatamente se transforma em uma briga de grande violência até a morte. É mencionada, durante a ação, a presença de uma cortina que, aberta, permitiria a entrada da luz na rua; ela se torna uma parte vital da briga. Toda a ficção, de um ponto de vista narrativo, ocorre, então, no blecaute total; mas a ausência de uma liminar que permita executar a peça no blecaute permite fundamentar sua evocação por convenção, na forma de penumbra que permita ao espectador "ver" a luta no blecaute. A priori, se a realização cênica da peça estava fundamentada na convenção, ela não cumpre as promessas do que sua leitura permite imaginar, exceto quando se ousa assumir o blecaute, como feito por Christian Benedetti[461] (Fig. 34).

O blecaute como suporte da ação

Em outros casos, o blecaute assumido torna-se momentaneamente um suporte da ação, como em uma peça de Nicolai Erdman, bem anterior a Bond, *Le Suicidé*, cuja primeira cena, inteiramente no blecaute, se presta muito bem ao tratamento no blecaute total. O que é interessante e diferente nesse texto é que a ação dupla do blecaute dessa cena, atuação do ator e atuação da fábula, é, na verdade, mais complexa. Essa peça, encomendada em 1928 por Meyerhold e dificilmente finalizada em 1932, pouco antes da prisão de seu autor, só viria a ser autorizada nos anos 80 na URSS. Na França, Patrick Pineau encenou-a para o Festival d'Avignon de 2011, revelando sua subversão eminentemente política, resumida em uma resposta do protagonista que Bond não negaria: "O que uma pessoa viva pode pensar só uma pessoa morta pode dizer". Que a cena augural seja representada no blecaute ou não, ela representa simbolicamente a realidade de 1930, em pleno stalinismo: a necessidade do anonimato, a dificuldade econômica, a perda de referências, a fome, simplesmente tudo. A noite existencial. Bond não se interessa pelo aspecto simbólico do blecaute, não é nessa direção que seu propósito se realiza. Para ele, o blecaute possui uma realidade cênica em tensão dramática com o espectador. Se a radicalidade de *Existence* não o realiza, *Chaise*, citado anteriormente, fá-lo seis anos depois, na criação de Alain Françon.

Em outras propostas contemporâneas, entre eficácia cênica e desafios dramatúrgicos ou simbólicos, o blecaute está disponível sem complexo. É o caso da peça *Le Chien, la Nuit et le Couteau*[462] (*Der Hund, die Nacht und das Messer*, 2007), de Marius von Mayenburg. Essa peça contemporânea, que põe em jogo o blecaute da noite, apresenta um universo de fim do mundo desumanizado, do qual o animal vai gradualmente se apoderando. Os lugares vazios e obscuros são regularmente preenchidos com areia, enquanto a estepe circundante, onde os lobos se refugiam, é ameaçadora. M, o protagonista, vai de um lugar a outro seguindo apenas a lógica irracional da história e seu desejo de fuga. A peça passa-se principalmente em espaços urbanos limitados e fechados, à noite, quando os homens são prisioneiros da fome dos animais. O cenógrafo Lionel Acat havia proposto, para a produção de Jacques Osinski em 2011, o espaço de um terreno baldio onde os blocos de concreto empilhados ofereciam o outro lado do espetáculo social. Terreno abandonado aos sonhos e aos pesadelos, terreno fértil para a imaginação, o espaço construído segundo as leis do acaso oferecia um espaço de atuação no qual as regras tinham que ser reinventadas. M (Denis Lavant), o herói, estava perdido, oprimido: "Não tenho ideia de como cheguei aqui"; e era de noite, "era uma e trinta e oito, uma noite quente de agosto"; "A noite dá a impressão de estar na sua fase mais escura, ela fica tão densa e viscosa que o tempo escorre bem devagar e as agulhas congelam", dizia uma rubrica. M

[461] *Existence*, de Edwoard Bond, encenação, Christian Benedetti no Studio-Théâtre de la Comédie-Française, março de 2013, com Gilles David e Benjamin Jungers, na tradução de Michel Vittoz. Luzes, Dominique Fortin; som, Laurent Sellier; foto, Cosimo Mirco Magliocca.

[462] Marius von MAYENBURG, *Le Chien, la Nuit et le Couteau*, tradução de René Zahnd e Hélène Mauler, L'Arche, 2008.

era um assassino, ele matou o Homem com o cachorro, a Irmã Mais Velha, o Policial, o Advogado e, finalmente, o Médico. M matou involuntariamente, muitas vezes para se defender de uma agressão (os outros estão famintos por ele) ou para antecipar uma possível agressão. Cada vez, a faca aparecia de forma inesperada, mas oportunamente, como um objeto mágico quando M ou um outro personagem precisava dela. Nessa peça angustiante, a escuridão da noite, embora fundamentalmente dramatúrgica e dramaticamente necessária, não tinha mais realidade; ela era angústia em estado puro. O medo transpirava, a testa estava congelada, M sentia-se mal, ele se movia em um universo que ele controlava cada vez menos e que o assustava: objeto do desejo e da fome dos outros, ele só encontrava solução na fuga. Sua atitude mudava à medida que a peça avançava: a fala tornou-se cada vez menos racional, o pavor tomou conta dele com o desejo de se defender das agressões. O próprio M tornou-se, ele mesmo, um lobo para o homem. A noite venceu-o.

Nesta noite sem limites, as luzes episódicas, como relâmpagos violentos, são fruto de suas visões. Apenas M os vê, como seu ancestral Woyzeck. A visão de cores e das luzes muitas vezes correspondia aos seus monólogos, momentos em que ele observava seu entorno e se perguntava o que estava acontecendo com ele. Momentos de tomada de consciência e de pausa, eles não são o estado básico que é a noite, eterna, infinita. Essa visão unilateral das cores confirma a hipótese de um espaço mental único, expressão do pesadelo do herói, como aqueles dos dramas expressionistas, cujo tratamento das luzes propostas por Catherine Verheyde para J. Osinski reforçava a referência. Neste caso de escrita contemporânea, a novidade não estava, finalmente, no princípio do espaço mental que Beckett tinha iniciado, mas na radicalidade encarnada pelo estado de noite associado ao universo de terreno baldio urbano. A tensão produzida no espectador, induzida do texto, realiza-se no tratamento cênico que obceca a escuridão da noite.

Inegavelmente, se durante o século XX a atuação do blecaute se alimentava de uma desrealização narrativa, passando da obscuridade da noite para o obscurecimento do espaço, no século XXI, o blecaute, como ação cênica, ocorre no próprio cerne da escrita dramática; um blecaute cujo tratamento associa o valor dramatúrgico à dimensão estética na caixa cênica. O teatro é escrito com o palco, para o palco, e o blecaute é um elemento revelador dessa evolução: o próprio fato de incluir o blecaute como realidade cênica na escrita dramática mostra essa evolução. O blecaute é, portanto, tanto uma estrutura para a ação quanto um elemento da própria ação ou suporte de ação para o ator e o diretor. Enquanto suporte da ação, o blecaute tem essa capacidade de incluir a ficção narrativa e a ficção cênica, que são características do teatro, sem necessariamente se deter no contexto noturno, como mostram os exemplos apresentados *supra*. O que se destaca além da noite é, portanto, a obscuridade e as angústias associadas a ela. O blecaute é, com isso, um verdadeiro desafio da cena e um índice de teatralidade.

Blecaute e noite unidos em um metateatro

Para Brecht, a luz crua, branca, uniforme de um lado e do outro da sala e do palco garantia o pacto da verdade segundo o qual "tudo o que você vai ver sobre o palco não tem nada a esconder". Isso subentendia que o blecaute esconderia uma parte do visível do espectador, que o blecaute criaria uma ruptura entre os pontos de contato com a realidade, ou ainda que o blecaute teria que permanecer na periferia do que se estava apresentando na sala. Certamente, Bertolt Brecht rompeu a ordem narrativa e dramática em favor de uma exposição épica das questões políticas: a ilusão destruída devia dar lugar a uma realidade reabilitada, a do teatro como modalidade pela qual o discurso político se manifestava. Não é preciso voltar aqui aos procedimentos cênicos do teatro épico, que vão da iluminação da plateia ao uso da cortina dita *brechtiana*, nem lembrar as bases do *gestus*; mas simplesmente significar que, a partir de então, o político poderia se expor à luz do dia. Brecht, como herdeiro das vanguardas, principalmente por sua colaboração com Piscator no fim dos anos 20, quando ele foi apresentado ao teatro do *agit-prop*, soube como desviar as propriedades culturais do poder dominante. Se a luz geral era um bem mal compartilhado (no cotidiano, nem todos tinham acesso à eletricidade depois da guerra de 14-18), ela também era o sinal de um luxo exposto, como Brecht pôde constatar em Hollywood nos anos 40. Foi no exílio que ele reuniu suas notas teóricas no *Petit Organon pour le théâtre*, onde expôs os fundamentos de seu teatro épico. No entanto, a escolha da luz geral que ele formulou então era somente um retorno à situação em relação ao público do teatro da era científica, que tinha o direito de gozar e de se apropriar dele. Aliás, essa luz geral demandada por Brecht tinha esse duplo sentido: ela não tinha nada a esconder e era propriedade de todos. Era nisso que a luz em cena e na plateia era uma questão fundamental do teatro épico político de Brecht. No entanto, o próprio Brecht associaria o teatro e a noite em sua realidade circunstancial no próprio centro de uma dramaturgia ficcional.

Um terreno político

> A primeira noite
> Uma cena cujos cenários são lentamente desmontados por um contrarregra. Um ator, um dramaturgo e um filósofo estão sentados em cadeiras ou elementos do cenário. O dramaturgo tira garrafas de uma pequena cesta trazida pelo contrarregra, saca a rolha, depois o ator despeja o vinho em taças e as estende a seus amigos.[463]

Assim começa *L'Achat du cuivre*, texto de Bertolt Brecht escrito entre 1939 e 1955, deixado inacabado. O teatro, como se pode ver claramente na rubrica inicial, é o quadro ficcional desse texto: "uma cena cujos cenários são lentamente desmontados por um contrarregra". Os personagens são funcionários de um teatro: o Contrarregra ou Eletricista, o Ator e a Atriz, o Dramaturgo, no sentido alemão de conselheiro literário e artístico, aos quais se acrescenta um personagem externo ao universo profissional do teatro, o Filósofo, também por vezes denominado no texto original *der Denkende* (aquele que pensa). O quadro ficcional é um teatro, e a ação acontece à noite (quatro noites, para ser mais preciso). Brecht recria aqui as condições para uma ficção teatral em um espaço a-histórico, mas essencialmente teatral. Se a associação do teatro e da noite forma, aqui, o quadro ideal para a metateatralidade, é, por um lado, porque o teatro se torna o lugar neutro necessário para o debate, e, por outro lado, porque a noite, como uma espécie entre parênteses, permite abstrair-se do real ou da vida. O Dramaturgo, desde a abertura, anuncia o interesse em estar em um palco de teatro: "Olhar atrás dos bastidores não deixa de desagradar o filósofo que você é, e você ator, na ausência de público, você pelo menos tem suas poltronas por trás. Ao falar do teatro, nós podemos ter, aqui, a impressão de estar diante de um público, ou seja, de apresentarmos, nós mesmos, uma pequena peça". A dupla dimensão deste espaço-tempo permite a dualidade do dramático e do épico e torna-se um "laboratório"[464]. Roland Barthes, em seus próprios *Écrits sur le théâtre*, consagrados à crítica brechtiana, lembrou que: "Separar o teatro brechtiano de seus fundamentos teóricos seria

[463] Bertold BRECHT, *L'Achat du cuivre*, texto francês de Béatrice Perrgaux, Jean Jourdheuil e Jean Tailleur, edição L'Arche, 1970, p. 11.

[464] Ver a nota dos Écrits sur le théâtre, edições Gallimard, coleção "La Pléiade", desenvolvida por Jean-Marie VALENTIN com a colaboração de Bernard BANOUN, Jean-Louis BESSON, André COMBES, Jeanne LORANG, Francine MAIER-SCHAFFER e Marielle SILHOUETTE, 2000, p. 1.242.

tão errado quanto querer compreender a ação de Marx sem ler *Le Manifeste*"[465]. *L'Achat du cuivre*, espécie de laboratório experimental, associa, paradoxalmente, uma situação dramática ficcional e o conteúdo das trocas pós-aristotélicas, fazendo implicitamente um certo número de perguntas: o que aconteceria se trancássemos em um lugar fechado e isolado do mundo, protegido de olhares e das interferências externas, dramaturgo, atores e filósofo (que, aliás, vem acompanhado de uma garrafa de vinho)? É assim que a noite no teatro se torna, para Brecht, o quadro perfeito para a reformulação política da estética teatral contra um pano de fundo da teoria marxista. Essa experiência inédita de metateatralidade por confinamento voluntário por quatro noites em um teatro fez escola, mas às vezes declinando na necessidade de sobrevivência[466].

Quase 60 anos depois, quando as questões da luta política mudaram radicalmente de cara, foi esse mesmo quadro que a companhia *Aftaab* escolheu para contar sua própria aventura teatral.

> Um inverno, algum lugar da França. Um guarda e seu teatro de estrutura frágil e gasta tornam-se, por uma noite, o anfitrião e o refúgio de homens e mulheres vindos do Afeganistão. Os ouvidos pacientes ouvem as histórias desses ocupantes de vida desenraizada. O abrigo incansável dos ferimentos e das dores. Enfim, o asilo inesperado dos sonhos e das esperanças que esta noite em claro acaba por convocar.[467]

La Ronde de nuit[468], sob a direção de Hélène Cinque do *Théâtre du Soleil* e baseada em uma ideia de Ariane Mnouchkine, é claramente uma queda no abismo ficcionalizado das vivências dos atores do *Théâtre Aftaab*. Vindos do Afeganistão sob a proteção do *Théâtre du Soleil*, depois de um estágio de teatro que Ariane Mnouchkine dirigiu em junho de 2005 em Cabul, os jovens atores montaram uma companhia de teatro que pode usufruir, em seguida, de um ano de formação na ENSATT[469]. Desde então, seus espetáculos falam de sua luta para dar vida ao teatro em um país em ruínas. Essa luta política e sua aventura humana encontram refúgio em um teatro. Com base no quadro de *L'Achat du cuivre*, *La Ronde de nuit*, uma ficção dramática tão próxima do real desses jovens atores afegãos, reativa a ligação entre teatro e política, fuga, ocultação e refúgio. Concretamente, esta peça conta a história de um inverno, em algum lugar da França: um guarda e seu teatro tornam-se, por uma noite, o anfitrião e o refúgio de homens e mulheres vindos do Afeganistão. Toda a peça se passa em uma noite na qual todas as emoções estão concentradas em torno de questões e situações em que o medo encontra ajuda mútua, em que os sonhos se chocam com a realidade. Por que essa história deveria acontecer em um teatro? Porque só o teatro, associado à noite, encarna esse espaço-tempo fora do mundo, lugar de todas as possibilidades e que, como espaço heterotópico foucaultiano, seria o único capaz de proteger contra as agressões; o único espaço político autêntico. Mas, também, o lugar dos dramas que a sobrevivência implica. O teatro *Aftaab*, que havia começado sua própria história com *Ce jour-là*[470], encontra-se, depois de oito anos de aventuras, em uma reviravolta relatada em *La Ronde de nuit*. Os títulos de seus espetáculos, que vão do dia à noite, permitem vislumbrar mais suas investidas no abismo do que parece desde que sua aventura teatral se deu nos limites da Cartoucherie e entre as paredes do *Théâtre du Soleil*. Pareceria que o retorno a Cabul, para recriar um teatro determinado

---

[465] Roland BARTHES, Écrits sur le théâtre, "Les taches de la critique brechtienne", Éditions Seuil, 2002, p. 208.

[466] Notemos que o diálogo entre os profissionais do teatro e um amador não é, quanto a ele, inédito, independentemente de se referir a Molière, Diderot, Craig etc.

[467] Texto de apresentação do espetáculo.

[468] Espetáculo do Théâtre Aftaab criado em abril de 2013 na *cartoucherie*, no complexo do Théâtre du Soleil.

[469] École Nationale d'Arts et Techniques de Théatre (Escola Nacional das Artes e Técnicas do Teatro, antes École de La Rua Blanche).

[470] *Ce jour là*, espetáculo do Teatro Aftaab criado em 2009 no qual cada um conta uam situação vivida quando da chegada dos Talibans e dos atentados de 11 de setembro.

a conduzir o país em direção à democracia, se revelara uma utopia. Atores para sempre trancados em um teatro fora do mundo? Atores em luta com seus próprios dramas no cenário de um país em ruínas, longe, tão longe da noite de tempestade que se abateu sobre o teatro que os abrigava? Como conciliar o que parece dificilmente conciliável, história pessoal e história política? A resposta pode estar dentro dos limites do teatro, que, como uma câmera protetora, permite que o tempo pare fora da agitação do mundo. Noite e teatro unem-se, aqui, novamente, para dar tempo ao tempo e espaço à introspecção. A associação da noite e do teatro é um quadro temporal e espacial próprio às heterotopias[471], que, segundo Foucault, não pertencem à realidade, mas são "contraespaços", a exemplo dos lugares adaptados pelas sociedades reservados ao indivíduo em crise. O teatro teria essa faculdade, mas apenas quando ele é derivado de seu uso e disponibilidade. A noite nisso tudo, redobrada pela obscuridade intrínseca do lugar, não é mais um dado tempo do real, mas também um tipo de contratempo favorável ao indivíduo que está, ele próprio, na contramão do progresso social. Fora das normas e dos enquadramentos, ele pode, neste não espaço-tempo, encontrar-se consigo mesmo.

A palavra liberada

Estar trancado à noite em um teatro também é o ápice do ator. Anton Tchekhov, em *Le Chant du cygne*, colocou a questão do ator no centro do drama. O subtítulo, "Étude dramatique em um acte", fornece uma informação interessante para esse escrito de 1887-1888 sobre o teatro. Chekhov coloca em cena um "velho ator cômico" e um "velho soprador de ponto":

> A ação passa-se no palco vazio de um teatro de segunda categoria na província. É de noite após o espetáculo. À direita, uma fileira de portas mal fechadas que conduzem aos camarins dos artistas; o lado esquerdo e o fundo do palco estão entulhados com uma bagunça de vários objetos. No meio do palco, um banquinho tombado. Está escuro.[472]

O velho ator sai do seu camarim com uma vela na mão, "rindo alto", exagerando a celebração de seu júbilo. Sozinho no seu camarim, ele adormeceu. Ele acordou no meio da noite, trancado no teatro. O ambiente noturno associado ao do teatro foi o pretexto para a libertação da palavra. Se não foi a ansiedade da sobrevivência, nem a reflexão estética e política que colocaram em movimento as palavras do ator em *Le Chant du cygne*, foi uma necessidade existencial, como sugere o título. Logo a morte é evocada, "a mãezinha não está longe", disse o ator, sentindo seu fim próximo. O velho soprador de texto que aparece por acaso lhe serve como confidente; a palavra solta-se, e o discurso sobre a arte dramática emerge da confiança neste ambiente favorável: "Compreendi então que a arte sagrada não existe, que tudo era apenas delírio e engano, que fui um escravo, uma distração para preguiçosos, um bufão, um palhaço!" Por trás da negação do público e da tomada de consciência da vaidade da profissão de ator, surge a revolta, mas a força para lutar abandona o ator envelhecido. Alain Françon, no *Théâtre de la Colline* em 2005, optou por uma encenação que priorizou o estado da noite com um palco totalmente mergulhado na escuridão. Ouvia-se primeiro um resmungo, uma respiração, passos e grunhidos que gradualmente se transformaram em palavras audíveis, antes que uma luz tênue produzida por uma vela deixasse entrever a figura de Jean-Paul Roussillon.

O teatro não aparecia mais como um espaço visível para denunciar a ilusão, mas voltava a ser um lugar de ficção próprio para a ilusão. Neste teatro desolado, o ator perdido é dominado por um novo medo, como se o ineditismo de sua situação revelasse o lado ridículo do trabalho do ator.

---

[471] Michel FOUCAULT, *Hétérotopies*, Nouveles Édition Lignes, 2009, p. 24-36.

[472] Anton TCHEKHOV, *Le Chant du cygne*, t. 1, Œuvres, coleção "*La Pleiade*", Gallimard, 1967, p. 565-572.

Como em todo texto que apresente em cena um discurso de velho ator olhando para o seu passado, no limiar da confissão, a identificação não resiste ao discurso brechtiano. Um drama desenrola-se em poucos minutos, o da queda do velho ator e, em seguida, o da do teatro e do público, cuja sã consciência vacila com o canto comovente do cisne.

Minetti, na peça homônima de Thomas Bernhard, foi outro. Velho ator outrora célebre, Minetti voltou a Ostende 32 anos mais tarde, para encontrar o diretor do teatro de Flensburg com quem tinha uma reunião para interpretar Lear, "mais uma vez representá-lo, nada além de uma vez e depois mais..." Era noite de São Silvestre, ele esperava no saguão do hotel onde circulavam os grupos de foliões. Ele chegou de fora, onde a tempestade de neve estava forte. Passando pelas mãos de André Engel, o velho homem andava em círculos como uma fera triste em um palco quase deserto. Porque, embora a ação *ficcionalmente* se passasse em um hotel, as escolhas de André Engel e de seu cenógrafo Nicky Rieti fizeram dele um cenário de teatro: o cenário de um saguão de hotel montado em um palco de teatro. O urdimento deixando aparecer o limite dos cenários, a obsessão do ator por Lear e a neve artificial, deixando pouca margem para dúvida: esse Minetti interpretado por Michel Piccoli falava-nos de um teatro, na noite de São Silvestre. Tudo contribuía para a ilusão do teatro nesse hotel "cheio de mal-entendidos".

Longe das manifestações do Filósofo de *L'Achat du cuivre*, o teatro e a noite, numa intimidade redescoberta entre o público e o ator, abrem espaço para questões existenciais que, desde Pascal ou Kierkegaard, são a «vertigem do possível», no limite do absurdo. O artista bufão, o palhaço que perde seus suspensórios da calça, aquele que a enorme mala precede numa entrada farsesca sobre o tapete vermelho, aquele que, tendo bebido demais, treme como uma criança no escuro, o mesmo que representa majestosamente a dúvida. Michel Piccoli, cujas hesitações traiam as do personagem saído de seu mutismo, Jean-Paul Roussillon, cujos suspiros anunciavam uma saúde vacilante, esses monstros de atores capturam os espectadores tanto quanto brincam com seu próprio medo se apropriando do palco na noite dos teatros. O teatro duplicado da noite gerava um ambiente propício à metateatralidade, fosse para disputar ali mutações políticas e estéticas, fosse para ser o lugar da introspecção do artista envelhecido. Mantendo a confusão entre ficção e realidade, a noite ficcional e o blecaute do teatro fundem-se e confundem-se em um abismo fascinante.

Coabitação estética

Saído dos imperativos da narrativa, o teatro pode devolver um lugar ao tratamento da noite. Se não tratamos mais a noite convencionalmente, aproveitamo-nos da circunstância para criar efeitos estéticos, atmosferas e belas imagens. Os anos 70 e 80 são ricos nisso: nos palcos, não renunciamos à noite, mas sublimamo-la. É que houve precedentes nos anos 50. Jean Vilar, passando da sala do TNP localizada no teatro de Chaillot, para a Cour d'Honneur do Palais des Papes de Avignon, domesticou a noite. Sua colaboração durante 15 anos com Pierre Saveron, o primeiro técnico a ter o status e o título de iluminador[473], criou uma estética que pode ser qualificada como *escola francesa*. As encenações de Vilar, sóbrias e despojadas, exigiam uma iluminação sem "engenhocas": nem ribalta, nem gambiarras, nem cortina, nem gelatinas coloridas. Eles inventaram a *luz branca*. Ao dividir o palco de acordo com as áreas dramáticas, Pierre Saveron não ilustrava, ele destacava com luz as tensões do

[473] Foi Jean Vilar quem, em 1951, estruturou o teatro definindo os cargos de diretor de palco, regente de música, cenotécnico e agregando a novidade de um operador de luz, que era único na época. Pierre Saveron explicou em 1978 essa indigência em outros teatros da França pela questão financeira, mas também porque muitos encenadores não viam a necessidade disso. Ver *"La lumière au théâtre"*, dossiê de Georges Banu, em *Travail théâtral*, n. 31, 1978, p. 92-119.

drama. Sua luz não tinha necessidade de uma sofisticação artificial, ela não precisava provar nada, ela tinha em si mesma uma potência reveladora que encarnava sua simplicidade. Nisso, ela respondia às demandas de Jean Vilar, adaptando-se às realidades do contexto: concretamente, Pierre Saveron usava uma iluminação pontual, direcionada, mais do que uma luz difusa (ao contrário de André Diot, que vinha do cinema). No palco do TNP em Chaillot, onde apenas uma estrutura e alguns acessórios emolduravam a ficção, todo o trabalho em termos de cenografia partia da luz que esculpia o espaço se baseando nos atores e na dramaturgia, e o mesmo foi feito na *Cour d'Honneur*. Isso porque os dois palcos, imensos, não deveriam, segundo Jean Vilar, estar totalmente iluminados, mas, ao contrário, ser revelados pontualmente por um feixe de refletor que poderia ter 3 metros de diâmetro, enquanto o resto permanecia no escuro. Transposto para Avignon, o princípio foi ampliado pela presença da noite profunda e infinita. Fosse para *Le Prince de Hombourg*, de Kleist com Gérard Philipe, fosse para *Macbeth* com Maria Casares, o universo dos sonhos ou do mal prestava-se particularmente bem ao trabalho no blecaute. Metáfora e realidade, o blecaute impôs-se dramatúrgica e esteticamente. Jean Vilar não tinha os recursos para criar visualmente as névoas da Escócia, nem as do desfoque onírico, mas o trabalho sonoro confiado a Maurice Jarre reproduziu na penumbra a atmosfera maligna de *Macbeth*; assim como o vento, fortuitamente convidado a entrar na *Cour d'Honneur*, conferia à silhueta de Gérard Philipe, recortada no blecaute sob um fundo de trombetas sonoras, uma vibração romântica que marcou profundamente a história do teatro. O trabalho da luz envolvia necessariamente o trabalho das áreas de sombra e da noite capturada. O que o uso de luz branca por Pierre Saveron reinventou. Ele, que não gostava de cor, nem o fato de iluminar os cenários, tinha desenvolvido, com os refletores PC (plano convexos) com lâmpadas incandescentes, uma estética a serviço do ator que evoluiu com a intensidade do drama. Em consonância com a estética de Jean Vilar, centrada sobre a questão do herói, ele declarou: "Eu gosto de isolar o ator. Quanto maior ele for, mais ele será ouvido. O olho e o ouvido estão juntos, graças ao poder de concentração da luz"[474].

Claro, Brecht tinha, no *Berliner Ensemble*, defendido e utilizado uma luz uniforme e branca, mas um tanto bruta ou primitiva; ela não tinha nenhuma qualidade estética, somente a função de dar a ver sem esconder nada. René Allio, iluminador, cenógrafo e diretor, colaborador de Roger Planchon, admite nos seus *Carnets*[475] ter sido enganado em seu trabalho pela influência marxista por meio de uma estética brechtiana. É porque, partindo dessa luz crua e neutra, ele entendeu, afastando-se do marxismo, que o interesse do mundo estava em seu lado escuro. Sua estética foi inscrevendo gradativamente esse dado, abrindo mais espaço para as áreas de sombra. Depois da luz brechtiana da verdade revelada, o blecaute da parte obscura do mundo mostra-se. O blecaute renasce da luz, percebida como branca demais para ser verdadeira em favor de uma representação mais próxima da realidade. A própria Ariane Mnouchkine, no *Théâtre du Soleil*, vai avançar nesse sentido. A luz geral, necessária para "mostrar tudo", vai se transformar em claro-escuro nos últimos espetáculos que ela criou. Abordando as áreas de sombra da história das duas guerras mundiais (*Les Éphémères*, 2006; e *Les Naufragés du fol espoir*, 2010) como as das tragédias contemporâneas (*Le Dernier Caravansériail*, 2003), ou quando encenou o eterno crime de poder em *Macbeth* em 2014, ela mostrou novamente a parte da sombra que se insinua no palco do teatro como na vida. Embora o trabalho recente com a iluminadora Elsa Revol tenha acompanhado essa evolução estética, articulando o propósito engajado de seu teatro, outros abordaram anteriormente essa mudança. Porque esta evolução estética do teatro é, sem dúvida, para essa geração de diretores nascida à luz

[474] Pierre SAVERON, "*Voir et entendre les comédiens*", entrevista de Georges BANU e Jean KALMAN, em *Travail Théâtral, op.cit.*, p. 93.

[475] Nota de René ALLIO, em 02.07.1983, nos *Carnets*, Paris, Lieu Commun, 1991.

de Brecht, o avanço das ideias políticas num mundo que reconstrói para si uma realidade e um imaginário destruídos pelos horrores da guerra. A metáfora certamente parece fácil neste jogo de luz e sombra, que não a impediu de fundar uma estética que marcou o teatro francês. Uma inegável influência vinda de fora da França é a de Giorgio Strehler e seu iluminador Guido Baroni. Concentrando-se primeiro sobre uma reinvenção da estética brechtiana sob a influência da tradição pictórica italiana, eles sublimaram a "meia-luz crepuscular".

O próprio Patrice Chéreau foi fortemente marcado, no seu início de carreira, pela beleza dos palcos de Strehler, capazes de criar em cena uma dramaturgia cênica no palco por meio dos cenários e da luz. Esculpindo o espaço, a luz levada ao seu objetivo pelo cruzamento de feixes revelava a plasticidade do palco, enquanto permitia imaginar e sentir um universo invisível. O ator move-se neste espaço como que acariciado pelo calor dos raios luminosos vindos de baixo. Pouco a pouco, a pureza do branco turva-se, as arestas vivas dos cenários são marcadas ou, pelo contrário, a arquitetura funde-se na névoa, recriando a noite e suas suntuosas profundidades. A dimensão pictórica inegavelmente presente fez escola: ousa-se a beleza das imagens. Nos anos 70 e 80, Patrice Chéreau, André Engel, Antoine Vitez, Roger Planchon, toda uma geração de jovens realizadores franceses se entregou à imagem pelo intermédio dos efeitos de noite, particularmente favoráveis ao trabalho pictórico e à escultura do palco. Noites iluminadas por tochas e abóbadas celestes salpicadas de estrelas mostraram-se desavergonhadamente nas encenações dos clássicos e das tragédias reinventadas pela potência do palco. É que a noite é bela, perturbadora e útil: depois de ter excluído o dado naturalista e as ocorrências narrativas da noite, assim como as atmosferas noturnas, eles floresceram no teatro em produções cênicas que privilegiavam o visual. A noite torna-se ocasião ou mesmo pretexto para imagens cuja força ficava marcada na memória dos espectadores. Naquela época, associações de diretores e de cenógrafos estabeleceram-se definitivamente de maneira exemplar[476]. Mas, muito frequentemente, esquece-se da parte determinante do iluminador, que permanece nas sombras. No entanto, essa geração beneficiou-se das contribuições de uma nova profissão, das inovações técnicas e do cinema. André Diot é o exemplo inegável disso.

Belas da noite

Iluminador de Patrice Chéreau e André Engel, André Diot veio do cinema e utiliza igualmente bem a luz difusa sem sombra e os efeitos de luz e sombra em um realismo estilizado. Quando em 1985, em Bobigny, Nicky Rieti tinha literalmente transformado o teatro em um haras com cavalos e terra para uma montagem de *Misanthrope* dirigida por André Engel, o trabalho de iluminação de André Diot deu conta particularmente do duplo movimento narrativo e dramatúrgico ligado à passagem do dia à noite. Ele ousou uma abordagem naturalista para evocar a passagem do tempo que já havia executado nas encenações de Patrice Chéreau, para as quais Richard Peduzzi fez os cenários, em particular para *La Dispute* de Marivaux em 1973. Neste espetáculo, foram feitos sete nasceres e pores da lua que davam ao palco uma atmosfera noturna iniciática vinda de cima e uma evocação da gênese; para *Le Misanthrope*, André Diot escolheu marcar a passagem do amanhecer à noite fazendo girar a fonte luminosa da esquerda para a direita de fora do palco[477]. As luzes filtradas pelas aberturas marcavam a terra e as paredes que tinham zonas de sombra, em harmonia com as do drama amoroso

[476] Patrice Chéreau e Richard Peduzzi, André Engel e Nicky Rieti, Jean-Pierre Vincent e Jean-Paul Chambas, Alain Françon e Jacques Gabel, Ariane Mnouchkine e Guy-Claude François, Klaus-Michael Grüber e Gilles Aillaud...; depois seguiram outros nos anos 90: Christoph Marthaler e Anna Viebrock, Laurent Pelly e Chantal Thomas, Joël Pommerat e Éric Soyer etc.

[477] Ou seja, ao contrário do movimento natural que vai do leste para o oeste para marcar a dimensão fictícia do teatro e não se ater ao realismo.

que se desenrolava na cena. O fim da peça, à luz de tochas, anunciava a sentença de morte do amor e a saída de Alceste dos falsos luxos da corte. Alceste, perdendo-se no "deserto", o vazio social, sem amor como um pária, estava prestes a fundir-se no blecaute do ambiente, então carregado de sentido. O fato narrativo dado por uma estética realista tinha sua base dramatúrgica. Mas ele era, acima de tudo, propício a belas imagens. Os raios de luz filtrados pelas frestas do haras reconstituído ampliavam o lugar, cheio de promessas. A sombra, adequada aos segredos amorosos, associada à bestialidade dos cavalos sobre o palco, fornecia uma imagem de contraste impressionante; assim como o fim iluminado por tochas. A tristeza do amor perdido tornava-se ainda mais perturbadora e violenta.

Já foi dito o suficiente sobre a beleza dos corpos e dos espaços em lugares obscuros observados à luz trêmula de uma chama? Junichiro Tanizaki bem o sabe, ele, que procurou, no Japão do início do século XX, reter esta luz "incerta", mas "autêntica", gradualmente sufocada pela crueza da lâmpada elétrica. O fascínio exercido pela chama sobre quem a observa tem a capacidade de transformá-lo num "poeta potencial", afirma Gaston Bachelard[478]; ela o mergulha em "um estado de devaneio primário", fora de qualquer referência. "O prazer de ver" do espectador é ainda mais exacerbado. A beleza das imagens e o deleite do espectador caminham juntos na noite carregada de prazeres muito mais sensuais do que simplesmente sensoriais. É esse prazer redescoberto que ofereciam os palcos dos anos 80, cuja nostalgia ficou gravada na história dos espectadores.

A beleza da chama nunca deixa de seduzir, porque, enfim, o que se espera do teatro é que ele ofereça as imagens mais distantes da realidade, ao contrário do que poderia supor uma aceitação da *mimesis*: no século XVII, época em que a carência de iluminação era o comum, o teatro oferecia o maravilhamento por uma profusão de luz (bastante relativa), ao espectador deslumbrado. No século XXI, quando é preciso se perder no deserto para não ser invadido pela poluição visual da luz urbana, vemos renascer nos palcos esse interesse na luz trêmula e tênue da chama das velas. Christophe Rauck, para sua montagem de *Serments indiscrets*, de Marivaux, utilizou uma profusão de castiçais que, embora evocando o século XVIII, não deixaram de emocionar o espectador contemporâneo que via as pontas das velas escorrerem e, às vezes, se contorcerem sobre o teatro, enquanto os amantes literalmente brincavam com fogo... É um *Othelo* iluminado por Elsa Revol no Vieux Colombier que retoma inicialmente a tradição vilardiana das tochas, mas transforma-se em seguida nas velas, como um fio condutor, enquanto *Othello* era um príncipe desconhecido. Por outro lado, a luz geral acompanhará sua transformação. Hipnotizado, manipulado à primeira vista, Otelo, o príncipe das trevas "feiticeiro", vê-se enfeitiçado em plena luz do dia. Christian Schiaretti, no berço do mestre no TNP para a montagem de *Coriolan* (2011), projeta um palco no qual as tochas, as bandeiras e as lutas de espadas concorrem com a excentricidade do duelo político. Essas tochas são magnéticas? Eles carregam as almas dos ancestrais? Por que esse novo fascínio? É esta a imagem de uma realidade sonhada e não imitada? Um prazer de dominar o fogo primitivo repleto de fantasias? Seria um novo jogo maniqueísta? Um atrativo para o tempo em que os conjurados tinham desafios reais para enfrentar? É que a noite dos conjurados é linda e magnética.

Noite dos conjurados

Nos anos 80, acostumada aos palcos escuros, a equipe artística de André Engel experimentou um outro aspecto de tratamento da noite ao associá-la ao mundo da conspiração. Foi em *Venise sauvée* de Hugo von Hofmannsthal, estreada no Festival de Avignon em 1986. Hugo von Hofmannsthal

[478] Gaston BACHELARD, *La Flamme d'une chandelle*, PUF, 1961.

escreveu *Venise sauvée* em 1903, enquanto passava um tempo em Roma e estava lendo o romance *Venice preserved*, do inglês Thomas Otway, autor do fim do século XIX. Com esse texto, Hofmannsthal buscou dar corpo a ambientes morais, políticos e estéticos que lhe pareciam comuns a essas duas épocas, que eram a de Jacques II na Inglaterra e a de François-Joseph no Império Austro-Húngaro. Ele incumbiu Veneza de simbolizar esses dois reinos tirânicos e sombrios nos quais o espírito dos conjurados, ligado a valores eternos como a liberdade e a dignidade, anunciava os rumos dramatúrgicos da encenação de André Engel. O projeto conjunto de um filme que foi filmado em preto e branco no cenário natural de Veneza, influenciou o trabalho no palco. O cenário concebido por Nicky Rieti vai além da caixa cênica e assemelha-se ao de um estúdio de filmagem. É a Veneza dos subúrbios, insalubre, mas que admite ainda um pouco do seu esplendor do passado. "Uma bolha de ar, sem luz, fedendo a peixe podre", disse a heroína. Tomando o texto ao pé da letra, a equipe artística fará dele uma realidade, transformando o local anônimo do ginásio do liceu Aubanel de Avignon em um porto, o de uma Veneza à beira do lago à noite, sem nenhuma outra luz além da pálida e parcial de alguns postes de luz. Longe da "verticalidade das chamas", citada por Bachelard, a dos postes urbanos derruba qualquer aspiração de fuga do destino. Nesse cenário, o que importa é criar a atmosfera de conspiração contra um fundo de desespero amoroso. Assim, a noite seria engrossada por uma bruma permanente que obscurecia ainda mais a cena borrando o horizonte. A névoa associada a uma noite assustadora cobre toda a plateia com um véu espesso em uma atmosfera pesada. Certamente, é uma experiência polissensorial para o espectador; mas esta atmosfera cria uma tensão difícil de suportar, tanto quanto a escuridão sobre o palco, como disse na época Georges Banu, um "apetite do irrepresentável"[479]. André Diot havia concebido uma iluminação *não iluminadora*, criando uma forma de estética cênica ao apostar na capacidade retiniana do espectador de se adaptar ao escuro. Um espetáculo que pedia não somente "ver e ouvir", mas "olhar e escutar" com uma atenção redobrada, como em plena noite. Longe da convenção, a noite realmente representada foi uma aposta ousada que não contou apenas com apoiadores. Visto que, por fim, nessa abordagem provocativa, a escuridão da noite e essa luz não iluminadora tinham apenas como objetivo dar conta de uma realidade e de uma atmosfera de conspiração. Além da estética e da dramaturgia, havia também revolta. "Engel, é óbvio, exige a escuridão quase total para enfrentar o visível, para desafiá-lo a fim de que os espectadores percebam o movimento dos fantasmas e procurem, com dificuldade, acompanhar sua passagem"[480], observou Georges Banu. Engel buscava colocar o espectador em estado de tensão. Foi esse o caso, e o espetáculo terminava com as vaias ou os aplausos, dependendo se a plateia fosse sensível à estética e à coerência do todo, ou se sentisse frustrada.

Mesmo o espectador não sendo pessoalmente o objeto dessa subversão, isso não impede que ele se perca nela. Porque o efeito da névoa associado ao da noite era acentuado por um efeito sonoro perturbador. Um texto muitas vezes inaudível porque sussurrado. Embora Anne Alvaro brincasse com os falsetes de sua voz, tornando palpável a angústia de sua personagem, isso era pouco para tornar o texto inteligível. Na verdade, como observou Bernard Dort, "a imagem e o texto não formam naturalmente uma boa dupla"[481]. Observação retransmitida por uma crítica áspera, mas lúcida: "um diretor deve saber que o espectador ouve com os olhos e que, quando se empobrece o seu olhar, ele já não distingue mais as palavras". Se dramaturgicamente essa tensão frustrante faz parte, integralmente, do processo e da dimensão artística de *Venise sauvée*, foi um espetáculo que

[479] Georges BANU, *Art Press*, n. 110, janeiro de 1978.

[480] *Idem.*

[481] Bernard DORT, *La Représentation émancipée*, *"Le Piège des images"*, Edições Actes Sud, 1988, p. 98.

não se entregava facilmente e que precisava ser buscado. Assim como Pierre, o herói da peça que, por querer o bem do seu amigo, lhe impôs um papel que ele não podia desempenhar, André Engel impôs ao espectador um papel que ele também não poderia desempenhar: tentando salvá-lo, ele o perdeu e se perdeu igualmente, como Pierre com Jaffer.

No entanto, muito se falou sobre a beleza desse espetáculo mergulhado na névoa, elogiando as imagens que caracterizam o trabalho de André Engel nos palcos. Foi uma *Venise* de ilusão de ótica, salva apenas pela beleza das imagens; uma *Venise* que permanece atingida por uma incompreensão dos desafios que é, acima de tudo, a de uma pesquisa estética. André Engel age na contramão de certas práticas apontadas por Bernard Dort: "por um lado, havia um velho teatro que se envolvia na bruma e nos nevoeiros: frequentemente a ópera. Por outro lado, este teatro em plena luz que nós pedíamos em nossos desejos"[482]. Uma análise que evidencia um progresso que ia do teatro de sombras ao "teatro *claro*", que dá tudo a ver "sem escapatória". No entanto, os jovens encenadores desta época que seguem os passos dos mais velhos começam com um teatro claro para, somente em seguida, arriscarem as brumas ou os nevoeiros da noite. Foi assim que Bernard Dort descreveu a evolução da carreira de Patrice Chéreau, que, seguindo os passos de Strehler, começou com um teatro de claridade por somente se deixar tentar pelas brumas e atmosferas noturnas no contato com a ópera. No caso de André Engel, o movimento foi inverso: primeiro as brumas e a escuridão, o tempo de envolver a plateia, depois a claridade. Ao iniciar a carreira fora dos teatros, a entrada nesse universo desconhecido foi feita de trás para a frente. Subjetivas, suas criações fundem-se numa atmosfera noturna nebulosa que não é uma facilidade artística, mas uma investigação estética ligada à própria questão da representação e do espectador. O resultado é uma coerência que só amplifica a beleza das imagens. Imagens que são tão mais belas quanto significativas, mas que acabam por confundir as relações, por serem muito exigentes com o público. Se a chama enche de prazer o sonhador que a observa no blecaute, a noite escura, sem sombra de um vislumbre de luz no horizonte, desespera quem a confronta. Este teatro se baseia na participação dos espectadores, não no conforto daquele que assiste a uma apresentação. É um teatro engajado que vai além do que se espera dele.

Finalmente, ao longo dos primeiros dois terços do século XX, o blecaute no teatro liberta-se dos aspectos contextuais e narrativos da noite. Perdendo sua função ilustrativa, o blecaute passa a ser um componente da cena que se escreve para o palco e com o palco. O efeito do blecaute torna-se uma questão da cena, como este capítulo mostrou. Algo que os futuristas abordam de forma provocativa e lúdica, enquanto a escritura dramática, na via aberta por Beckett, incorpora o blecaute como componente cênico dramático. O blecaute anima o ritmo da cena tanto quanto esculpe o palco em um espaço-tempo desrealizado: para além do processo, o blecaute adquire uma consistência dramatúrgica e dramática. Embora herdeiros de Brecht, a redescoberta do contexto da noite por jovens encenadores dos anos 70 e 80 vai lhes permitir criar imagens denunciando as manipulações políticas e encenando as revoltas. Graças ao advento da profissão de iluminador, não se concebe mais a luz para permitir que se veja ou para ilustrar, mas com uma dimensão estética e dramatúrgica na qual o blecaute e seus desafios encontram seu lugar pleno.

---

[482] B. DORT, *idem*, "*Deux Femmes*", *op. cit.*, p. 89.

DESAFIOS E EXPERIÊNCIAS ESTÉTICAS DO BLECAUTE

A caixa-preta

No último terço do século XX, o blecaute no teatro renovou-se e tornou-se um material com qualidades estéticas reveladas. O blecaute não é um simples fundo ou uma moldura ornamental que acompanha um drama. É uma realidade plástica, um componente da escritura cênica. O blecaute não é neutro: ele é realçado por materiais com texturas reflexivas ou, ao contrário, trabalhado na sua opacidade graças aos suportes foscos. Nós o criamos como uma caixa, ou como um aliado. Ele é constitutivo do teatro como elemento dramatúrgico de um espaço estético. Esse é o reinado da "caixa-preta".

A caixa cênica equipada com roupagem (rotunda, pernas e bambolinas) de veludo preto foi imposta por razões estéticas ligadas ao uso de refletores elétricos. Seus fachos, atingindo as cortinas de algodão, deixavam ver horríveis sombras projetadas. A superfície fosca do tecido, inadequada para criar a neutralidade desejada, foi rapidamente substituída por pernas de veludo preto[483], cuja textura se mostrou eficaz para absorver a luz sem mostrar seu impacto sobre elas. Essas pernas, associadas à cortina de fundo e às bambolinas, formavam um conjunto de roupagem cênica também chamadas de *taps* no seu vocábulo inglês, que primeiro permitiram ocultar o edifício do teatro, cujas paredes desapareciam antes por trás das telas pintadas, ou, ainda mais anteriormente, eram ocultadas pelos bastidores. Essas roupagens formam o quadro da chamada "caixa-preta". Se esta última constitui hoje o equipamento de base do palco, estabelecendo a neutralidade necessária para qualquer transformação cenográfica e para a criação de efeitos de luz, ela não é mais considerada essencial ou destituída de interesses dramatúrgicos e cênicos. Ela é, algumas vezes, substituída, ao contrário, por uma caixa inteiramente branca, que marca a neutralidade ao se desvincular da roupagem preta da caixa cênica, já banalizada. Essa foi a escolha de Stanislas Norday em 2011 para *Clôture de l'Amour*, de Pascal Rambert, que, como uma página, estava somente aguardando ser virada. A de Strehler na *la Cerisaie*, em 1976, simbolizou um novo começo possível, mas também a franqueza ou o luto, alfa e ômega. A metáfora da pureza ou da página em branco funciona particularmente na escolha invertida do branco como quadro. Ele é uma neutralidade escolhida e, portanto, mais significativa em relação ao preto, entendido como o grau zero do teatro.

As paredes do teatro que circundam o palco, elas próprias pintadas de preto, de certa forma dobram a caixa-preta de forma a padronizar todo o espaço cênico para atores e técnicos, das coxias à caixa cênica visível pelo público. Uma escuridão tão densa que se impôs a necessidade da famosa *servante*, luz colocada no centro do palco para indicar uma referência e evitar qualquer acidente: essa *servante* com forte carga simbólica não é só a alma do teatro[484]. Isso quer dizer quanto o espaço do palco foi isolado de toda referência que um pouco de luz natural proporcionaria.

---

[483] O veludo vermelho escolhido e recomendado por Charles Garnier, em harmonia com o das poltronas e da cortina de palco para a ópera, inicialmente fez escola, ao ponto de ter impregnado definitivamente o imaginário coletivo do teatro. Mas ele foi abandonado por razões estéticas no século XX em favor do veludo preto, escolhido por sua qualidade não reflexiva.

[484] Essa medida de precaução foi mencionada no século XIX por Jean Moynet em uma das primeiras obras populares sobre maquinarias e outros recursos teatrais: *L'Envers du théâtre*, Hachette, 1874, p. 40 sq.: "Uma pequena lanterna, colocada sobre uma mesa, emite luz suficiente para brotar um ponto brilhante no capacete de um bombeiro sentado ao lado. [...] Os olhos vão se acostumando com essa semiobscuridade".

Blecaute em abismo

No entanto, essa outra caixa-preta formada pelas paredes também vai mudar de status e se tornar, eventualmente, um suporte dramatúrgico e estético. Seria inútil tentar descobrir quem foi o primeiro a deixar as paredes do teatro à vista. Ainda assim, fotos de espetáculos construtivistas russos da década de 20 mostram sua presença. E seguida à Revolução de outubro de 1917, o teatro de "*agit-prop*" pretendia uma retomada do teatro pelos próprios usuários. Meyerhold, um dos cinco artistas que responderam ao chamado de Lenin, pede, com Blok e Mayakovsky, uma educação do teatro experimental que envolveria "novas forças vindas das massas". Nesse contexto, a estética do teatro desvincula-se da referência a um teatro burguês feito de cenários e figurinos pomposos com ambições realistas. Tratava-se de projetar os cenários de maneira diferente e de atender às necessidades dos teatros. A palavra de ordem é: "Invadam a cidade, as ruas, as praças, apresentem à beira-mar, perto de um lago". Eram usados palcos móveis, praticáveis, placas, cordas, varas de bambu etc., mas, acima de tudo, eram suprimidos os referentes ao teatro burguês: nem coxias nem ribalta, mas pequenas cortinas leves, praticáveis servindo de estrados, rampas, biombos e escadas que constituíam um cenário como o criado para *L'Établissement de bains*, texto de Maiakovsky de 1930 encenado por Meyerhold. Em muitos casos, a parede de fundo não era mais escondida. Ela aparecia na sua realidade física, como signo de um desnudamento que aproxima as massas do teatro. As fotos de *La Mort de Tarelkine*, na montagem de 1922 e 1924 de Meyerhold, com cenários de Varvara Stepanova, mostram esse desnudamento. O dispositivo era constituído por uma série de elementos com estrutura ripada ou de tábuas, pintados de branco e com formas geométricas: círculos e retângulos em um palco giratório, telas interligadas, baús, tipos de cadeiras ou poltronas dobráveis, um banco giratório, todos colocados no piso do palco. Denis Bablet vê isso como uma espécie de "formações", "instrumentos de trabalho para os atores". A supressão da ribalta e das coxias foi acompanhada pela presença do ponto em uniforme de operário, ostensivamente colocado na primeira fila das cadeiras da orquestra, bem às vistas do público; os refletores eram visíveis e delimitavam a área cênica. Um teatro desnudado, pré-brechtiano. Não há dúvida de que essas primeiras criações de um teatro proletário deixaram sua marca em quem deixará as paredes do teatro expostas posteriormente. É com essa lembrança que Roland Barthes louva a obra de Jean Vilar em *Le Prince de Hombourg*, encenada em Chaillot. Ele descreve uma cena "imensa, aberta a todos os ventos como uma nave escura atravessada por luzes, rostos e bandeiras"[485], opondo-a aos teatros burgueses, "fechados como casas provinciais, meio caixas de doces, meio prisões". Para Roland Barthes, não só a caixa fechada do teatro é assimilável a uma tradição burguesa, mas também o espaço aberto do palco nu de Chaillot: "espaço mergulhado na noite" se opondo ao "invólucro de feltro da cena", tinha ares de liberdade impregnados de contestação. Nos anos que se seguiram aos acontecimentos de maio de 68 na França, Bruno Boëglin, ao encenar a peça de Pirandello, *Six Personnages en quête d'auteur*, peça metateatral por excelência, usou o mesmo princípio e convidou os técnicos a colocar em cena para um lanche. No campo da primeira *Maison de la Culture* em Grenoble, onde a única sala anular móvel criada por Poliéri já construída na França foi inaugurada por Malraux em 1968, é fácil compreender a abordagem do encenador. A caixa-preta suprimida permite que um que busca a si mesmo fale, em uma nova relação com o espectador na qual o estético segue os passos do político.

[485] Roland BARTHES, "*Le Prince de Hombourg au TNP*", em Œuvres complètes, p. 245-252, texto publicado pela primeira vez em *Lettres nouvelles*, março de 1953.

Mas um blecaute esconde o outro, porque, se a materialidade do teatro é destacada, ela permanece sendo uma caixa na qual o teatro está confinado. O que explica as saídas para fora dos teatros em voga no fim dos anos 60 e 70 sob a influência dos herdeiros do *agit-prop*: o Campesino, o Living Theatre, o Bread and Puppet nos EUA; ao mesmo tempo que se verá florescer na França formas de teatro de rua ou de espetáculos a serem seguidos pelo público, como foram os espetáculos de André Engel naquela época[486]. Sair dos teatros foi revelador de uma tomada de distância, fora do tempo e do mundo fechado do palco. Ao saírem dos teatros, atores e espectadores redescobriram a noite que se tornou o quadro negro supremo do teatro. O contexto noturno de *Dell'inferno* (1982) de André Engel, que não se passava em um teatro, mas em algum lugar na planície de Saint Denis, não atendia a uma necessidade estética como em uma sala onde o blecaute é a base para a criação de imagens; ele era a condição de encontro entre a ficção e o real. Durante um mês, de 15 de março a 15 de abril, às 20 h 40 min da Gare du Nord, "plataforma 13", cem espectadores subiam em dois vagões que deixavam a plataforma levando os espectadores-viajantes em um trem para o Inferno. Quando o trem saía da iluminação da Gare du Nord, o mergulho na paisagem noturna era imediato. Não se via nada do lado de fora. Então, o que parecia uma "falha", ou um incidente, parava a locomotiva, causando um corte de energia. Os viajantes viram-se duplamente no escuro. Em 1982, os sistemas de luzes de segurança não eram o que são hoje, e uma queda de energia deixava as pessoas literalmente no blecaute. O mesmo acontecia com o ambiente urbano, que não era tão amplamente coberto pela luz dos postes de rua. Depois, o comboio vagava por algum tempo entre Saint-Denis e Aubervilliers, contornando as paisagens sombrias de docas e armazéns abandonados, parando finalmente e despejando sua carga humana na noite escura na estrada deserta entre dois muros grandes paredes de tijolos. Os viajantes, guiados por um distante facho de luz acima dos muros, caminhavam no frio ao som de um martelar surdo e metálico. Nesta zona inóspita e escura, rodeada de arame farpado e varrida por um imenso refletor dominando uma torre de vigia, os viajantes deixavam-se guiar, contados um a um por guardas vestidos de couro preto. Em um dos muros, a data fatídica de 1939 repentinamente saltava aos olhos. A alusão tornava-se palpável, os fantasmas dos campos de extermínio foram despertados.

Essas saídas dos teatros abriram perspectivas que o ambiente do palco não podia conter. Nesse caso, os dados físicos e simbólicos da noite sobrepõem-se, assim como a realidade e o teatro. Em *Dell'inferno*, o processo de entrada na ficção passando por essa experiência de mergulhar na escuridão da noite ganhou uma dimensão iniciática. Mas os meios necessários e a evolução das condições de produção justificaram essas aventuras. No entanto, a abordagem fazia sentido: em uníssono com Guy Debord, André Engel propunha uma "participação imediata em uma abundância passional da vida, por meio da mudança de momentos perecíveis deliberadamente arranjados"[487]. Dele surgiram esses espetáculos-derivas nos quais a viagem não era uma simples temática, mas um simulacro verdadeiramente vivido. Esta foi a oportunidade de recorrer às técnicas de iluminação emprestadas tanto do cinema, trazidas por André Diot, quanto dos espaços urbanos, como Klaus Michael Grüber fez em 1977 para *Winterreise* no estádio de Berlim, o Olympiastadion. O estádio

[486] Com Nicky Rieti e André Diot, André Engel não só embarcava o espectador em desvios que se baseavam na mudança de rota de seu status, mas colocava a questão da desterritorialização no centro desses tipos de espetáculos. Cada espetáculo trazia as pistas da viagem por meio de suas variações: meios de transporte, vagões, barcos ou carros; docas de embarque, vias férreas e trens; hotéis, baús, bolsas e malas. "Fora das paredes" do teatro, o espectador estava a bordo: ele abandonava sua poltrona e participava das viagens. Em *Baal* (1976), que aconteceu dentro do conjunto de Haras de Strasbourg, ele foi levado a se deslocar para acompanhar o périplo dos protagonistas; em *Un week-end à Yaïck* (1977), ele foi convidado a fazer um circuito turístico, munido de um vale-transporte da empresa Travel National Service (TNS), e embarcava em quatro ônibus de turismo antes de desembarcar em um bairro completamente recriado por Nicky Rieti; em *Kafka: théâtre complet* (1979), ele se hospeda em um hotel — um antigo anexo da prefeitura transformada em hotel, lugar de veraneio por excelência.

[487] Guy DEBORD, *Internationale Situationniste, Bulletin n. I, "Thèses sur la revolution Culturelle"*, reeditado pela Arthème Fayard, 1997.

olímpico construído por Hitler para os jogos de 1936 foi uma outra evocação palpável vivida — ou revivida pelo espectador da época. Rolf Michaelis, em um artigo traduzido e apresentado em uma edição da revista *Théâtre/Public* de 1978, relata essa experiência:

> A primeira impressão é grandiosa; um estádio de cem mil lugares vazio. Na pista e no gramado se debatem seres humanos que nos parecem formigas. No lugar onde deveriam estar os gols, fica a fachada bombardeada da Anhalter Banhof, estação [...]. Os gols verdadeiros com suas redes na frente dela. E logo surgem homens vestidos com casacos longos que vão até o gol guardado por uma mulher de anoraque e chutam. Os alto-falantes emitem o alvoroço que dez mil espectadores fazem quando a bola entra nas redes. Durante duas horas, um corredor de longa distância solitário completa suas voltas na pista. Atrás dos gols, dois atletas cruzam, frequentemente ao mesmo tempo, a barra de salto em altura. [...] oitocentos espectadores envoltos em peles e cobertores, munidos de garrafas térmicas, tentam se aquecer aconchegando-se uns nos outros. [...]
> Perto da estação falsa, onde mais ninguém chega e de onde ninguém mais sai, retardatários eternizam-se na frente da barraca sobre rodas onde se vendem linguiças. Dois jipes camuflados, equipados com refletores, mantêm os bêbados e os atores / atletas afastados que, sem objetivo, no gramado, se cansam de correr, subir, pular. No topo do estádio tremulam, ao vento gélido da noite, cinco bandeiras coloridas, uma delas, a da anarquia, é negra.[488]

Nesse estádio, a imensidão do local era inundada por luzes divididas em duas torres e acima das arquibancadas, mas, mais além, a imensa noite dominava. Esse teatro "fora dos muros" liberta-se do blecaute artificial que vem junto com a facticidade do *teatro na caixa* para encontrar o blecaute essencial da natureza e do cosmos reunidos, para experimentar o blecaute angustiante dos anos negros... Enfim, o blecaute...

Blecaute unificante

Outros assumiram a caixa, reivindicaram sua neutralidade ou mobilizaram sua realidade. Assim, entre os futuristas, Augusto Mauro, que defendeu com Montalti um Novo teatro eletro-vibro-luminoso, imaginou uma "Obscuridade Sensível" em *Mort et transfiguration*, poema sinfônico eletro-vibro-luminoso em quatro tempos[489]. O texto começa assim: "A cortina de veludo preto sobe e a Obscuridade Sensível (ou seja, a cavidade do palco semelhante a uma gigantesca câmara escura) aparece". Em um outro texto, que funciona como um manifesto[490], foi dito: "a cena assemelha-se a uma enorme câmara escura de uma câmera fotográfica na qual o chão, a tela de fundo, o teto, as paredes são formados por superfícies pretas (de madeira ou veludo) hermeticamente fixadas umas nas outras". Essa definição em 1920 da *caixa-preta*, que leva o qualificativo de "Obscuridade Sensível", mostra claramente o lugar necessário, o papel que ela desempenhará no desdobramento dramático. Reivindicada, sua mobilização criou um precedente. Quando adotada, a caixa-preta pode assumir valores diferentes de acordo com as estéticas e os desafios dramatúrgicos. Para Peter Brook, a escolha do Théâtre des Bouffes du Nord e sua aparente rusticidade não é trivial, pois a escolha, sem ser destituída de ambição política, foi acima de tudo estética. Peter Brook não precisava da caixa-preta, o espaço teatral não era criado com elementos agregados, mas pela presença do ator em um espaço vazio que se transforma em espaço habitado. A caixa vazia, antes de ser qualquer coisa, estava disponível para

---

[488] Rolf MICHAELIS, *"Voyage d'hiver de K. M. Grüber"*, em *Théâtre/Public*, n.º 20, março de 1978.

[489] Augusto MAURO, *"Mort et transfiguration"*, em *Théâtre futuriste italien T II, anthologie critique* por Giovani LISTA, L'âge d'Homme, Lausanne, 1976, p. 114-115.

[490] Mauro MORTALTI, *Pour um nouveau théâtre électro-vibro-lumineux*, Giovai LISTA, *op. cit.*

acolher o ato teatral. Se a neutralidade é solicitada, com o ato teatral ela assume uma consistência "mágica" ou uma dimensão "sagrada". Ela tende a se tornar uma parceira necessária. Recriada ou preexistente, indica o espaço da ação. Portanto, qualquer que seja, caixa em um dispositivo frontal ou desdobrado em um espaço envolvendo os espectadores, este espaço era, sobretudo, marcado pela colocação no blecaute que une a coletividade reunida durante o tempo do espetáculo. O blecaute é a referência unificadora que estabelece um novo ritual um tanto sagrado. Em 1968, em Holstebro na Noruega, *Kaspariana*, numa encenação de Eugênio Barba, propôs um dispositivo ampliado que alternava os espaços reservados aos espectadores e os praticáveis que, como as *mansions* medievais, ocupavam o espaço circular. A especificidade era o uso da cor preta tanto para os elementos do dispositivo cênico e os praticáveis quanto para o piso e as paredes que circundavam os espectadores. Um espaço totalmente preto atravessado somente por luzes rasantes. Não se pode esquecer tampouco o "teatro pobre" de Grotowski, que investiu lugares que não se adequavam à tradição teatral e criavam um espaço "laboratório" no qual atores e espectadores faziam parte do espetáculo, unidos numa mesma luz, "pobres", em um blecaute unificador mais ou menos denso. Perceptível em *Docteur Faust* (1963), baseado no texto de Marlow, o blecaute é usado mais como um meio de trazer à tona a luz interior do ator. Grotowski não usava efeitos de luz, mas uma luz "pobre" emanando do ator: "A cena grotowskiana é, então, um arco-íris entre a vida e a morte. O teatro tem como vocação mostrar a decomposição da luz, a do amor desfeito, do amor implorado e blasfemado, do amor cantado em uma última esperança"[491]. A metáfora empregada por Serge Ouaknine para designar o teatro de Grotowski como "uma passagem em direção à luz", está de acordo com a importância dada ao ator. O teatro pobre não pode ser feito, ele não é uma produção. Seus componentes reunificados no ator adquirem um valor completamente diferente, é um movimento do ser, "uma propulsão que releva tanto uma dissecção quanto uma forma de irradiação", uma atuação "irradiada" feito "de impulso luminoso, além dos limites -, somente de cinzas obscuras e sempre carnais". Este teatro escuro, como o reverso da luz crua de todas as coisas, era revelação. O ator utiliza as fontes luminosas móveis, coloca-se na sua marca ou provoca a aparição de uma sombra. "Quando [o ator] se torna visível", diz Grotowski, "o espectador também começa a assumir um papel no espetáculo"[492]: o ambiente que une os atores e os espectadores não tem vocação estetizante, mas remete à tela de um Greco que os personagens podem "iluminar" tornando-se uma "fonte luminosa".

Outros, ao contrário, utilizavam um espaço escuro unificante necessário à sua estética. É o caso da companhia 14:20, especializada na "*magie nouvelle*", que mandou construir uma caixa-preta totalmente autônoma e móvel chamada de *Monolithe*. Seu aspecto exterior é o de uma caixa retangular de 8 m por 12 m, com 7,70 m de altura, laqueada em preto brilhante. Autossustentável, ela foi montada em cima de 73 pés reguláveis, apoiados sobre blocos de madeira. No interior, o *Monolithe* é um teatro com 84 lugares sentados, dotado de um palco de 8 m por 6 m (altura abaixo das varas de 6,2 m). Totalmente equipado tecnicamente, o *Monolithe* dá à companhia uma total independência para garantir as condições necessárias para os seus espetáculos de magia, principalmente um blecaute total. Os espectadores que vão ao *Monolithe* são primeiro conquistados e condicionados pela arquitetura e o visual do *Monolithe*. A caixa-preta brilhante congrega, ao mesmo tempo, o apelo espetacular secular por seu aspecto brilhante, o convite para uma experiência estética (estar fechado em uma caixa no blecaute), como na época dos espetáculos ópticos, e a neutralidade contemporânea de uma promessa de início. O *Monolithe*, em toda a sua dimensão hierática e arcaica, encarna a riqueza dessa complexidade espetacular.

---

[491] Serge OUAKNINE, "*Grotowski: um passage vers la lumière*", *Jeu: revue de théâtre*, n. 90, (I), 1999, p. 12-13.

[492] Jerzy GROTOWSKI, *Vers un théâtre pauvre*, L'Âge d'Homme, 1971, p. 19.

O princípio do blecaute unificador também foi escolhido pelo arquiteto Jean Nouvel para a Opéra de Lyon, quando da sua reconstrução em 1993. Se ele fez, ocasionalmente, alusão, por contraste, ao vermelho clássico do teatro nos pequenos halls de entrada da plateia, o blecaute dominava: todo o ambiente, os espaços de circulação e a plateia eram totalmente negros. Uma escolha que tinha como função preparar o espectador e favorecer a concentração do olhar sobre o palco. Um tanto desacreditada na sua inauguração, esta opção radical criava inegavelmente a união entre os membros de uma comunidade: pessoal administrativo e técnico, artistas e público, todos reunidos pelo e graças ao blecaute. O *Pavillon noir*, dedicado à dança em Aix en Provence[493] e criado pelo arquiteto Rudy Ricciotti, também funciona, em parte, pelo mesmo princípio. A diferença reside no fato de que o blecaute ali era visível de fora do edifício, que nada mais era do que um cubo negro de 3 mil m^2, o que o caracterizava como um lugar de espetáculo. O blecaute e o cubo que era a ele associado se tornaram as novas referências do teatro (ou da dança): a caixa-preta é o equivalente contemporâneo da clássica cortina vermelha. Um imaginário coletivo estava sendo construído em torno do blecaute. Carregada de significado, a caixa-preta não tinha mais somente a neutralidade aberta a todas as possibilidades: em nossos teatros, depois de ter ignorado sua potência, ele finalmente foi adotado e adaptado a novas estéticas.

Blecaute e espaços fechados

O piso preto completou o conjunto das três paredes. Foi por meio dele que se começou a trabalhar o blecaute na matéria. O linóleo, fosco e plastificado, absorvia o som e amortecia os impactos. Nesse sentido, ele contribuiu para a neutralização visual e sonora do espaço cênico e foi amplamente utilizado para os pisos dos palcos, independentemente da dança. Mas o piso negro trabalhado em sua materialidade mudou o status do blecaute. Parceiro dos componentes da cena, ele constituía um elemento da cenografia. Oscilando do todo ao todo. Sua opacidade deu lugar a um brilho quase como o do espelho. Estou citando aqui apenas a lembrança de alguns exemplos característicos que revelam um movimento bastante generalizado e abrem novas perspectivas quanto ao tratamento do blecaute nos palcos. Houve pisos pretos memoráveis dos anos 90: aquele marmorizado de *Célimène et le Cardinal* de Jacques Rampal, cuja encenação de Bernard Murat em 1993, com Ludmila Mikael e Gérard Desarthes, transmitia toda a violência dos impulsos ocultos. O piso espelhado refletia um magnífico lustre com pendentes, ele próprio cintilante; houve o piso do *Lorenzaccio* dirigido por Jean-Pierre Vincent (2000), piso acompanhado de um praticável preto que, como uma plataforma, atravessava o palco brutalmente e deixava todo o espaço para os atores; depois houve o do *Hamlet* de Daniel Mesguich. O espetáculo criado em 1977 e retrabalhado em 1986, 1996 e depois 2014 foi dotado, então, de um piso extremamente brilhante com o qual o encenador e ator-título, William Mesguich, gostava de interagir, fazendo acreditar no piso do teatro como um reflexo perturbador da dupla pai e filho na cidade como no palco. Em todos esses casos e em muitos outros, o piso refletindo o teto e as paredes pretas lembra o desafio da convenção social que enclausura qualquer um que quisesse escapar dela.

Mas foi no fim da primeira década do século XXI que um piso de plástico preto brilhante surgiu nos palcos, coberto por uma película de água que, combinada com uma iluminação de contraluz, criou esse efeito de espelho. Em 2010, David Bobee, para a montagem de *Hamlet*, fez dela um elemento cenográfico para além das magníficas imagens que o dispositivo criava, colocando toda a dramaturgia sob o signo da loucura numa dimensão narcísica que tinha apenas a morte por horizonte. Todo o espaço era uma caixa-preta e glacial. As paredes de ladrilho preto reflexivo, combinadas com

[493] Ele foi construído pelo coreógrafo Angelin PRELJOCAJ em 2006.

as luzes frias de Stéphane Babi Aubert, tornavam a atmosfera hostil como de um necrotério. Das gavetas de metal da parede onde estavam guardados os cadáveres às mesas de embalsamamento, tudo indicava a morte na crueza de sua realidade. O negro do luto convencional e humano deu lugar ao negro clínico da morte em toda sua brutalidade, sem esperança. Esse princípio de associação da água sobre o piso preto com efeito refletindo ou não segundo a iluminação era frequentemente usado durante esses anos de 2010. Patrice Chéreau com Richard fizeram um uso bastante espetacular dele, mas, mesmo assim, simbólico, em *I am the wind*, de Jon Fosse. Dois homens, "O Um" e "O Outro", personagens flutuantes, agarrados às bordas de uma jangada à deriva, têm somente a palavra que luta para se estabelecer em um diálogo, para se agarrar à existência. Essa jangada de madeira flutuava literalmente sobre uma água negra e opaca, que, por fim, se desencadeando, teria a palavra final da deriva dos dois seres perdidos. Não havia escapatória nesse mundo sem saída ou horizonte, nem mesmo o reflexo de si mesmo, exceto o de se jogar por cima da borda nas profundezas da água. Ainda será em uma sala fechada que o solo se espelharia na caixa-preta. Trata-se da peça de Fabrice Melquiot, *La Nuit des Brutes*, dirigida por Roland Auzet e interpretada pela dupla Anne Alvaro e Clotilde Mollet. Trancadas em uma casa (talvez uma caixa cênica), Ethel e Maria têm em comum uma tendência masoquista para os brutos que elas procuravam à noite no fundo dos bares. Mas um deles, prisioneiro em uma gaiola de vidro, estava presente em toda a cena, durante a qual elas nos contam como, elas mesmas trancadas, sofrem o abuso com certo prazer. A vida noturna dessas mulheres comuns, na qual as leis do amor se metamorfoseiam em disrupção, é contada por elipses em uma dramaturgia fragmentada pela imagem dos horrores expostos. O espaço cênico, uma *mise en abyme* de caixas na caixa-preta do teatro, não anuncia nem saída nem a esperança de unidade encontrada. O piso preto coberto de água no qual essas mulheres se debatem encarna inegavelmente a metáfora narcísica do prazer mal orientado e voltado contra si mesmo. O uso conjunto da caixa-preta e do piso transformado em espelho reforçava o claustro do qual esses personagens pareciam prisioneiros. Seu uso era sobretudo marcado nas dramaturgias de espaços fechados.

Jacques Vincey, cujas encenações foram inseridas em caixas pretas com o poder metafórico potente, parecia particularmente atraído por esses textos que falavam do confinamento e dos excessos que o acompanham (talvez eles seguissem os passos de Gaston Baty, que havia feito da "caixa burguesa" um lugar fechado de onde não se podia, disse Roland Barthes, nem entrar nem sair[494]). *Madame de Sade* de Yukio Mishima foi um sucesso magnífico de Jacques Vincey (encenado em 2008) no qual o teatro foi transformado em uma caixa na qual as mulheres, como lindas bonecas trajando vestidos trabalhados em uma transparência que deixavam ver a estrutura das crinolinas[495], repetiam, cada uma a sua própria maneira, a questão de seu confinamento. Ao fim da peça, aparecia um único homem, simples criado ou garoto diretor de palco, operário em traje comum e atual, que vinha desmontar o piso pavimentado com placas pretas enquanto a Revolução Francesa dava a sentença de morte do reinado da nobreza, como que para atestar que o espetáculo dessas vidas devia mesmo ser incluído nos mitos da cultura de uma sociedade finita. Com *Mademoiselle Julie*, de Strindberg (2006), *Les Bonnes*, de Genet (2012), *Jours souterrains*, de Arne Lygre (2012), e *Yvonne Princesse de Burgundy*, de Gombrowicz (2014), Jacques Vincey aprofundou a ligação entre espaços fechados e loucura assassina em que o sequestro sempre leva de volta ao teatro. Solidões que se confrontam sem encontrar solução, um espaço fechado, uma caixa-preta cuja espessura ou a lacuna sublimada pelas luzes de Marie-Christine Soma reforçava o desconforto para o espectador, mas também seu prazer estético. A associação funcionava particularmente bem e outros exploraram a dramaturgia cênica que ela sugeria.

494 R. BARTHES, "*Le Prince de Hombourg no TNP*", *op. cit.*

495 Figurinos de Claire RISTERUCCI, que recebeu, por essa criação, o prêmio Molière de figurino em 2009.

Os seres de fora do mundo e das normas povoavam esses espaços negros e fechados. Esse seria o príncipe poético e patético à beira da loucura em *Le Soir des monstres*, de Étienne Saglio (2011). Saído diretamente de um universo simbólico-expressionista, o mágico cria um mundo para si mesmo em um palco que lhe serve de habitat. Enclausurado, e ele mesmo encerrando em gaiolas os seres que aparecem em seu mundo, aqueles que ele criava, ou saiam do seu imaginário no limiar da loucura. Sofrendo as explosões de sua exaltação, ele luta, mas inexoravelmente perde o equilíbrio e perde-se. Seu próprio desaparecimento sob as luzes de Elsa Revol, que criou um mundo atemporal carregado por uma música lancinante do grupo SWOD, deixava o espectador entregue a uma angústia comunicativa. O espaço do solitário, muito real e concreto, como atestam os móveis, a poltrona e as luminárias interiores, vai se transformando progressivamente em um espaço mental como os universos expressionistas. Gradualmente, três mundos sobrepunham-se e chocavam-se: o mundo real, o mundo mágico (os objetos eram dotados espontaneamente de vida e de movimento) e um mundo místico à beira do delírio. As mudanças de universo eram acompanhadas pela luz que passava de uma incandescência quente a uma luz que perdia, pouco a pouco, sua conexão com o calor da chama e se transformava na crueza fria das lâmpadas de descarga elétrica, devolvendo a qualidade — imagina-se — das iluminações expressionista. Como um palimpsesto, o palco revela as tramas inspiradoras de um Munch ou de um Spilliaert. O rosto extenuado da personagem com olhos alargados por olheiras aparece como uma reprise dos *Autoportraits* de Léon Spilliaert ou de *La Mort et les Masques* de James Ensor numa estranheza perturbadora. *Le cri* de Munch não está longe disso. O mágico que parecia ter todos os poderes não tinha o de sair deste mundo: sua única escapatória era se deixar engolir pelo blecaute. O blecaute circundante fechava-se em seu rosto, o feixe luminoso estreitava-se, ameaçando sua existência. E, no fim do espetáculo, a fatalidade concretizava-se em uma confusão estroboscópica que fazia com que vários rostos aparecessem em uma imagem subliminar, como se a esquizofrenia o tivesse atingido definitivamente, extraindo-o do mundo ou remetendo-o a um outro.

Esse outro mundo foi explorado por Étienne Saglio e Elsa Revol no espetáculo seguinte com o título explícito: *Les Limbes* (2014). Para entrar nele, eles reforçaram a caixa-preta original escurecendo ainda mais o blecaute para se aproximar da escuridão mais profunda. Nem paraíso nem inferno nestes *Limbos* onde os corpos se debatiam e as almas reinavam. Os efeitos às vezes eram cruéis. O mágico era confrontado com o seu duplo, com a energia das lutas corporais, com a dupla cumplicidade da marionete, com a morte finalmente em suas formas tão mais cruas quanto espirituais. Prisioneiro de seus fantasmas, ele se envolvia em um combate com as almas que, como as medusas, flutuavam neste "não lugar" sem referências. Se a escuridão do teatro se dissolvia naquela do propósito, imagens imateriais invadiam o espaço e sobrepujavam o espectador que se unia a essa atmosfera que somente o obscuro espaço fechado do teatro pode oferecer. Encerrado com o mágico em um espaço ainda sem limites, o espectador podia experienciar a morte da qual, juntos, eles emergirão por um retorno à luz. A mais convencional do teatro sobre o palco onde se encontrava a imagem do início, depois por aquela da plateia que levava às realidades tangíveis. O blecaute devorador finalmente expelia o que ele havia furtado e projetado em um espaço-tempo indescritível.

Entrar no blecaute, sair do blecaute

"A cabeça entra lentamente no blecaute". Assim termina *Catastrophe*, o *Dramaticule* de Beckett dedicado a Vaclav Havel. O blecaute engolidor, devorador de rostos, se ele faz retornar às angústias infantis ou ancestrais, não passa de uma questão dramática e estética. A atuação do ator Dirk Roofthourft em *Rouge décanté*, de Jeroen Brouwers, orquestrada, mais do que simplesmente dirigida por Guy Cassiers (2006 e em turnê desde então), também termina em um retorno ao abismo dos limbos pelo engolir do rosto pelo blecaute. O espaço negro ainda lembra aqui a sequestração, pois o texto relata a experiência do autor nos campos de concentração do Japão holandês em 1942. Em um dispositivo cênico muito elaborado, o uso de câmeras multiplica as imagens do protagonista para dar conta da fragmentação interior devida ao trauma, enquanto que o blecaute do palco, cuja profundidade parece infinita, incorpora o nada. Na cena final na qual o rosto é engolido pelo blecaute, o processo vai além do efeito para atingir a dimensão trágica, paradoxalmente deixando o vazio tomar conta de tudo. O blecaute revela-se aqui como uma personificação da morte. Um blecaute do qual não se volta.

Se no teatro, tradicionalmente, é mais fácil sair do blecaute do que entrar, tudo depende em qual ponto de partida se está e de que tipo de blecaute se está falando. Aquele das coxias ou o do palco? O do real ou o da ficção? Colocamo-nos do ponto de vista do blecaute ou do da luz? A entrada e a saída invertem-se, dependendo dessas escolhas. É certamente uma convenção considerar o blecaute como preexistente à luz e como o ponto final do espetáculo; mas, se o blecaute entra no cenário e na dramaturgia, os dados mudam. As hesitações e os borrões entre o blecaute e a luz perturbam as referências conhecidas.

Área de passagem

Concretamente, o blecaute é, para o espectador e o ator, a área de passagem entre as duas realidades do cotidiano e da cena. O blecaute, cena e palco unidos antes dos agradecimentos, tem a mesma função que no início do espetáculo. Mas, se o lançamento do espetáculo depende da convenção social (horário do início do espetáculo), para o fim, o ritmo imposto é o da atuação: o operador de luz que opera está tão atento ao momento de retomada e de recuperação dos atores quanto do ritmo da plateia e das intensidades de seus aplausos. Essa luz técnica utilizada para os agradecimentos não é a mesma do último estado luminoso do espetáculo, é uma geral que não tem nada de ficcional, revelando o cenário, os figurinos e os atores em uma realidade tão crua a ponto de suceder o blecaute. O espetáculo terminou. O blecaute enquadra o espetáculo como dois colchetes, ou uma letra maiúscula e um ponto final delimitando um texto. No palco, desde Jean Vilar no TNP em Chaillot, o blecaute substituiu a cortina e sua função de enquadramento. Ele pertence, de certa forma, ao pacto do espectador que se baseia na "suspensão consentida de sua incredulidade"[496]. Esta convenção interessa apenas aos jogos e às transgressões que ela autoriza para si.

O ator que chega ao palco como que por acaso, descobrindo o público escondido na escuridão como se ele não os tivesse visto; essa farsa de entrar no contexto e em cena é um clichê muito popular entre os atores. Jamie Adkins, palhaço canadense, recusou o princípio em seu espetáculo apropriadamente chamado *Circus incognitus*. Chegando ao blecaute total do palco e da plateia, munido de uma lanterna que ele carrega como um explorador, o personagem desajeitado inicia seu espetáculo por uma cena que mostra sua inadequação ao local onde ele se encontra. Recurso cômico e lúdico da entrada em cena, a exploração do espaço no blecaute estabelece a conivência

[496] A "*willing supension of disbelief*", teoria de Samuel Taylor COLERIDGE, apresentada em sua *Biographia Literaria* em 1817 como um corolário da "fé poética". Esta é uma adaptação contemporânea de uma fórmula que originalmente não tinha nada a ver, na origem, com o teatro.

colocando o espectador em uma posição de destaque. De seu lugar, ele conhece o lugar e pode rir de quem ignora suas leis. Mas Jamie Adkins rapidamente recupera a vantagem, brincando com o facho de luz de sua lanterna iluminando seu rosto de baixo para cima, imitando as figuras dos filmes de terror ruins ou tentando ofuscar os espectadores apontando a lanterna para eles. Segue-se um jogo de mostrar-esconder infantil e divertido. O palhaço, que tradicionalmente circula entre os dois espaços, público e palco, dedica-se com deleite a uma forma de convenção cênica do gênero, entre uma fragilidade tocante, um engenhoso poder manipulador e um verdadeiro prazer lúdico. O jogo com o blecaute inscreve esta realidade inevitável: aquele que consegue fazer surgir ou não a luz tem o poder da cena.

Um poder que pode acabar sendo cínico. Manter o espectador em um blecaute sem lhe dar nada para ver por um tempo inconveniente, embora num contexto subjetivo, esse processo pode se transformar num mal-estar[497]. Se um brincalhão grita "luz" insistentemente, é porque a impaciência se manifestou e saiu do controle. Em 1922, o futurista Francesco Cangiullo imaginou um espetáculo chamado *Lumière*, no qual este princípio foi roteirizado:

> Cortina aberta. Palco neutro. Proscênio e plateia completamente no ESCURO por três minutos de BLECAUTE.
> Voz do público:
> 1 - Luz!
> 2 - Luz!
> 4 - Luz!
> 20 - Luz! Luz !!
> 50 - Luz! Luz !! Luz !! Luz !! (Contagiante)
> Todo o teatro:
> LUZ !!!!!

A rubrica a seguir especifica que a demanda deve ser provocada de tal forma que ela se torne "furiosa" e "insana". Em resposta: "proscênio e plateia se iluminam EXAGERADAMENTE". Este espetáculo futurista ilustra perfeitamente esta situação que não só se torna seu recurso dramático ao ponto da exasperação, mas mostra quanto o espectador é dependente das escolhas do espetáculo.

Alguns espetáculos baseiam seu protocolo nessa impotência do espectador, levando-o a refletir sobre sua própria situação. André Engel construiu seu trabalho como encenador valendo-se do suspense, que permite ao espectador assumir uma posição de força sobre o espetáculo. Para ele, "chega de suspense de vida" entre realidade e ficção. Não há mais cortina, não há mais blecaute, não há mais teatro: não há mais plateia de teatro, não há mais área de passagem, não há mais boca de cena. Isso explica suas aventuras teatrais "fora dos muros" nos anos 70 e 80, quando a questão do público era reavaliada em função das experiências vividas. Três espetáculos com o Teatro Nacional de Estrasburgo (*Baal, Un Week-end* à *Yaïck, Kafka Théâtre complet*) e dois outros, um no festival de Nancy (*Prométhée porte feu*) e o último em Saint-Denis com o

[497] Na verdade, esse desconforto deve ser colocado ao lado do passado, ainda que bastante recente. O público, agora experiente com todo tipo de proposta, aguarda sabiamente o que acontecerá com o blecaute. Só um público que não está acostumado ou um tanto turbulento como o das aulas escolares se permite esse tipo de reação, mais por provocação do que por aborrecimento, embora o espectador atual esteja munido de seu telefone como meio de se opor a esse blecaute com sua própria luz.

Théâtre Gérard Philipe (*Dell'inferno*)[498], negaram ao espectador o privilégio de seu status ao eliminar o protocolo de entrada e de saída do espetáculo. Se a aventura começava com uma situação um pouco lúdica, como uma partida de ônibus ou de trem para um local inédito, fosse um galpão, fosse um haras ou um ambiente de mina, o fim terminava com uma expulsão brusca dos espectadores que estiveram por um tempo como observadores, turistas ou até mesmo deportados[499]... A mudança repentina do protocolo espetacular confunde: sozinho na rua escura, aquele que acreditou ser espectador não teve o prazer de aplaudir os atores que ele não voltará a ver, devolvido à cidade noturna sem despedida como em um romance de Kafka. Há, nessa violência, uma atenção a respeito do público que se deseja conscientizar, mas contrabalançada por um vazio que não tem nada de metafísico. O pacto do espectador é quebrado, e nada além do sentimento de perda vem para substituí-lo.

Em outros casos, o fim une emocionalmente o espectador com o destino dos protagonistas no blecaute. O fim do espetáculo corresponde ao fim da vida da personagem que vai desaparecendo aos poucos e se perde em uma imagem e uma lembrança. Firs, em *La Cerisaie*, deixada sozinha na sala depois que todos se foram, esquecida, agita-se e conduz a um fim triplo: o da propriedade familiar que foi vendida, o da vida e o fim do espetáculo; o blecaute e a morte se unindo em um mesmo movimento. Às vezes, o destino é perturbador, como quando Alain Françon dirigia Jean-Paul Roussillon no papel de Firs. O ator envelhecendo demonstrava seu fim próximo[500]. É claro que é um clichê trágico: a morte do herói marca o fim da peça. Mas, além disso, é uma emoção compartilhada pelo espectador que, por sua vez, se encarrega desse sentimento de vazio e de não volta. Nesse caso, o blecaute final foi benéfico, pois encerrava o que a encenação havia começado: o fechamento gradativo das venezianas da *Cerisaie* era acompanhado de uma queda realista da luz para terminar no blecaute, como na época da criação por Stanislavsky[501]. Do blecaute ficcional, passamos ao blecaute técnico, sem nenhum intermediário além de uma temporalidade medida. O espectador precisa desse blecaute de duração adequada para ressurgir, também, com os atores. Este momento, orquestrado pelo espetáculo em uma confusão que não é um simples *pathos*, invade frequentemente sem anunciar. Eu experimentei essa submersão mais de uma vez. Foi o caso durante o espetáculo criado por François Berreur, *Une vie de théâtre* (Ébauche d'um portrait) (2007), segundo o *Le Journal* de Jean-Luc Lagarce. Nesse contexto autobiográfico, o fim trágico é conhecido; porém, sem que eu tenha me preparado, eu fui invadida no fim, quando a luz do palco se apagou, por uma emoção que somente um soluço irrepreensível poderia libertar... Impossível aplaudir, impossível cumprimentar pelo trabalho antes de ter abandonado o transbordamento de falta que a impressão deste espetáculo havia criado em mim. Em Vilnius, também, no fim de *Rojus* de Eimuntas Nekrošus, uma adaptação do *Paradis* de Dante (2013), no qual o sentimento de perda se misturava com a emoção estética, minha própria fuga do olhar alheio, protegida pelo blecaute, foi-me necessária. Sem

[498] Para mais detalhes sobre o andamento desses espetáculos, ver a tese de Véronique Perruchon, a *bibliothèque* Gaston BATY, ou em um certo número de artigos listados no fim da obra.

[499] Os espectadores, convidados para fazer uma viagem de ônibus ou trem como turistas, são conduzidos a um lugar onde se desenrolam acontecimentos aos quais testemunham passivamente. Depois, em um determinado momento, eles são convidados a deixar o local sem argumentar. Ver no capítulo "Blecaute em abismo".

[500] Alain FRANÇON dirigiu *Le Cerisaie* no Théâtre de la Coline entre março e maio de 2009; Jean-Paul ROUSSILLON morreria em julho de 2009.

[501] Para a encenação, Alain Françon escolheu reproduzir o cenário da criação de 1904 para o Teatro de Arte de Moscou; dirigida por Constantin Stanislavski.

dúvida, cada espectador tem esse tipo de lembrança dentro de si. Se o blecaute, como marcador entre realidade e ficção, ajuda na transição de uma para a outra, não garante uma saída ilesa do espetáculo. Pelo contrário, ele prolonga o novo estado. Somente o retorno da luz na plateia poderia recolocar as coisas em ordem.

O blecaute trêmulo dos sonhos

No palco, o mundo onírico acrescenta uma dimensão de escolha a esses tratamentos do blecaute no qual a entrada e a saída, num tremular de corpos, fogem do controle da razão. O blecaute não é mais um espaço a ser conquistado, mas um espaço-tempo a cruzar. As brumas, névoas e fumaças chamadas em seu socorro ajudam o blecaute a existir no palco, reforçando sua dimensão onírica. André Engel recorreu a elas em várias ocasiões nos anos 70 e 80 para *Ils allaient obscurs sous la nuit solitaires, Venise sauvée* e *Penthésilée*. Mas foi em 2008, com *La Petite Catherine de Heilbronn*, que a dimensão onírica foi mais afirmada. Se Kleist era a referência em termos de estado cataléptico, em particular em *Le Prince de Hombourg*, é porque o romantismo se apropriou, estética e dramaticamente, do mundo dos sonhos. Meio supremo para saltar para um outro mundo, o sonho como uma ponte entre os mundos. Ele deve ser misterioso e representar as incertezas identitárias. Quem, onde, o quê? A imprecisão da penumbra associada às névoas indistintas ocasionava a indecisão de uma resposta exata. *La Petite Catherine de Heilbronn* é a história de uma jovem garota (Julie-Marie Parmentier) que desmaiou de emoção ao ver o Conde von Strahl (Jérôme Kirchner) durante sua passagem pela sua aldeia natal. Ela teria reconhecido ali aquele a quem ela se diria destinada e que teria aparecido para ela em sonho. Abandonando o lar paterno, ela o segue como se estivesse enfeitiçada, com uma determinação mais forte que ela. Ele, sem explicar a si mesmo esse apego desproporcional aos seus passos, vai do espanto à pena, do aborrecimento ao respeito, até descobrir o segredo do que os une: a premonição de um único e mesmo sonho compartilhado. Esta peça, na qual os sonhos mediadores das verdades escondidas cobrem a vida com um véu, dava a tudo a impressão de flutuar em uma outra dimensão, lá onde a ilusão e o real se confundem.

Na encenação de André Engel, os cenários de Nicky Rieti, como peças de um quebra-cabeça tridimensional, pareciam flutuar em um espaço enevoado, escuro e profundo, que a iluminação de André Diot preenchia com um halo sobrenatural. O claro-escuro dava forma ao sonho e desrealizava o real como nos contos fantásticos do século XIX. Em cena, a dúvida sobre a verdade era conscientemente mantida: por sua vez, rochedos, muralhas, naves góticas e interiores de palácios, os elementos saíam dos limbos macios, atuavam e desapareciam na mesma medida em que apareciam. As pessoas que habitavam este sonho e habitavam estas ruínas tinham uma existência efêmera, a duração de uma cena. Como em um sonho, eles desapareciam a todo momento, parecendo capazes de aparecer sob o puro poder da imaginação da pequena Catherine. Eles estavam lá, sobre o palco, sem nem mesmo serem vistos chegando e partiam, mesmo assim, afundando na espessura negra e nebulosa que envolvia o palco. Era a silhueta longilínea do benevolente Gottschalk (Tom November), que nunca estava onde se esperava que estivesse, mas sempre presente para cuidar de Catherine. Eles são os monges obscuros rondando, os sons do vento e as palavras sussurradas em um sono. A névoa que preenchia a escuridão ao revelá-la, anteriormente usada por André Engel e Nicky Rieti para esconder as realidades do teatro e envolver os espectadores, tinha, nesse caso, mais a função de perdê-los nos meandros do encanto enfeitiçante do sonho. Bem no fim, depois da última palavra, Catherine acorda de seu sonho. "Só", especifica a rubrica final do texto adaptado para a peça por Dominique Muller. Esta história inacreditável não era, definitivamente, na encenação de André Engel, nada além de um único e grande sonho. Uma malandragem que ressalta o poder da imaginação. É que o blecaute associado à névoa tinha um efeito fascinante sobre o espectador, que também mergulha nas profundezas do mundo onírico. O despertar é tão doloroso para ele quanto parece ser para os personagens, literalmente, pois a luz atinge os olhos e quebra a intimidade depois dessa viagem aos limbos.

Jacques Vincey, na sua encenação do texto de Caldéron, *La vie est un rêve* (2012), trabalhou com a obscuridade, as trevas e as superstições com a cumplicidade de Marie-Christine Soma e Mathieu Lorry Dupuis. A entrada em cena de Rosaura travestida de homem, encerrada no fundo do calabouço escuro onde definhava, meio homem, meio fera, Sigismundo, o príncipe herdeiro, desperta do pesadelo. O espectador, assim como Rosaura, não vê nada a princípio, ele apenas ouve Rosaura, que perturba como um carroceiro, e um barulho perturbador de correntes metálicas. O jogo entre o claro e o escuro nesta encenação era como um eco metafórico da luta entre a verdade e o obscurantismo. Mas, de forma perturbadora, o viés da encenação frustra os códigos de oposição entre a sombra e claridade, deslocando-se em uma ambivalência entre opacidade e transparência. Se a ação começa em uma caixa escura e fechada, a continuação revela, graças às luzes cruzadas ou contraluzes, um mundo exterior que, para além das paredes, surgia invadindo o palco. Dessas quedas nos abismos dos mundos, o mais obscuro não era, necessariamente, aquele que parecia, à primeira vista, como tal. O teatro dentro do teatro, que é o de um sonho de reinado que mergulha Sigismundo numa falsa realidade, era encenado com roupas pretas na caixa-preta, onde até os criados traziam um capuz preto de cães com ares sadomasoquistas. O espaço opaco não era impermeável às verdades que aí se revelavam, apesar do tirano que se considerava um demiurgo. A caixa-preta não tinha, ou não tinha mais, o poder da ilusão, e os sonhos eram pesadelos. Se a passagem do sonho para a realidade costumava ser dolorosa, mergulhar no pesadelo também o era igualmente. Entrar e sair da caixa-preta não ocorria sem violência nem surpresas; o homem, animal na sombra, revelava-se sendo um homem maquiavélico na luz. Bondade e luz não rimam mais, nem escuridão com qualquer ignorância inocente. O que a escolha de luzes de Marie-Christine Soma destacava: a luz geral que acompanhava a entrada real de Basil era uma luz fria, enquanto que o brilho pálido ou a luz assustadora ao lado do monstruoso Sigismundo era de uma chama quente, embora fraca. A dramaturgia da luz induz uma leitura invertida das aparências. Duelo entre verdades e mentiras, homem e fera, lucidez e obscurantismo, *La Vie est un rêve* brinca com semblantes falsos que a encenação literalmente destaca. Sigismundo, que se acreditava uma fera imunda, descobre-se rei da Polônia e assume o controle da história que se escreve por seu olhar. É assim que o espaço escurece quando ele não tem olhos para nada além do objeto de novo desejo do homem que ele é: a mulher (Estrela ou Rosaura). Elas são, para seus olhos, aparições.

A aparição revela, também, uma visão que a memória lembra. Foi a de Maria Casarès em Lady Macbeth, acompanhada de sua própria luz, a quem Jean Vilar havia dado uma aparência magistral no lugar de honra do Palais des Papes e depois em Chaillot em 1956. A passagem possível de ser encontrada nos arquivos do INA é um trecho da cena de sonambulismo de Lady Macbeth. Assombrada pelos crimes que a levaram ao trono, ela vagueia em seu sono, tentando desesperadamente tirar de suas mãos o sangue que mancha sua consciência. Maria Casarès, exilada na França desde 1936, parece encarnar, nesta cena, o blecaute que carrega consigo como uma cauda imensa e destrutiva.

Um blecaute devastador, porque indescritível. O peso da história assustadora, em sua grandeza, era indissociável da silhueta da grande atriz. Sua aparição memorável, a mente vacilante sob o peso da culpa, mas imbuída de uma majestade confirmada pelo timbre e a declamação de Maria Casarès, torna-o uma referência absoluta. A cena era como que "entrevada", para usar o termo que Monique Borie[502] usa a respeito dos mundos do teatro povoados por fantasmas, uma cena de luto por um desencanto surgido por premonição.

Chaillot veria outras silhuetas memoráveis surgirem do blecaute para entrar para a história. Assim, Claude Régy, ao evocar Madeleine Renaud em *L'Amante anglaise* em 1968, relata a potência de sua presença cênica. A cena da sala Gémier contava, então, com uma cortina metálica em duas partes que permitia estreitar a abertura do palco por meio de recortes laterais. Ao fim de uma hora do primeiro interrogatório do homem que acontecia em frente à cortina totalmente fechada, "o diafragma abria-se no meio, apenas uma fenda, a passagem de um ser humano, a cena atrás no blecaute, ela tinha sido abandonada. Minúscula e densa, esta mulher neste raio de luz, não era nada, esta mulher em pé, era toda mundo e ninguém"[503], lembra Claude Régy, para quem essa fragilidade e essa proximidade estranha passam "do profano ao sagrado, [...] sem cerimônia", porque "o teatro não é puro ". Se o blecaute e a luz também não são puros, o que importa "é a passagem"; "o movimento invisível de passagem". O jogo entre o blecaute e a luz incorpora essa turbulência necessária, essa fragilidade inexprimível que vibra de forma duradoura na memória do espectador.

Segmentação e montagem cênica

No entanto, essas aparições não se devem somente ao corpo de atores que, imagens ou fantasmas, monstros ou humanos, surgem do nada. Do blecaute da caixa cênica, aparecem imagens geradas pelo enquadramento da cena, pela cenografia, pelo ritmo e pelo encadeamento dos blecautes que estruturam a dramaturgia cênica ao mesmo tempo que focalizam o olhar do espectador. Isso porque o palco toma emprestado do cinema seu trabalho sobre os encadeamentos e a montagem de forma recorrente. *L'Homme à la caméra* (1929), o filme mudo sem intertítulos de Dziga Vertov, é um trabalho de montagem, de movimento e de ritmo, com efeitos de câmera lenta, de aceleração, de sobreposição ou de recorte da tela que retoma, de forma exemplar, as teorias revolucionárias que ele desenvolveu no *Ciné-oeil*:

> Meu caminho é o de uma nova concepção do mundo. Eu lhes faço descobrir o mundo que vocês não conhecem.
> - O cinema dramático é o ópio do povo.
> - Abaixo os reis e rainhas imortais do teatro. Viva o registro das vanguardas nas suas vidas do dia a dia e do seu trabalho!
> - Abaixo os roteiros-histórias da burguesia.
> Viva a vida como ela é![504]

Estética e tecnicamente, os avanços de Vertov começaram a influenciar os cineastas de vanguarda europeus e fizeram-se sentir em todos os meios artísticos[505]. Assim sendo, no início do século XX,

[502] Monique BORIE, *Le Fantôme ou le théâtre qui doute*, Actes Sud, 1997.

[503] Claude REGY, *Espaces Perdus, Les Solitaires intempestifs*, 1998, p. 16.

[504] Dziga VERTOV, "*L'Appel du commencement*", o manifesto teórico foi publicado em junho de 1923 no número 3 de LEF, órgão do Front esquerdo da literatura e das artes, fundado e dirigido por Maïakovski, com o título de *Kinoks-Révolution* (*Kinoki. Perevorot*).

[505] Não é questão aqui de voltar exaustivamente a abordar as influências vindas das vanguardas russas, mas de sugerir a conexão estética quanto ao uso do blecaute na montagem. Entre as obras dedicadas a estes temas, ver mais particularmente a *Colage et Montage au théâtre et dans les autres arts durant les nanées vingt*, editada por Denis BABLET, L'Âge d'Homme, 1978.

o advento de uma modernidade que rompe com os enquadramentos de um teatro popular ou burguês se distinguiu de uma estética dramática de continuidade narrativa sob a influência dessa estética cinematográfica. Georges Pitoëff, seguindo os passos de Piscator, imaginou em 1920 um dispositivo cênico baseado na segmentação e na obstrução do palco. Trata-se da peça *Les Ratés* (1915), de Lenormand, que aborda o tema, conhecido desde então, dos atores errantes, em 14 quadros que já não seguiam a continuidade narrativa das cenas. O autor dirá que não suporta mais "essas peças construídas de acordo com o velho ordenamento tradicional, esses sentimentos diluídos logicamente e explorados até o fim por 'fiadores de cena' especializados"[506]; tentando "apertar mais de perto a realidade fugidia e ondulante do fato de consciência". Georges Pitoëff adota o princípio adaptando-o à cenografia que ele concebe em dois níveis divididos em espaços distintos ocultados por cortinas quando não estão em cena[507]. "O praticável [oferecia], por suas divisões, espaços de cena infinitamente renováveis, essas pequenas gaiolas de sofrimento e de miséria que um revelavam um instante das cortinas deslizando sobre varas"[508], especifica Henri Lenormand, que trabalhava ao lado dele na prefeitura Plainpalais de Genebra, onde a peça foi criada no inverno de 1920 (Fig. 31).

Fig. 31. *Les Ratés*, de Lenormand, direção de Georges Pitëf, 1920

[506] Henri LENORMAND, *Confession d'um auteur dramatique*, v. I, Albin Michel, 1943, p. 333.

[507] Ver o estudo de Jacqueline JOMARON em *Les voies de la création théâtrale*, n. VII, p. 315-322.

[508] Henri LENORMAND, *Les Pitoëff souvenirs*, ed. Odette Lieutier, 1943, p. 50-51.

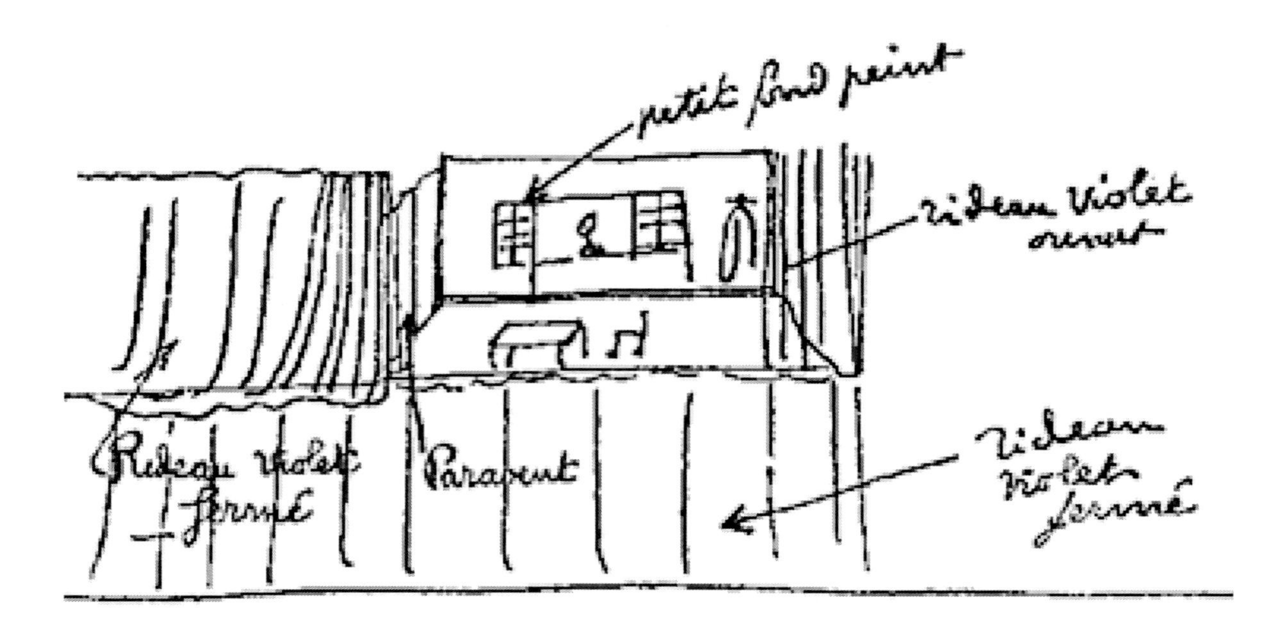
petit fond peint
rideau violet
ouvert
Rideau violet
fermé
Paravent
rideau
violet
fermé

Um sistema que Georges Pitoëff retomou de forma mais elaborada em 1929 para *Les Criminels* de Bruckner, sob a forma de um edifício do qual teria sido retirada a quarta parede, permitindo ver os andares e os apartamentos[509]. Outra peça cuja narração foi inscrita em uma relação com o tempo e com o espaço fragmentado, sobreposto e permitindo retornos ao passado. O princípio da descontinuidade narrativa concretizou-se aqui também pela segmentação e pela ocultação das partes do palco que não estavam em cena. Em 1928, Gaston Baty também utilizou um dispositivo cênico dividido na sua altura em várias células que permitiam uma atuação simultânea para *Cris des cœurs* de Jean-Victor Pellerin (Fig. 32). O princípio adaptado de várias maneiras foi um sucesso.

Fig. 32. *Cris des cœurs*, Jean-Victor Pellerin, direção de Gaston Baty, 1928

A respeito dos *Ratés*, Lenormand especifica: "o artifício cênico adotado por Pitoëff [...] também foi amplamente explorado por seus seguidores de todos os países. A solução que ele propôs do encadeamento imediato dos diálogos tirou do constrangimento muitos diretores menos criativos"[510]. E confessou: "eu não tinha dúvidas de que essas breves palavras sussurradas na penumbra de um quarto de hotel, esses pedaços de miséria na fumaça fria de um bar provinciano, ou sob os vitrais de uma catedral, contivessem um poder de subversão, nem que eles deveriam revoltar tantos públicos, censores e críticos"[511]. Foi, segundo alguns críticos, "uma nova era teatral que se inicia", relata Jacqueline de Jomaron, apoiando-se nas palavras do crítico Roland Dorgelès, um crítico bastante tradicionalista, aliás, que dizia então: "os jornais e revistas da época falam de uma 'era teatral nova que se inicia', enquanto François Mauriac

[509] Ver análise e fotosgrafias na *Collage et montage au théâtre et dans les autres arts, op. cit.*, p. 58.

[510] Henri LEONORMAND, *Cofessios d'um auteur dramatique, op. cit.*, p. 52.

[511] *Ibidem.*

evocava "um drama de uma terrível potência"[512]. Não há dúvida de que a França dos anos 20 seguiu os passos da Alemanha, onde Piscator e, em uma outra medida, Reinhardt, cada um a seu modo, renovaram a cenografia utilizando as técnicas mais avançadas da época. A relação ilusionista, convencional ou naturalista com o teatro é perturbada. O tratamento do blecaute e a ocultação do palco faziam parte dele e continuaram a sugerir aos diretores e cenógrafos propostas cenográficas e dramatúrgicas que rompiam o ritual ou o reforçavam com a consciência de representá-lo. Assim será com Georges Lavaudant em 1976, em Grenoble, para a criação do *Palazzo mentale*, um texto de Pierre Bourgeade sob a influência de Dante, Goethe, Proust, Borges, Lautréamont e Kafka. Uma história de peregrinação sentimental e existencial em uma cidade mental. Para este espetáculo, retomado de forma idêntica em 1988, a cenografia de Jean-Pierre Vergier recriou um edifício cuja fachada podia deixar ver o interior das residências pela transparência, graças a um efeito de luz e de obscurecimento.

Entre os exemplos mais recentes, uma encenação despertou a referência aos anos 20. Era a da peça de Georg Kaiser, *De l'Aube à minuit*, por Sylvain Maurice em 1994[513]. A questão da montagem, do tipo e do tratamento das imagens no teatro foi fundamental no enfoque artístico empregado por Joëlle Bondil para a cenografia. Para dar conta do percurso do caixa, personagem principal, que vai "de estação em estação", segundo o princípio do *stationendrama* expressionista, a encenação de Sylvain Maurice escolheu um viés radical: a peça foi encenada em uma pequena caixa-preta com 2 metros de abertura que funcionava como um plano americano. A moldura era escondida entre as cenas por uma cortina preta que deslizava lateralmente da esquerda para a direita e que, mesmo aberta, não mudava de tamanho, permanecendo como uma tela de projeção cinematográfica. Por outro lado, as imagens no enquadramento resultavam em efeitos de tomadas de diferentes tamanhos, que iam do close (as mãos do caixa durante a primeira imagem, contando as notas), até tomadas médias. Somente os bustos dos atores eram visíveis em seus figurinos cinza, que reforçavam a ilusão cinematográfica de preto e branco. Mas a encenação agia nos limites impostos pela moldura, e, em algumas cenas, o protagonista, que estava fora do quadro, parecia observar as cenas no interior do quadro. Era assim que ele observava clinicamente sua família e, numa espécie de "narrativa em abismo", ele via a si mesmo no quadro. Nesse trabalho sutil, Sylvain Maurice usa os blecautes entre as cenas como as elipses de uma montagem, ao mesmo tempo que brinca com o quadro e o fora do quadro que se torne fora de cena. Tecnicamente, a peça foi dividida em planos sequência de tamanhos variados, que Sylvain Maurice chamou de "elipses 'evolutivas'". Mas o essencial era, para ele, dar conta da jornada do herói "de estação em estação", e de seu próprio questionamento interior materializado pela atuação nos limites do quadro e que funcionavam como uma fronteira.

Mais ou menos na mesma época, Nicky Rieti desenvolveu, para o *Woyzeck* montado por André Engel em 1998, um sistema de quatro painéis pretos que funcionavam como uma íris de câmera fotográfica. Depois de um blecaute na sala acompanhado por uma música no estilo de uma abertura de ópera, a cortina preta abria-se em quatro partes. O público descobria o princípio da "distância focal variável". Ao longo da apresentação, 23 pinturas sucediam-se, intercaladas pelo

[512] J. de JOMARON, em *Voies de la création théâtrale*, n. VII, relata a encenação, o que os críticos atribuíram ao texto de Lenormand que ele próprio, em 1943, confidenciava nas suas *confessions*: "Eu sentia o que a minha técnica tinha de revolucionária", p. 333, mas relatando que então "não ocorria a ninguém a ideia de que um dia essa série de diálogos daria a volta ao mundo, ficaria aos cuidados dos primeiros diretores da Europa: Firmin Gémier, Gaston Baty, Max Rheinhardt" (*Les Pitoëff souvenirs*). Foi a partir daí que teve início a expressão "nova era", para qualificar em seguida o novo status do diretor instaurado por Antoine, depois abolido por Copeau. Ver Jean-Pierre SAZZARAC, em *Le Théâtre en France De la revolution à nos jours*, t. 2, org. J. de JOMARON, 1992, no artigo *"Reconstruir le réel et sugere l'indicible"* p. 192 e seguintes: "Abre-se então, no teatro mundial, uma era da direção — ou do diretor — na qual ainda vivemos nos dias de hoje".

[513] Ver Sylvain MAURICE, *"L'étranger du cadrage au théâtre"*, notas sobre uma encenação de *De l'aube à minuit"*, em *Les Voies de la création théâtrale*, n. 21, p. 91-101.

fechamento e abertura desses painéis pretos de grande formato, plano fechado, altura, largura, em uma sucessão de cenários de diferentes formatos concebidos como "caixas" das quais apenas a quarta parede, voltada para o público, estava faltando. Essas caixas representavam os diferentes lugares de uma mesma habitação popular da década de 1950, atravessada por Woyzeck, que nesta produção se tornou um desempregado errante. A função dos quatro quadros de distância focal variável era enquadrá-los precisamente em dimensões muito diferentes entre si, da menor à maior, no nível do solo ou suspensos no ar. O outro objetivo era ser capaz de realizar aberturas e fechamentos em um ponto de fuga pelo enquadramento do olhar do espectador, como faria um diafragma de uma câmera fotográfica. A ideia era colocar o espectador em uma câmara escura para aguçar seu olhar, enquanto se concentrava na corrida incessante de Woyzeck pelas aberturas e fechamentos hiper-rápidos e precisos dos quadros móveis da "distância focal variável". Durante o tempo das mudanças de cenário atrás da cortina, a música de Étienne Perruchon acompanhava o espectador, mergulhado no blecaute diante de uma parede negra, de um quadro a outro, como na ópera. Enquanto isso, a equipe de maquinistas do palco encarregava-se de colocar a caixa seguinte de forma muito precisa, de modo que os recortes da distância focal enquadrassem seus quatro lados. Da "elipse evolutiva" à "distância focal variável", a questão do enquadramento e da edição estava no cerne da renovação narrativa do palco.

O cinema, referência inegável, assombrou os encenadores dos anos 20 até o fim do século, em conexão com o advento do "teatro pós-dramático", segundo o termo de Hans-Thies Lehmann. Ele constatou que, no teatro pós-dramático, "a impressão de colagem e edição - videográfica, cinematográfica, narrativa - substitui qualquer percepção a qual a lógica narrativa nos habituou"[514]. Essa foi, nas décadas de 90 e 2000, uma tendência que muitas vezes se manifestou pela presença de telas no palco. Hans-Thies Lehmann baseia-se principalmente, para sua demonstração, sobre a estética do nova-iorquino John Jesurun, cuja obra foi rotulada pela imprensa como "teatro cinematográfico", de tanto que o princípio da montagem é radicalizado no seu trabalho. Na verdade, o princípio recorrente de seus espetáculos residia em uma sucessão de imagens tiradas do próprio palco que apareciam em uma tela acima do palco, o que era bastante diferente dos dispositivos estudados nesta parte. Era também um princípio usado com frequência nos anos 2000, especialmente pelo flamengo Guy Cassiers. Porém, a questão está, para a presente análise, mais relacionada a uma desconstrução narrativa que se manifesta no teatro pós-dramático com base na escrita e que se apodera do palco, como demonstrado pelos dispositivos descritos anteriormente.

Se o blecaute usado entre as cenas, nestas diferentes variações cenográficas, era elíptico e não se excluía da história, participava no modo de narração que avança em etapas, analepse e prolepse, ou melhor, para usar o vocabulário cinematográfico anglo-saxão, por flashback e *flash-forward*. A edição e o enquadramento, as escolhas estéticas, são de caráter fictício e cênico ao mesmo tempo. O blecaute participa deles como um "entre" construtivo.

Usando as elipses, as aparições e os desaparecimentos orquestrados pelos blecautes interrompendo bruscamente a cena em ação, foi também o que foi proposto por *Salves* de Maguy Marin. Era um espetáculo que dificilmente se poderia qualificar como coreográfico, se houver referência à tradição. No entanto, era um espetáculo que se baseava no movimento, tendo o blecaute como principal regulador. As situações começavam a se instaurar, depois eram sistematicamente sabotadas em seu curso por um blecaute brusco e nítido: uma mulher começa a recolher os cacos de um vaso

---

[514] Hans-Thies LEHMANN, *Le Théatre post-dramatique*, L'Arche, Paris, 2002, p. 182.

que se quebrou no chão, mas seu gesto é interrompido por um blecaute. Só restava ao espectador imaginar o que acontece depois, ou seja, a remontagem completa do vaso quebrado. Porém, o blecaute também quebrava o fluxo narrativo: o movimento do todo era construído ao contrário da continuidade. Enquanto uma sequência posterior mostra a mesma mulher do vaso colocando flores nele, não se sabia mais se era um retorno no tempo, analepse (esse vaso seria o vaso antes de sua queda?), ou uma prolepse (antecipação), por salto elíptico. O espectador, constantemente interrompido no acompanhamento das situações, também era maltratado pelos blecautes que atrapalhavam seu esforço mental de reconstrução. Os blecautes tinham um valor de "brancos" narrativos — ou de pausa. Era um espetáculo que literalmente esgotava o espectador. O Blecaute vencia a mente. Em rajadas (*salves*), como seu título, esse espetáculo dava e tirava. Era a vitória do blecaute sobre o espectador e o dramático. O fio condutor, tecido de forma invisível pelos sete intérpretes na abertura, fazia alusão à "perda da experiência", denunciada por Walter Benjamin[515]. Segundo ele, a dificuldade de transmitir tão bem nossas experiências privadas quanto as da humanidade levava a um "empobrecimento" que ameaça as gerações futuras e enfraquecia o vínculo. O movimento da história é quebrado; e a continuidade, perdida. De um blecaute a outro, a história da arte, com a história da humanidade, despedaça-se: caem por terra a estátua da liberdade ou a Vênus de Milo, como tantas referências frágeis. Para o espectador, a perda de suas próprias referências permitia-lhe vivenciar as catástrofes coletivas do século XX e que transformaram o presente em um campo de ruínas.

O blecaute da imagem-movimento

O blecaute é, então, elaborado no movimento e na duração, mais do que no espaço e na matéria. É o blecaute da "imagem-movimento", como definida por Deleuze. Para Deleuze, a imagem-movimento valoriza os personagens em detrimento do diretor, que desaparece, em um movimento que sempre se faz na duração concreta da narrativa própria do cinema clássico. Essa narrativa envolve os personagens e o espectador em relacionamentos que envolvem emoções, impulsos ou reações próprias da imagem-movimento. Juntos, eles são conduzidos por um movimento objetivo que se torna subjetivo ao envolvê-los. A aproximação entre as teorias de Deleuze sobre o cinema e o princípio do teatro certamente tem seus limites, pois o arcabouço do teatro remete-nos mais ao tempo da câmera fixa e ao seu ponto de vista único e frontal. Com isso, ele seria distanciado da imagem-movimento; todo o movimento no teatro trazido apenas pela vida e pelas mudanças no interior da imagem. No entanto, essa conclusão precipitada seria válida somente se alguém relegasse o blecaute das entrecenas ao nada estético. Mas é evidente que a vingança do teatro foi tomada pelo domínio das sequências e dos blecautes intersticiais. É nisso que se compreende a aproximação com o cinema e a imagem-movimento.

Todos os espetáculos de Joël Pommerat poderiam ilustrar esses intuitos. No entanto, esse fenômeno é particularmente percebido em *Ma chambre froide* (2011). Essa criação de Joël Pommerat conta a história de uma jovem mulher, Estelle, contada por uma certa Claudie, que a conhecia, de acordo com sua lembrança, mas também graças aos cadernos de Estelle encontrados em sua casa. O dispositivo escolhido é uma arena que faz dos espectadores *voyeurs* e juízes de uma forma inteiramente consistente com o desejado. Porque assistimos ao linchamento moral da jovem mulher, à sua transformação real e psíquica e a um enfraquecimento das referências morais do bem e do

[515] Walter BENJAMIN, *"Expérience et pauvreté"*, em Œuvres, t. 2, Trad. Maurice de Gandillac, Painer Rochlitz e Pierre Rusch, Gallimard, 1972, 1974, 1977, 1978, 1985, 1989, 2000, p. 364-372.

mal. Todo o espetáculo, em suas idas e vindas, opera sobre o princípio da edição cinematográfica na qual todos os tipos de conexões cinematográficas parecem ser explorados. Os *crossfades* acontecem por meio da conexão de som ou de imagem, enquanto as cenas em *off* pedem uma abertura do espaço em direção a um outro que conduz ao palco, o da sequência seguinte. A complexidade narrativa desse espetáculo é, além da questão da edição, uma mistura inteligente de sobreposições narrativas com a visão telescópica das consciências, dos pontos de vista e dos níveis de realidade. Para esse espetáculo, o tratamento dos blecautes foi particularmente trabalhado nesse sentido, enquanto para *Les Marchands* (2006), por exemplo, se estava mais em uma sucessão regular de blecautes precisos. Éric Soyer, cenógrafo e iluminador da companhia Louis Brouillard, dirigida por Joël Pommerat, desenvolveu uma orquestração especial do ritmo ao longo do tempo por meio de cortes cinematográficos. Ele se tornou mestre no manejo desse lapso entre as imagens, esse blecaute elíptico cuja rapidez estimula a acuidade e a imaginação do espectador ainda mais porque ele não tem tempo para se ater sobre o "como eles fazem?", empurrado pelo ritmo do espetáculo. As imagens que se alternam com os blecautes às vezes são tão breves que impressionam literalmente o espectador; no limite, a imagem subliminar. Acontece que esse trabalho no palco com o blecaute é feito na direção do espectador, cuja reatividade fisiológica e cognitiva é levada em conta em uma dosagem calculada. Éric Soyer, que afirma ser "mais sensível à sombra do que à luz", considera que "a sombra é uma parte misteriosa na qual é possível conduzir a imaginação do espectador, oferecendo-lhe, de certa forma, aberturas nas quais podem se expressar suas sensações"[516]. Mas essa proposta só pôde ser bem sucedida porque foi totalmente assumida por Joël Pommerat e pelos atores particularmente receptivos à exigência desse trabalho. O "blecaute absoluto" de Eric Soyer é realmente um "parceiro com o qual a dramaturgia cênica se constrói", um parceiro exigente com o qual os atores aprenderam a trabalhar, "na alternância de luz e de blecaute com uma perfeição que torna natural a dificuldade com a qual são confrontados". O ritmo do palco é o dessa alternância de rara potência dramática. Um tempo efetivo que decorre da articulação das imagens-movimentos as quais pertencem os blecautes como imagens, e não mais apenas como articulações. Se se desejar retomar a comparação entre o trabalho de Eric Soyer na Compagnie Louis Brouillard e a teoria deleuziana, será possível, por outro lado, aproximá-la da montagem do tipo americano, dita "orgânico-afetiva". Para Deleuze, esse é o tipo de montagem da qual se origina a narração, e não o contrário. Isso é particularmente verdadeiro nos espetáculos para crianças que Joël Pommerat criou. *Le Petit Chaperon rouge* (2004) ou *Pinocchio* (2008) têm uma narração que avança ritmicamente de blecaute em blecaute, enquanto a ficção avança de imagem em imagem, o todo capaz de criar a narração no palco, ou seja, a dramaturgia cênica. Nestes dois espetáculos, é o tédio que pontua o fluxo do tempo e coloca a narrativa em movimento. Os passos rápidos da mãe de Chapeuzinho Vermelho têm como contraponto o langor da criança, que a alternância de sequências demonstra substancialmente. Em *Pinocchio*, acontece praticamente o contrário, o ritmo lento de Gepeto esbarra na zombaria de Pinóquio, que é inquieto. Nos dois casos, os blecautes marcam a distância entre o mundo dos adultos e o das crianças. Paradoxalmente, quanto mais curtos e próximos eles são, mais a distância parece gritante.

Por outro lado, se com Éric Soyer o blecaute absoluto exige a ausência de qualquer fonte de luz, inclusive a dos marcadores de saídas de emergência, em outras estéticas cênicas, o blecaute entre as cenas às vezes é um falso blecaute. Em vez de haver uma reversão repentina da

[516] Ver o número 37 da revista *UBU*, de abril de 2006, cujo *dossier* central foi realizado sob a forma de entrevistas com Joël POMMERAT, sua equipe e seu elenco.

situação sobre o palco, coloca-se em movimento a imagem interna do palco ao mesmo tempo que acontece um movimento devido a um encadeamento ao blecaute. São, geralmente, mudanças de cenário realizadas em uma suposta semiescuridão. Os movimentos habilmente coreografados são, algumas vezes, realizados pelos próprios atores em uma ação entre ficção e realidade. Em *T.E.O.R.E.M.A.T*, de Grzegorz Jarzyna, baseado no filme de Pasolini, as entrecenas, realizadas na penumbra, mostram o personagem que também está presente no filme, uma espécie de diabinho anunciador dos acontecimentos. Na semiescuridão, ele se agita na direção dos espectadores parecendo dirigir os contrarregras que movimentam os elementos do cenário. Como no filme em que ele encara ostensivamente a câmera enquanto conduz o espectador pela história, no palco ele procura controlar o ritmo por meio de gestos agitados e desordenados, mas maliciosos, deixando o espectador em dúvida quanto a suas intenções e seu papel. Uma espécie de coro antigo, é o elo entre o espectador, a história e o palco. Essa forma de conviver com os blecautes é uma marca de contaminação do teatro pelo cinema, com o qual Jarzyna está familiarizado, embora pressuponha o jogo entre ilusão e realidade pelo qual ninguém se deixa enganar em um teatro, enfim. Em outros casos muito frequentes no teatro, essas mudanças à vista em um falso blecaute são uma forma de assumir a convenção teatral com a cumplicidade dos espectadores. O que Ariane Mnouchkine consolidou com a presença dos *"servants de scène"* que, em *Le dernier Caravansérail* (2003) e *Les Éphémères* (2006), tornaram-se empurradores de palcos móveis no chão do teatro, convencionalmente desaparecendo por seus trajes pretos e seus gestos planejados. Eles foram, anteriormente, em *Tambours sur la digue* (1999), manipuladores de marionetes encarnadas pelos atores como na tradição do Kabuki. Nesses espetáculos, a dramaturgia cinematográfica, em referência ao relato ou ao afresco vivo, ou, mais explicitamente, a referência à arte da marionete, justificava plenamente as escolhas de uma teatralização dos procedimentos cênicos supostamente pertencentes ao campo externo ao espetacular. Por outro lado, nos espetáculos do Théâtre du Radeau, as mudanças às vistas do público fazem parte integrante dos espetáculos e procedem da teatralidade poética característica do universo de François Tanguy[517]. O movimento contínuo dos painéis dava fluidez ao todo confundindo a ação e a não ação no palco e tornando inoperantes as categorias referenciais usualmente utilizadas para descrever o teatro.

Mesmo que, de uma maneira geral, o teatro recupere a supremacia sobre o cinema, não é surpreendente constatar que o trabalho das entrecenas e da edição por *crossfades* em sequência tenha sido influenciado pelo cinema, e isto a partir do desenvolvimento da sétima arte. Se neste estudo já se discutiram pesquisas sobre o enquadramento cênico em cenografias de 1929[518], nesta mesma data, a questão da edição está claramente marcada, até mesmo num teatro que se poderia qualificar como popular-burguês (também conhecido como teatro de *boulevard*). Da mesma forma, Henry Bernstein em *Mélo* alterna 12 quadros que se encadeiam por meio de fusões ou cortes. Durante as fusões para o blecaute, a música que acompanha o fechamento da cortina de forma dramática confere aos encadeamentos uma dimensão cinematográfica, deixando o espectador no estado emocional da cena final. Duas das cenas da peça são, aliás, espécies de pantomimas, sem palavras, mas com música, como nos tempos do cinema mudo, tão próximos em 1929. Estas são as cenas mais dramáticas: a do suicídio da heroína, seguida pela do cemitério. A dimensão cinematográfica de *Mélo* não deixa de estar relacionada ao fato de que o cenário, pode-se dizer que mais o texto do que a peça, fosse objeto de seis adaptações cinematográficas, incluindo a de Alain Resnais em 1986. Ele, ao contrário,

---

[517] Ver no capítulo "Polissemia da tela".

[518] Ver no capítulo "Segmentação e montagem cênica"

restaurou a dimensão teatral da peça em seu filme, que resulta numa representação muito próxima do que Henry Bernstein projetou no palco segundo suas notas de direção.

Esse trabalho sobre as fusões encadeadas é, antes de mais nada, uma resposta à passagem brusca do blecaute à luz e da luz ao blecaute pelo simples pressionar de um botão elétrico, o que Bachelard chamou, com certo desgosto, de "instante sem realidade", ou, pior, "instante de intelectual", em oposição à experiência sensorial e sentimental da chama da vela quando ela é acesa ou apagada. O blecaute não é mais relegado a um espaço-tempo vazio, ou mesmo inexistente, inconsistente, inodoro, enfim, desprovido de qualquer matéria, entre imagens consistentes e bem ancoradas no material concreto das representações. Ele é uma imagem entre as imagens. A partir de então, ele tem todas as qualidades. Se ele participa da imagem-movimento, ele não é mais um "entre" deleuziano, ele é uma consistência autônoma.

Blecaute como uma imagem

Pierre Soulages diz, a respeito do blecaute, que ele é, ao mesmo tempo, uma cor e uma não cor. Em seguida, pode-se dizer que o blecaute é, ao mesmo tempo, uma não imagem e uma imagem. Como não imagem, ele é negado em sua própria existência e define-se em relação à luz; mas, como imagem, ele é uma realidade em si e uma representação. Na origem da imagem, os Latinos designam a máscara mortuária de cera dos ancestrais com o termo *imago*. Parece que, irresistivelmente, o blecaute faz pensar na morte e numa realidade fora dele mesmo. Além disso, a imagem é uma realidade em si e a reprodução de uma realidade da qual ela é um eco. A máscara, se ela é a reprodução estática do vivo, é também um objeto autônomo que lembra ou evoca uma outra realidade perdida. O blecaute contém essa ambivalência da imagem como realidade e eco de uma outra realidade não visível. Platão não definia a imagem primeiro como sombra e depois como um reflexo? Isso porque Platão foi influenciado pela visão arcaica da imagem, que não era um duplo idêntico ao modelo, mas uma réplica que carecia de consistência. Pois, no pensamento grego arcaico, a noção de imagem aparece em três formas: o sonho, a aparição, o fantasma. O blecaute no teatro está encarregado do que o precede, o segue e o habita. Ele possui as qualidades da "imagem aberta", da qual Georges Didi-Huberman fornece as características no livro que lhe dedica[519]. Distinguindo o "visual" do "visível", ele já havia alertado para os delitos da "tirania do visível" que forma uma "tela" para o visual[520]. Compreendendo que o visual pertence ao espectador, livre para projetar na imagem uma encarnação que lhe é própria, desviando, assim, a opacidade da tela do visível de forma positiva. O visual, carregado do sensível, carrega a densidade e a profundidade humana, enquanto o visível é uma imitação desencarnada. A imagem aberta é, portanto, inseparável da encarnação da qual ela é portadora. Aberta aos sentidos (sensações) do espectador, ela o é ao sentido (significado). O blecaute está definido: ele é uma imagem aberta ou uma não imagem. É uma escolha entre a profundidade ou a superfície, a encarnação ou a imitação, o blecaute aberto ou o blecaute fechado. O blecaute-imagem é aquele que se abre para o espectador, aquele que convida para ir além do visível e entrar nas profundezas do visual. "As imagens abraçam-nos", diz ainda Georges Didi-Huberman: elas se abrem para nós e se fecham sobre nós na medida em que despertam em nós algo que poderíamos chamar de uma experiência interior[521]. Da mesma forma, o blecaute como imagem envolve-nos e leva-nos às profundezas de uma experiência interior.

[519] George DIDI-HUBERMAN, *L'image ouverte, Motifs de l incarnation dans les arts visuels*, Gallimard, 2007.

[520] George DIDI-HUBERMAN, *Devant l'image*, Minuit, 1990, p. 64.

[521] George DIDI-HUBERMAN, *L'image ouverte, op. cit.*, p. 25.

"O blecaute", diz Pierre Soulages, "é uma cor violenta, mas que estimula a interioridade"[522]. Não se sai ileso do confronto com o blecaute. Para David Géry, encenador e também pintor, essas atividades são totalmente distintas, pois suas diferenças envolvem-nas em temporalidades incompatíveis. A sua série "*Nuit noire*"[523] reúne quadros pintados com preto, inteiramente dedicados às paisagens noturnas e cujos nomes são: *Entrée de nuit, Nuit dévastée, Nuit d'été*; mas também *Clair de femme, Intérieur de Maeterlinck, Une nuit à Cap Cod avec E. Hopper* etc. O que interessa a David Géry no preto é "sua profundidade, sua espessura, sua densidade e também a sua transparência"[524]. As pinturas, submetidas às oscilações da luz difundida pela cobertura de vidro do espaço da exposição, variam infinitamente. Se Pierre Soulages escolheu o preto como moldura para a exposição de seus *Outrenoirs*, David Géry expõe suas pinturas à luz. Eu experimentei as variações submetendo meu olhar às suas telas em vários momentos do dia. A intuição de que o preto nasce da luz me foi confirmada nesta experiência; suas modulações, vibrações, suas próprias cores e seu material mudando de acordo com a luz que os revela. Do preto liso e fosco, o preto das telas pintadas de repente ganha a espessura do material e brilha estranhamente sob os raios da luz. Desbotando para uma paleta de cinza, certos quadros aparecem de repente como um negativo de fotografia de filme cujos pretos e brancos invertidos criam uma imagem perturbadora. O visual transparece além do visível, e os fantasmas mostram-se. Isso é literalmente verdade, como a silhueta feminina do quadro *Clair de femme*; mas também é verdade para a *Nuit dévastée*, que deixa transparecer barras rígidas, desesperadas, que, como braços esqueléticos, parecem sair de um campo de batalha. O poder das variações do preto leva à narração pessoal. O preto é contado, então, por meio de uma sucessão inesgotável de imagens. É uma imagem aberta.

Existem diretores que compreenderam o poder da faculdade de interiorização do blecaute. Eles o usam em si mesmo, para si mesmo. Esse blecaute não é o blecaute absoluto buscado por Eric Soyer, porque é um blecaute que pode ser revelado pela luz: não apenas a luz direcional, pontual, mas também por uma luz difusa, cuja cor não é excluída. Claude Régy, com *Ode maritime* (2010), texto de Fernando Pessoa do qual ele se utilizou para a cena, sublimou o efeito do blecaute por imersão na cor dos LEDs[525]. Tecnicamente, os LEDs não precisam de gelatinas e dão a impressão de que a luz irradia mais do que atinge uma superfície. O preto, composição de cores, traz em si a vibração de cada uma delas. Suas ressonâncias vibratórias, exacerbadas pela imobilidade de Jean-Quentin Châtelain e a poesia do texto, tinham um efeito hipnótico que mergulhava o espectador no que a neurociência chama de um "estado modificado de consciência". Sonho, viagem, mergulho misterioso em interioridades profundas... as palavras lutam para exprimir a metamorfose produzida por esta experiência quase mística. O blecaute tem a capacidade de produzir esse efeito. Se o preto da tela é um fechamento óptico, ele é uma abertura física às sensações pela multiplicação das percepções sensoriais ao atingir o status de blecaute-imagem. Para isso, o preto da tela deve se oferecer à violência da ruptura, à transgressão, incitar a agir, a ir além da superfície opaca do preto e estimular o alcance da "alma", como sugeriu Baudelaire[526]. Cruzar para a experiência, para mergulhar no mais profundo do abismo e "encontrar do novo", diz ainda o poeta. Porque, se não houver "nenhum objeto mais profundo, mais misterioso, mais fecundo, mais tenebroso, mais ofuscante do que uma janela

[522] Pierre SOULAGES, *Outrenoir. Entretiens avec Françoisa Jaunin*, La Bibliothèque des Artes, Lausane, 2012, p. 51.

[523] Série realizada em 2013-2014 que eu pude ver em sua companhia no dia 23 de maio de 2014, na agência Jean-Michel Rousseau, Rue des Filles du Calvaire, 21-23, Paris 3.

[524] Folheto da exposição.

[525] Refletor com diodo eletroluminescente (*light emmiting diod*).

[526] Charles BAUDELAIRE, "*Morale du joujou*" (1853), Œuvres complètes, I, Gallimard, 1973, p. 587.

iluminada por uma vela", a tela negra que se oporia a essa magia, é vista, pela potência do "visual", ultrapassada ou sublimada na experiência sensorial por um mergulho no íntimo. No blecaute, opera a sinestesia: os sons e as cores respondem uns aos outros em ressonâncias que mesclam percepções e imagens mentais, realidade percebida e imagens imaginárias.

Os desafios estéticos do blecaute surgem da consideração do blecaute como material cênico, por um lado, e por meio de sua própria consistência, por outro. A caixa-preta, espaço unificador, tem os poderes do blecaute como escuridão sem anular a visibilidade. Espaço visível, mas neutro — ou vazio —, a caixa-preta oscila entre a produção de angústia e a perspectiva de todas as possibilidades. O espectador, convidado pelo blecaute a entrar na ficção do palco, tem uma experiência iniciática que tende a relembrar a dimensão ritual do teatro. É que o blecaute reforça a implicação de si para além do consciente. Do blecaute surge o poder onírico do teatro, qualquer que seja a natureza do espetáculo que ali se passa. O que lembra Hans Thies Lehmann: "Com efeito, os discursos da cena aproximam-se mais da estrutura dos sonhos e parecem relatar o mundo dos sonhos dos seus criadores"[527]; acrescentando que "no sonho predomina a não hierarquia entre as imagens, os movimentos e as palavras", o que o blecaute favorece. Se a luz permite principalmente que se veja, o blecaute convida primeiro a experimentar o espetáculo e a mergulhar em um universo. Mas, além disso, o blecaute tem o poder de atrair para si espectadores e atores que experienciam sua consistência.

527 H. T. LEHMAN, *op. cit.*, p. 131.

EXPERIMENTAR O BLECAUTE

Ver o blecaute

Se os sentidos reagem em eco nas profundezas do blecaute, é porque o corpo envolvido é chamado de forma não habitual. Éric Soyer diz ter muito prazer em buscar meio para criar essas percepções específicas. Porque, por mais confusas que elas possam ser para o espectador, essas percepções são, ao mesmo tempo, extremamente trabalhadas e dosadas pelo iluminador em uma dramaturgia cênica de conjunto, mas também criadoras de conteúdo ou portadoras de sentido, em conexão com a dramaturgia geral. Esse blecaute pode ser tanto abstrato quanto concreto, imanente quanto referente. A capacidade de ver também não é redutível à faculdade ocular submetida ao estímulo da luz, pois os dados físicos entram em ação. Se não vemos nada no escuro, se a noite é escura, não é devido à noite em si, que na verdade está carregada das luzes constelares das estrelas, mas ao fato de que o olho humano não as vê. A noite é escura porque não temos a faculdade ver a sua luz. Mas o olho, como se ele sentisse a presença invisível de um possível visível, tensiona-se até sentir dor para ver durante a noite. No blecaute, noite artificialmente recriada, o esforço repete-se: nós sabemos racionalmente que não estamos vendo nada, mas queremos ver mesmo assim, e mobilizamos todas as nossas capacidades para reconstruir uma visão impossível. Assim sendo, o que vemos no blecaute? O que percebemos no blecaute? O que ouvimos no blecaute?

O barulho do blecaute é o silêncio? Se o blecaute é percebido como antinômico da luz, por uma lógica de bom senso, o blecaute seria, em seu campo de definição, o componente do silêncio em oposição ao ruído. No entanto, se a imagem e o som são frequentemente associados, eles não estão intrinsecamente ligados. O mesmo vale para o blecaute e o silêncio. Em uníssono com Appia, que afirmava em suas notas da encenação *Für den Ring* "Ver tudo é não ver nada", pode-se dizer que ouvir tudo é não ouvir nada. E, de fato, o blecaute não é apenas arbitrariamente associado ao silêncio, mas é, até mesmo, favorável à escuta.

Em *Le Regard du sourd*, Robert Wilson, convidado em 1971 para o Festival de Nancy, encenou um espetáculo mudo com duração de sete horas. Tratava-se da visão de uma criança surda e muda que ficou traumatizada depois de ver sua babá massacrar duas crianças que estavam sob seus cuidados. Nesse espetáculo, Robert Wilson coloca em cena a visão, ou, mais exatamente, as visões e as percepções do mundo captadas pela criança. Era um espetáculo que levava aos extremos os limites do sentido e dos sentidos do espectador, que tinha a responsabilidade de sentir e de compreender. Nenhuma palavra, somente movimentos cênicos geralmente muito lentos. Tempo contradito pela presença de um corredor ao fundo que cruzava o palco em toda sua extensão sem parar. Aqui, a visão era a única percepção do mundo possível. É compreensível como o espetáculo, ao exacerbar o sentido da visão, mostrava como a criança, cuja deficiência é complementada por uma imobilidade imperturbável, compensa a perda de audição pela visão. Se o espetáculo, construído na lentidão e na duração, ampliava o vínculo visual, ele adquiria a consistência poética das imagens oníricas, mentais e obsessivas. A relação com o mundo era necessariamente modificada nesta experiência sensorial. Por transposição, é possível admitir que a experiência invertida seria também a revelação de uma experiência modificada ao mundo. Não ver também é ouvir de maneira amplificada. A carga ativa é importante: não se trata apenas de ouvir, isto é, de se deixar levar pelos sons que chegam até o sujeito, apesar dele, mas mais de ir em busca do som, do que há para ouvir. Escutar no blecaute é um ato consciente e voluntário. Mas essa experiência sensorial muda de maneira imperceptível e confusa: escutar no escuro torna-se o mesmo que ouvir o escuro. É possível se deixar atingir pelo som do blecaute porque se vai à procura dele. Para Junichiro Tanizaki, o blecaute "desperta ressonâncias inexprimíveis" que somente o corpo atento e a consciência desperta poderão detectar.

Se é possível escutar o silêncio, é possível ver o blecaute. Claude Régy é, sem dúvida, seu representante na cena contemporânea. O blecaute e suas variações estão associados, em sua estética, com a lentidão dos movimentos e com as vozes que se ouve, mas das quais muitas vezes não se vê a origem. "O silêncio amplia o espaço", constata Claude Régy. "A lentidão também. Pode haver uma relação silêncio-lentidão-espaço. Talvez se trate de uma mesma matéria"[528]. Essa matéria, que ele diz não ter nome, existe "mostrando-a", é também o tipo do blecaute que existe mostrando-a. E, no teatro de Claude Régy, o blecaute é revelado por essa matéria que não tem nome. O elogio da sombra associado ao elogio da lentidão favorece a criação de um clima simbolista no qual esses componentes têm seu lugar pleno. No teatro de Claude Régy, se a luz não ilumina, ela amplifica o blecaute. Ele é difuso, muitas vezes sem limites e, no entanto, leigo, como diria Georges Banu[529]. Claude Régy, que trabalha o blecaute com a mesma massa preta da caixa cênica, não o vê, no entanto, como uma forma de oposição à luz. Para ele, luz e sombra são complementares: é a combinação delas que cria a alquimia simbolista característica da estética dos seus palcos. O blecaute é trabalhado da mesma forma que a luz.

Dominar o blecaute?

Henri Alekan trabalhava com seus próprios equipamentos cinematográficos no sentido da utilização de "climas" que permitiam estabelecer um contato entre o artista e o espectador. O blecaute faz parte desses climas. Mas a relação com o espectador também é feita de maneira totalmente científica por meio da física ótica segundo suas percepções oculares. Muito concretamente, a persistência retiniana, o princípio da pós-imagem e o movimento de abertura e fechamento da íris de acordo com a intensidade luminosa à qual o olho é exposto são componentes levados em conta no estabelecimento de uma relação dinâmica com o espectador tanto no cinema quanto no teatro.

O espetáculo ao vivo, como seu próprio nome indica, baseia-se nos componentes orgânicos e fisiológicos do espectador, seja a capacidade de ver, seja a de não ver, a capacidade de adaptação ou a de preencher as lacunas perceptivas pelo trabalho do cérebro. As neurociências são capazes de explicitar esses dados, que, no entanto, têm sido mobilizados desde que o homem mostrou ao homem representações. Quando se constroem representações ilusionistas, elas contam com interferências entre uma ilusão da realidade, ou seja, uma ilusão de ótica, e realidades inexistentes que o cérebro imagina. É o caso dos efeitos ópticos que dão um movimento à imagem estática e uma impressão de continuidade, ao passo que cada imagem está, na realidade, separada da outra por um blecaute imperceptível, de tanto que a mudança é rápida. Antes do cinematógrafo, as pessoas divertiam-se com essas ilusões de ótica. Com base na persistência retiniana observada durante o Renascimento por Leonardo da Vinci e destacada pelas demonstrações de Michael Faraday em 1825, os efeitos óticos como o *taumatropo* e o *fenacistiscópio*, mas também o *zootrópio* e o *praxinoscópio*, fizeram a

[528] Claude RÉGY, *L'ordre des mots, Les Solitaires intempestifs*, 1999, p. 71

[529] Claude RÉGY, *Les voies de la création théâtrale*, obra organizada por Marie-Madeleine MERVANT-ROUX, Edições CNRS, v. 23, 2008. Ver Georges BANU; Nathalie DAUBY, *"De la nuit symboliste à la nuit sacrée. De la Mort de Tintagiles au Chant de David"*; e Arnaud RYKNER e Georges BANU; Nathalie DAUBY, *"L'inconnu de la chambre noire, Claude Régy et les dispositifs"*.

alegria dos salões e das crianças antes de se tornarem a base da construção de uma imagem em movimento. O primeiro, o taumatropo, consistia em uma superposição de imagens separadas, cada uma delas representada na face de um disco cujo movimento de rotação muito rápido dava a impressão de simultaneidade a essas imagens, no entanto, sucessivas. Os outros, como o zootrópio, conhecido geralmente pelo exemplo do galope do cavalo, são efeitos que dependem de um deslocamento quadro a quadro que dá a ilusão do movimento animado. Na década de 1830, estava-se em pleno centro de um teatro ilusionista no qual dominava o prazer do espetacular. Das feiras às salas de teatro, priorizava-se a ilusão que brincava com as percepções. Dos dioramas de Daguerre às galerias de espelho nas feiras, tinha-se prazer em ser enganado. É nesse contexto que nasceu o princípio do teatro negro, que se baseia na ocultação de uma parte da realidade oculta na escuridão.

Em Praga, uma tradição de teatro negro perpetuou-se desde o início dos anos 50. Era uma mistura de teatro tradicional e de efeitos que se assemelhavam à pantomima ou ao balé, mas que a industrialização do espetáculo tomou para os circuitos turísticos. O princípio, independentemente das questões estéticas de bom ou de mau gosto, baseia-se no fato de que o palco era inteiramente escuro, assim como os figurinos dos atores que se tornam invisíveis, enquanto os objetos e acessórios manipulados se destacam em cores vivas, para criar efeitos visuais espetaculares. O princípio conhecido como "luz negra" permite realçar as cores no escuro com uma impressão de fluorescência, pois são iluminadas apenas por uma parte do espectro luminoso[530]. Esse teatro negro requer o blecaute absoluto da sala, bem como um dispositivo totalmente preto, os elementos de cor branca ou fluorescente sendo revelados pela luz ultravioleta. Os objetos destacam-se de forma singular, não natural, e parecem ganhar vida própria, planar e voar, aparecer e desaparecer como por mágica.

O princípio é antigo. No século XIX, em um balé intitulado *Les Quatre Éléments* (1834) apresentado no La Gaîté, buscou-se realizar os efeitos de aparecimento e desaparecimento por meio de um efeito de contraste entre o branco e o preto: os bailarinos, "esqueletos cuja estrutura foi desenhada em um colante, em branco sobre fundo preto", dançavam em uma penumbra, "a luz da ribalta foi baixada e só restou uma vaga luminosidade para ver o balé". E, de vez em quando, "eles davam meia-volta; sem ter nenhum desenho atrás dos colantes, eles desapareciam completamente no fundo preto uniforme sobre o qual já não se destacavam"[531]. O teatro negro em Praga é o sistema mais elaborado do que o desenvolvido por Oskar Schlemmer na Bauhaus com *La Danse des bâtons* em 1926. Os 12 bastões brancos presos ao corpo do ator vestido de preto da cabeça aos pés, incluindo o rosto, apareciam no blecaute total da sala como elementos geométricos autônomos que se organizavam em um movimento coreográfico. Se o efeito produzido era prodigioso e enganador, como também o foram os primeiros filmes de Méliès, que só tinha como objetivo a demonstração de transformações mágicas, Oskar Schlemmer não buscava o efeito mágico. Tecnicamente, ele utilizou apenas o poder de reverberação da cor branca sobre fundo preto, e não o princípio da "luz negra", invenção posterior que exigia o uso de lâmpadas ultravioleta não comuns na época[532]. Se Oskar Schlemmer usou o preto, foi porque ele era o meio que tinha para experimentar a plasticidade dos corpos desvinculados de seu aspecto humano. É como artista plástico que Oskar Schlemmer trabalhou com essa forma espetacular. Ele

[530] A "luz negra", cujo comprimento de onda tem entre 405 e 375 nanômetros (entre o violeta e o ultravioleta), nega ao olho a percepção das outras cores, o que provoca o efeito da luminescência.

[531] Ludivic CELLER, *Les Décors, les costumes et la mise en scène au XVIIe siècle, op. cit.*, p. 14.

[532] Foram os Ballets Loïe Fuller (dez anos após a sua morte) que trouxeram ao palco seu uso cênico em 1938 durante um *ballet* no Salle Pleyel, em "Luz negra". Ver no capítulo "Sob o toque do raio elétrico: o blecaute de Loïe Fuller". Tecnicamente, a luz negra combina o uso de lâmpadas especiais, que sejam lâmpadas feitas com vidro de Wood, que só filtra os raios ultravioleta (radiações próximas), ou lâmpadas fluorescentes tubulares (muitas vezes chamadas erroneamente de "neons"), e um suporte branco cuja fluorescência será tornada visível pelas lâmpadas adequadas.

não apelava para o homem que desaparece no blecaute, mas somente como "portador de figuras construídas", para "realizar configurações imaginárias sem restrições e sem limites"[533]. O preto é um suporte plástico e ambiental, mas também um meio de dar ao corpo desaparecido, mas imaginado, um peso e uma dinâmica não condicionados à gravidade e à massa de sua corporeidade. O teatro negro, nesse sentido, torna-se um contexto no qual o espectador tem uma experiência sensorial por procuração. A ausência de peso parece possível, como no espetáculo *Boliloc*, de Philippe Genty, no qual o personagem flutua no ar entre os planetas. Philippe Genty, também artista visual e um pouco mágico, trabalha com o material poético que oculta os distúrbios espaçotemporais. Enquanto isso, de um ponto de vista técnico, ele não utiliza a luz negra, mas um corredor de luz cujas modalidades técnicas foram definidas precisamente pelo seu iluminador, Pascal Laajili. O princípio permite-lhe iluminar os diferentes objetos em cena sem revelar os processos, o que lhes dá uma consistência mais realista ao estimular para o sonho. O blecaute circundante permite realizar esse processo cenicamente. Outros artistas do palco, coreógrafos e diretores interessaram-se pelos efeitos da ausência de gravidade sobre a percepção do corpo. Alguns experimentaram voos parabólicos[534] que permitiram vivenciar alguns minutos de imponderabilidade, cujos efeitos alimentaram as suas criações, em particular Kitsou Dubois, que se define como "coreógrafo da imponderabilidade"[535]. A partir dessa experiência fundadora, ela desenvolveu um trabalho sobre o corpo em situação de gravidade alterada. O confronto com o fenômeno da imponderabilidade permitiu-lhe compreender o movimento, a sensação do tempo, a relação com a matéria e com o outro, bem como a percepção do ambiente de uma forma diferente. Nesse contexto inédito com forte potencial poético e no qual os pontos de referência são perturbados, Kitsou Dubois constatou que, se a gravidade zero elimina toda a referência corporal, somente a visão pode compensar a falta. Privar-se disso é, neste caso, uma experiência limítrofe que Jean Lambert-Wild explorou prendendo a cabeça em um cubo preto. Dessa experiência, de suas anotações e de suas impressões, ele criou, em 2013, o espetáculo *Space out Space*[536]. Ele afirmou que, se nos habituarmos muito bem a essa situação fora de todas as referências, de todo limite e de todo controle, a passagem da hipergravidade para a microgravidade (mais de 30 vezes por voo) será uma experiência das mais desconcertantes que se assemelha a uma "negação total de si mesmo"[537]. É um abandono a uma força superior que "transforma todas as linhas externas e internas de nosso corpo em um instante". Os novos estados corporais totalmente perturbados resultantes, aos quais se junta a privação de visão, podem ser imaginados por aqueles que não tiveram a oportunidade de testar a gravidade zero em voos parabólicos, graças a colocações em situações "fora do solo". A experiência mais próxima é a da imponderabilidade trazida pelo meio aquático ou a do voo de paraquedas. O blecaute completo é uma outra na qual o movimento é, ao mesmo tempo, liberado e limitado, no qual a consciência colocada em alerta é simultaneamente modificada. O blecaute pode provocar esses estados alterados de consciência que as situações extremas geram[538]. Ele é como uma forma de submergir os espectadores e os atores numa sensação cuja finalidade é, para além de uma experiência espetacular, um suporte de experiências sensoriais e uma perturbação das referências: o blecaute é um desafio ao domínio de si e de seu ambiente.

---

[533] Oskar SCHLEMMER, *"Ballet mécanique"* em *Théâtre et abstraction*, CRNS / L'Âge d'Homme, Lausane, 1978, p. 67.

[534] Nesse tipo de vôo "parabólico", o avião sobe a grandes altitudes, desacelera e cai abruptamente. Por cerca de 20 segundos, o corpo é aliviado de seu peso antes de retornar para voltar ao inverso, a uma gravidade 2, que dobra seu peso durante, igualmente, cerca de 20 segundos. Esses voos permitem recriar as condições de vida em gravidade zero dos astronautas em sua estação orbital.

[535] Seus espetáculos *Graviteé séro*, 1994; *Perspectives, le temps de voir*, 2011; *Attactions plurielles*, 2014, particularmente, derivam dele.

[536] https://www.cnes-observatoire.net/memoire/creation_residences/residences_lambert/residences_jean-lambert-wild.html.

[537] JEAN-LAMBERT-WILD, *Cahier des jours #11*, postado em 27 de março de 2013, blog Space out Space Franc-Inter.

[538] Ver o testemunho do dançarino Aragorn Boulanger adiante "Estar e atuar no blecaute".

Foi assim que Pascal Rambert e o iluminador Yves Godin criaram, em 2011, um espetáculo que começava no blecaute total, *Memento Mori*. Cinco corpos masculinos nus apareciam das profundezas do blecaute. O espectador sabia que devia procurar, escrutinar, adivinhar as formas. Ele havia sido avisado: "Informamos às pessoas sensíveis à claustrofobia que o espetáculo tem longos trechos de blecaute total". Literalmente, "a lembrança está morta" é a manchete do espetáculo que é uma forma de provação: no blecaute total, o espectador experimenta uma sensação totalmente alterada.

> No entanto, um instante antes, víamos as poltronas, a sala ao nosso redor, os espectadores, os rostos. Imersos em um novo ambiente, em um lugar agora estranhamente desconhecido, esperamos. O que era familiar há poucos segundos não tem mais contornos ou formas, e é preciso se acostumar lentamente a esta cápsula que poderia muito bem ser uma caverna, a menos que não seja uma cratera, ou ainda uma simples representação mental.[539]

É um mergulho no desconhecido, no tempo e no espaço de antes do tempo e do espaço. Para Pascal Rambert:

> *Memento Mori* não tem temática além do movimento em si. Ou ainda, se possível, antes do próprio movimento. Quero dizer, ainda antes. Bom no início. Antes que se mova. Antes que apareça. Pode-se imaginar isso: antes do movimento. Antes mesmo de se ver o que quer que seja. Escutar-se-ia. Poderíamos ouvir que ronca, que está chegando de longe e que chega: nus.[540]

A prova do blecaute seria como uma experiência pré-humana, pré-consciente, como um retorno ao limbo, de onde vem a nudez ampliada pelo blecaute. Então, lentamente, a luz começa a existir progressivamente e faz surgir os cinco corpos que se procuram, se perdem, se reagrupam e se abraçam sob a carícia do facho de luz nascente. Partindo do blecaute, o espetáculo acompanha a recuperação gradual da visão e, portanto, da luz perceptível e das referências conhecidas.

No limite do blecaute

Alguns se atrevem a ir ao limite do blecaute, propondo um teatro no blecaute total. Ano de 1996, *Bonbon acidulé* é o título de um espetáculo (de uma experiência?) que aconteceu de setembro a novembro no pequeno teatro de la Colline. Foi assim:

> 1996, na Argentina. Em seguida à morte do seu pai, Maria, vinte e dois anos, está deixando sua casa de infância. Uma foto, um jornal antigo, uma carta fazem-na reviver ou imaginar o passado: a juventude de Mário, o pai brincalhão e taciturno, a sua amizade com o Cigano que mantém o bar onde a bela Galega dança flamenco, o seu amor por duas mulheres, Eugenia e Alexandra. Na desordem, ou de acordo com a ordem profunda da memória, os momentos luminosos da infância alternam-se com a realidade do infortúnio: o exílio, a morte da mãe, o desaparecimento de Alexandra sob o regime militar.
> Para nos guiar, com sensibilidade, com ternura, nesta viagem no tempo, Ricardo Sued, como que às cegas, mergulha-nos na escuridão. Na noite do teatro, porém, cada um à sua maneira, como num sonho, veremos um Cigano, gnomos, limoeiros, arco-íris: uma viagem mágica e lúdica que nos ensina a não ter mais medo do escuro.[541]

---

[539] Pascal RAMBERT, nota de intenção e programa do espetáculo, site do Teatro de Gennevilliers – Centro Dramático Nacional de Criação Contemporânea.

[540] *Idem.*

[541] *Bonbon acidulé*, Programa do teatro da Coline, de 12 de setembro a 10 de novemnto de 1996.

Um *dossier* dedicado ao relato dessa experiência dá uma ideia poderosa e sensível da novidade compartilhada entre os atores, o público e o diretor[542]. O que aparece com mais frequência nesses depoimentos demonstra, às vezes, constatações óbvias: "não vemos", "toda a luz foi retirada. Obviamente, não vemos". Uma rubrica do próprio texto detalha "na obscuridade da obscuridade" e um diálogo: "Você vê o quê? / La Petite Maria: A obscuridade", aquela da expressão das ressonâncias e dos efeitos produzidos pela situação — pode-se concentrar-se nos outros sentidos, o tato e a audição, ou considerar o blecaute na sua própria materialidade. O espetáculo começa, para o espectador, se houver, quando uma voz se expressa. Mas, estranhamente, ela não vinha da frente, como no teatro, ela se deslocou para trás do público. Este, em sua primeira reação, se vira, mas não verá a mulher cuja voz o alcança pelas costas. E, ao longo de todo o espetáculo, vozes e sons vão corporificar os personagens, a narração, as situações em um espaço redefinido pela orientação do som. Quando os personagens estão na piscina, "dá perfeitamente para ouvi-los mergulhando", diz a espectadora. Apelamos também aos sentidos nem sempre mobilizados no teatro, o tato e o paladar: durante o relato de um sonho, o doce azedo epônimo é mencionado, e o espectador vê-se, de repente, com um doce na mão, que ele come ou não... Para o diretor, Ricardo Sued, toda a aposta está aí, neste desapego: "Estamos tão habituados a dominar, a controlar tudo pela visão. Sem isso, você se sente impotente. No blecaute, existem duas opções: você se fecha completamente, como uma pessoa que tem medo, ou você libera a pressão e pode, então, se abrir de uma forma incrível. Tudo chega mais rápido ao coração"[543].

Certamente não se pode mais dizer que se foi ver uma peça de teatro. No entanto, ao se avançar mais profundamente nesse tipo de proposição, é possível ver, efetivamente, o blecaute, olhá-lo de frente em vez de considerá-lo uma negação do visível. Estar no blecaute é uma coisa, ver o blecaute é outra. Para o ator, a experiência também é tão inédita e mobilizadora quanto para o espectador, as mesmas necessidades de renovação dos hábitos. Se eu indiquei em meu prefácio como os atores reagiram nos anos 80 quando eu os coloquei numa semiescuridão, uma década mais tarde, em 1996, a proposta realmente afirmada desde o início do projeto exigia a mobilização e a adesão total dos atores ao princípio. Se o blecaute, a sala e o palco unidos conectam espectadores e atores em um tempo de antes e de depois do espetáculo, isso é apenas transitório e não elimina completamente a separação entre o palco e a plateia. Mas o blecaute total, que coloca as duas partes constitutivas do teatro na mesma condição, finalmente encarna o sonho da abolição da quarta parede. Todas as paredes estão destruídas. Artaud, levantando-se contra o teatro convencional que prega a separação, traça o programa do "teatro da crueldade" no qual inscreve "Queremos fazer do teatro uma realidade na qual se possa acreditar e que contenha, para o coração e os sentidos, essa espécie de mordida concreta que envolva toda sensação verdadeira"; e um pouco mais adiante:

> Pretendemos fazer um espetáculo no qual esses meios de ação diretos sejam utilizados em sua totalidade; portanto, um espetáculo que não teme ir tão longe quanto necessário na exploração de nossa sensibilidade nervosa, com ritmos, sons, palavras, ressonâncias e ramagens, cujas qualidades e mesclas surpreendentes estão entre as técnicas que não devem ser divulgadas[544].

Colocar os espectadores e os atores em completo blecaute certamente decorre em parte dessa tradição, desse desejo de revigorar os sentidos, de dar vida à sensibilidade nervosa com o objetivo declarado, à maneira de Artaud, de provocar nesses espetáculos "uma tentação na qual a

[542] Antonio GARCIA CASTRO e Estelle DURAND, "*Dans le noir. La pièce qu'on ne voit pas* (*Bonbon acidulé* de Ricardo Sued)", *Cultures & Conflits* [online], 67, outono de 2007, postado em 20 de fevereiro de 2008, consultado em 4 de maio de 2014. URL: http://conflits.revues.org/3132.

[543] *Ibidem.*

[544] Antonin ARTAUD, "*Le théâtre de la cruauté*", em *Le théâtre et son double*, Gallimard, 1964, p. 131-133.

vida tem tudo a perder e a mente tudo a ganhar"[545], de maneira que o teatro possa "encontrar o seu verdadeiro significado". Em outras palavras, encontrar no teatro a metafísica chamada por Artaud para arrancá-lo de "sua estagnação psicológica"[546]. Para Artaud, por trás desse empreendimento, há "uma chamada para certas ideias incomuns", ideias que "se relacionam com a Criação, com o Devir, com o Caos, e são todas de uma ordem cósmica "[547]. É claro que Artaud não renuncia diretamente ao visual e não defende o princípio do blecaute como experiência do teatro da crueldade (conhecemos seu interesse pelo gesto). No entanto, podemos aproximar este tipo de experiência cênica do teatro no blecaute, do teatro da crueldade, do qual podemos ver claramente que todos os meios concebidos por Artaud visam ir na direção de uma experiência vivida "levada ao limite" que desperta a sensibilidade do espectador por meio de uma "ação imediata e violenta". Porque neste teatro o que importa "é que, por meios seguros, a sensibilidade seja posta num estado de percepção mais aprofundado e mais refinado, e este é o objeto da magia e dos ritos, dos quais o teatro é apenas um reflexo"[548].

Algumas companhias se especializaram deliberadamente nesse teatro no blecaute. Na Espanha, o Teatro dos Sentidos de Barcelona (*Teatro de los sentidos*, dir. Enrique Vargas) oferece oficinas nas quais a experiência do blecaute é abordada por meio da percepção sensorial, a escuta e a imaginação. Situando-se deliberadamente na relação entre a exploração da natureza da experiência mítica e a da experiência poética, os artistas não hesitam em falar de "experiências transcendentes" que eles abordam em diferentes contextos históricos e culturais. Entre 2008 e 2010, eles conduziram uma experiência utilizando a cidade como material artístico: explorados livremente com base em lendas e mitos que os originaram, Lille, Nápoles, Barcelona, Copenhague e Palermo tomaram a forma de percursos sensoriais desenvolvidos por seus habitantes (em outras palavras, os atores) para um público de "viajantes" chamados a atravessá-los no escuro. Na companhia de estranhos que, nesta situação, deixam de sê-lo de fato, os experimentadores dessa "viagem" são chamados a "encontrar a si mesmos". Pois, ao "ouvir da própria cidade sombria e das perguntas que o seu meio lhes devolve, cada um é levado a desenvolver um dom de silêncio e uma imaginação sonora que abra espaço para acolher a alteridade"[549], explica Marie-Pierre Lassus, que segue o trabalho da companhia e conduziu uma reflexão sobre essas viagens sensoriais e sonoras na cidade. Essa companhia introduziu uma nova relação com o mundo que induz a escuta ativa, "aquela mesma que é convocada na música, arte do amanhecer, segundo Nietzsche..."[550]

Na França, propostas experimentais desse tipo também floresceram. Porém, uma linguagem cênica desenvolveu-se ao apreender o blecaute não mais como um suporte, mas como componente poético no sentido valeriano do termo: o blecaute torna-se musicalizado e em ressonância com os demais componentes da cena cujo funcionamento apresenta grandes analogias com o do sonho. No blecaute e com o blecaute, um novo estado perceptivo e receptivo é criado em uníssono com o que Paul Valéry chama de "o estado poético": se ele "se instala, se desenvolve e se desintegra em nós, é que ele é perfeitamente irregular, inconstante, involuntário, frágil, e que nós o perdemos assim como o obtemos, por acidente"[551].

545 *Idem*, p. 134.

546 *Idem*, p. 136.

547 *Idem*, p. 137.

548 *Ibidem*, p. 139.

549 Marie-Pierre LASSUS, *La musique et l'art de l'aurore – À l'écoute des villes d'ombre du théâtre de sens*, l'Harmathan, 2014, texto da contracapa.

550 *Ibidem*.

551 Paul VALÉRY, "*Variété*", em Œuvre, t. 1, Edição Gallimard, coleção "La Pleiade", 1957.

Este é o caso do trabalho de Martine Venturelli com a companhia 1 + 1 = 3. Seu objetivo era o de fazer ecoar a obscuridade natural e a obscuridade interior. Vinda da musicoterapia e da poesia, ela se apodera do palco e de seus meios cênicos não para saturá-lo de imagens, como está na moda, mas para despojá-lo de seus códigos para encontrar sua essência. Mergulhados no blecaute, os espectadores perdem qualquer noção quantitativa quanto ao tamanho do palco ou ao número de atores em cena. Apenas os sons respondem uns aos outros e ocupam espaço. A entrada é feita pelo som. Para *Celui qui ne connaît pas l'oiseau le mange* (2011), o texto foi reduzido à sua expressão mais simples: algumas palavras. Os corpos não visíveis estão, no entanto, presentes pelos sons que eles produzem. Respirações, barulhos na boca, deslizamentos e fricções... dão substância aos corpos dos atores, se esse nome continuar válido. A qualidade vibracional por si só pode dar uma ideia, se não uma percepção do espaço em todas as suas dimensões. Acompanhados pela música de Gérard Grisey para a percussão *Le Noir de l'Etoile*, e de *La Passion selon Saint Mathieu* de Bach, a imaginação do espectador é construída do invisível no blecaute. Para *Appontages et le flot dépassa ma sandale*, criada em 2015, o desafio, sempre no blecaute, consistia em passar pelo ato da criação, depois pela respiração no blecaute até a palavra que se torna luz. Em cena: sons, ritmos, corpos em ação, luzes fugazes, armários de lembranças. Sem que o inesperado jamais aconteça, a metáfora do farol orienta o trabalho pela noite como ele guia, da costa, os barcos na tempestade. A respiração, o metal e o mineral, se eles não evocam diretamente o vento, o navio e a falésia, porque nenhum naturalismo o permite, são, no entanto, fisicamente presentes de forma sonora no blecaute. O blecaute não é o personagem principal; seria mais o som, mas ele é a condição necessária para o advento do som. Em vez disso, Martine Vanturelli oferece uma "música para os olhos". É um trabalho de escuta que é solicitado ou proposto ao espectador que embarca nesta travessia cujos *Appontages* serão feitos na margem das palavras em companhia dos poetas Didier Georges Gabily, Georg Büchner, Jean-Pierre Abraham, Maurice Blanchot, Herman Melville e Malcolm Lowry. Durante o primeiro quarto de hora do espetáculo *Appontages*, no qual espectadores e atores estão completamente imersos no blecaute ouvindo sons, somos envolvidos em uma oscilação indecisa que reforça o potencial criativo do blecaute. A imersão no blecaute produz uma amplificação sensorial que é acompanhada por uma perda de referências espaçotemporais. Essa é a condição necessária para acolher as luzes fugazes e frágeis que, com os sons, constroem a partitura. O espaço perceptível não mais pelas certezas da visão, mas pela impressão dada aos sentidos, que se encontra transformada. Essa sensação continua após o espetáculo, quando a luz volta fora da sala. A violência genuinamente física é, apesar de tudo, modificada pelas sensações que perduram: o tempo redesenha-se aos poucos, o olho readapta-se à exatidão da realidade ainda perturbada pela viagem pela sala escura. Ao sair desses espetáculos, ainda se fica em outro lugar por um tempo. A experiência imersiva do blecaute produz os efeitos de uma viagem durante a qual o espectador é acompanhado em uma experiência de imensa liberdade. O blecaute é poético: único e plural, ele coloca em agudo contato com o aqui e com o outro, é isso que esses teatros no blecaute, ou melhor, com o blecaute, trazem à tona.

Estar e atuar no blecaute

Para o ator, estar no blecaute, atuar no blecaute, é uma situação tão única quanto para o espectador. Se cada um assimilou o blecaute como um sinal do antes e do depois do espetáculo, atuar no blecaute, mover-se, falar, agir, é uma experiência totalmente diferente. Para os atores de *Appontages*, a situação provocou novas reações e novos reflexos. Normalmente, o ator é focado e concentrado em si, mas, no blecaute, ele fica atento. Ele aumenta dez vezes as faculdades perceptivas inéditas que lhe dão outras referências além daqueles concedidos pela visão. Ele fica mais na escuta, como se de repente fosse dotado de antenas, ele as mobiliza para capturar o ambiente de outra forma do que com seus sentidos habituais. Porque no blecaute não é só a visão que é perturbada, mas também todos os sentidos que se multiplicam, e alguns já não sabem mais se atuam de olhos abertos ou fechados. O blecaute amplia os sentidos, mas também a sensibilidade: a menor mudança emocional em si mesmo e nos outros é percebida como um sinal pelo ator que se torna um animal noturno durante o espetáculo. Este é, de acordo com atores acostumados a atuar na luz, um verdadeiro aprendizado.

Para Aragorn Boulanger, que fez dele uma de suas características estéticas como dançarino, principalmente com o espetáculo *Ellipses* (2012), estar no blecaute é um novo estado a ser dominado. Esse espetáculo se baseia numa alternância de blecaute e de luz que constrói uma dramaturgia do desaparecimento no contexto do "*Cabaret Magique*" da companhia 14:20. Em *Ellipses*, o blecaute não é um sinal de início ou de fim de uma ação que ocorre na luz; o blecaute é um componente dramático como movimento, tempo, espaço e luz. Para Aragorn Boulanger, o blecaute cria um espaço-tempo ligado à questão do desaparecimento que faz parte de sua obra. O paradoxo desses lapsos de tempo no blecaute é, segundo ele, "que não se é visto, mas, no entanto, se é olhado"[552], o que induz uma continuidade no gesto e, principalmente, do estado no qual o andar decomposto, fragmentado, hiperlento, coloca o dançarino. Em *Ellipses*, o corpo é como que arrancado das leis da física, que são perturbadas, num tempo e num espaço redesenhado pelas luzes de Elsa Revol, das quais blecaute é um componente. O personagem leva-nos ao limiar da realidade e dos sonhos. Para que cada um de seus gestos se torne a metáfora de uma travessia definitiva, Aragorn Boulanger trabalha sobre esse estado de dissolução, cuja experiência se imprime corporalmente, para que a luz ou o blecaute não interfiram. Em *Ellipses*, o acender, o apagar, a intensidade ou a direção da luz são controlados no decorrer da performance que transfigura o espaço e oferece ao espectador uma visão diferente do gesto coreografado. O blecaute, neste caso, é tudo menos um blecaute; ele não é um obstáculo, mas permite, pelo contrário, criar um espaço onde as referências reais e irreais são difusas, ou mesmo inúteis: só seu próprio corpo é uma referência de todo movimento, deslocamento, desacelerações, acelerações. O blecaute induz uma mudança de ser que passa por uma exacerbação da propriocepção e traz para si essa qualidade de referência corporal para si que experimentam aqueles que atuam no blecaute, mesmo que eles sejam videntes.

De uma maneira diferente, a companhia *Regard'en France*, que se baseia na associação de Pascal Parsat e Stéphanie Sauthon, propõe espetáculos construídos sobre o conceito "*Visiteurs du Noir*". Se há algumas décadas o blecaute ainda era sinônimo de luto ou de morte, de um pensamento negativo e de uma perda de referências, ele agora está vinculado à possibilidade de um "desapego". Para o espectador, é uma experiência autêntica. Para o ator também. Pascal Parsat afirma que o blecaute "exige um discurso claro, uma dicção perfeita, uma escuta do outro sem artifícios, uma atuação sem adornos". O princípio é baseado em uma encenação sugestiva em que "sons, deslocamentos, cheiros são todos objetos para que cada um, na tela de suas pálpebras fechadas, possa ver". O espectador adquire uma autonomia fazendo sua própria representação sem se curvar a uma injunção cênica em que ele não tem espaço para sentir, se emocionar e ver, finalmente. Pelo contrário, nesta proposta o blecaute adquire esta faculdade. O trabalho de Pascal Parsat levou-o, pela sua singularidade, a encon-

[552] Entrevista com Aragon Boulanger no dia 28 de maio de 2015 em Lille.

trar mulheres e homens "que viam pouco, mal, não viam ou deixaram de ver"[553], o que enriqueceu a sua obra e permitiu desenvolver essa autenticidade. Porque esse blecaute, escolhido artificial e artisticamente, é uma fatalidade para outros[554].

Para Paul Claudel, a cegueira é um verdadeiro topos do simbólico muitas vezes decifrado como sinal de castração[555]. Maura, Violaine, a criança Aubin, Pensée, Tobie, tantos personagens cegos que povoam seu teatro e mostram uma outra faceta da importância dada pelo poeta ao olhar. Em Claudel, o olhar e os olhos são raios que literalmente têm a capacidade de tocar o outro, de atravessá-lo e possuí-lo. A cegueira não é a negação da faculdade de ver, mas a sublimação do olhar destituído de qualquer desejo de posse. O olhar do cego não é ganancioso, é uma dádiva. Violaine devolve a Aubin sua visão em *La Jeune Fille Violaine*; e, em *L'Annonce faite à Marie*, ela ressuscita a pequena Aubane. Com Claudel, o cego é superior. Se a cegueira vem acompanhada da sabedoria, como em muitas interpretações simbólicas, ela também tem, no entanto, as realidades dos não videntes: o superdesenvolvimento dos outros sentidos, audição e tato, cuja preocupação é claramente descrita em *L'Art Poétique*. Numa síntese entre o sensorial e o simbólico, Violaine fala do "tato interior"[556] do cego, que seria uma espécie de sentido que permite sentir as coisas do interior. Como se o vazio criado pela cegueira permitisse desenvolver uma relação com os seres e o mundo sublimado.

Claudel em *L'œil écoute* expressa seu interesse estético focado mais particularmente sobre o vazio, na simplificação das formas e na subutilização da matéria. Em 1913, ele fez a experiência com o espaço único da sala Hellerau, projetada por Appia e Jaques-Dalcroze na qual *L'Annonce faite à Marie* foi interpretado pelos alunos de Jaques-Dalcroze[557], enquanto entre 1921 e 1927, embaixador no Japão, ele se depara com uma arte única que dá lugar de destaque aos efeitos de sombra[558]. Descrevendo um espetáculo *nô*, ele evoca os gritos de músicos que ele compara a "vozes no campo à noite", que transmitem "uma impressão dramática e estranha de espaço e de distância"[559]. Essa experiência fundadora do Japão foi, depois, retratada por um profundo interesse pela pintura de um Greco, de um Goya ou ainda dos pintores flamengos, levando Claudel à ideia de uma contemplação fundada na escuta como experiência espiritual. A pintura flamenga incorpora particularmente, segundo Claudel, o princípio de uma "espécie de impregnação surda"[560] com a própria imagem do país, no qual "a arte transforma a natureza menos do que a absorve". O achatamento dos relevos que prepara o mar, anula os limites entre os mundos, em cuja imagem, para Claudel, "a arte holandesa é como uma liquidação da realidade". Uma impressão à qual se acrescenta "este elemento que é o silêncio, este silêncio que permite escutar a alma, pelo menos ouvi-la". Claudel convida-nos a mergulhar na interioridade que provoca a contemplação destes quadros, sobre as quais ele recomenda uma visita na qual "o ouvido está tão desperto quanto os olhos"; pois "a visão

[553] PARSAT Pascal, "*Une carrière à l'aveugle*": http://www.rueduconservatoire.fr/article/2930/cartes_blanches/pascal_parsat.

[554] Valentine LOSSEAU, antropólogo e colaborador em dramaturgia para a Cia. 14:20, que passou a viver a experiência da cegueira após uma doença que durou vários meses. Ela experimentou a riqueza ao mesmo tempo que a complexidade da situação da deficiência. Mesmo que o sentido essencial do ato espetacular lhe faltasse, ela continuou a ser o "olhar de fora" da companhia. Da mesma forma, Evgen Bavcar, que ficou cego depois de dois acidentes consecutivos aos 12 anos, é uma espécie de provocação viva no mundo das artes visuais. Como fotógrafo profissional, ele provoca seus colegas: "Alguns fotógrafos são muito agressivos, se sentes feridos em seu narcisismo. Para eles, não é normal que um cego fotografe". Cf. Evgen BAVCAR, *Le Voyeur absolu* em colaboração com Ghislaine GLASSON-DESCHAUMES, Edições do Seuil, 1992.

[555] Ver a parte dedicada à cegueira de Claudel, em Michel MALICET, "*Les structure du théâtre de Claudel*", *Lecture Psychoanalytique de Claudel*, Anais literários da Universidade de Besançon, Paris, 1979, p. 211-220.

[556] Paul CLAUDEL, *La Jeune fille Violaine*, versão II, t. I, Gallimard, "Éditions de la Pleiade", 1948, p. 617.

[557] Para Hellerau, ver no capítulo "Blecaute no palco e na plateia: perceoção relativa".

[558] Ver Ayako NISHINO, *Paul Claudel, le Nô et la synthèse des arts*, Classiques Garnier, 2013.

[559] Paul CLAUDEL, *L'oiseau noir dans le soleil levant*, Gallimard, 1974, p. 199.

[560] E seguintes, Paul CLAUDEL, *L'œil écoute*, Gallimard, 1946, p. 33-34.

é o órgão da aprovação ativa, da conquista intelectual, enquanto o ouvido é o da receptividade". Essa dimensão plástica e receptiva da experiência do vazio ecoa, parece-me, a experiência de outro vazio vivido por Camille Claudel em sua internação, cujo vestígio talvez esteja presente nos dois estudos de *Tête de vieil aveugle chantant* que a jovem mulher esculpe em 1889 enquanto trabalhava no estúdio de Rodin. A cavidade dos olhos e a da boca aberta dessas cabeças possuem odores de máscaras mortuárias assustadoras e perturbadoras. Essas esculturas destacam claramente a marca do vazio gerado pela cegueira, mas que é compensado pelo sentido da audição e, finalmente, do tato, como evidenciado pela escolha da escultura.

A insistência em despertar a audição quando a visão é desmobilizada remete, compreensivelmente, ao olhar interior que, indo além do visual, se move em direção ao invisível. O caminho da interiorização é indiscutivelmente favorecido pelo blecaute, seja ele espiritual, seja leigo. Desde a *Lettre sur les aveugles*, de Diderot, que destacou a sensibilidade particular dos cegos, até o fascínio de Maeterlinck pelos cegos clarividentes, a valorização dos não videntes adquire aqui todo o seu significado.

Nos teatros, os espectadores com deficiência visual agora podem se beneficiar de uma audiodescrição que visa integrá-los àquilo a que normalmente são excluídos. Eles ouvem, por meio de fones de ouvido, o que está acontecendo no palco que o texto não diz. Essa é uma forma de compensar a perda de visão. Considerando uma abordagem como a de *Regard'en France*, que oferece um teatro que inclui a ausência de visão, que é um processo humano e artístico totalmente diferente. Não vivido como uma falta, o blecaute é revelador de riquezas cênicas e estéticas. A própria cegueira, metaforicamente, carrega esse mítico valor agregado no palco. *Les Aveugles*, de Maeterlinck, *Fin de Partie*, de Beckett com Hamm, Œdipe, de Sófocles, *Le Roi Lear*, de Shakespeare com Gloucester, entre outros, são textos do repertório nos quais a cegueira é, paradoxalmente, bastante sintomática de um teatro que reflete sobre a problemática da clarividência. Não ver é ver o que os outros não veem. É saber. É um sinal de sabedoria. Nino D'Introna, quando era diretor do Théâtre Nouvelle Génération de Lyon, escreveu um espetáculo baseado inteiramente neste princípio, *Le Pays des Aveugles*, contando a história de um homem que chega a um país onde todos os habitantes são cegos. Originária de uma antiga lenda, a peça, por meio da voz do único vidente no país dos não videntes, conta sobre o blecaute e a jornada iniciática do visitante em um mundo onde a visão se torna uma limitação. A encenação dá um lugar privilegiado ao blecaute, permitindo aos jovens espectadores a quem este espetáculo se dirige vivenciar os diferentes graus e ter a incrível experiência de ver no blecaute.

Desafio do blecaute

A recepção do blecaute, como qualquer relação estética, é construída sobre a alteridade. Pierre Soulages afirma que "a obra vive do olhar que lhe damos" e que, para além do eixo obra-espectador, "a realidade de uma pintura nasce da tripla relação que se estabelece entre quem pinta, a coisa pintada e aquele que a olha. [...] É, portanto, uma realidade em movimento, múltipla e constantemente nova, pois essa relação a três se modifica incessantemente"[561]. É certamente esse princípio de "realidade em movimento" que interessa a quem trabalha o blecaute em espetáculos ao ar livre, compondo com a natureza cósmica e a natureza humana. A noite modificante de uma noite para a outra, de uma lua para a outra e em função do tempo, associada às faculdades perceptivas do espectador, traz uma série de parâmetros vivos bastante emocionantes. Longe do domínio interno de dados calibrados por intensidade de luz e uma temperatura de cor mensuráveis, a noite ao ar livre apresenta sua dose do desconhecido.

[561] P. SOULAGES, *Outrenoir*, *op. cit.*, p. 15.

Espetáculos baseados no blecaute são concebidos com base nessa alteridade que condiciona ou justifica as escolhas estéticas. Por isso também saímos dos teatros para conviver com esta experiência triangular entre o artista, a escuridão da noite e o espectador. *Cesena*, de Anne Teresa de Keersmaeker, estreou no festival de Avignon em 2011, no Cour d'Honneur do Palais des Papes. Começava na noite quase total às 5 h da manhã, e desenvolvia-se acompanhando o nascer do dia e o aumento da luz natural. Essa dança cerimonial, que mesclava movimentos e vozes à aurora ao ar livre, tinha uma força poética que ela perdeu na turnê ao passar para dentro da sala, em favor de uma dramatização. Esse é o tipo de espetáculo que deveria aceitar sua singularidade e não sofrer a transformação imposta pela passagem para uma sala. Não distorcer o evento, no verdadeiro sentido da palavra. Manter o vínculo com a natureza, assumindo a ausência de exploração em uma sala deste tipo de espetáculos é um risco a correr, mas uma coerência estética, escolha que André Engel fez em 1980 no festival de Nancy com *Prométhée porte-feu* apresentada somente três vezes antes do amanhecer no terreno de uma mina abandonada[562].

Em 1971, Peter Brook escolheu as ruínas naturais para *Orghast*, que ele criou em Persépolis com seus atores do CICT e um grupo de atores iranianos para o coro. *Orghast* é um texto de Ted Hughes que usa uma linguagem imaginária e se inspira no mito de Prometeu integrando a ele fragmentos de outros mitos: "situações de arquétipos fragmentados extraídos de mitos antigos", diz Brook em *Oublier le temps*[563]. Durante os ensaios, a leitura dos poemas de Zoroastro por uma iraniana em uma língua ritual, a *avesta*, feita para declamação, seduziu Peter Brook: "por um apelo vibrante lançado por Natasha do alto de um templo em direção ao sol poente, ou até por uma salmodia que desce aos abismos dos túmulos numa noite estrelada, todos pudemos, diz ele, graças a esta língua, tomar consciência de que o atemporal e o mito se confundem com o presente para se tornar uma parte da experiência direta." O espaço de atuação natural e as arquiteturas antigas parecem evidenciar a si mesmas. Para a luz, nada de circuito elétrico, mas a luz da lua, o fogo e o sol. Um retorno às origens, em todos os sentidos. O espetáculo realizado em duas partes aconteceu em dois locais. "A primeira parte de *Orghast*", diz Guy Dumur, "é representada na plataforma suspensa no vazio, pela qual se chega a uma das tumbas reais. Ela começa no segundo em que o sol se põe. A segunda parte, representada algumas horas depois, termina no momento em que o sol nasce, quando os participantes sobem a montanha e se perdem em um desfile escuro, seguidos por uma vaca cinza cujo sino simboliza agudamente a paz redescoberta e a suavidade, breve nestes países, da madrugada"[564]. A atuação em si, grandiosa, épica e primitiva, parecia estar em sintonia com a natureza renascida ao nascer do sol. Para os espectadores, esses tipos de espetáculos são experiências sensoriais e emocionais fortes. Ao assistir a um espetáculo que se inicia antes do amanhecer, o espectador assume uma série de desafios: inversão do processo usual indo para o dia, e não para a noite, capacidade de perscrutar o blecaute para discernir, na noite ainda intensa, os corpos e os rostos...

Perturbar o ritmo biológico do frequentador do festival é um hábito em Avignon desde que Brook encenou o *Mahabharata* em 1985, na pedreira de Boulbon, lugar usado pela primeira vez nessa ocasião e que, desde então, se tornou lendário. O espetáculo durava a noite toda, nove horas de espetáculos em um ambiente que serviu de cenário natural. Em seguida, será a totalidade do *Soulier de satin* de Claudel de Antoine Vitez, em 1987, também com duração de nove horas, até as 8 h da

[562] Ver no capítulo "Blecaute apocalítico".

[563] Peter BROOK, *Oublier le temps*, Points, 2012.

[564] Guy DUMUR, "*La nuit des temps*", *Le Nouvel Observateur*, 20 de setembro de 1971.

manhã na Cour d'Honneur do Palais des Papes. Outros o seguirão de forma recorrente, colocando o frequentador do festival numa situação de luta contra o sono, entre o transe e o cansaço. Em 2011, Wajdi Mouawad apresentou novamente, a noite toda, na pedreira de Boulbon, *Des Femmes*, um espetáculo composto por três tragédias de Sófocles: *Les Trachiniennes, Antigone* e Électre, ao som da voz rouca de Bertrand Cantat. É preciso ter tido esse tipo de experiência ao ar livre, sob a lua e as estrelas, para de dar conta da dimensão sobrenatural trazida pela noite. Testar a fadiga da atenção e testar a capacidade ótica do olho é apenas a parte física e concreta da experiência. Pois os olhos inevitavelmente se fecham em algum momento, e a noite dobra-se pelo blecaute das pálpebras à medida que o som das vozes chega aos ouvidos pelo filtro do vento ou das cigarras. A noite é vivida até o limite da consciência, que modifica pouco a pouco as percepções. A noite é a hora do sono; opor-se a ela é desafiar a natureza.

Lançar um desafio à natureza e às nossas certezas, é isso que propõem os espetáculos da companhia 14:20 desde a origem do movimento da *"Magie Nouvelle"*. Por meio de instalações, percursos mágicos e espetáculos, a companhia 14:20 brinca com nossas percepções e nossas referências. O blecaute, nessa alquimia, acaba por se revelar constitutivo das ambiguidades e outros efeitos mágicos. O blecaute em ação convida à interação, impulsiona as referências para além do conhecido e cria emoções inéditas.

Quando a noite chegar
As lâmpadas são acesas
Sem me projetar outras sombras
Então eu me forcei
A passar por vidros e espelhos
Paredes e pisos, árvores e telhados
Girando em torno de minha sombra de âncora
Eu sentia que eu me deitava
Sem poder controlar minha forma
E que as cores se apagavam
Se diluindo na atmosfera
Eu tinha que me aproximar
Para encontrar minha consistência
Sem esta consciência à deriva.[565]

Em *SoloS*, os versos de Michel Butor e as bolas de Raphaël Navarro fazem malabarismos juntos no palco pelo intermédio dos corpos presentes ou ausentes. A interação de texto-malabarismo tornada visível no palco é o fruto de uma alquimia entre duas linguagens que se contaminaram mutuamente para se apresentar no palco. Michel Butor tem a da palavra; Raphaël Navarro, a do malabarismo no qual ele foi forjado. Transformada em um método, em *"Imaje"*, que ele pratica e ensina, sua linguagem de malabarista é trabalhada com o corpo no espaço do visível e do invisível. O que é colocado em prática pela *"Magie Nouvelle"*, um movimento artístico que se baseia na dialética entre o peso da realidade e a liberdade de uma surrealidade. Como a palavra precisa da página em branco, a escrita cênica precisa do palco escuro. E é na disponibilidade desse não lugar que a magia se escreve.

SoloS também conta *La Tombée de la nuit*, outro poema de Michel Butor que se estilhaça ao ritmo do esmaecimento de reflexos luminosos e de sons, até a completa escuridão. Apenas algumas aparições ou ilusões luminosas chamam atenção do espectador que perscruta o blecaute.

[565] Michel BUTOR, *Les chants de la gravitation*, L'Entretemps, 2011.

Um espectador totalmente investido no ritmo do palco, sua profundidade, seus efeitos de ilusões, aparições, desaparecimentos, movimentos... um uma palavra, a emoção está no cerne do elo que se tece entre os artistas e os espectadores, em busca das palavras e das bolas. Valentine Losseau, colaboradora da companhia 14:20, fez um relato sensível em seguida aos *Chants de la gravitation*, de Michel Butor. Como dramaturga, ela alternou informações e narração do drama que se desenrola no palco, deixando falar sua própria leitura dos acontecimentos cênicos. Se a primeira parte do espetáculo é um diálogo entre Raphaël Navarro e Michel Butor, na segunda é Clément Debailleul que se acompanha nas linhas musicais de Messian. Com ele, o espetáculo transporta o espectador para o universo em busca dos movimentos planetários. Como se suspenso na escuridão cósmica, o espectador pode se sentir tão pequeno e tão grande que perde suas próprias referências. É aqui também que essa nova magia nos pega, por sua capacidade de gerar fenômenos de distorções espaçotemporais. O infinito funde-se com o finito na "profundidade noturna", ecoando os versos do poeta. Nessa parte, Clément Debailleul associa seu gesto cênico à pintura de seu irmão, Louis Debailleul: por trás das bolas, diz Valentine Losseau, o quadro constrói-se sobre "um jogo de ressonância [...] entre o volume móvel das esferas e a planura da tela"[566]. Louis Debailleul usa tinta fosforescente para pintar pelo efeito de transparência, sem ser visto pelo público. Outro efeito mágico que dá uma autonomia ao movimento e à pintura que se forma sem pintor, como as bolas circulam sem malabarista. No blecaute, os dois artistas ficam invisíveis, dando lugar a um céu estrelado e um cosmos em movimento.

A criação de ilusões de autonomia de objeto é uma especialidade da companhia. Uma ilusão que mina nossa percepção e questiona nossas certezas. O corpo também se torna surreal e múltiplo no trabalho da companhia, que maneja o holograma com uma poesia que beira a confusão. É o caso do espetáculo *Vibrations* (2010), que brinca com a persistência da retina além da realidade. A particularidade da sua utilização em *Vibrations* é que ela deixa uma marca duradoura no que é normalmente efêmero; por exemplo, a imagem que persiste na escuridão após um súbito apagar da luz, como quando olhamos demasiado para o sol de frente e, com os olhos fechados, ainda podemos ver a bola de fogo. Quem é o corpo real? Quem é ilusão? Quem é uma imagem persistente natural, quem é uma imagem persistente artificial? Numa forma de encantamento, o espectador deixa-se enganar e finalmente se abandona, deixando de lado as questões racionais que aprisionam a imaginação. Aceitando o desconforto sensorial e intelectual, ele mesmo se torna corpo flutuante no blecaute unido do palco e da sala, ele fica à deriva. Se a magia é um desafio em uníssono com a lançada pelo blecaute, o espectador aceitar seu dote de um potencial emocional que se inscreve em seu corpo, como transcrevem os versos de Michel Butor em *SoloS*:

> Para onde eles vão quem sou eu quando?
> As paredes se afastam
> O teatro se abriu
> Onde você está eu me afundo
> Eu giro em todos os sentidos
> Trocando o alto e o baixo
> O futuro e o passado.[567]

O espectador, de certa forma, também experimenta a ausência de peso na intimidade do blecaute. É "o sentimento mágico".

[566] Michel BUTOR; Valentine LOSSAU, *Les chants de la gravitation*, L'Entretemps, 2011, p. 53.

[567] Trecho do texto completo em M. BUTOR, *Les chants de la gravitation*, *op. cit.*, p. 9.

Vertigens do blecaute

Blecaute físico, blecaute simbólico, o blecaute da caixa cênica leva à vertigem, à sensação de vertigem que a ausência de referências tangíveis provoca e ao abandono da razão pela impressão de vazio; o espaço aberto da caixa-preta recobre a arquitetura da tumba. Mas é o blecaute de todos os possíveis que vai além da vista, além das palavras. Esse blecaute, individual ou coletivo, blecaute do alfa e do ômega, do limbo e do apocalipse, anseia. Para Georges Didi-Huberman, a dimensão do visual, o ato de ver além, paradoxalmente supõe um fim dos tempos, "a morte daquele que olha - pequena morte ou grande morte", mas ao mesmo tempo "a eternização de seu olhar no espaço apocalíptico"[568]. Vertigem do mal, a provação do blecaute não está longe da "experiência interior" de Georges Bataille. O blecaute não saberia ser um saber, um conhecimento. É, parafraseando Bataille, essa "experiência nascida do não saber" e "permanecendo nele". Não longe da vertigem sensível, ele beira a questão existencial do ser e do nada. No entanto, o blecaute não é *nada*, não é nem invisível, nem inconsistente, ele é: a expressão há muito devotada ao teatro, não seria "É noite", ou mais ousada: "Está escuro"?... Não é porque no escuro não há nada para ser visto que o blecaute significa que ele não é nada. Não há nada para ver, mas vemos o blecaute. O blecaute não está do lado do invisível. Ele também não é uma «ilusão de percepção», ele pode provocá-la, mas não é uma. "A ilusão da percepção", lembra Clément Rosset, "alia a invisibilidade à inconsistência"[569], o que não é o blecaute. Por outro lado, o blecaute é neutro; e, se ele está carregado de um significado ou uma expressividade, é porque projetamos os nossos nele. Toda a arte do teatro se sustenta nesta magia: mostrar o blecaute tirando-o de sua neutralidade como um signo ou uma abstração, por uma construção que se baseia na alteridade como Pierre Soulages experimentou no contato com sua pintura — "minha pintura é feita por mim, que estou no mundo, e por quem a olha e que está no mundo também. Então não vejo por que eu passaria pelo desvio de uma representação"[570]. Constituinte do mundo do teatro que tende a representar não mais as realidades do mundo exterior, mas as realidades psíquicas, ele confere ao palco a dimensão de um espaço mental. Blecaute primitivo do *butoh*, sombras projetadas ancestrais, blecaute apocalíptico dos desastres modernos, o blecaute surge em múltiplas facetas sobre as quais se projetam todas as partes da sombra, estéticas e metafóricas. Da realidade física ao espaço mental, do concreto do palco à projeção imaginária, o blecaute e suas variações sombrias não se esgotam facilmente: "alguns dirão que a beleza falaciosa criada pela penumbra não é a beleza autêntica. Porém, [...] nós, Orientais, criamos beleza fazendo surgir sombras em lugares que são, por si só, insignificantes"[571].

La Résistible Ascension d'Arturo Ui, de Brecht, foi a última montagem de Heiner Müller no Berliner Ensemble em 1995[572]. Martin Wuttke tinha o papel-título. A peça começava no blecaute. Se ouve uma respiração repetitiva. Na ausência de luz, o ouvido acentua sua audição. Essa respiração é a de um cão ofegante, amplificada, contínua, insistente. Ela invade o espaço ainda mergulhado na escuridão. Um certo mal-estar instala-se, mas a curiosidade é satisfeita quando chega, dos bastidores em frente à cortina do palco no proscênio mal iluminado, Martin

[568] G. DIDI-HUBERMAN, *Devant l'image*, *op. cit.*, p. 130.

[569] Clément ROSSET, *L'Invisible*, Edições de minuit, 2012, p. 10.

[570] P. SOULAGES, *op.cit.*, p. 16.

[571] J. TANIZAKI, *op. cit.*, p. 63.

[572] Heiner MÜLLER não verá a primeira apresentação. Segundo o princípio do repertório dos teatros alemães, essa encenação regularmente retomada com Martin Wuttke foi apresentada em 2012 no âmbito do Festival d'Automne, no Théâtre de la Ville, em Paris.

Wuttke, de quatro, ofegante, sem diminuir a intensidade, indo e vindo, levantando a pata contra a cortina... Uma proeza física que deixa sem palavras, mas cujo sentido foi dado explicitamente por Brecht no epílogo:

> Eis o que por pouco teria dominado o mundo!
> Os povos tinham razão, mas não devemos
> Cantar vitória, ainda é muito cedo:
> O ventre de onde surgiu a besta imunda ainda está fecundo.

O prólogo cênico de Heiner Müller deixa uma marca profunda no espectador, que sente quanto o poder oculto do blecaute associado à bestialidade tem ressonâncias imediatas com o nazismo de Hitler. Magistralmente orquestrado, a entrada em cena no blecaute pelo som é eficaz e significativa. *La Résistible Ascension d'Arturo Ui* tem como subtítulo: *Parabole.* Para Daniel Mortier, "é uma parábola a história que [...] orienta a nossa leitura, marca inicialmente o nosso itinerário ao nos convidar para procurar esta *outra coisa* que, por não ser contada, é dita pelo viés do que é contado"[573]. Essa noção de mediação contida na expressão *pelo viés* é completada por Jean-Pierre Sarrazac em *La Parabole ou l'enfance du théâtre*[574], obra na qual ele lembra a definição etimológica da palavra: "*para-ballein*, se jogar de lado". Esta observação lhe permite ligar a parábola às figuras do *desvio*: o teatro parabólico procede do desvio, à maneira de Brecht, isto é, não se trata de se afastar da realidade, mas, como o diretor Otomar Krejaca escreveu em 1968, "A verdadeira força da arte teatral reside no desvio pelo qual ele retorna da realidade à realidade"[575]. Passar da realidade da plateia do teatro para a do palco pelo intermédio do blecaute pareceria contraditório com a teoria brechtiana. No entanto, o procedimento é eficaz e permite que a parábola se realize. Sair do real para entrar melhor no real. Ítalo Calvino, diante da gravidade do mundo, propôs-se a adotar uma postura específica que é oriunda do desvio: "Cada vez que o reino humano me parece condenado à gravidade, digo a mim mesmo que, a exemplo de Perseu, eu devo voar para outro espaço. Não se trata de forma alguma de fuga para o sonho ou o irracional. Eu quero dizer que eu preciso considerar o mundo com uma outra ótica, uma outra lógica, outros meios de conhecimento e de controle"[576]. Nesse sentido, a parábola parece cumprir esse papel ao oferecer um olhar enviesado, ou seja, ao mesmo tempo do lado da realidade e mediador dela. A passagem pelo blecaute, assim como proposta por Heiner Müller, tem essa eficiência. O blecaute permite mudar de ponto de vista; o blecaute dá o tempo de adaptar suas referências perdidas no tempo, à exigência de um novo olhar. O olho como que sendo lavado pelo blecaute. O espectador está pronto para ver o horror da realidade, essa é a eficácia dramatúrgica de um brechtismo renovado.

Ao contrário do ator brechtiano, o ator do butô no palco parece decididamente isolado do mundo, centrado sobre si mesmo a ponto de, às vezes, "fingir que é cego", diz Claude Jamain, um praticante dessa arte[577]. Não que o ator do butô ignore a presença do público, muito pelo contrário, mas porque a visão, rápida demais para captar a realidade antes dos outros sentidos, coloca-os na sombra. Abrir espaço para o toque passa por uma obstrução da visão. Assim, Terayama Shûji, mestre

---

[573] Daniel MORTIER, *La Résistible ascension d'Arturo Ui*, PUF, 1992, p. 15.

[574] Jean-Pierre SARRAZAC, *La parabole ou l'enfance du théâtre*, Ed. Penser le théâtre, Circée, 2002.

[575] Citado por Jean-Pierre SARRAZAC, *op. cit.*, p. 24.

[576] *Idem*, p. 21.

[577] Claude JAMAIN, *"Choralité du butô"* em *Du chœur antique aux choralités contemporaines*, Cadernos da casa da pesquisa n. 41, Universidade Charles-de-Gaule, Lille 3, 2009.

do *butoh*, treinava seus atores durante longas horas no blecaute até a meditação. A finalidade dessa interiorização era a busca, no mais profundo de si mesmo, da massa morta, interior e compacta, feita da espessura da memória, do lodo das civilizações soterradas. Massa inerte para acordar ao entrar no corpo. O butô é a expressão dessa busca interior, o *ankoku*, traduzível por um «blecaute muito intenso", um "blecaute sem nenhuma luz", que é também, no campo musical e espetacular, o blecaute obscuro e sem esperança, a parte do mal. O que Hijikata Tatsumi chamou de "trevas"[578]. Ir ao mais profundo nas áreas escuras do subconsciente é aceitar examinar o mais profundo em si mesmo. É o que os movimentos do ator *butoh* traduzem, impulsionados pela potência interior invisível, por baixo da pele.

O devir cênico butô surge dessa luta interior muitas vezes materializada pela penumbra e até mesmo pelo blecaute total no qual tem início o nascimento. É tanto a manifestação de um trabalho interior quanto uma experiência de espectador. O público, mergulhado no blecaute, também pertence a essa massa. Definitivamente, ele não só não é negado como é essencial para o dançarino de butô que se apoia sobre a energia liberada pelo público por meio de sua presença física, seus ruídos, suas respirações, seus cheiros... Esse foi o caso em 2005, durante um espetáculo de Seisaku narrado por Claude Jamain: quando o espetáculo começa, "o dançarino estava mergulhado na obscuridade, e o espectador só conseguia distinguir uma massa confusa. De repente, algo se move; ou melhor, se moveu algo que transforma todo o aspecto dessa massa, tão pouco visível que se poderia jurar que foi o invisível que se moveu"[579]. O dançarino ou ator butô não vem das coxias, ele vem ao palco pela escuridão exterior e a obscuridade interior, o *ankoku*. Ele vem do invisível e retorna ao invisível. Georges Banu, que relembra os vários costumes japoneses de entrar e sair de cena, em *L'Acteur quei ne revient pas*, menciona uma diferença entre as artes tradicionais e o butô: o ator, diz ele, só pode sair do palco "para desaparecer, para escapar, para se retirar para sempre para um espaço qualitativamente diferente. Substituto da morte"[580]. Esta arte de iniciados que, no entanto, se nutriu de referências ocidentais e fez dela uma arte duplamente à parte. Se o significado profundo dos rituais do butô foi herdado de artes e de tradições ancestrais, as formas e os temas dançados radicalmente contemporâneos foram retransmitidos pela cena ocidental. É possível encontrar rapidamente, de um lado e do outro da sala, um refúgio para as angústias e os demônios: o blecaute do *ankoku* tornou-se o nosso, nós projetando nele os dramas e as angústias apocalípticas do século XX.

Blecaute apocalíptico

O blecaute e o teatro têm uma história comum ligada à destruição, começando pela dos edifícios. Ver ou não ver? Iluminar sob o risco de incendiar os cenários inflamáveis nos teatros de madeira? A contradição permaneceu inevitável por muito tempo: "o grande inconveniente da ribalta é o perigo de incêndio, principalmente para os figurinos leves que vêm flutuar sobre ela; quantos acidentes deste tipo tivemos de lamentar!"[581], constata uma testemunha das evoluções técnicas em matéria de iluminação cênica no século XIX. Durante séculos, até a chegada da eletricidade — e, novamente, o risco onipresente permaneceu uma realidade. O primeiro incêndio de teatro que a história pode lembrar foi o que devastou o Globo de Shakespeare em

[578] Hijikata TATSUMI em *Butô(s)*, organização de Odette Aslan e Béatrice Picon-Valin, CNRS, 2002, p. 65.

[579] C. JAMAIN, *op. cit.*, p. 40.

[580] Georges BANU, *L'acteur qui ne revient pas*, Gallimard, 1993, p. 20.

[581] J. MOYNET, *L'envers du théâtre, machines et decorations*, *op. cit.*, edição de 1874, p. 105.

1613, iniciado no telhado de palha depois de um tiro desastrado. Os incêndios repetitivos dos teatros completamente devastadores são, para dizer o mínimo, espetaculares. Os relatos e as gravuras jornalísticas que os acompanham fazem estremecer. Todo um mundo desmorona: ornamentos dourados, cenários, figurinos, estruturas, no dia seguinte, não são nada além de cinzas negras, restos carbonizados, um verdadeiro espetáculo de desolação. Mas o incêndio não teve a última palavra, se desejava apagar o rastro, o vazio, afastar a lembrança ruim. Como uma Fênix, o teatro renascia mais bonito do que antes, em tempo recorde. Apagar o drama e reconstruir o teatro aparecia como uma prioridade nos séculos XVIII e XIX. O teatro dos Célestins na cidade de Lyon queimou duas vezes em menos de dez anos, a primeira durante a noite de 1º para 2 de abril de 1871, e depois a segunda na noite de 25 para 26 de maio de 1880. Os danos foram muito grandes, não restou nada da plateia nem do palco, mas as fachadas permaneceram em pé, mantendo a aparência de antes do acidente. No século XIX, o medo e o cuidado para evitar os incêndios eram, então, onipresentes; no entanto, como evidenciado pela descrição de uma visita ao interior de um teatro em 1874:

> Aqui estamos nós no palco, a plateia está diante de nós; dela estamos separados por uma rede de ferro montada sobre uma moldura também de ferro, no lugar da cortina de palco; é uma precaução contra incêndio. [...] Aproximemo-nos do bombeiro de plantão. No chão, perto de uma fileira de baldes, estão uma dúzia de machados, o mesmo tanto de crescentes, tipos foices na ponta de uma longa vara, esponjas também presas às pontas das varas, uma dúzia de tubos de bombeamento em couro e algumas lanternas. Todos esses objetos são mantidos em boas condições o tempo todo, na prevenção de riscos de incêndio. [...] O efetivo de bombeiros varia de acordo com a importância do teatro; ele é muito ativo em todos os lugares, principalmente à noite, quando as patrulhas são feitas de hora em hora. Os focos de incêndios são frequentes e requerem vigilância constante e ativa.[582]

Mas, paradoxalmente, o drama é experimentado em sua dimensão espetacular. Para as testemunhas, "é impossível imaginar um espetáculo mais terrível e, ao mesmo tempo, mais magnífico"[583]. Assim, nas gravuras, os incêndios que geralmente ocorriam à noite, logo após as apresentações, não demonstram os efeitos. Pode-se imaginar o terrível espetáculo das chamas devastando todo um mundo de magnificência e sonhos. Para o incêndio da Opéra Royal, que ardeu por volta de 20 horas em 1781, as gravuras demonstram uma realidade da qual uma testemunha narra o medo, a lembrança e depois o esquecimento:

> Poucos dias antes de eu entrar na faculdade, ocorreu o terrível incêndio da Ópera, então localizada no fim do Palais-Royal, próximo ao liceu e à rua com esse nome. Esse espetáculo deixou em mim uma impressão muito forte, que o tempo quase não enfraqueceu. Era sexta-feira, 8 de junho de 1781, às nove e quinze [...], o incêndio estava só começando, e o progresso já era terrível. Ele redobrava de um instante para o outro. O terror estava no auge; todas as comunicações foram interceptadas; só se ouviam gritos de desespero. Telas, caixas em chamas, eram empurradas para o ar por este novo vulcão e ameaçavam, a grandes distâncias, todos os edifícios que o rodeavam; [...] Impossível imaginar um espetáculo mais terrível e, ao mesmo tempo, mais magnífico: eu fui levado a subir no sótão mais alto do hotel, para apreciá-lo. Quando o vento mudava de direção e virava as chamas para o nosso lado, era necessário recuar; éramos devorados por um

[582] J. MOYNET, *op. cit.*, p. 41.

[583] Ver trecho a seguir.

> vapor ardente; uma chuva de fogo parecia cair do céu, cada gota d'água parecia ser uma faísca. A tonalidade da atmosfera mudava de um momento para o outro. A diferença dos elementos de que o fogo era composto dava às chamas vários tons que se refletiam nas nuvens. O instante em que o teto do prédio desabou foi mais horrível e mais magnífico ainda. Gritos de terror foram ouvidos de todos os lados. Milhões de faíscas subiram a uma altura infinita, e misturaram-se com aquelas que pareciam surgir das nuvens [...]. O incêndio diminuiu durante a noite. O perigo maior, o das comunicações, já não existia: o edifício foi isolado por todos os lados, tanto quanto fora possível em tão pouco tempo. Sabíamos, com precisão suficiente, quantas pessoas foram vítimas deste infortúnio. Havia muito poucos conhecidos. Falou-se sobre ele por mais alguns dias; logo foi esquecido, como tudo é esquecido em Paris.[584]

Essa perspectiva do incêndio do teatro em todo o seu horror confunde-se com o espetacular. Como uma narrativa em abismo invertida, o espetáculo emerge do teatro e envolve-o, aniquila-o. Incendiar os teatros, pesadelo ou vingança, também faz parte dos temas espetaculares da cena. Historicamente, como uma conspiração contra a ameaça de incêndios que destruíam os teatros, a representação de incêndios no palco foi objeto de cuidados especiais. Foram procuradas formas de realização as mais realistas quanto possível desde o século XVII, e esse é, sem dúvida, um dos efeitos que exigiram o escurecimento da cena para uma representação mais marcante. O incêndio e a noite, ou o fogo e o blecaute no teatro, têm uma história comum. Nicola Sabbatini, se não abordou o assunto diretamente, cita a questão do uso do fogo para os efeitos de inferno ou do relâmpago, especificando os usos enquanto alerta para as "inconvenientes" que podem ocorrer, aconselhando que a combinação de fogo e da resina para tais efeitos não devia ser executada por "pessoas tolas ou desajeitadas"! O risco é levado a sério, até mesmo por arquitetos. Mas, muitas vezes, lamentaram-se as deficiências responsáveis pelo acidente fatal. Foi o caso do incêndio na Opéra Royal, cujas reservas de água para este fim se encontravam vazias no momento do acidente.

Quando o incêndio faz parte da cena, o espectador também é levado pela ambiguidade das impressões entre admiração e pavor, como foi relatado pelo exemplo do palácio de Tereus em chamas na remontagem da ópera *Philomèle* em 1734. Para esse cenário, Parrocel filho pintou, com base nos desenhos de Servandoni, o Palácio de Tereus que pegou fogo no ato V, no qual ele combinou o efeito de um incêndio e de um luar:

> O palácio e a cidade pareciam estar em chamas; podia-se ver as chamas saindo de todos os lados e a estrutura caindo em brasas. Essas chamas eram feitas por meio de vários ferros curvos em forma de chamas, recobertos por telas transparentes pintadas como fogo, e por uma quantidade de luzes por trás. Tanques, Tarcansons e fogos de artifício queimando em chamas reais ao lado das que estavam pintadas, misturados com várias faíscas e redemoinhos de fogo e de fumaça, o barulho que as grandes peças da estrutura faziam ao cair assim em chamas aumentava o espanto e o terror e representava, na verdade, a destruição e os efeitos de um incêndio, de modo que vários espectadores amedrontados estavam a ponto de fugir.[585]

A ilusão parece tanta que a realidade se confunde com a ficção, a menos que o medo despertado pelo espetáculo esteja na origem da multiplicação do efeito produzido (Fig. 33).

---

[584] M. de JULIAN, *Souvenirs de m avie, depuis 1774 jusqu'em 1814*, Paris, Londres, 1815.

[585] Proposta relatada por Ch. NUTTER, *"Les décors et les machines de l'opéra"*, *La Chronique musicale: Revue bimensuellle de l árt ancien et moderne*, 15 de outubro de 1873.

Fig. 33. Efeito de incêndio no século XIX visto do fundo do palco

Hoje em dia, se o teatro foi incendiado no palco, é menos por efeito do que por provocação. Assim sendo, André Engel deu-se o prazer de colocar fogo no teatro várias vezes, brincando com o espectador para quem ele distorce as referências entre ficção e realidade. Foi o caso com *Le Jugement dernier*, nos ateliês Berthier - Odéon Théâtre da Europa em 2003. No momento do acidente ferroviário, a explosão no blecaute acompanhada de faíscas de fogo e o estrondo da queda das malas que caíam de cima da passarela no chão de concreto criaram um efeito de surpresa tão grande que arrancou verdadeiros gritos de pavor dos espectadores. Quando a luz voltou, eles tiveram tempo de se tranquilizar: é teatro, portanto falso. Mas, imediatamente, um técnico correria com um extintor de incêndio para uma coluna em chamas e apagá-la-ia. A dúvida, apaziguada por um breve instante, assaltou novamente o espectador: onde estava o verdadeiro, onde estava o falso? Incêndio real ou falso? André Engel, que adora falsificar as cartas do jogo, já havia experimentado um incêndio em tamanho natural com *Prométhée porte-feu*, apresentada no dia 15 de maio de 1980 nas alturas de Nancy às 4 horas da manhã. Para chegar ao local, os espectadores passaram primeiro por uma carcaça de carro incendiada na lateral da estrada sinuosa e íngreme. Quando chegam ao destino — Neuves-Maisons, a 15 quilômetros de Nancy —, os carros tinham que estacionar na lama de um terreno. “Em uma atmosfera de pânico, jovens vestidos de macacão branco conduziam o público até um aterramento de cimento, a cem metros de um grande edifício em chamas, cercado por carros de bombeiros e carros de polícia – verdadeiros”, relata Guy Dumur para o *Nouvel Observateur*. As pessoas agitam-se, é preciso agir rápido e obedecer às ordens sem questionamentos: “A fábrica está pegando fogo, cuspindo grandes chamas pelas suas frestas abertas”, disse Jean-François Vilar, uma outra testemunha; os bombeiros e suas mangueiras pareciam impotentes. Os carros avançam sacudidos pelos solavancos. Os membros de um serviço de segurança, que pareciam um comando antiterrorista, gritavam em megafones. É preciso ir mais rápido, estacionar rápido, mais rápido que isso, atrás das barreiras de segurança, no fundo deste vale recortado na floresta da colina. Os carros chacoalhavam entre ruínas enegrecidas, árvores carbonizadas, incêndios inflexíveis. Uma ilha catastrófica”[586]. Tudo apontava para acreditar: dos uniformes do CRS às chamas na noite agonizante e às mangueiras de incêndio em ação, a dúvida instalava-se. Bernard Pautrat, dramaturgo dessa montagem de *Prométhée*, incluiu no programa distribuído no início em Nancy um texto intitulado “Conselhos em caso de incêndio”, cujo conteúdo era ao mesmo tempo enigmático e esclarecedor, e trazia de volta o espetacular acontecimento, que não durou mais do que 30 minutos, à sua dimensão política: “Alguns gestos são, pois, ainda capazes de nos fascinar, de nos seduzir por esta parte, em nós, do arcaísmo que escapa à concretização geral da vida. Atear fogo é um desses gestos”, especificando a seguir “um incendiário sempre tem algo a nos ensinar: o fogo fala por ele”. O conselho continuava: “Cabe a nós entender o porquê”. O espectador apreende a violência do gesto neste lugar improvável aonde chega, os olhos ainda dormentes de sono, mas com a curiosidade aguçada pelo extraordinário da situação da qual ainda não tem real noção do limite. Porém, um pouco mais adiante, ruínas gregas entre árvores carbonizadas deixam aflorar o teatro, um jovem (Bernard-Pierre Donnadieu), de jeans e jaqueta de couro preto, sobre o telhado de uma casa em ruínas não muito longe do prédio em chamas, grita sua revolta:

> Na hora em que a lua dorme, eu evoco o gênio da revolta. Ele desce das regiões onde os astros estão em brasas, armado com uma espada flamejante, e dissipa as trevas do futuro. Neste exato momento, os pássaros estão testando suas vozes entorpecidas, o camelo bebe o orvalho no cálice carmesim dos rododendros e eu me lanço para o meio mais espesso da multidão humana com gritos de guerra. Queime! Queime! Eu acendo minha própria chama.[587]

Um refletor procura por ele com seu feixe: fogo artificial sobre chama real. De baixo, a polícia negocia. Este Prometeu contemporâneo, ancestral de todos os rebeldes, se torna o porta-voz dos oprimidos.

O incêndio continuava, quando de repente Hermès, também conhecido como chefe de polícia, chegou com grande reforço de meios de intimidação. Com um fundo musical — a quinta sinfonia de Gustav Mahler —, um helicóptero aparece e sobrevoa o local antes de pousar perto do prédio que continua a arder. Hermes desce dele como ele desceria de sua carruagem, uma águia majestosa e perturbadora em seu punho, pronta para atacar sua presa. A polícia leva o jovem para dentro de um carro e fecha o incidente com o tradicional: “circulando, não tem mais nada para ver”, gritado no megafone. “O incêndio foi controlado. O rebelde está preso. A multidão é convidada a se dispersar. Tudo não durou mais de meia hora “, concluiu Guy Dumur. O fogo na noite, a provocação do gesto e os espectadores observantes por um momento são as vivas lembranças deixadas por esse fascinante “espetáculo”. Atear fogo, Engel em *Prométhée* vai mais longe colocando fogo no teatro literalmente quando as condições de produção o obrigaram a entrar na sala. Rebelde, ele coloca neste gesto toda a sua raiva e sua luta contra a “sociedade do espetáculo”. Isso acontecerá com *Le Livre de Job* em

[586] Jean-François VILAR, *“Cet incendiaire parmi nous”* para *Le jornal rouge*. Revista da imprensa.

[587] Bernard PAUTRAT; André ENGEL, *Prométhée Port-feu*, trecho do manuscrito do espetáculo, arquivos pessoais de André Engel.

Chaillot, em 1989. Embora o espetáculo tenha começado convencionalmente com um diálogo entre Deus e Satanás em um cenário de teatro, Michel Cournot conta: "Satanás ateia fogo, e as chamas de repente tomam o cenário, sobem até o urdimento, tudo acontece muito rápido, como se o teatro Chaillot pegasse fogo"; equipes precipitaram-se com os extintores de incêndio, a cortina de ferro cai, como é obrigatório em caso de incêndio. Então Satan (Yann Colette) vem anunciar "[que] ao correr riscos às vezes ficamos sobrecarregados, mas [que] não vale a pena evacuar o teatro, [que] a apresentação vai recomeçar". "A cortina é levantada à frente de um imenso e profundo cenário negro, fumegante, de ruínas após o incêndio"[588]. Mais uma vez o arrebatamento e o efeito surpresa provocam um momento de medo e dúvida no espectador. O teatro, no sentido literal e figurativo, encontra-se aniquilado por um gesto de protesto. Ao teatro reduzido a cinzas só lhe resta se reinventar. É o que o teatro dos encenadores depois de 68 está fazendo de várias formas.

O fogo no teatro reapareceu nas primeiras décadas do ano 2000, mas menos como efeito espetacular e intrigante do que como um alerta ecológico, vital, ou espelho de atos terroristas no limiar da virada do milênio. A catástrofe de 11 de setembro de 2001 não deixa de ter relação com o ressurgimento do catastrofismo, tanto no cinema quanto em qualquer outro meio narrativo e visual. O teatro não vai escapar disso. A noite, o fogo, o dia obscurecido pelas cinzas e pela fumaça, essas paisagens desoladas sem horizontes têm algo de apocalíptico. Copi havia, de forma premonitória em 1981, escrito sobre o acidente em *La Tour de la Défense*. A peça passava-se durante a véspera do Ano Novo e colocava em cena uma comunidade de vizinhos reconstituída por uma noite cujos membros marginalizados buscavam, em vão, um pouco de calor e de conforto esfregando-se uns nos outros. A saída: o carro carregado de convidados mergulha na torre de defesa, que pega fogo na calada da noite. Michel Vinaver, na peça *Le 11 septembre*, não chega a relatar o acidente e o incêndio. A peça, construída sobre um cruzamento coral dos vários protagonistas do drama, é interrompida em uma passagem que fica em aberto.

O incêndio e o blecaute no palco podem ser encontrados na catástrofe ecológica com *Tristesse animal noir*, de Anja Hilling (2007), apresentada sucessivamente em duas produções na França. Essa peça narra o drama de um incêndio na floresta onde um grupo de jovens enfermos tinha organizado um churrasco... Houve primeiro a encenação forte em emoções de Julien Gosselin com o coletivo *Si vou pouviez lécher mon cœur*, em 2011. A violência do impensável foi construída com um jogo poderoso que deixou emergir a ironia do autor no meio do drama, e por uma obra cênica visual na qual as luzes brancas difusas banhadas de fumaça tornaram os limites do palco completamente opacos. Os corpos imóveis emanavam dele, ao mesmo tempo frágeis como fantasmas, mas poderosos pela vontade que desprendiam de viver novamente, de sair do pesadelo. Em 2013, Stanislas Norday adotou o texto e trabalhou para representar no palco a beleza do texto e do drama com Emmanuel Clolus (cenário) e Philippe Berthomé (iluminação). Se nada de violência era mostrada, mas dita em posição frontal pelos atores, entre eles Valérie Dréville, o incêndio, a destruição e o sofrimento, os corpos transformados em piras e as peles esfoladas, para além do texto, eram dados pela poesia cênica. A floresta, que desde Shakespeare é, no teatro, o lugar simbólico da liberdade e do refúgio, torna-se um inferno. Ela é linda, no início, como um cenário de Appia, com seus troncos de árvores fugidias das quais não se veem nem as extremidades nem seu fim no horizonte. Depois o pesadelo do incêndio e o blecaute absorvem o palco: é noite, tudo está escurecido pela fumaça sufocante. No chão coberto de lâmpadas acesas representando brasas, os sobreviventes tentam avançar em direção a uma saída improvável. Tudo está escuro em torno do fogo que avança e destrói. Na terceira cena, as lâmpadas desaparecem em uma magnífica elevação ao estilo alemão para os lados, enquanto no fundo do palco

[588] Michel COURNOT, "*La voix parasitée*", *Le Monde* de 18 de fevereiro de 1989.

aparece uma forma negra em alto relevo de um cavalo primitivo, deslocado, fossilizado como se tivesse escapado de Pompeia. Uma chuva de cinzas cai do urdimento e invade o palco... Na quarta cena, a parede avança, e o espaço desesperadamente escuro estreita-se. O futuro após a catástrofe não será mais de celebrações temerárias entre amigos. *Tristesse animal noir* é um texto que faz jus ao seu nome: o animal negro corrói a humanidade.

O desastre ecológico mais terrível desse século XX foi, sem dúvida, Chernobyl, antes que a catástrofe de Fukushima em 11 de março de 2011 o alcançasse. A humanidade chegou perto do apocalipse em 26 de março de 1986. Na época, foi tomado o cuidado de não revelar a extensão do perigo e do heroísmo dos "liquidacionistas" que salvaram o mundo, todos irradiados. A jornalista Svetlana Alexievich, em uma obra entre história e romance, *La Supplication*, tornou-se porta-voz dos testemunhos que ela recolheu de pessoas que viveram o desastre e suas consequências. A cena, da qual se pode contar o silêncio, retomou esse texto várias vezes para celebrar os 25 anos da catástrofe e para dizer o que o esquecimento engole. Os estudantes da École du Nord de Lille, sob a supervisão de Stéphanie Loïk, todos os 15 vestidos de preto, em uma caixa-preta vazia, deram voz às vítimas, atores e testemunhas da tragédia. O preto impôs-se para falar com respeito e dignidade sobre o sofrimento e a morte. Como falar sobre Chernobyl? Como falar de um desastre irremediável que não é visto? Foi com outros meios que Jean-Cyril Vadi se propôs a entrar para a história. Baseado em dois filmes de ficção visionária — *Stalker* e *Le Sacrifice* de Andrei Tarkovsky —, com o texto de Svetlana Alexievich, ele montou um dispositivo de "museu da catástrofe duradoura", em uma zona proibida que, se não ela não teve a capacidade de realizar os sonhos, como a de Andrei Tarkovsky, ainda assim teve uma atração irresistível. Literalmente, ele levou os espectadores de ônibus até essa *zona*, na qual o confronto com a realidade se concretizou por meio do choque das revelações e das emoções em face do que se pretendia manter numa zona de sombra inacessível. Essa ideia de construir um museu responde aos desafios de seu espetáculo *Tchernobyl, le récit de la nuit ou comment dire?*, ao questionar a contradição na qual estamos situados, visto que esta catástrofe não ficou para trás, mas permanentemente ali, embora invisível e imaterial. O museu, se em princípio é um lugar de testemunho que às vezes presta homenagem, é um lugar que, antes de tudo, permite transmitir e não esquecer — o esquecimento aparecendo, então, como mais um crime a mais, talvez como o crime final. Nessas duas criações, o blecaute ou é evitado ou constitutivo de um condicionamento que coloca o espectador no lugar do sensível. O blecaute que evita o confronto pela anulação do visível permite, em casos como esse, ao contrário, mergulhar na parte sombria sem recobrir a realidade com uma obscuridade ameaçadora.

Violência do blecaute

Um dos usos do blecaute no teatro reside em sua instrumentalização violenta. Seja quando se trata da angústia, seja quando se trata da realidade física do blecaute, os dois aspectos são dificilmente separáveis. A angústia do blecaute, já mencionada antes, anda com o protocolo espetacular. A contar pelas imposições que ocorreram desde o classicismo, o espetáculo deve agradar ao espectador. Não há como colocá-lo em uma situação incômoda e desagradável. O princípio e a realidade do blecaute desempenham seu papel nesse protocolo. Se o blecaute possibilita sair da ficção para voltar ao tempo e ao espaço da realidade, tirá-lo do espetáculo e negar ao espectador a possibilidade de passar por esse hall de entrada é lhe impor uma certa violência. É exatamente esse todo e essa manipulação que Brecht denunciou e dialetizou, para quem "o teatro [...] até agora se mostrou muito capaz de metamorfosear [...] os filhos do século científico em uma multidão intimidada, crédula, *enfeitiçada*"[589]. Com essa prática ancestral, ele contrapõe o teatro da era científica que levaria o espectador a um distanciamento crítico. A ausência do protocolo espetacular pelo uso do blecaute será um dos meios. Espectadores transformados em uma multidão "enfeitiçada" aos espectadores "crianças", nessas expressões esconde-se uma relação de poder e de controle que se estabelece como contraponto à ideia de um espectador-rei, como se fala de um cliente-rei. Kafka, que teve a intuição dessa ambivalência, evoca em seu *Journal* uma imagem fugidia ligada à saída dos teatros e à condição do espectador como "personagem subalterno":

> O cheiro de gasolina exalado por um carro vindo do teatro fez-me perceber o fato evidente de que um interior bacana [...] espera as pessoas que acabam de assistir ao espetáculo [...], mas que, não menos evidentemente, parecem ter sido expulsas do teatro e mandadas para casa, como personagens subalternos, diante dos quais a cortina foi fechada pela última vez enquanto as portas se abriam atrás delas, essas portas que, no início da peça ou durante o primeiro ato, elas tinham orgulhosamente cruzado o limite em nome de não sei qual preocupação ridícula.[590]

Se Kafka não escreveu para o teatro, nunca deixou de projetar no papel uma encenação das relações de poder. O imaginário cheio de trevas que habita a obra de Kafka encontra a realidade do espectador que perde o equilíbrio porque lhe é negado o tempo de relembrar, jogando-o na rua. Como o personagem K. do *Procès* ou do *Château*, o espectador vagueia em um espaço-tempo não mensurável como em um labirinto desesperador, lutando contra a ausência de referências na ausência do blecaute de fim. O que André Engel tratou com conhecimento de causa em seus espetáculos em espaços abertos nos anos 70.

Em oposição, como em um sonho com ares de pesadelo, o blecaute pode despertar os medos ancestrais ou infantis no espectador "filho da era científica" que ainda está sujeito a um "feitiço". Um medo que se tornou famoso por Marcel Proust, que, desaparecendo no ritmo das sensações, evocava sua confiança vacilante na escuridão de seu quarto e no abismo das questões existenciais que o acometiam:

> Quando acordei no meio da noite, como eu não sabia onde eu estava, nem sabia no primeiro momento quem eu era; eu tinha somente, em sua simplicidade, o sentimento da existência da mesma forma como ela pode estremecer no fundo do animal; eu estava mais desamparado do que o homem das cavernas; mas então a lembrança - ainda não do lugar onde eu estava, mas de alguns daqueles onde eu havia vivido e onde eu poderia ter estado - veio a mim como uma ajuda de cima para me tirar do nada de onde eu não poderia sair sozinho; eu passei em um segundo ao longo de séculos de civilização, e a imagem perturbadoramente percebida de lamparinas de querosene, depois de camisas de gola dobradas, recompunham pouco a pouco as características originais do meu eu.[591]

A incompreensão da situação relatada pelos dois autores não teria a mesma resposta. Para Marcel, a lanterna mágica, como um prenúncio do teatro, trazia o conforto esperado ao substituir a opacidade das paredes "com iridescências impalpáveis, aparições sobrenaturais multicoloridas". Na casa de Kafka, para K., a saída seguida da peregrinação noturna é ainda mais violenta, jogado na rua na qual ele é, "como um cachorro". Ao privá-lo de sua passagem pelas etapas protocolares, o teatro certamente levaria, conforme o desejo brechtiano, a um distanciamento crítico, mas que passaria antes por uma violência contra suas referências.

---

[589] Bertold BRECHT, *Le Petit organon*, cap. 29, L'Arche, 1963, 1970, 1978, p. 32.

[590] Franz KAFKA, *Journal*, 24.11.1911, Grasset, 1954, versão livro de bolso, 2012, p. 155.

[591] Marcel PROUST, *Du coté de chez Swan*, I, I, Edições Gallimard, 1987, p. 5-6.

O espectador da era contemporânea não é mais "filho da era científica", ele é rodeado por esses efeitos da ausência ou do reforço do blecaute. No entanto, o blecaute combinado com a luz pode se tornar um agente de violência contra ele.

O espetáculo *N* de Angelin Preljocaj, criado em 2004, é, segundo as palavras do coreógrafo, um "título máscara", pois o que o espetáculo evocava era "da ordem do inominável, do indizível"[592]. O sofrimento, a humilhação e a tortura impostos ao corpo tendem a aniquilá-lo, é o que *N* denunciava. Com esse propósito engajado, Angelin Preljocaj e seus colaboradores Ulf Langheinrich e Kurt Hentschläger expuseram os corpos em cena a essa violência que relembra aquela provocada no espectador, cujas faculdades sensoriais são instigadas. O som particularmente forte, principalmente nas frequências subgraves, associado a uma sequência muito longa que usava luzes estroboscópicas muito potentes (o espetáculo não é recomendado para epilépticos e mulheres grávidas), criava um efeito de opressão e de agressão propício à denúncia. O desafio de tal espetáculo era o de mostrar e denunciar fazendo sentir. As alternâncias de luz e blecaute eram instrumentalizadas de maneira consciente até que não mais poder. Mas o espectador capturado não tinha escapatória: os subgraves ressoavam em seu corpo tanto quanto os efeitos de luz agrediam seus olhos.

Schwanengesang D744, de Romeo Castellucci, estreado no festival de Avignon (2013), é um outro exemplo. Esse espetáculo, cujo título retoma o de um *Lied* de Schubert (*Le Chant du cygne*), era, inicialmente, um recital interpretado pela soprano Kerstin Avemo acompanhada ao piano. Sozinha no palco de um teatro cujas paredes negras estavam à mostra, ela interpreta essas canções (*lieds*) marcadas pela dor que parece empurrá-la a desaparecer em um gesto desesperado como se fosse empurrada para o fundo do palco contra a parede que acolhia sua desolação. - Blecaute -. Em seu lugar no centro do palco, Valérie Dréville largada. Cada uma encarnava o oposto da outra: o comportamento rígido e a emoção sensível do canto para a primeira, o desleixo e a vulgaridade dos insultos para a segunda que agride o público atônito: "O que você está olhando?", ela grita, desfigurada de raiva na frente do público, "não tem nada para ver, desgraçado, puta, lixo, cuzão..." Entendendo o fato, o público finalmente encontrava o seu lugar sob a enxurrada de insultos, rindo da situação. Mas a agressão dá outra guinada: um blecaute intenso aparece e desaparece alternadamente com um clarão extremamente poderoso e nítido. O canto do cisne deu lugar ao canto do bode, o conflito nietzschiano desafia o público, causando um transtorno tanto físico quanto espiritual. Com Castellucci, a parábola nunca totalmente revelada dá lugar à linguagem dos sentidos diretamente ligados ao inconsciente. O blecaute instrumentalizado nestes dois espetáculos não age sozinho, é um recurso entre outros de uma linguagem indizível, a da dramaturgia cênica.

Entre teatro e cinema: o blecaute e o Todo

Se o blecaute evoca o nada, o buraco negro, o apocalipse, ele também é, a exemplo de Bergson, "o *todo* [que] existe antes da partida"[593]. Para além das contingências da estrutura da caixa-preta ou das referências ficcionais, o blecaute como o *todo* é gradualmente revelado e exibido nos palcos por meio da desrealização narrativa e ilusionista; o *blecaute-todo* se tornando também um espaço desnaturalizado pela abstração. A dança de Loïe Fuller no fim do século XIX anunciava sua generalização. Se seus movimentos deixavam perceber asas de borboletas, pétalas de flores, um imaginário poético consensual, a natureza abstrata antes do tempo de seus movimentos, eram feitos pelo cancelamento da sua inscrição em um ambiente significativo. Das trevas iniciais à obscuridade final, seu jogo com

[592] Angelin PRELJOCAJ, site da companhia: http://www.preljocaj.org/menu.php?lang=fr&m=1&a=4&m2=12.

[593] Fórmula sintética dada por Bergson a Jean Guitton, herdeiro de seu pensamento. Veja entrevista com Jean Guitton, 1978, INA, http://education.francetv.fr/videos/bergson-le-tout-existing-avant-les-parties-v111211.

a luz que ela apaga parecendo soprá-la com seus véus e os movimentos que ela atribui ao seu vestido luminoso evocam, mas não representam. É que o blecaute ao redor funciona como um todo. Ele também desnaturalizado, liberto da representação, é mais uma evocação, um todo aberto. A dança, o gesto e o blecaute estão intrinsecamente ligados: "o símbolo, no início, comenta Jacques Rancière sobre a dança de Loïe Fuller, é a parte separada do todo, representa o todo"[594].

Com Claude Régy, a aparente imobilidade beira o nada, ou a impressão do todo imanente. A purificação do espaço esvaziado de sobrecargas decorativas desde o simbolismo tem a capacidade não de negar, mas, ao contrário, de dar uma importância crescente ao vazio. Um vazio materializado pela imaterialidade do blecaute. Claude Régy soube como torná-lo sensível pela lentidão dos corpos, os sussurros das vozes, o farfalhar dos corpos, a irradiação da obscuridade difusa. Fundindo-se com o espaço imaginário do espectador engolido pelo todo, tomado pela escuridão, hipnotizado pelos corpos e pelas vozes, esse teatro oferece o espaço para uma experiência estética interior. O eu, o íntimo e o espaço unem-se no todo. Ele é um bergsoniano, aquele que "vê na duração a própria estrutura da realidade[595]?" O blecaute, matéria ou luz (segundo o debate ancestral), surge como um devir perpétuo, sendo feito e desfeito, desenvolvendo-se ou retraindo-se, impondo uma apreensão não de "momentos", de "instantâneos", "imóveis", mas convidando à apreensão de um espaço-tempo imanente. Ainda que o teatro enquadre o tempo e o espaço para um começo e um fim, o tempo do blecaute escapa dessa contingência. Ele pertence essencialmente ao espaço-tempo poético, como o todo bergsoniano que se refere à vida interior de antes dos estados de consciência, das ideias e das sensações.

Mesmo no caso do blecaute empurrado para os limites do palco, ou seja, para as coxias, ou mesmo no palco, na periferia do que se deve ver, o blecaute assume os atributos do *todo*. O conceito do fora-de-cena cinematográfico acontece. Estamos na ideia da *imagem-movimento*. É certo que no blecaute total, como no espetáculo *Bonbon acidulé*[596] ou nos da companhia 1 + 1 = 3, a questão do fora-de-cena não se coloca da mesma forma; ela é, acima de tudo, perceptiva e implica uma reespacialização mental que se esforça primeiro para criar referências, enquanto o princípio desses espetáculos convida a um abandono total. É que a experiência da imanência do todo é fruto de uma experiência estética extrema. A cegueira de Édipo na origem do teatro abre o seu caminho.

Uma análise do funcionamento dos espaços do blecaute e da luz em *Le Jugement dernier* de Horváth, encenado por André Engel em 2003 nos *ateliers* de Berthier, orienta-nos sobre as possibilidades oferecidas pelo palco no que diz respeito aos fora-de-cena[597]. Nesse palco, o espaço único em si funciona por áreas de atuação: ele é *um*, mas dinamiza-se pela atuação e pela ação que determinam as zonas intradiegéticas, ligadas à lógica da fábula e identificáveis durante o desenrolar do espetáculo. Enquanto espaço único, o cenário não é identificável como revelador de um exterior ou de um interior. Essas modulações intervêm pela encenação e pela luz. André Diot criou um sistema de iluminação por áreas de atuação, deixando o resto na penumbra, ou mesmo no blecaute total. Por exemplo, quando as cenas são representadas no café do Homem selvagem, a direita baixa é iluminada em detrimento do resto; quando a ação se passa na estação, é então o fundo do palco que está iluminado, contra a fachada posterior onde tudo acontece. Neste caso, a largura do palco é totalmente utilizada, ao passo que, no caso das cenas do café, a área é mais restrita abrindo-se para a criação de um espaço adicional e complementar, notadamente o interior do café: a iluminação vinda

[594] Jacques RANCIÈRE, *"La dance de lumière"*, *Aesthesis, Scène du régime esthétique de l'art*, Edições Gallimard, 2011, p. 128.

[595] Henri BERGSON, *L'évolution créatrice*, PUF, 1941, p. 272.

[596] Ver no capítulo "No limite do blecaute".

[597] Esse estudo de baseia no desenvolvido na minha tese *L'œuvre théâtrale d'André Engel: Machine et rhizome*, 2009, p. 371-412, Biblioteca Gaston Baty, Paris 3.

da janela e da porta do café permite imaginar o seu interior nas coxias à direita. Alguns elementos do cenário, bancos ou algumas mesas de bar são suficientes para recriar os lugares imediatamente identificáveis pelo espectador. As áreas de atuação são delineadas como em um set de filmagem, com, além disso, uma aparência de enquadramento em plano aberto ou plano fechado e com mais ou menos profundidade de campo.

O estilo realista do cenário não pertence, no entanto, a um naturalismo imutável: identifica--se uma estação e seu entorno, mas esta forma se abre para modulações. Tal como acontece com a imagem cinematográfica, o reenquadramento induz uma mudança de natureza que Deleuze chamou de "dividual". Segundo ele, "o conjunto não se divide em partes sem mudar de natureza a cada vez: não é nem o divisível nem o indivisível, mas o *dividual*"[598]. Aqui, não é tanto a mudança de tipo de plano que está em jogo — estamos no teatro, e a referência cinematográfica abre espaço para outras especificidades —; o que está em jogo é a mutação que faz com que se sobreponham várias realidades que o espectador integra. Os arredores da estação transformam-se na praça do vilarejo, onde a estação, centro da modernidade, é recuperada como símbolo do conservadorismo; a parte inferior do viaduto, local do acidente, transforma-se em espaço fantástico irracional, mas ligado, em uma relação causal, ao acidente. O cenário único não é irredutível à imobilidade.

No seu conjunto, o cenário clareado e iluminado por uma luz difusa deixa-se assimilar rapidamente pelo olho. Mas os vários índices referenciais que se combinam no mesmo cenário contribuem para uma eficácia significativa sob o efeito produzido pela memória coletiva: o cenário lembra-nos a estação, toda e qualquer estação. Passamos do definido singular ao indefinido coletivo, que funciona como termo genérico. O inconsciente coletivo alimenta a imaginação dos espectadores como referente arquetípico. Acima de tudo, esse referente evoca o fora-de-cena. Não tanto como um prolongamento do espaço enquadrado pelos limites do cenário — o que é criado pela *distância focal variável* de *Woyzeck*[599] — mas um *fora-de-cena* imanente, para retomar o conceito de Bergson. Não é mais o cenário único e realista que seria uma "coisa", não mais do que seria, de forma idealista, uma "representação" do mundo, mas o entremeio: uma "imagem" situada entre "a coisa" e "a representação".

Paradoxalmente, se nesse espetáculo o olhar dirigido pela iluminação para uma área percebe um espaço recortado, o espaço ainda se amplia pelas áreas de blecaute que beiram o nada. É o caso da noite da caça ao homem que acontece no café, do lado de fora, à noite. Os sons noturnos dos pássaros e do vento comprovam-no. A área do café na área esquerda baixa é a única iluminada, o resto do palco está mergulhado no blecaute total. Armados para uma luta, o Patrão e os importantes do vilarejo decidem sair em busca de Houdetz. O Patrão levanta-se, engatilha seu fuzil. Eles ouvem, ao longe, trombetas que eles pensam ser o vento. Todos partem para a área escura do palco. Nessa sequência, as áreas sem atuação, mergulhadas no blecaute, funcionam como fora-de-cena. Não mais o fora-de-cena imanente e vinculado a um inconsciente coletivo, mas aquele que, no caso de recorte interno, libera um espaço por um novo fora-de-cena. Este, subjetivo, está mais ligado ao imaginário de cada pessoa. Como lembra Deleuze: "o fora-de-cena não é uma negação [...] o fora-de-cena se refere ao que não ouvimos nem vemos, no entanto perfeitamente presente"[600]. Os limites da imagem nesse espetáculo são flutuantes. No caso aqui citado, André Engel sugere uma visão por meio de um aporte sonoro. O som do vento e

---

598 Gilles DELEUZE, *L'image-mouvement*, Edições de inuit, 1985, p. 26.

599 Ver o capítulo "Segmentação e montagem cênica".

600 Gilles DELEUZE, *L'image-mouvement*, Edições de Minuit, 1985, p. 28.

da noite dava uma identidade a esse blecaute circundante. Nisso, ele não é mais somente fora-de-cena, mas também é assimilado à escuridão da noite, portanto a um novo recorte da imagem. É um princípio que Bazin prefere qualificar como *"cache"*, enquanto "quadro que opera como um esconderijo móvel segundo o qual todo o conjunto se prolonga para um todo homogêneo mais vasto com o qual ele se comunica"[601]. Os dois tipos de fora-de-cena nesta encenação referem-se a dois tipos de enquadramento. O primeiro, que delimita o cenário como um todo, corresponde a um fora-de-cena imanente e ligado a um inconsciente coletivo, enquanto o outro, interno, enquanto esconderijo móvel, opera com um fora-de-cena relativo e subjetivo. Cada aplicação é uma variante dramatúrgica dele correlacionada a uma mudança na natureza da imagem que se apoia no blecaute cuja identidade muda. Pele pode ser fora-de-cena referencial, ou espaço "transespacial", ou mesmo "espiritual", em um sistema que nunca é perfeitamente fechado, para usar a análise de Deleuze[602]. No caso dessa encenação do *Jugement desrnier*, essas diferentes aceitações do blecaute funcionam particularmente.

O uso emprestado das técnicas cinematográficas do enquadramento, do plano e do fora-da-tela, confere à imagem do palco uma mobilidade dinâmica e uma dimensão ligada à dramaturgia. A atenção do espectador é mobilizada: seu olhar dirigido e seus sentidos despertados participam da construção do sentido. Assim, a montagem da peça é percebida pela sucessão de *planos-sequência* e por seu encadeamento. Cada cena é separada da anterior e da seguinte por um blecaute que marca uma elipse, mas também um encadeamento pelo princípio da conexão: caracterizadas pela quebra funcional e continuidade dramática. As elipses narrativas são efetivas (de cinco horas a alguns dias ou vários meses); mas, dramaticamente, a continuidade passa pelas conexões de som. Esses blecautes das entrecenas têm uma função técnica ligada ao princípio da edição. Mas elas têm, por meio da conexão do som, um valor que as traz de volta aos dois tipos de fora-de-cena, imanente e relativo. Nisso, o blecaute do fora-de-cena junta-se ao *Todo* ou à *Ideia* de Bergson. A montagem revela o *conjunto-Tudo* e o desafio dramatúrgico desta encenação que privilegia o desvelamento do inconsciente e a busca da responsabilidade: no seio das consciências onde se revelam os inconscientes reprimidos, dois mundos confrontam-se, o consciente e o inconsciente, o visível e o invisível, os vivos e os mortos, o real e o sobrenatural.

Essa relação entre o teatro e o cinema no tratamento do blecaute, embora técnica e vinculada à dimensão concreta do palco, vai além da contingência para atingir uma dimensão filosófica. Foi ao me aproximar de Bergson e das suas reflexões sobre "o mecanismo cinematográfico do pensamento"[603] que eu pude elaborar essa análise do blecaute entendido como *Todo imanente*. Ao considerar o blecaute como *Todo dominante*, parece que seu significado revela tanto de sua realidade física quanto de sua compreensão. Ele não é apenas um simples componente da cena percebido artificial e tecnicamente, mas constitutivo do devir cênico. O blecaute é esse *Todo abrangente* que se designa correlacionado à decupagem cênica e narrativa pela *imagem-movimento* como forma de pensamento. No entanto, seu próprio valor depende de seu devir dramático. Porque com Patrice Chéreau, que também trabalhou muito com André Diot, o blecaute circundante tem uma existência independente do homem. Ele é, talvez, a noite, como na *Dispute* de Mariaux, mas não é um todo imanente. O que não o impede de ressoar questões existenciais: o homem isolado no infinito é vigiado, caçado, nas garras de seus próprios demônios. O que o uso de perseguições na encenação de *Dans la solitude des champs de cotton*,

601 *Ibidem.*

602 G. DELEUZE, *idem*, p. 31.

603 Henri BERGSON, *idem*, cap. IV, *"Le mécanisme cinématographique de la pensée et l'illusion mécaniste – coup œil sur l'histoire des systèmes – le devenir réel et le faux évolutionnisme"*, particularmente p. 273-323.

de Koltes, também demonstra. À maneira de Albert Camus, o homem dos palcos de Patrice Chéreau vive em um universo de um vazio angustiante, mas nutrido por uma mitologia da luz zenital, a do sol que não se pode olhar de frente. A respeito da luz em *Quai Ouest*, Daniel Delannoy escreveu esta nota de intenção que ilustra a dependência do homem submetido às leis que lhe escapam:

> "O sol sobe no céu a toda velocidade. "
> "É realmente um movimento, e não apenas uma subida da luz em intensidade. Deveríamos ver a luz se movendo, as sombras que se deslocam e giram. Mostrar movimentos das sombras. A sombra move-se, é claro, quando um personagem se desloca, mas a sombra também pode se mover em torno de um personagem. Mover a sombra é dar a sensação física da passagem do tempo. Na luz vermelha escura da noite." O texto dá indicações de coloração. Prever grandes fontes difusas trazendo cores muito vivas, vermelho sangrento e azul profundo. Como camadas sucessivas de cores. Trazer manchas de cor, como se pinta um quadro. Que a sombra não seja realmente preta. Colorir as sombras. Sombras com reflexos violeta ganham em profundidade e em potência. A sombra não é uma ausência de luz, mas uma relação de luzes.[604]

Pelo viés da luz, a sensação da passagem do tempo desenha-se no palco, o que André Diot concretizou particularmente na *Dispute*. Mas, sobretudo, o que interessava cada vez mais a Patrice Chéreau era fazer sentir a solidão do homem por sua presença física em um nada manifestada pelo blecaute. O que as montagens de *I am the wind*, de Jon Fosse, em 2011, depois de *La nuit juste avant les forêts* com Romain Duris, em 2012, fizeram particularmente. O blecaute circundante nessas duas encenações não era nem um fora-de-cena cinematográfico, nem um todo imanente; ele era um espaço materializado por um palco-jangada em perdição. Na melhor das hipóteses, ele personificava um vazio de uma profundidade sideral que sustentava a busca de sentido e de amor, de calor e de vida desesperadamente empreendida pelos protagonistas. Sozinhos no blecaute-todo, eles ofereciam humildemente seu sofrimento ao espectador perturbado entre abandono e sentimento de amor pela fragilidade do ser humano. Embora Patrice Chéreau fosse tanto um homem de cinema quanto de teatro, a questão aqui não está tão ligada a uma passagem influencial entre cinema e teatro, mas entre literatura e teatro. As palavras saíam das bocas como um grito primordial que desperta a consciência para a vida e para os seus destinos. O *Todo*, encarnado pelo blecaute, não é uma imagem nem um componente técnico, ele não é cinematográfico. É um ambiente sem um respondente, um Todo-aberto, um nada. Nisso somente, ele personifica a angústia existencial.

---

[604] Daniel Delannoy, *Iluminação para Quai Ouest*, direção de Patrice Chéreau, Amandiers, 1986.

Fig. 34. *Existence* de Edward Bond, direção de Christian Benedetti, Estúdio Théâtre de la Comédie Française, 2013

CONCLUSÃO

Ver do teatro, ser espectador

Esta pergunta "O que você viu no teatro?" por si só revela a realidade do que é o teatro: um espetáculo — para onde vai o espectador, para, citando a etimologia latina, "*spectare*". Se este vocábulo, cuja raiz latina, "*espect*", expressa a atenção do olhar, se refere, pelo seu significado primário, "olhar atentamente, observar, ver", ao olhar físico, ele se assume muito rapidamente um significado mais abstrato de "considerar, levar em conta". Posteriormente, seu campo nocional amplia-se novamente: *spectare* expressa, então, o fato de ver para "experimentar, tentar". A realidade do teatro certamente permanece ligada à primeira definição do "ver", mas, apesar disso, saímos ilesos desse confronto? Não experimentamos? Não tentamos? E se se associa a essa etimológica aquela do teatro cuja raiz "*theoma*" também significa "olhar atentamente" com uma dimensão mágica e alucinatória contida em "*theo*", então a questão do "ver" no teatro aparece originalmente fortemente carregada de uma experiência implicitamente tentadora. No entanto, as experiências estéticas, entre as quais coloco o blecaute, colocam-nos nesta situação difícil.

Se, na origem do meu confronto com o blecaute, existe ao mesmo tempo uma experiência de espectadora e um trabalho de criação de luz que, num corpo a corpo concreto, me deu os primeiros indícios e as intuições que se encontram neste estudo, anos mais tarde, a necessidade de aproximá-los do pensamento em um trabalho teórico de pesquisadora permitiu-me avaliar a tarefa e definir o plano deste trabalho. Se confrontar o blecaute como espectadora, trabalhar com blecaute como técnica de palco, experimentar o blecaute como atriz, explorar o blecaute como pesquisadora, todas essas abordagens revelam os paradoxos do blecaute no teatro, bem como suas riquezas. O blecaute é invisível no teatro. Abraçá-lo é dar-lhe uma existência; tornar-se um só corpo com o blecaute é fundir-se em sua substância.

Parece então que o blecaute no teatro é muito mais do que um vazio, um tempo de espera, um neutro ou mesmo nada. Por meio de suas variações cênicas estudadas nesta obra, ele aparece, ao contrário, esteticamente rico e pleno dos desafios que ligam a plateia e o palco e que nutrem o acontecimento teatral. A jornada ao mesmo tempo histórica e estética das manifestações do blecaute no espaço cênico permitiu trazê-lo à luz. Se a metáfora paradoxal é apropriada aqui, é porque ela também corresponde a uma realidade. Porque este estudo do blecaute procurou revelar a matéria cênica que constitui o blecaute, seu brilho e ressonância no espaço, sua materialidade e seu impacto sobre o espectador, de onde derivam formulações de hipóteses no campo da dramaturgia cênica.

Travessia histórica estetizante do blecaute

Esta investigação, que se insere no campo da estética da cena, baseia-se num exame da história do blecaute no teatro e, em certa medida, nas artes visuais vizinhas (cinema, dança, teatro de sombras, espetáculos ópticos...). Eis aqui, em essência, o que é apresentado neste livro:

Historicamente, no Ocidente, vimos que o blecaute aparece como inadequado para a dimensão festiva e, como tal, é inicialmente rejeitado na esfera espetacular. Na Idade Média e na Renascença, a escuridão da noite estava na rotina diária de todos, mas especialmente dos pobres e que não tinham meios para comprar uma vela. As festas das quais o teatro fazia parte eram, sobretudo, diurnas e realizavam-se ao ar livre. Não havia necessidade de luz, pois a escuridão da noite ou a obscuridade de uma edificação não eram convidados para a festa. Mas, quando o teatro mudou seus hábitos, por volta do fim do século XVI e no século XVII, para ser representado à noite e/ou em teatros, os fatos mudaram, e o uso de uma iluminação revelou-se necessário para combater a escuridão. Mesmo que se tratasse de simples celeiros ou quadras de *jeu de paume*, a necessidade de ver instaura a necessidade de lustres ou gambiarras improvisadas. Vence-se inicialmente a escuridão pelos espectadores a fim de lhes garantir a visão e a segurança. No entanto, às vezes, eram usados os recursos do blecaute para efeitos de contraste entre o fogo e a escuridão. O quadro religioso era particularmente favorável a isso, e viam-se, especialmente na Espanha e na Itália, as cerimônias comemorativas ou as festas votivas recorrerem a ele.

Aqui tocamos em duas primeiras funções estéticas da luz que se baseiam no ambiente noturno e na escuridão, a saber, por um lado, a rejeição do blecaute em favor da valorização da luz como realidade e símbolo, e, por outro lado, a acentuação do blecaute como portador de questões mortíferas ou malignas. Ao produzir efeitos estéticos, o blecaute é uma saída espetacular, embora ele seja combatido pelo fogo. Blecaute e fogo personificam a dualidade maniqueísta que o espetacular assume de maneira didática: a supremacia da luz divina sobre o mal obscuro é revelada por esses efeitos de contraste. O blecaute, encarnando os poderes do mal, é combatido, como o será igualmente enquanto sinal de indigência.

Foi então que o teatro, como lazer dos ricos e dos poderosos, nobres ou burgueses, se dotou dos atributos da riqueza, o ouro e a luz, também símbolos do poder. A luz era um bem mal repartido. As suntuosas festas de Versalhes na época de Luís XIV são reveladoras desse problema, assim como o são os centros das atuais megalópoles ou os eventos musicais e esportivos nos estádios. Regularmente, ao longo da história do teatro, era a profusão de luz que dominava. Deseja-se brilhar na sociedade e fazer brilhar o palco. O excesso de luz manifesta um certo poder: *Lux* e luxo encontram-se unidos no mesmo espaço de representação. Em contraponto, eu pude relembrar nesta ocasião como a peça *George Dandin*, de Molière, foi significativa a este respeito. A história das representações cênicas abundaria nesse sentido por um excesso complementar que foi o dos maquinários. Experimentavam-se os espetáculos chamados "com maquinários" e que permitiam realizar o que imaginavam os contos barrocos. Por meio de engenhosas trocas de cenário, transformava-se um espaço em outro, fazia-se brotar fontes, dava-se vida a monstros, criavam-se tempestades, tormentas e naufrágios; fazia-se nascer o sol, brilhar as estrelas, resplandecer a natureza... toda essa magia necessitava de um trabalho mais sutil na utilização das luzes, cuja dosagem permitiu evidenciar os efeitos pretendidos. Se a partir do século XVI, na Itália, a questão da ilusão se tornou foco de estudos, essa tendência espetacular não deixou de se desenvolver até o fim do século XIX. Para o prazer do espectador, foi necessário retornar a ambientes obscuros que foram expulsos do teatro anteriormente.

O duelo entre a luz valorizante e tranquilizadora e a obscuridade necessária para a ilusão tomou décadas de debate sobre o assunto. Não há realmente uma oposição entre duas escolas distintas; o que se busca é administrar uma e outra necessidade. Reclamamos, impomos, propomos, mas é preciso, acima de tudo, agradar ao espectador e rentabilizar os espetáculos. Então alternamos... A luz geral é a base para a qual trazemos áreas de sombra e obscurecimentos ocasionais para administrar efeitos: no teatro, o blecaute nasce da luz. As sombras são esculpidas sob a luz, faz-se emergir o blecaute da "luz geral", cuja realidade é, definitivamente, bastante relativa. Uma relatividade que explica as várias expressões usadas para designar o blecaute de acordo com a época. Dependendo da percepção de sua intensidade ou fraqueza, ou que se refira às suas próprias referências ou imaginários para designá-lo, fala-se de blecaute, mas também de obscurecimento, de obscuridade, de trevas, de áreas de sombra, de sombreamento, de apagamento, de claro-escuro ou de noite...

Depois, a história do teatro desenvolvendo-se conjuntamente com as pesquisas estéticas, a necessidade de uma inversão de tendências impôs-se. O obscurecimento dos teatros, geralmente atribuído ao mesmo tempo a Wagner, na abertura de seu *Festspielhaus* em Bayreuth, em 1876, e na França a Antoine no fim do século XIX, no Théâtre libre, foi, na verdade, mais sutil. Um exame aprofundado das circunstâncias e da evolução dos meios cênicos, particularmente em termos de iluminação, permitiu-me atenuar essas datas peremptórias, embora corretas, e ver como a evolução das práticas culturais e estéticas apresentou essa necessidade. Assim, se espetáculos óticos como os panoramas, os dioramas, os teatros de sombras, as fantasmagorias e todos os tipos de lanternas mágicas exigiram a colocação da sala e do palco no blecaute, esses espetáculos assemelhados a acontecimentos de feiras conviviam com os teatros. Mas suas estéticas, assim como seus modos de produção, não eram comparáveis aos do teatro, cujos códigos sociais eram bem definidos.

Apenas teatros cuja pesquisa estética o exija tentaram impor novos protocolos espetaculares em relação com a ilusão ou a criação da atmosfera. Os românticos, primeiro, no início do século, depois os simbolistas criaram os ambientes necessários para o desenrolar do drama. O contexto noturno, propício às imagens de noite de lua cheia em referência aos bem nomeados *"Nocturnes"* românticos, cedeu lugar às atmosferas próprias às expansões das almas e ao teatro do íntimo. Os ambientes internos fracamente iluminados trouxeram um quê de mistério... Progressivamente, enquanto os teatros de *vaudeville* continuavam em plena luz para encantar o público, as correntes teatrais de vanguarda em -ismo (romantismo, realismo, naturalismo, simbolismo, expressionismo) levavam o público para uma nova relação com o espetacular. Os cenários e as cenas eram comparados à pintura flamenga do século XVI, experimentava-se o prazer que se dava ao olhar. Mas, melhor ainda, envolvido com as suas sensações e impressões mais íntimas, o espectador era convidado a se concentrar no palco e a esquecer a boca de cana da plateia. Para alcançar esses efeitos, o blecaute no palco e na plateia tornou-se uma necessidade.

Porém, desde o século XVI, a reflexão sobre sua realização prática vinha sendo pensada pelos teóricos italianos da cena. Mas, como pude relembrar, as realidades e práticas sociais sendo diferentes, o princípio aguardou até o século XIX para efetivamente tentar se impor. E isto de uma forma muito menos simples do que a nossa imaginação quer nos fazer crer: não se passou da luz ao blecaute... passou-se por escurecimentos, ao mesmo tempo parciais e modulados. O blecaute total não era apropriado, em primeiro lugar porque os meios técnicos não permitiam passar facilmente do blecaute à luz e vice-versa. Diz-se com frequência, nos manuais e livros de história do teatro, que a partir de 1822 os teatros mudaram da iluminação de velas para a produzida pelo gás, referindo-se ao espetáculo *Aladdin ou la lampe merveilleuse*, criado na Ópera recém inaugurada na rua Le Peletier em Paris, depois que, a partir de 1849, data da apresentação do *Prophète* de Meyerbeer, também na Opéra Le Peletier, passou-se para a iluminação elétrica. É certo que, para esta última ópera, foi realizado um nascer do sol no fim do terceiro ato, utilizando, pela primeira vez, a luz elétrica em um palco de teatro. Mas daí a generalizar seu uso há muito o que atenuar, o mesmo para a iluminação a gás. As instalações caras e complexas não eram feitas tão facilmente; eram, como se dizia popularmente, "fábricas de gás". Em suma, neste trabalho, graças a um estudo de fontes confiáveis, eu fui capaz de resolver uma série de questões deixadas em suspenso sobre a transição de um modo de iluminação no teatro para outro, e pude mensurar seus efeitos e suas consequências sobre a colocação da plateia no blecaute e do palco. Para me convencer disso, bastaria lembrar nesta conclusão que, na *Comédie Française* (que ainda se chamava *Théâtre Français*), a iluminação a gás só foi adotada em 1843, e apenas para os espaços de circulação do público e os lustres, enquanto que ao mesmo tempo, em 1887, data da introdução da eletricidade, a iluminação do palco utilizava os *quinquets*, ou seja, lamparinas a óleo, principalmente para a ribalta. Até esta data, a eletricidade só era usada ocasionalmente para efeitos, com o uso de projetores de Duboscq, que era chefe da iluminação elétrica da Ópera. Essas lâmpadas de arco operadas manualmente e alimentadas por uma bateria autônoma substituíram as lâmpadas de gás oxídrico (também conhecidos como *chalumeaux*). Muito frequentemente, como no Théâtre Français, as três formas de iluminar um teatro como um todo coexistiram. A revolução estética iniciada pelos teóricos da cena, Adolphe Appia e Edward Gordon Craig, estava certamente em andamento, mas ela se realizou aos poucos porque estava ligada a questões técnicas que são, até mesmo, polêmicas. Temendo pela saúde e pela segurança, reagia-se em face das mudanças dos hábitos. A operacionalidade dos meios não permitia a flexibilidade dos efeitos visuais esperados. A passagem da luz para o blecaute e vice-versa não era possível com a iluminação a gás. Quanto às primeiras lâmpadas de arco, ao contrário, elas não permitiam nenhuma nuance entre apagadas e acesas, quando produziam uma luz ofuscante. E, uma vez apagada, a lâmpada de arco precisava permanecer em espera por um tempo antes de ser acesa novamente. A questão do blecaute estava, portanto, diretamente ligada ao controle da luz.

Quando essa questão foi parcialmente resolvida no fim do século XIX e início do século XX, seu uso foi vinculado ao advento da abstração. Os futuristas trouxeram uma desconstrução dos códigos espetaculares que coincidiam com os propostos em seus quadros, como evidenciado por sua última exposição *0.10*, assim como os quadros de Malévich e Rodtcheko que, em 1918, ganharam uma dimensão política ao acolher o advento de uma nova ordem. Os meios cênicos empregados, entre os quais o blecaute era um componente importante, representavam claramente a expressão de um desejo de se inscrever na modernidade. O blecaute capturado no campo do desenvolvimento da abstração cobre uma dimensão subversiva. Isso porque seu uso fortemente ritualizado e vinculado ao protocolo e ao ritmo definido da representação foi prejudicado. Mergulhou-se o espectador na escuridão sem avisar, fez-se do blecaute um elemento perturbador, brincando com o espectador. Mas este aspecto não era puramente lúdico: o blecaute é uma forma de provocação neste espaço, o teatro, onde o espectador veio para ver...

Alternando cenicamente entre imagem e não imagem, o blecaute passou pela virada da modernidade para se tornar uma forma em si trabalhada na própria matéria do teatro, seja no texto, seja na caixa-preta do palco.

Ao iniciar este estudo, eu procurei a primeira aparição de "Blecaute" nos textos de teatro em vão. Se a presença maciça da "Cortina" ou do "Obscurecimento" anunciava sua ocorrência, não foi fácil rastreá-la. E, na verdade, sabe-se bem que, em termos de pesquisa, essa busca pela primeira vez é totalmente inútil, um tanto pueril e muitas vezes infecunda. Certamente, mas foi interessante para mim constatar que seu uso foi marcado concomitantemente pelo uso generalizado de luz elétrica nos teatros. Pouco importa a estética do espetáculo, que fosse clássica, moderna ou vanguardista. É que o uso do blecaute como hall de passagem entre a realidade e a ficção, bem como entre as sequências (atos ou quadros) do desenrolar da peça, ou como componente estético de um determinado efeito em Beckett, só foi possível com o advento da eletricidade, que permitiu um apagar e depois um acender imediato e fácil, graças à mesa de comando, o *jeu d'orgue*.

Finalmente dominado, o blecaute torna-se parte integrante da cena e da construção da representação da qual ele é, sem dúvida, o meio. A caixa-preta, no século XX, tornou-se o padrão cênico inicial, depois que o blecaute oposto à luz substituiu as famosas "três batidas" e a cortina do palco constituintes do rito teatral dos quais nossa história e nosso imaginário coletivo se apropriaram no Ocidente.

O blecaute torna-se, então, uma aposta da cena e uma figura estética. Reconhecidamente, assim como o blecaute na plateia foi adotado nos espetáculos óticos, embora tenha sido rejeitado ou impossível nas salas de teatro, o advento do cinema e seu princípio da edição e do enquadramento inscreveram o blecaute nos hábitos dos espectadores antes mesmo que eles se generalizassem no teatro. O teatro, desde os anos 20 e 30, não somente adotou a tela em cena como se deixou influenciar por suas características, das quais o blecaute fazia parte. Vimos como uma pesquisa cênica, igualmente influenciada pelo construtivismo, apreendeu a questão ao construir a história com a ajuda da edição em vez de uma sucessão narrativa contínua. Piscator deu um exemplo disso, enquanto Georges Pitoëff, na França, imaginou, por sua vez, a partir de 1920, dispositivos cênicos baseados na segmentação e na obstrução da cena, ocultando, assim, uma parte da história da consciência dos espectadores, despertando suas faculdades cognitivas. Dispositivo que teria seus minutos de glória no teatro ao longo de todo o século XX.

Porém, se o blecaute colaborava paradoxalmente com esses avanços de um teatro da consciência, ele não abandonou a carga estética que lhe é própria. Graças ao blecaute predominante, a luz frágil das chamas ou da luz produzida pelos enquadramentos das janelas dos cenários permitia criar belas imagens. Os anos 70 e 80 foram marcados por isso e permaneceram gravados em nossas memórias. O trabalho dos iluminadores ainda não conhecidos por seus nomes, portanto, tem muito a ver com isso. Eu relembro apenas as pesquisas de Josef Svoboda (1920-2002), que fez a ligação entre as diferentes épocas do século e deu o seu nome a um refletor; Pierre Saveron ao lado de Jean Vilar, mas também André Diot, vindo do cinema e que trouxe o seu talento ao teatro, ao lado de Roger Planchon, Patrice Chéreau e André Engel, bem como nos campos da *varieté*, da ópera e dos eventos. Esses homens de luz trabalharam principalmente com o blecaute e o claro-escuro, mas também, em alguns casos, com os efeitos de uma superexposição à luz que pode se juntar aos efeitos do blecaute pelo ofuscamento do espectador. Isso ocorre porque o trabalho da paleta das luzes integra agora o blecaute; e, parafraseando Soulages, nós também podemos dizer que o blecaute integra a luz. Esse blecaute-luz age sobre as percepções do espectador e as questões físicas do olho.

Aparições, desaparecimentos, áreas de sombras, efeitos de sombras, o blecaute intervém repetidamente no palco para efeitos que não são puramente factuais ou anedóticos, mas contribuem para a construção dramática. Certos tipos de espetáculos fazem dele sua principal matéria. Na vertente oriental, embora ocidentalizada, do teatro de sombras ao butô, a sombra recobre um dado técnico que se amplifica com os mistérios que carrega consigo. Mais recentemente, a magia que se junta sob o nome de "Magie Nouvelle", que devemos à companhia 14:20, dá lugar de destaque ao blecaute que se intensifica dramaturgicamente.

De um lado e do outro do palco, o blecaute assume uma autonomia que alguns exploram em espetáculos que acontecem no blecaute total. Para todos, espectadores e atores, a experiência é inédita. As poluições visuais das nossas cidades afastaram-nos daqueles tempos em que a escuridão absoluta era uma realidade cotidiana. O blecaute está se tornando o novo luxo, e somente a recriação artificial de suas condições permite experimentar os seus efeitos. O blecaute assume dimensões que vão além das circunstâncias de suas ocorrências mencionadas anteriormente para dar substância aos valores e significados que o acompanham. O blecaute transformado em matéria também é *Ideia*. Evocando o mundo de possibilidades além do visível, ele pode ser instrumento ou vetor do conhecimento. Na experiência do espectador, ele assume um lugar e uma dimensão que vincula o sentido (da visão) ao sentido (da cognição). O blecaute tem profundidades insondáveis que transportam o espectador ou o perdem: o prazer próprio do blecaute tem esse duplo poder de transportar e de encantar ao ocultar as referências.

No entanto, para trabalhar o blecaute, também é preciso se separar dele e considerar "a coisa" como um componente da cena; trabalhar o blecaute é trazer a margem de volta ao centro, visualizar o rejeitado, dar brilho ao opaco, existência ao nada, corpo ao imaterial; suas possibilidades aparecem, então, infinitas: ele é um lugar ou um espaço, uma área ou um volume, uma luz ou uma matéria. Ele é fora-de-cena, onde os atores se preparam (às vistas do público ou não). Ele é duração, tempo, movimento. Ele é o ritmo que estrutura o desenrolar; ele é a marca do tempo. Ele é quadro e estrutura que materializam a decupagem espaçotemporal. Ele permite que o teatro concorra com o cinema: a caixa-preta torna-se a *câmera obscura* onde a imagem aparece. Ele é relativo e ao mesmo tempo confinamento ou imensidão. Ele permite gerenciar o que se deseja ocultar ou mostrar. Este blecaute arrancado da luz é um revelador.

Revelações do blecaute

Ao fim deste estudo sobre o blecaute, é possível fazer um balanço de suas contribuições no campo do conhecimento e da compreensão de suas questões cênicas. Em primeiro lugar, há o blecaute técnico, necessário para as mudanças de cenário e à passagem da realidade para a ficção. Entre o obscurecimento do palco e da plateia pelo diminuir das luzes e o blecaute absoluto, a qualidade desse blecaute varia consideravelmente de acordo com vários parâmetros. Mas, qualquer que seja o seu grau de intensidade, ele depende do domínio da técnica da luz, depende do acender e apagar das fontes luminosas. Para fazer o blecaute, é preciso dominar esses processos. O blecaute técnico e sua sujeição a questões práticas são um princípio básico e a própria condição do blecaute. Esta é a primeira constatação deste estudo.

A segunda diz respeito à distinção entre o blecaute em relação à luz e o blecaute como cor. Os dois são frequentemente convocados ao mesmo tempo na cenografia no sentido ampliado do termo, ou seja, não somente na parte decorativa ligada à fábula, mas também no espaço que envolve os espectadores. Mas, historicamente, a cor preta, mobilizada sozinha em plena luz, teve diversos valores. Esse blecaute foi um paliativo para a falta da possibilidade de realmente fazer o blecaute, ele endossou a sua convenção; mas ele também incorporou todos os valores do blecaute fortemente mobilizados pelas instituições religiosas, legislativas ou médicas, mesmo fora dos teatros; e, finalmente, cenicamente falando, a cor preta caracteriza o espaço de ação incorporado pela "caixa-preta" em um problema de neutralidade e de eficiência que foi rapidamente desviada em favor de uma estrutura envolvente e significativa.

Uma outra consideração levantada diz respeito ao destino dado ao blecaute que ocorre de forma narrativa e referencial, ou seja, a noite. Sua necessidade deu-se primeiramente no palco de forma convencional por evocação ou símbolo, depois efetivado pelo blecaute e suas modulações, de acordo com as evoluções do domínio das técnicas. Mas, a partir do momento em que se está em um blecaute ligado à narrativa, essencialmente o da noite, não se está mais em um blecaute técnico, cuja função de enquadramento é uma outra convenção. A questão do blecaute mudou-se para o campo dramatúrgico. No entanto, esta noite literária não era a que mais me chamou atenção. Porque o ponto central do meu trabalho é o blecaute dramático sobre o palco, ou seja, o blecaute em suas variações cênicas.

Ao abordar todas as variações do blecaute cênico, suas ocorrências exemplares ou notórias na história passada e presente do teatro, eu cheguei à conclusão de que esse blecaute, ao se afastar de sua função técnica primária como um material de obscurecimento do palco, se move em direção a um blecaute dramático com valor dramatúrgico. Ele é dramático enquanto componente da cena e dramatúrgico no sentido de que ele engloba um significado cênico que lhe é próprio (mesmo estando em relação com a dramaturgia geral). O blecaute tem sua dramaturgia assim como ele é parte integrante daquela da luz da qual ele é um componente. No entanto, é porque ele tem uma forte realidade concreta como um componente da paleta de luz que o blecaute pode ser considerado em sua aceitação estética de blecaute dramatúrgico. Ele possui as dimensões necessárias à criação cênica que se assemelha ao universo poético. Pois esta poesia, como a descreve Paul Valéry, tem a capacidade de transformar o valor "das coisas e dos seres conhecidos que se colocam em ressonância entre si", "em uma relação indefinível", mas "maravilhosamente verdadeira, com os modos e as leis da nossa sensibilidade geral"[605], transpondo-nos para uma forma de analogia específica às "leis do sonho". O blecaute tem essa faculdade de ser transformado por sua colocação em ressonância com os outros componentes do teatro e de entrar em "uma relação indefinível" com "as leis gerais da sensibilidade" dos seres presentes, atores e espectadores. Em contrapartida, essas pessoas, estimuladas a modificar seu modo de percepção, encontram-se inclinadas a uma interioridade que não exclui a presença e a consciência da cena. Espectadores e atores não saem ilesos da transformação causada por esse mergulho *no* blecaute, *com* o blecaute. Como diz ainda Pierre Soulages, o blecaute é uma cor violenta com um forte poder de atração que estimula a interioridade; senão, como entender que, "desde a origem da pintura, e durante milhares de anos, homens [foram] sob a terra, na escuridão absoluta das cavernas para pintar e pintar com preto"[606]? O blecaute, indissociável do conjunto dos componentes da cena e da dramaturgia cênica, contribui para essa dimensão estética que revela o poético.

Esta análise do blecaute com base no palco inscreve-se em um contexto, o espetáculo, composto por três dramaturgias: a do texto, a da cena e a do espectador. O que é central é a dramaturgia da cena; e o que está em jogo é seu funcionamento, suas distâncias e suas aproximações, em um movimento orgânico, com as dramaturgias do texto e do espectador. O blecaute é um dado representativo desse movimento que tem a capacidade unificadora de reunir as três dramaturgias. Inscrito na dramaturgia do texto, o blecaute atravessa a cena na qual a sua dimensão dramática e plástica se desdobra, depois irradia, atingindo o espectador que o recebe e o vive essencialmente. O blecaute é significativo e, esteticamente, portador de um elo entre o público e a cena, ele estrutura o espaço que não é negado, mas unificado (embora remetendo o espectador à sua capacidade de ver desencadeada). O que importa aqui é o movimento entre as três dramaturgias do texto, da cena e do espectador. Quando o texto é substituído por uma dramaturgia que é expressa em outro meio (dança, música ou qualquer outra forma cênica não textual, como a mímica), a dramaturgia cênica entra, então, de forma mais poderosa e diferente em relação com o espectador. Nesse caso, o blecaute vê suas faculdades multiplicadas. Eu posso citar, de forma exemplar, a partitura para um *Excentrique Mécanique* de Laszlo Moholy-Nagy da Bauhaus (1924). Em plena explosão de meios técnicos nos teatros, a relação entre os componentes da cena colocava-se de forma rítmica e espacial num

---

605 Paul VALÉRY, *Variété*, *op. cit.*, p. 1.363.

606 P. SOULAGES, *"Préface"*, *Le Noire*; A. MOLLARD-DESFOUR, *op. cit.*, p. 13.

contexto teatral imersivo com a ideia de levar o espectador ao "êxtase" por uma ação "psicofísica". Essa proposição altamente contextualizada de Lothar Schreyer nos passos de Walter Gropius certamente não permite teorizar generalidades. Mas esse exemplo, que funciona em dois níveis de uma forma quase fractal, é útil para compreender os desafios do blecaute nesta dimensão dramática da cena. Ele é, ao mesmo tempo, no seu conjunto, representativo do funcionamento do blecaute que, de forma rítmica e espacial, cria uma relação imersiva entre a cena e o espectador; e é internamente um exemplo de blecaute como componente cênico, visto que ele está inscrito na partitura.

Se o blecaute dramático como componente cênico é hoje um fato evidente, vimos como, neste estudo histórico e estético, ele se constituiu nessa trajetória que vai do texto ao espectador passando pelo centro que é a cena. Esse movimento, que abarca o conjunto formado pelas dramaturgias do texto, da cena e do espectador — o espetáculo, em suma —, incorpora o blecaute em suas diferentes aceitações. Do blecaute técnico ao blecaute dramatúrgico, a questão vai além da clivagem entre o domínio concreto e sensível supostamente destituído de sentido, e o "sentido" supostamente liberado dos fardos materiais. O blecaute incorpora particularmente essa consciência dos vínculos que regem as relações entre o sensível e o cognitivo.

No entanto, esse caráter singular do blecaute faz com que ele resista a uma forte teorização. O blecaute é, de certa forma, "sem categoria" e requer uma abordagem analítica que é criada ao confrontá-lo. Porque o blecaute inegavelmente continua sendo uma matéria que apela aos sentidos do observador antes de adicionar significado; uma matéria que o espectador experimenta antes de refletir sobre ela. No entanto, esta abordagem do blecaute permite compreender como os dados técnicos dos quais ele depende são carregados de significado pelo próprio fato de permitirem não perder de vista o concreto e a realidade física do blecaute. O blecaute é, assim, um componente da luz tanto quanto um componente dramatúrgico. Ele é ação, e com isto se dá a ver, mas ele é também um estado que não se vê, mas vivencia-se e compartilha-se (ainda que seja óbvio que o blecaute não passa despercebido...). O blecaute cênico pode ser o *Todo* que existe independentemente do homem, como com Patrice Chéreau, a exemplo de Camus. Mas ele também pode ser percebido pelo homem que dá sentido à sua presença, como na grande maioria dos casos abordados neste estudo que declinaram as variações estéticas. Mesmo que fosse o Todo, o blecaute é revelador das riquezas polissêmicas da cena. Porque esse "blecaute - luz" não é mais o blecaute neutralizador privado, elemento de enquadramento do espetáculo: ele tem seu próprio valor, sua autonomia e seu poder dramático. Hoje, é a sua ausência que questiona quando não apagamos a plateia; ela denuncia a teatralidade da qual é portadora, enquanto ele se apega a dramatizar a si mesmo. Seu aparecimento e seu desaparecimento, eles próprios dramatizados ritmicamente, espacialmente e em intensidade, fazem dele um componente dramático autônomo que caracteriza as iniciativas contemporâneas. Entre esses extremos, instala-se o blecaute que contribui para a concretização da teatralidade que este estudo se esforçou para trazer à luz. A finalidade deste estudo foi a de estabelecer o blecaute como luz e de mostrar como o próprio blecaute é revelador da teatralidade. Em suma, é por meio dos seus valores e de suas funções fundamentalmente teatrais que o blecaute se revela em toda a sua luz.

BIBLIOGRAFIA E FONTES

Obras gerais sobre a iluminação e o blecaute

BANU, Georges. ***Nocturnes. Peindre la nuit. Jouer dans le noir***, Biro éditeur, 2005.

_______. *La Lumière au théâtre*, dossier, contém "Voir et entendre les comédiens", uma entrevista de G. Banu e J. Kalman com Pierre Saveron; "La lumière, le temps et la vie des ombres", uma entrevista de G. Banu e J. Kalman com André Diot e Patrice Trottier, ***Travail théâtral***, n. 31, 1978.

BAUMANN, Carl-Friedrich. ***Licht im theater, Von der Argand-Lampe bis Glühlampen- Scheinwerfer***. Steiner, Stuttgart, 1976, 1978, 1988.

BERGMAN, Gösta Mauritz. ***Lighting in theater.*** Stockholm: Almquvist & wiksell inter- national; Totowa: Rowmann and Littlfield, 1977.

CRISAFULLI, Fabrizio. ***Lumière active, poétiques de la lumière dans le théâtre contem- porain***. Trivillus, Corazzano (Pisa), 2007, Artdigiland, edição inglesa, 2013, versão francesa, 2015.

GRAZIOLI, Cristina. ***Luce e ombre. Storia, teorie e pratiche dell'illuminazione teatrale***. Éditions Laterza, 2008.

GUINEBAULT-SZLAMOWICZ, Chantal. ***Faire la lumière***. Dossier realizado com Luc Boucris, Jean Chollet e Marcel Freydefont, *Théâtre/public*, n. 185, 2007.

IOAN, Stefan (org.). ***Le Théâtre et la nuit,* Université Babeş-Bolyai**, Teatrul National Lucian Blaga, Cluj-Napoca, Roumanie, março 2014.

JACQUES-CHAQUIN, Nicole (org.). ***La Nuit.*** Éditions Jérôme Million, Grenoble, 1995.

JAMAIN, Claude e THOREL, Sylvie. *L'Imaginaire de l'électricité dans les lettres et les art.* Anais do colóquio organizado na Universidade de Lille III nos dias 12 e 13 de dezembro de 2002, ***Revue des Sciences humaines***, 2006.

JOUVET, Louis. L'homme, l'électricité, la vie. *In* ***Revue des Arts et métiers graphiques***, número especial, 1937.

KLEIN, Étienne. Petit voyage au bout de la nuit en partant du paradoxe de la nuit noire. ***Le Monde selon Étienne Klein***, France culture, 22 de maio de 2014, 6 minutos.

LANTHONY, Philippe. ***Vision, lumière et peinture***. Citadelles et Mazenod, 2009.

LEMOINE, Serge. ***Dynamo, Un siècle de lumière et de mouvement dans l'art 1913-2013***. Catalogue d'exposition, Beaux-arts édition, Grand Palais, 2013.

MOLLARD-DESFOUR, Annie ***Dictionnaire des mots et expressions de couleur, Le Noir***. Éditions du CNRS, Paris, 2005.

PASTOUREAU Michel, *Noir, Histoire d'une couleur*, Éditions du Seuil, 2008, p. 151-164. Richier Christine, *Le Temps des flammes, Une histoire de l'éclairage scénique avant la lampe à incandescence*, Éditions AS, 2011.

RONCHI, Vasco. ***Histoire de la lumière***. Paris, Armand Colin, 956, trad. Juliette Taton.

SICARD, Monique. *Lux, des lumières aux lumières*. Org. **Les Cahiers de médiologie,** n. 10, Gallimard, 2000.

SOULAGES, Pierre. ***Outrenoir***. Entrevistas com Françoise Jaunin, La Bibliothèque des Arts, Lausanne, 2012.

TANIZAKI, Junichirô. ***Éloge de l'ombre***. trad. René Sieffert, Éditions Verdier, 2011. (Publications orientalistes de France, Paris, 1977).

VALENTIN, François-Éric. ***36 questions sur la lumière – Les roses deviendront noires***. La Traverses, 2007.

VALENTIN, François-Éric. ***Lumière pour les spectacles***. Librairie théâtrale, 2010.

VILLIERS, Matthieu. ***La Nuit comme vous ne l'avez jamais vue***. Contributions collectives, Science & vie, Hors série n. 266, mars 2014.

Obras gerais que contribuíram para a reflexão sobre o blecaute e a iluminação

ARTAUD, Antonin. Le théâtre de la cruauté. *In* ***Le Théâtre et son double***. Gallimard, 1964.

ASLAN, Odette e PICON-VALIN, Béatrice (dir.). ***Butô(s)***. CNRS, 2002.

BACHELARD, Gaston. ***La Flamme d'une chandelle***. Presses Universitaires de France, 1961.

BANU, Georges. ***L'Acteur qui ne revient pas***. Gallimard, 1993.

_______. ***Le Rideau ou la fêlure du monde***. Biro, 1997.

BARTHES, Roland. *Les tâches de la critique brechtienne*. *In* ***Écrits sur le théâtre***. Éditions du Seuil, 2002.

BAVCAR, Evgen. ***Le Voyeur absolu***. Em colaboração com Ghislaine Glasson-Deschaumes, Édition du Seuil, 1992.

BERGSON, Henri. ***L'Évolution créatrice***. PUF, 1941.

BRECHT, Bertolt. ***Le petit Organon***. Texto francês de Béatrice Perrgaux, Jean Jourdheuil e Jean Tailleur, Ed. L'Arche, 1963, 1970, 1978.

_______. *Écrits sur le théâtre*, éditions Gallimard, coll. « La Pléiade » élaborée par Jean-Marie Valentin avec la collaboration de Bernard Banoun, Jean-Louis Besson, André Combes, Jeanne Lorang, Francine Maier-Schaffer et Marielle Silhouette, 2000.

BORIE, Monique. ***Le Fantôme ou le théâtre qui doute***. Actes Sud, 1997.

CLAUDEL, Paul. ***L'Œil écoute***. Gallimard, 1946.

DIDEROT, Denis. ***Lettre sur les aveugles à l'usage e ceux qui voient***. Gallimard, 2004.

DIDI-HUBERMAN, Georges. ***Devant l'image***. Minuit, 1990.

_______. *L'Image ouverte*. ***Motif de l'incarnation dans les arts visuels***. Gallimard, 2007.

DORT, Bernard. Le Piège des images. ***La Représentation émancipée***. Éditions Actes Sud, 1988.

_______. ***Le Texte et la Scène: pour une nouvelle alliance***. Paris, POL, 1995.

DUMUR, Guy. ***Histoire des spectacles***. Gallimard, col. La Pléiade, Paris, 1965.

FOUCAULT, Michel. ***Hétérotopies***. Nouvelles Éditions Lignes, 2009.

GAGE, John. ***Couleur et culture – Usages et significations de la couleur de l'Antiquité à l'abstraction***. Hames & Hudson, 1993.

IBSEN, Henrik. ***La Peur de la lumière et autres poésies***. Ressouvenances, 1985.

LASSUS, Marie-Pierre. ***La Musique et l'art de l'aurore – À l'écoute des villes d'ombre du théâtre de sens***. l'Harmattan, 2014.

LEHMANN, Hans-Thies. ***Le Théâtre post-dramatique***. L'Arche, Paris, 2002.

MERVANT-ROUX, Marie-Madeleine (org.). ***Claude Régy, Les Voies de la création théâtrale***. v. 23, CNRS Editions 2008.

NIETZSCHE, Friedrich. ***Le Voyageur et son ombre***. Denoël, 1902.

PICON-VALLIN, Béatrice (org.). ***La Scène et les images, Les Voies de la création théâtrale***. v. 21, Paris, CNRS Éditions, 2001.

PERRUCHON, Véronique. ***L'Œuvre théâtrale d'André Engel: machine et rhizome***. (Thèse), 2009, Bibliothèque Gaston Baty, Paris 3.

________. Le monde clos du théâtre la nuit, entre discours politique et confidences d'artistes. *In* ***Le Théâtre et la nuit***. Org. Stefan Ioan, Université Babeş- Bolyai, Teatrul National Lucian Blaga, Cluj-Napoca, Roumanie, mars 2014.

PLATON. *La république*. *In* Œuvres Complètes. Trd. E. Chambry, Paris, 1933.

RANCIÈRE, Jacques. La danse de lumière. *In* ***Aesthesis, Scènes du régime esthétique de l'art***. Éditions Galilée, 2011.

RYKNER, Arnaud. ***L'Envers du théâtre, Dramaturgie du silence de l'âge classique à Maeterlinck***. José Corti, 1996.

RÉGY, Claude. ***L'État d'incertitude***. Les Solitaires Intempestifs, 2002.

_______. ***L'Ordre des mots***. Les Solitaires intempestifs, 1999.

_______. ***Espaces Perdus***. Les Solitaires intempestifs, 1998.

ROSSET Clément. ***L'Invisible***. Éditions de minuit, 2012.

_______. ***Le Réel et son double***. Gallimard, 1984, édition revue et augmentée.

_______. ***Impressions fugitives: L'Ombre, le reflet, l'écho***. Ed. de Minuit, Paris, 2004.

SARRAZAC, Jean-Pierre. Reconstruire le réel ou suggérer l'indicible. *In* ***Le Théâtre en France***. v. 2, org. Jacqueline de Jomaron, Armand Colin, 1992.

Obras gerais sobre o blecaute e o cinema

ALEKAN, Henri. ***Des Lumières et des ombres***. Primeira edição, Le Sycomore, 1984, Édition Le Collectionneur, 1996.

BAZIN, André. ***Qu'est-ce que le cinéma?*** Éditions du Cerf, reedição 2008.

BERGSON, Henri. Le mécanisme cinématographique de la pensée et l'illusion mécanistique – coup œil sur l'histoire des systèmes – le devenir réel et le faux évolu- tionnisme, *in* ***L'Évolution créatrice***, chapitre IV, PUF, 1941.

DELEUZE, Gilles. ***L'Image-mouvement***. Les Éditions de Minuit, Paris, 1985.

________, ***L'Image-temps***. Les Éditions de Minuit, Paris, 1985.

DESILE, Patrick. ***Généalogie de la lumière***. Paris, l'Harmattan, 2000.

EISNER, Lotte H. ***L'Écran démoniaque – Les influences de Max Reinhardt et de l'Expres- sionnisme***. Éric Lasfeld éditeur, 1960 et 1981 pour la nouvelle édition.

MANNONI, Laurent. ***Le Grand Art de la lumière et de l'ombre***. Paris: Nathan, 1994.

VAN DAMME, Charlie e CHOQUET, Ève. ***Lumière actrice***. eEd. de la Femis, Paris, 1987.

VERTOV, Dziga. ***L'Appel du commencement, manifeste théorique***. Publicado em junho de 1923 no número 3 de LEF.

Obras e fontes históricas do período do século XV ao século XVIII

ALGAROTTI, Francesco. ***Essai sur l'opéra***. 1755, capítulo *Les décorations*, p. 70-83.

BART, Victor. ***Recherches historiques sur les Francine et leur œuvre***. Plon et Nourrit, Paris, 1897.

BARTHES, Roland. ***Sur Racine***. Éditions du Seuil, 1963.

BAUDRY, René, *Dessein du poème et des superbes machines du Mariage d'Orphée et d'Eurydice qui se représentera sur le théâtre du Marais par les comédiens entretenus par leurs majestés à Paris*, 1648, p. 1 (Gallica).

BEAUJOYEULX, (de) Balthasar. ***Ballet comique de la Reine*** *[...]*. Adrian Le Roy, Robert Ballerd et Mamert, Patisson, imprimeurs du Roi, Paris, 1582 (Gallica).

CAILLEAU, Hubert. ***Le Mistere par personnaiges de la vie, passion, mort, resurrection et assention de Nostre Seigneur Jesus Christ, en 25 journees***, **[...]**, BnF, manuscritos, fonds Rothschild 3010 (1073 d) (Gallica).

CHAPOTON, François. ***La Descente d'Orphée aux enfers***. Toussaint Quinet, Paris, 1640 (Gallica).

CHAPPUZEAU, Samuel. ***Théâtre français***. 1ª edição, René Guignard, Paris 1674, reeditado, prefácio e nota de Georges Monval, Jules Bonnassies, Paris, 1876 (Gallica).

CELLER, Ludovic. ***Étude sur les origines de l'opéra et le Ballet de la reine 1581***. Didier, 1868.

______. ***Les Décors, les costumes et la mise en scène au XVIIe siècle, 1615-1680***. Liepmannsshohn & Dufour, 1869.

CROISETTE, (de) Françoise, GRAZIANI, Françoise et HEUILLON, Joël (org.). ***La Naissance de l'opéra***. L'Harmattan, 2001.

DELMAS, Christian. La Ballet Comique de la Reine (1581) Structure et signification. *In* ***Revue de la société d'histoire du théâtre***, ano 22, v. 2, 1970.

DESPOIS, Eugène. ***Le Théâtre français sous Louis XIV***. 3ª edição, Hachette, 1886.

DIDEROT, Denis. ***Entretien sur le fils naturel, de la poésie dramatique, paradoxe du comédien***. gf Flammarion, 2005.

DIERKKAUF-HOLSBOER, S. Wilma. ***Le Théâtre de l'Hôtel de Bourgogne***. t. 1, 1548-1635, Nizet, 1968.

________. ***L'Histoire de la mise en scène dans le théâtre français de 1600 à 1650***. Librairie Droz, 1933 et Stalkine, 1976.

FÉLIBIEN, André. ***Relation de la fête de Versailles***. Pierre le Petit, Imprimeur du roi, Paris, 1668.

FIGUIER, Louis. ***Les Merveilles de la science, L'art de l'éclairage***. Jouvet et Cie, Paris, v. 6, 1867-1869, capítulo I.

FRANTZ, Pierre. ***L'Esthétique du tableau dans le théâtre du XVIIIe siècle***. PUF, 1998.

GARSAULT, (de) François-Alexandre. ***L'Art du Paumier-Raquetier et de la Paume***. Saillant et Nyon, 1767.

GOETHE, Johann Wolfgang. ***Traité des couleurs, Accompagné de trois essais théoriques***. Introdução e notas de Rudolf Steiner, textos escolhidos e apresentados por Paul-Henri Bideau, tradução de Henriette Bideau, 5ª edição, segundo a edição de 1980, Triades, Paris, 2011 (primeira edição, 1973).

HELARD-COSNIER, Colette. Cérémonies funèbres organisées par les jésuites, na obra coletiva ***Recherches sur les textes dramatiques et les spectacles du XVe au XVIIIe siècle***. Konigson Elie (org.), Les voies de la création théâtrales VIII, 1980.

ILLINGWORTH, D. V. Documents inédits et précisions sur le Théâtre de l'Hôtel de Bourgogne. *In* ***Revue de la société d'histoire du théâtre***, ano 22, v. 2, 1970.

INGENERI, Angelo. ***Della Poesia rappresentativa e del modo di rappresentare le favole sceniche***. 1598, reedição M.L. Doglio, Panini, Modena, 1989.

JACQUES-CHAQUIN, Nicole. Lumière noire et anamorphoses: pour une optique diabolique. *In* ***Le Siècle de la lumière 1600-1715***. Biet Christian e Jullien Vincent (org.), ENS Éditions, 1997.

JACQUOT, Jean (org.). *Le Lieu théâtral à la Renaissance*, Royaumont, 1963, édition CNRS, 2002.

JORDAN, Marc-Henri. Décors et mises en scène d'un théâtre de cour. *In* ***Les Spectacles à Fontainebleau au XVIIIe***, Droguet Vincent et Jordan Marc-Henri (org.), catálogo da exposição, Éditions de la Réunion des Musées Nationaux, 2005.

KONIGSON, Elie (org.). *Recherches sur les textes dramatiques et les spectacles du xve au xviiie siècle*, **Les voies de la création théâtrale**, v. VIII, CNRS, 1980.

LACROIX. ***Ballets et mascarades de cour sous Henri IV et Louis XIII***, t. 1, Genève Gay, 1868.

LA GORCE, (de) Jérôme. ***Carlo Vigarani intentant des plaisirs de Louis XIV***, Perrin, 2005.

_______, ***Féeries d'opéra: décors, machines et costumes en France (1645- 1765)***. Paris, éditions du Patrimoine, 1997.

LAVOISIER, (de) Antoine Laurent. Mémoire sur la manière d'éclairer les salles de spectacles. *In* ***Mémoire de l'Académie des sciences***. 1781, CNRF.

PATTE, Pierre. De la manière d'éclairer des spectacles. *In* ***Essai sur l'architecture théâtrale***, 1782, pp. 192-196 (Gallica).

PASQUIER, Étienne. ***Recherches sur la France***. Laurens Sonnius, Paris, 1621.

_______. Introdução de ***Mémoire de Mahelot***. Honoré Champion, Paris, 2005.

PRUNIÈRES, Henry. ***Le Ballet de cour en France avant Bensérade et Lully***. Paris, 1914.

ROY, D.H. La scène de l'Hôtel de Bourgogne. *In* ***Revue de la société d'histoire du théâtre***, ano 14, v. 3, 1962.

SABBATINI, Nicola. ***Pratique pour fabriquer scènes et machines de théâter***. Ravenne, 1638, trad. de Cavaggia Maria e Renée e Jouvet Louis, Éditions Ides & Calendes, Neuchâtel, 1942 e 1994.

SAUVAL, Henri. ***Histoire et recherches des antiquités de la ville de Paris***. Editora: les Moette e Jacques Chardon, 1724, t. 1.

SERVANDONI, Giovanni Nicolo. ***La Descente d'Énée aux Enfers, représentation donnée sur le théâtre de Thuillerries [sic], par le sieur Servandoni, le cinquième avril 1740***. Paris, Veuve Pissot, 1740.

SOMMI, (De) Leone. *Quatro dialogghi in materia di rappresentazioni sceniche* (*Quatre dialoques sur la matière de la représentation scénique*), cujo quarto diálogo é dedicado à iluminação, editado em 1570. Para a tradução francesa do texto, Adrien Crémé e Sanda Peri, revisto por Annick Crémé-Olivier, *in* ***Revue d'histoire du théâtre***, 1988.

SURGERS, Anne e PASQUIER, Pierre. ***Conditions et techniques du théâtre au XVIIe siècle***. Armand Colin, 2011.

Ballet Royal de la Nuict, Divisé en quatre parties ou veilles et dansé par la majesté le 23 février 1653, Livret, Robert Ballard, Paris, 1653 (Gallica).

Les Plaisirs de l'île enchantée, courses de bague: collation ornée de machine [...], 7 de maio de 1664, Livret, imprimerie royale, Paris, 1665, puis 1673 (Gallica).

Obras e fontes históricas do século XIX

ALLEVY, Marie-Antoinette. ***La Mise en scène en France dans la première moitié du dix-neuvième siècle***. Librairie E. Droz, Paris, 1938.

AMIAUX, Simone. Les ballets de Loïe Fuller en lumière noire. *In* ***Les Échos de Paris***. Revue de presse, 13 de janeiro de 1938.

ANTOINE, André. Causerie sur la mise en scène – avril 1903, texto surgido inicialmente na ***Revue de Paris***, 1º de abril de 1903.

_______. ***Mes Souvenirs sur le Théâtre Antoine et sur l'Odéon***. Plon, 1928, primeira edição.

Antoine, L'invention de la mise en scène, Anthologie des textes d'André Antoine, textes réunis par Sarrazac Jean-Pierre et Marcerou Philippe, Arles, Actes Sud- Papiers, « Parcours de théâtre », 1999.

BABLET, Denis. ***Le Décor de théâtre de 1870 à 1914***. Éditions du CNRS, 1965.

BANVILLE, (de) Théodore. ***Critiques***. Escolha e prefácio de Victor Barrucand, Paris, Fasquelle Éditeur, 1917.

BAPST, Germain. ***Essai sur l'histoire des panoramas et des dioramas***. Masson, 1891.

CASSAGNÈRE, (La) Christian. Image picturale et image littéraire dans le nocturne romantique. Essai de poétique inter textuelle. *In* ***Romantisme***, n. 49, p. 47-65, Persée, 1985.

DAGUERRE, Louis. ***Histoire et description des procédés du daguerréotype et du diorama par Daguerre***. Lerbours, Paris, 1839.

DONNET, Alexis. ***Architectonographie des théâtres de Paris, ou Parallèle historique et critique de ces édifices considérés sous le rapport de l'architecture et de la décoration***. Imprimerie de Didot l'aîné, Paris, 1821.

DUBOSCQ, Jules. ***Catalogue des appareils employés pour la production des phénomènes physiques au théâtre par J. Duboscq***. Paris, Chez Duboscq, 1864, 1877.

ENGEL, Johann Jakob. ***Idées sur le geste et l'action théâtrale***. t. 1, Paris, Jonson, ano terceiro da République Française; et t. 2, Barrois, 1789.

FIGUIER, Louis. ***L'Art de l'éclairage***. 2ª edição, Jouvet et Cie, 1887.

FAZIO, Maria e FRANTZ, Pierre (dir.). ***La Fabrique du théâtre avant la mise en scène (1650-1880)***. Éditions Desjonquières, Paris, 2008.

GARNIER, Charles. ***Le Théâtre***. Edições Hachette, Paris, 1871.

HOPKINS, Albert A. ***Magic: stage illusions and scientific diversions.*** Sampson Law, Marston and Company, London, 1897.

HUGO, Victor. ***Préface de Cromwell***. Larousse, 2004.

______. ***Théâtre complet***. Gallimard, col. La Pleiade, 1964.

______. Œuvres poétiques. Gallimard, col. La Pleiade, 1964.

LEBRUN, Annie. ***Les Arcs-en-ciel du noir: Victor Hugo***. Gallimard, 2012.

JULIAN, (de) M. ***Souvenirs de ma vie, depuis 1774 jusqu'en 1814***. Paris, Londres, 1815.

KAUFMANN, Jacques-Auguste. ***Architectonographie des théâtres: seconde série: théâtres construits depuis 1820***. Adam Mathieu, Paris, 1840.

LARRUE, Jean-Marc e PISANO, Giusy. ***Les Archives de la mise en scène – Hypermédialités du théâtre***. Presses Universitaires du Septentrion, 2014.

LEFÈVRE, Julien. Éclairage des théâtres. ***Dictionnaire d'électricité et de magnétisme***. Librairie J.B. Baillière et fils, 1891.

LEMOINE, Serge. ***Le Théâtre de l'Œuvre, 1893-1900, Naissance du théâtre modern***. Catálogo da exposition do Musée d'Orsay, Paris, 2005.

RIDER, (Le) Georges e TOJA, Jacques. ***La Comédie-Française: 1680-1980.*** Catálogo da exposição, Paris de 23 de abril a 27 de julho de 1980, Bibliothèque Nationale.

MARCEAU, Marcel. Préface *in* Marian Hannah Winter, ***Le Théâtre du merveilleux***, Olivier Perrin, 1962.

MARTIN, Roxane. ***La Féérie romantique sur les scènes parisiennes 1791-1864***, Honoré Champion, 2007.

________. ***L'Émergence de la notion de mise en scène dans le paysage théâtral français (1789-1914)***. Classiques Garnier, 2013.

MATHIEU-BOUILLON, Danielle. Presidente. ***Fonds documentaire de l'Association des Régisseurs de Théâtr***, arquivado na Bibliothèque Historique de la Ville de Paris.

MOINDROT, Isabelle (org.). ***Le Spectaculaire dans les arts de la scène, du Romantisme à la Belle Époque.*** Paris, CNRS éditions, 2006.

MOYNET, Georges. ***Trucs et décors, explication raisonnée de tous les moyens employés pour produire les illusions théâtrales.*** Librairie Illustrée, Paris, 1893.

MOYNET, Jean. ***L'Envers du théâtre. Machines et décorations.*** Hachette, 1873.

NODIER, Charles e PICHOT, Amédée. ***Essai critique sur le gaz d'hydrogène et les divers modes d'éclairage artificial.*** Gosselin, Paris, 1823.

NOVERRE, Jean-Georges. ***Lettres sur les arts imitateurs en géréral et sur la danse en particulier.*** Leopold Collin, Paris, 1807.

NUTTER, Charles. Les décors et les machines de l'opéra, ***La Chronique musicale: Revue bimensuelle de l'art ancien et moderne***, 15 de outubro de 1873.

PIXÉRÉCOURT, (de) René Charles Guilbert. ***Théâtre choisi.*** Nancy, 1843.

_______. ***Mélodrames.*** Tome II, 1801-1803, Edição de Stéphane Arthur, François Lévy, Roxane Martin, Gaël Navard, Sylviane Robardey-Eppstein, Maria Walecka-Garbalinska, Paris, Classiques Garnier, col. Bibliothèque du Théâtre Français, dezembro de 2014.

ROBERTSON, (Étienne-Gaspard Robert). ***Mémoires récréatifs, scientifiques et anecdotique du physicien--aéronaute E.G. Robertson***, com o autor, t. 2, Paris 1838.

SARCEY, Francisque. ***Quarante ans de théâtre Feuilletons dramatiques.*** Bibliothèque de Annales, Paris, 1902.

_______. Chronique théâtrale. *in* ***Le Temps.***

SCHIVELBUSCH, Wolfgang. ***La Nuit désenchantée.*** Trad. Anne Weber, Edições Gallimard, 1993.

WINTER, Marian Hannah. ***Le Théâtre du merveilleux.*** Olivier Perrin, 1962.

ZOLA, Émile. ***Le Naturalisme au théâtre.*** Paris, Charpentier, 1881.

NN, La lumière électrique, artigo introdutor do Journal universel d'électricité de 1879, *in* ***La Nature, Revue des sciences et de leurs applications aux arts et à l'industrie***; Jornal semanal ilustrado, redator chefe Gaston Tissandier, ano 8, n. 340 de 6 de dezembro de 1879, G. Masson éditeur, Paris, 1880.

Obras e fontes históricas do fim do século XIX e início do século XX

ADOLPHE APPIA

APPIA, Adolphe. Œuvres complètes. Paris, organização de Marie-Louise Bablet-Hahn, L'Âge d'homme, t. 1, 1983, t. 2, 1986, t. 3, 1988.

MOUCHET, Louis. ***Adolphe Appia, le Visionnaire de l'Invisible***, film, 1988.

BASARAB, Nicolescu (org.). ***René Daumal et l'enseignement de Gurdjieff.*** Le Bois d'Orion, France, 2015.

DONATO (di) Carla. ***L'Invisible reso visible. Alexandre Salzmann***. Rome, éd. Arcane, 2013.

AS VANGUARDAS

BABLET, Denis (org.). ***La mise en scène des années 20 et 30***. Les voies de la création théâtrale, n. VII, 1979.

_______ (org.). ***Collage et montage au théâtre et dans les autres arts durant les années vingt***. L'Âge d'Homme, 1978.

CORVIN, Michel. ***Le Théâtre de recherche entre les deux guerres – Le laboratoire art et action***. L'Âge d'Homme, 1990.

DUSIGNE, Jean-François. ***Le Théâtre d'Art – Aventure européenne du XXe siècle***. Éditions Théâtrales, 1997.

LISTA, Giovanni. ***Futurisme. Manifestes Documents proclamations***. L'Âge d'homme, 1973.

MAURO, Augusto. Mort et transfiguration, *in* ***Théâtre futuriste italien*** t. 2, antologia crítica por Giovanni Lista, L'Âge d'homme La Cité, 1990.

MARCADÉ, Valentine e Jean-Claude. ***La Victoire sur le Soleil, Opéra futuriste russe de A. Kroutchonykh et M. Matiouchine. Décors et costumes de K. Malevitch.*** Versão bilingue, L'Âge d'homme La Cité, 1976.

NORMAN, Sally. La Victoire sur le soleil. Naissance de l'enfant majestueux et chute de la place du prince: une archi-fiction scénique. *In* ***Ligeia***, n. 2, 1988.

ROUCHÉ, Jacques. ***L'Art du théâtre modern***. Edições E. Cornely, 1924.

SCHLEMMER, Oskar. Ballet mécanique. *in* ***Théâtre et abstraction***, CNRS, L'Âge d'homme, Lausanne, 1978.

STYAN, J.L. ***Modern Drama in Theory and Practico: vol. 3, Expressionism and Epic Theatre***, Cambridge University Press, 1981.

STERN, Ernst. ***My life, my stage***. Gollancz, Londres, 1951.

PISCATOR, Erwin. ***Le Théâtre politique***. Texto francês de Arthur Adamov, L'Arche, 1962.

PAUL CLAUDEL

CLAUDEL, Paul. "Le Peuple des hommes cassés", "La lanterne aux deux pivoines", "L'Homme et son désir" e "La Femme et son ombre", *in* Œuvres en prose. Gallimard, col. La Pleiade, 1965.

NISHINO, Ayako. ***Paul Claudel, le Nô et la synthèse des arts***. Classiques Garnier, 2013.

EDWARD GORDON CRAIG

CRAIG, Edward Gordon. ***De l'Art du théâtre***, introdução de Jacques Rouché, Ed. Richard Clayand Sons, 1920.

______. ***Ma vie d'homme de théâter***. Artaud, 1962, p. 226.

______. **Notes sur Dido and Aeneas**. 17 de maio de 1900, *Fonds* BNF.

______. ***Le Théâtre en marche***. Gallimard, 1964.

MACFALL, Haldane. Réflexions sur l'art de Gordon Craig dans son rapport avec la mise en scène. *in* ***Le Studio***, v. XXIII, n. 102, setembro de 1901, suplemento n. 36.

BABLET, Denis. ***Edward Gordon Craig***. l'Arche, 1962.

LOÏE FULLER

FULLER, Loïe. ***Ma vie et la danse***, introdução de Gionavi Lista, Ed. L'œil d'or, 2002.

COOPER, Albright Ann. ***Traces of light – Absence and Presence in the work of Loïe Fuller***. Wesleyan University Press, Middletown, 2007.

DOUCET, Jérôme. Miss Loïe Fuller. *in* ***La Revue illustrée***, n. 22 de 1º de novembro de 1903.

LISTA, Giovani. ***Loïe Fuller, danseuse de la belle époque***. Hermann, 2006.

MARX, Roger. Chorégraphie. Loïe Fuller. *in* ***La Revue encyclopédique***, 10 de fevereiro 1893.

______. Une rénovatrice de la danse. *In* ***L'Art social***, Eugène Fasquelle, 1913.

MAUCLAIR, Camille. Sada Yacco et Loïe Fuller, *in* ***La Revue blanche***, Paris, 1900.

MAURICE MAETERLINCK E O SIMBOLISMO

MAETERLINCK, Maurice. Menus propôs. *in* Œuvres I: Le Réveil de l'âme. Éditions Complexe, Bruxelles, 1999.

_______. Menus propôs. *in* ***La Mort de Tintagiles***, seguido de um *dossier* dramatúrgico "Résonances" elaborado por Claude Régy, Actes Sud/Babel, 1997.

LOSCO-LENA, Mireille. ***La Scène symboliste (1890-1896) Pour un théâtre spectral***. Ellug 2010.

MAX REINHARDT

REINHARDT, Max. ***Ich bin nichts als ein Theatermann. Briefe, Reden, Aufsätze, Inter- views, Gespräche, Auszüge aus Regiebüchern***. Ed. Hugo Fetting, Berlin, 1989.

BESSON, Jean-Louis. ***Max Reinhardt***. Actes Sud-Papiers em 2010.

JACOBSOHN, Siegfried. ***Max Reinhardt***. Erich Reiß Verlag, Berlin, 1921.

STYAN, J. L. ***Max Reinhardt***. Cambridge University Press, 1982.

STERN, Ernet Julian. ***Reinhardt und seine Bühne: Bilder von der Arbeit des deutsches Theaters***. Ensler & co. Berlin, 1920.

Colloque international, ***Max Reinhardt, L'art et la technique à la conquête de l'espace***, organisé par Marielle Silhouette avec la collaboration de Jean-Louis Besson, Danièle Cohn et Ségolène Le Men, labex-arts-h2h.fr, octobre 2013.

SILHOUETTE, Marielle. Histoire de la constitution des archives et de la recherche sur Max Reinhardt. *in* ***Études Germaniques***. Klincksick, n. 263, 2011, p. 661-695.

Monografias e estudos de caso dos séculos XX e XXI

ALLIO, René. ***Carnets***. Paris, Lieu Commun, 1991.

BABLET, Denis. ***Josef Svoboda***. L'Âge d'Homme, 1968.

BARTHES, Roland. Le prince de Hombourg au TNP. *In* ***Lettres Nouvelles***. Março de 1953.

BUTOR, Michel e LOSSEAU, Valentine. ***Les Chants de la gravitation***. L'Entretemps, 2011.

LENORMAND, Henri. ***Confession d'un auteur dramatique***. v. I, Albin Michel, 1943.

______. ***Les Pitoëff souvenirs***. Ed. Odette Lieutier, 1943.

LUGNÉ-POE, Aurélien. ***La Parade: Souvenirs et impressions de théâtre***. t. 1; *Le sot du tremplin*, Gallimard, 1930.

MAURICE, Sylvain. L'étrangeté du cadrage au théâtre, notas sobre uma encenação de *De l'aube à minuit, in* ***La science et les images – Les Voies de la création théâtrale***, v. 21.

MICHAELIS, Rolf. Voyage d'hiver de K.M. Grüber. *in* ***Théâtre/Public***, n. 20, março de 1978.

SAZZARAC, Jean-Pierre. Reconstruire le réel et suggérer l'indicible. *in* ***Le Théâtre en France – De la révolution à nos jours*** t. 2, dir. J. de Jomaron, 1992.

SAMUEL BECKETT

BECKETT, Samuel. ***Quad*** (trad. de Edith Fournier) et autres pièces pour la télévision, ***Trio du fantôme, ...que nuages..., Nacht und Träume***, Ed. Minuit, 1992.

BEAUJEU, Arnaud. ***Matière et lumière dans le théâtre de Samuel Beckett Autour des notions de trivialité, de spiritualité et d'« autre-là »***. Peter Lang, Bern, 2010.

DELEUZE, Gilles. ***L'Épuisé***. Ed. Minuit, 1992.

JERZY GROTOWSKI

GROTOWSKI, Jerzy. ***Vers un théâtre pauvre***. L'Âge d'Homme, 1971.

OUAKNINE, Serge. Grotowski: un passage vers la lumière. ***Jeu: revue de théâtre***, n. 90, (1), 1999.

JOËL POMMERAT

POMMERAT, Joël. *Entretien avec Joël Pommerat, son équipe artistique et ses comédiens, in* numéro 37 da **Revue UBU**, abril de 2006.

______. ***Théâtre en présence***. Actes Sud, 2007.

PERRUCHON, Véronique. Joël Pommerat: dans le clair-obscur du théâtre, c'est l'enfance qu'on assassin, *in* ***L'Enfant qui meurt, motif avec variations***, org. de G. Banu, L'Entretemps éditions, Collection Champ théâtral, 2010.

FRANÇOIS TANGUY

TANGUY, François. *Matériaux, in Variations Radeau, in* **Théâtre public**, n. 214, octobre- décembre 2014.

VAUTRIN, Éric (dir.). *Variations Radeau, in* **Théâtre public**, n. 214, octobre-décembre 2014.

MANGANARO, Jean-Paul. ***François Tanguy et le Radeau***, p.o.l. 2008.

BUTÔ

JAMAIN, Claude. *Choralité du butô, in Du chœur antique aux choralités contem- poraines*, **Cahiers de la maison de la recherche**, n. 41, niversité Charles-de-Gaulle Lille 3, 2009.

VIALA, Jean e MASSON-SEKINE, Nourrit. ***Butoh Shades of darkness.*** Ed. Shufunotomo LTD, Japão, 1988 et 1991.

ASLAN, Odette e PICON-VALIN, Béatrice. ***Butô(s)***. Ed. CNRS, 2002.

Tratamento da sombra

BAXANDALL, Michael. ***Ombres et lumières***. Tradução de Pierre-Emmanuel Dauzat, Gallimard, Paris, 1999.

BORDAT, Denis. ***Les Théâtres d'ombres, histoire et techniques***. L'Arche, 1956, nova edição 1981, reedição em 1994.

CASATI, Roberto. ***La Découverte de l'ombre***, Albin Michel, Paris, 2002.

GAGNEBIN, Murielle (org.). ***L'Ombre de l'image – de la falsification à l'infigurable***. Ed. Champ Vallon, Paris, 2002.

GOMBRICH, Ernst Hans. ***Ombres portées, leur représentation dans l'art occidental*** Gallimard, Paris, 1996.

HELLER, Hermine. Un impressionniste autrichien, Max Reinhardt, *in* ***Revue de la société d'histoire du théâtre***, v. 13, n. 4, 1961.

JAMAIN, Claude (org.). ***L'Ombre et la scène***, Ateliers n. 43, 2011.

LACOSTE, Jean. *Goethe Science et philosophie*, principalmente o capítulo ***La part de l'ombre***, PUF, 2010.

LAGARDE, Émile. ***Ombres chinoises, guignol, marionnettes***. Louis Chaux, Paris, 1900.

LAVOCAT, Françoise e LECERCLE François. ***Dramaturgies de l'ombre***. *Actes du colloque 2002*, PUR, 2005.

MAURON, Véronique. ***Le Signe incarné, Ombres et reflets dans l'art contemporain***. Hazan, 2001.

MILNER, Max. ***L'Envers du visible Essai sur l'ombre***. Seuil, Paris, 2005.

MORALY Jean-Bernard [Yehuda]. *Trois ballets pour un théâtre d'ombres, in* ***Claudel metteur en scène: la frontière entre les deux mondes***, Presses Universitaires Franco-Comtoises, 1998.

PIMPANEAU, Jacques. ***Des poupées à l'ombre – Le théâtre d'ombres et de poupées en chine***. Centre de publication Asie Orientale, Université Paris 7, 1977.

REDON, Odilon. *Pour une conférence faite en Hollande à l'occasion d'une exposition de ses œuvres. in* ***À soi-même.*** *Journal (1867-1915)*, Floury, 1922.

STOICHITA, Victor I. **Brève histoire de l'ombre**. Editions Droz, Genève, 2000.

Experiência do teatro no blecaute

PARSAT, Pascal. **Une carrière à l'aveugle**. Disponível em: http://www.rueduconservatoire.fr/ article/2930/ cartes_blanches/pascal_parsat.

SUED, Ricardo. ***Bonbon acidulé, Programme du théâtre de la Colline***, de 12 a 10 de novembro de 1996.

CASTRO, Antonio Garcia e DURAND, Estelle. *Dans le noir. La pièce qu'on ne voit pas (Bonbon acidulé de Ricardo Sued)*, ***Cultures & Conflits*** [En línea], 67 | automne 2007, mise en ligne le 20 février 2008, consulté le 4 mai 2014. Disponível em: http://conflits.revues.org/3132.

WILD, Jean-Lambert. ***Cahier des jours #11***, posté le 27 mars 2013, Blog Space out Space Franc-Inter. http:// www.cnesobservatoire.net/memoire/creation_residences/resi dences_lambert/residences_jean-lambert- -wild.html#.

ÍNDICE REMISSIVO

123-129, 141, 149, 151, 228, 241, 242
D

H

J

K

L

M

FONTES E CRÉDITOS

Fig. 0. Foto de Vassil Tasevski, 2014 (capa do livro).

Fig. 1. François-Alexandre de Garsault, L'art du Paumier-Raquetier e de la Paume, Saillant e Nyon, 1767, bnf Gallica (placas II e III).

Fig. 2. © Museu do Hospice Comtesse de Lille.

Fig. 3. Coleção Alberto-Bruschi, Grassin, Itália.

Fig. 4. Nicola Sabbatini, Prática para fazer cenas teatrais e máquinas, Ravenna, 1638, trad. por Maria e Renée Cavaggia e Louis Jouvet, Éditions Ides & Calendes, Neuchâtel, 1942 e 1994.

Fig. 5. Georges Moynet, Trucs et décors, explicação fundamentada de todos os meios empregados para produzir ilusões teatrais, Librairie Illustrée, Paris, 1893.

Fig. 6. Louis Figuier, The Wonders of Science, The Art of Lighting, Jouvet et Cie, Paris, v. 6, 1867-1869.

Fig. 7. Manuscritos de Victor Hugo, BnF.

Fig. 8 Jean Moynet, L'Envers du théâtre. Máquinas e decorações, Hachette, 1873.

Fig. 9. Fundo Clémançon, Bnf.

Fig. 10. Desenho de V.E Ergorof.

Fig. 11 Lionel Richard, pequena enciclopédia. Expressionism, ed. Aimery Somogy, Paris, 1993.

Fig. 12. Gravura de Jehan Fouquet, BnF.

Fig. 13. Gravura de Abraham Bosse, BnF.

Fig. 14. Desenhos de François Boucher reeditados em 1847 com a menção: "adicionamos o conjunto de águas-fortes e gravuras feitas nesses desenhos para a edição de Paris, 1734, em-4; tudo com base nos escritórios de Paignon-Dijonval, Morel-Vindé e Soleinne", BnF.

Fig. 15. Deutsches Theatermuseum München, Inv. Nr.: IV 750.

Fig. 16. Musée des armées, Réunion des Musées Nationaux.

Fig. 17. Dessin de Georges Redon.

Fig. 18. Danièle Pauly, *La Rénovation scenique en France. Théâtre des années 20*, édition Norma, 1995.

Fig. 19. Philippe Lanthony, *Vision, lumière et peinture*, Citadelles et Mazenod, 2009.

Fig. 20. Jean Moynet, *L'Envers du théâtre. Machines et décorations*, Hachette, 1873.

Fig. 21. *Catalogue Duboscq* 1864, BnF.

Fig. 22. Louis Figuier, *Les Merveilles de la science, L'art de l'éclairage*, Jouvet et Cie, Paris, v. 6, 1867-1869.

Fig. 23. Jules Duboscq, *Catalogue des appareils employés pour la production des phénomènes physiques au théâtre*, 1877, Conservatoire numérique des Arts et Métiers (Cnum).

Fig. 24. Louis Figuier, *Les Merveilles de la science, L'art de l'éclairage*, Jouvet et Cie, Paris, v. 6, 1867-1869.

Fig. 25. Jean Moynet, *L'Envers du théâtre. Machines et décorations*, Hachette, 1873.

Fig. 26. © Collection suisse du théâtre, Berne.

Fig. 27. Albert A. Hopkins, Magic: stage illusions and scientific diversions, Sampson Law, Marston and Company, London, 1897.

Fig. 28. E. G. Craig, *Towards new theater*, Londres 1913, cité par Denis Bablet, Esthétique générale du décor de théâtre de 1870 à 1914, Éditions du CNRS, 1965.

Fig. 29. Ernst Stern et H. Herald, *Reinhardt und seine Bühne*, Berlin, 1918.

Fig. 30. V. et J.C. Marcade, *Victoire sur le soleil*, Édition bilingue, L'Âge d'homme - La Cité, 1976.

Fig. 31. Voies de la création théâtrale, v. VII, CNRS.

Fig. 32. Photo de Boris Lipnitzki, *Les Révolutions scéniques du XXe siècle* de Denis Bablet, Société internationale d'art du XXe siècle, Paris, 1975.

Fig. 33. Jean Moynet, *L'Envers du théâtre. Machines et décorations*, Hachette, 1873.

Fig. 34. Cosimo Mirco Magliocca photographe-paris.